管理された市場経済の生成

介入的自由主義の比較経済史

編著 雨宮昭彦
J.シュトレープ

日本経済評論社

はしがき

　本書は、第一次世界大戦以降の資本主義市場経済を、「管理された市場経済」の生成という観点から考察した歴史研究である。「介入的自由主義」の副題には、経済的自由主義の今日的姿態を歴史的パースペクティブの中で考察しようとの意図が込められている。

　扱っている時期は、全体として、1930年代から戦後であり、論文によっては21世紀の最現代にまで射程をのばしているが、重心はあくまでも大恐慌から世界大戦の時期にある。方法と対象という点で言えば、第一に、一国レベルでの考察をドイツおよび日本について行うとともに（第1、3、4、7、9章）、第二に、それを、通貨といういわゆる「中立的な」要素を扱う国際機関（BIS）の視点からなされたグローバルレベルでの考察と組み合わせている（第5章）。さらに、これらに加えて、第三に、日本とドイツおよびイギリスを対象に関係と比較の観点を導入している（第6章）。最後に、こうした接近方法と構成が、ドイツでの最新の経済史研究の成果とも呼応したものであることを示すとともに、視野をいっそう拡大するために、二人のドイツ人研究者の寄稿を配置している（第2、8章）。

　ここではこのようなタイトルと視点および構成を取るに至った本書の全体のコンセプトに関わって若干の事柄を述べておきたい。

　さて、この本のタイトルを前にして直ちに浮かぶ疑問とは、例えば、次のようなものではないだろうか。すなわち、資本主義市場経済は、その基本的な考え方からすれば、本来、個々人の利害関心に導かれた自由な活動であり、また、いわゆる市場の〈見えざる手〉の恩恵を受けるためにも、自由な活動であるべきはずのものであるが、その市場経済を管理するとは、何事であろうか、形容矛盾ではないだろうか、と。

しかし、歴史が示すのは、例えば、市場競争の優勝劣敗から生ずる社会格差のような問題に対処する福祉政策や失業のような問題に対処する景気対策を考えただけでも明らかなように、19世紀の自由放任の市場経済から、20世紀の何らかの意味で管理された市場経済への変化であった。資本主義が今日までとにかくも持ちこたえることができたのも、ひとつには、こうした社会政策や経済政策のお陰であろう。しかし、それだけではもちろんない。

そもそも「個々人の利害関心に導かれた自由な活動」という場合のその「個々人」とは一体誰なのであろうか、あるいは誰だったのであろうか。それは恐らく、しっかりと独立した企業家であり、あるいはそうした自立した企業家のように行動する人々であったのではないだろうか。これに対して、今日自分の身の回りを見回したとき、目につくのは、そのようなしっかりとした企業家などでは全然なく、自分も含めて（これは理念型として言うのだが）「無力な、しがない人々」ばかりである。そうだとしたら、それでもなお自由な市場経済が長持ちしているのは、そうした無力な諸個人ですら、あたかも自立した企業家であるかのようにみなす工夫がどこかに施されているからではないだろうか。

実際、最近のいわゆる自由主義の立場からの社会問題解決の最終的拠り所は、「個人のイニシアティブ」や「自己責任」を体現する企業家的人間像に求められている。ここでは、「被雇用者」とは、例えば、「自分の労働力を用いて『生活への事前配慮』を企てる企業家としての個人」なのである[1]。ドイツの新自由主義者ヴィルヘルム・レプケは1950年にドイツ経済政策のプログラムを描いたが、そこにある「農村での小規模開拓」とか「家内工業」とか「自然的共同体から出発した社会の有機的再構築」といった言葉で語られているのは、「個人が自然と直接触れ合うような社会の骨組みを構成する」ということでは決してない。フランスの哲学者ミシェル・フーコーは、このレプケのテクスト、「多少ともルソー主義的な自然への回帰のようなものとして」語られているその「曖昧な言葉」の背後にある核心を看破して次のように述べている。「問題は、その基本単位がまさしく企業の形式を持つような社会の骨組みを構成すること」、「社会体内部へ『企業』形式を波及させること。これこそが新自由主義

政策に賭けられているものであると私は思う」、と[2]。

　市場経済の管理という言葉で本書が扱おうとするのは、根本的には、まさにこの点に関わっている。すなわち、市場経済そのものの存在理由に関わるコンセプトとしての経済的自由主義それ自体の延命という方向で行われる市場経済の管理である。19世紀の「自己調整的市場」という考え方がそもそもユートピアであって、それを維持するためには、実際には国家による様々な介入の支えが不可欠であった[3]。しかし、こうした介入は、この時代の原則から見ると、あくまでも例外的な調整のようなものであって、自由放任を要求し、それを法のなかに刻印する経済的自由主義こそが、この時代の基本的な姿であったといってよい。この、本来、政治的統治に対抗する、いわゆる「市民社会」の守護神であった経済的自由主義が、資本主義という社会システムの延命のために、まさに「統治のテクノロジー」へと変容していくのは、19世紀末以後、とくに第一次世界大戦以後のことであり、とりわけ、世界大恐慌はその自覚的変容の画期であった。

　新自由主義の本質をこの「統治のテクノロジー」のなかに求めたフーコーは、そうした新自由主義のモデルを、「経済から公法」の生成を企図したドイツの新自由主義、オルド自由主義に見出した[4]。ニーチェの有名な本『悲劇の誕生』の正式のタイトルは「音楽の精神からの悲劇の誕生」であるが、このひそみに倣って言えば、新自由主義とは、「自由主義の精神からの統治の誕生」である。「統治のテクノロジー」と化したこの新自由主義は、ドイツではなく[5]、「モデルの伝播」を通じて、アメリカにおいて、ありとあらゆる社会領域をカバーする統治＝ガヴァナンスのロジックへとラディカルな進化・変貌を遂げる。そこでは、例えば、犯罪すらも、この新しい統治の論理のなかに組み込まれる。すなわち、犯罪をめぐる社会領域は、犯罪という一種の商品の供給に対して刑罰というマイナスの報酬が与えられるマーケットである。ここで統治のロジックを提供するのは、市場を自らの象徴的住処とする自由主義の精神なのである。

　この〈超〉という形容詞を冠しても差し支えないほど啓発されるところ多く、オルド自由主義から自由主義の哲学的始源としてのイギリス経験論哲学までを

覆って間然する所のないかに見えるフーコーの新自由主義論において、大々的な書き換えや増補を要求せざるを得ないのが、この新しい「統治のテクノロジー」の生成に関わる世界大恐慌以後の歴史認識である。例えば、ナチズムとは、フーコーにとって、自由主義の「敵対的領域」であり、法学的見地から見たとき「国家の消滅」であった[6]。すなわち、彼にとって、ナチズムとは、リストの「保護経済」、ビスマルクの「国家社会主義」、ラーテナウの「計画経済」、そして「ケインズ主義経済」——要するに、自由主義に敵対するこれら諸要素の「厳密な融合」であった。そして、またナチス国家を、「人民という法権利の正真正銘の基礎であるようなもののための道具」と考える彼にとって、「ナチズムとは国家の消滅」に他ならなかったのである。

　フーコーのこの二重の誤謬を正すことこそ後の時代の歴史家の使命であるといってよい。オイルショック後の1970年代末、すなわち第二次世界大戦後の「埋め込まれた自由主義[7]」が終わり、変動相場制という新しい通貨体制のもとでやがて国境を超えて資本移動が激化しようとする前夜に、来るべき時代をはっきりと予感して[8]、根本的に考え抜かれたフーコーの新自由主義論であるが、歴史的知識はその時点から格段の進化を遂げた。本書が試みるのもこの進化への貢献にある。

　本書では、以上の議論との関連で言えば、まず第一に、ナチス経済・経済政策の自由主義的性格が、景気回復から投資契約までの諸論点に関して、ドイツにおける最新の実証研究の成果を整理する形で描かれるとともに（第2章シュトレープ／シュペーラー論文）、「所有と契約」をめぐる近年の経済史研究と法制史研究の成果をふまえて、ナチス経済法がオールド自由主義の視点から考察されている（第1章雨宮論文）。そして、それと密接に関連して、基本的に戦後へと維持されていくエネルギー産業法というナチス経済法の市場経済的合理性が解明されている（第3章田野論文）。さらに、同法が対象とした電力やその他の公共サービスの諸市場に関する今日の新たな競争政策の現状が示されている（第9章加藤論文）。第二に、1930年代前半、4カ年計画実施法によって本格的な軍

需経済へと転換する以前、すなわち法的な例外状態が開始する前の時期におけるナチスによる、国民の貯蓄をベースにした資本市場の健全化政策が詳細に分析されている（第4章三ツ石論文）。第三に、こうした金融政策を含めたナチス経済政策の自由主義的性格は、経済復興要因としての賃金コスト抑制政策とともに、スイスに拠点を置く国際金融機関 BIS に所属するエリートのグローバルな視点から確認されていたこと、そして、それは、ナチス広域経済圏とともに、1940年から43年頃までは（すなわち少なくとも独ソ戦の帰趨が明らかになる以前には）、一定の肯定的な評価が下されていたことが明らかにされている。また、そうした評価といわば共存する形で、彼の戦後構想における金本位制（自由主義の国際通貨体制の理念型）への一貫した固執も析出されている（第5章矢後論文）。さらに、第四に、日本の戦時総動員体制の経済運営における金融市場のリスク管理の実態が一次資料にそくして詳細に分析されるとともに（第7章山崎論文）、戦時経済をマネジメントする思想における日本とドイツの（後者から前者への影響）関係と比較の考察が縦横に展開されている（第6章柳澤論文）。戦時経済を扱ったこれら第6章と第7章からは、戦争という例外状態における自由主義経済操舵のテクノロジーとその思想を知ることができるであろう。ちなみに、こうした構成からも分かるように、本書における・比・較・経・済・史には、各国間の横の比較だけではなく、ナショナルな見方とグローバルな見方、19世紀の視点と20世紀の視点といった立体的な比較によって、新しい認識を得ようという方法的意図が込められている。

　なお、ドイツ新自由主義の代名詞であった「社会的市場経済」のコンセプトが、オルド自由主義を遙かに超えて、今日のようなライン資本主義の代名詞へと意味転化[9]を遂げていく過程で、アーベルスハウザー教授の、戦後再建期西ドイツ経済に関する批判的研究が有した意義は看過しえないものがあろう[10]。ドイツ経済史それ自体は、同氏の近著タイトルが示すように[11]、まさに自由主義をも含む諸価値の「文化闘争」の過程を経てきたのである。本書には、若い論敵シュトレープ氏とシュペーラー氏らの論文（第2章）からも伺えるように、現代ドイツ経済史研究の牽引車の役割を果たしてきた氏の最新の現代ドイツ経

済(政策)論(第8章)を収録することができた。それが示唆するのは、新自由主義の問題提起を消化しつつも、「統治テクノロジー」への経済的自由主義のラディカルな転換を拒否して[12]、アメリカとは異質な資本主義を造型しようする今日のドイツないしヨーロッパの姿である。

　しかし、本書は最初にも述べたようにあくまでも実証を指向した、豊かな細部にこそその真の生命が宿る歴史研究であって、その読み方は、ここで試みたような、フーコーの新自由主義論を「発見的な」理念型として用い、それに関係づけていくような方向を超えていっそう多様でありうる。また、ここに示したような切り口に対しても各論文の内容についても、著者同士で異論はあろう。例えば、筆者自身は、本書により発掘された史実を踏まえて、従来の経済的自由主義の近代化論的な類型論を再検討することは今後の課題であると考えている[13]。

　終わりに、本書の成り立ちについて簡単に述べておきたい。本書の日本人共著者たちは、平成17〜19年度科学研究費補助金・基盤研究(A)「介入的自由主義と管理型市場経済に関する国際比較研究——戦間期から戦後へ」によって共同研究を行ってきた。2006年には、政治経済学・経済史学会秋季学術大会においてパネル・ディスカッションを開催して中間報告を試みるとともに、W.アーベルスハウザー氏とJ.シュトレープ氏を日本に招聘し、学会(政治経済学・経済史学会、社会経済史学会、ドイツ資本主義研究会)や千葉大学COEプログラム(持続可能な福祉社会に向けた公共研究拠点)および東京大学大学院経済学研究科・経済史研究会国際セミナーとも連携して研究会を開催した。その実施にあたってご尽力いただいた広井良典先生、馬場哲先生、西牟田祐二先生、そして工藤章先生に御礼を申し述べたい。共編者の、ドイツ・ホーエンハイム大学教授シュトレープ氏には、ドイツの最新の研究動向を日本に紹介するために、東京と京都での講演、シュペーラー氏との共同論文の執筆とその増補改訂など、多大なご尽力を賜ったことを深謝したい。本書は直接的にはこうした、国内外の研究者のネットワークに支えられた共同研究の成果である。

しかし、その背景には、本書の執筆者の一人、柳澤治先生を中心とした「戦時経済研究会」の長い歴史がある。本書の日本人執筆者達は、学部学生として、大学院生として、また職場の若い同僚として、東京都立大学（現首都大学東京）において、先生のまさに無二と言うしかない懇切なご指導にあずかってきた。その言葉をここに万感の思いをこめて書き記したい。本書はその意味で柳澤治先生を囲む長い共同研究の一つの所産であり、先生に捧げられるべき一つの成果でもある。

　最後に、本書の出版を快諾して下さった日本経済評論社の栗原哲也社長と編集主幹谷口京延氏に心より深く御礼を申し上げたい。栗原社長は、この度、『私どもはかくありき――日本経済評論社のあとかた』として、社の来歴を一書にまとめられた。それには、1970年以後わが国の社会科学の歴史を刻んできた重厚な書物が居並ぶ刊行書目一覧が資料として付されている。本書を、その未来へと続いていくリストの一冊に加えていただけることを、著者一同、深く誇りとし、日本経済評論社のいっそうの発展を心よりお祈りしたい。編集の実務にご尽力くださった新井由紀子さんに心から感謝いたします。

2009 年 2 月

著者一同に代わって　雨宮昭彦

注
1) ドイツの保守系政党に連なる「バイエルン・ザクセン自由州未来問題委員会」報告書『ドイツの職業活動と失業．第 3 部　雇用改革案』（1997 年）からの引用。Kommission für Zukunftfragen der Freienstaaten Bayern und Sachsen, *Erwerbstätigkeit und Arbeitslosigkeit in Deutschland. Entwicklung, Ursachen und Maßnahmen. Teil III: Maßnahmen zur Verbesserung der Beschäftigungslage,* 1997, S. 36. 雨宮昭彦「労働の未来から市民参加の未来へ」『公共研究』第 2 巻第 3 号、2005 年、82 頁以下。ちなみに、「自己責任」というキーワードを、アクチュアルな話題のなかで法哲学的な視点から広範に分析・考察した論考として、瀧川裕英「『自己責任論』の分析――魅力と限界」（イラクから帰国された 5 人をサポートする会編『いま問い直す「自己責任論」』新曜社、2005 年、所収）。
2) M. フーコー、慎改康之訳『生政治の誕生――コレージュ・ド・フランス 1978-1979

年度』筑摩書房、2008 年、182 頁。
3) 若森みどり「K. ポランニー——社会の現実・二重運動・人間の自由」(橋本努編『20 世紀の経済学の諸潮流』[『経済思想』第 8 巻] 日本経済評論社、2006 年、所収) 344 頁以下を参照。
4) フーコー『生政治の誕生』101 頁。
5) 「真の根本的な社会政策を経済成長に求める」新自由主義者による社会政策の定義は、政策の多様な方向が交錯するドイツでは正確に適用されえなかったとし、むしろ、その定義から出発して発達していくのが「アメリカの無政府資本主義」であるとの、フーコーの極めて興味深い指摘をも参照、フーコー『生政治の誕生』178 頁以下。
6) フーコー『生政治の誕生』134、137、211 頁。本書第 1 章、注 92 をも参照。
7) J. G. Ruggie, International Regimes, Transactions, and Change: Embedded Liberalism in the Postwar Economic Order, in: S. D. Krasner (ed.), *International Regimes*, Ithaca, London, 1983.
8) オイルショックを減量経営と (柔軟な生産体制を支える) 新しい生産技術とアジア・アメリカとの (直接投資と貿易との) トライアングルで上手く乗り越えて、モデル・ジャパンの 1980 年代を謳歌する日本では、フーコーの考察よりも 10 年遅れて新自由主義の脅威が訪れる。
9) 雨宮昭彦「社会的市場経済の思想——オルド自由主義」(田村信一・原田哲史編『ドイツ経済思想史』八千代出版、2009 年、所収) を参照。
10) 本書第 8 章にその簡単な要約がある。
11) W. アーベルスハウザー、雨宮昭彦・浅田進史訳『経済文化の闘争——ニューエコノミーへのドイツの道とアメリカの挑戦』東京大学出版会、2009 年刊行予定。
12) フーコー『生政治の誕生』178 頁以下。前掲、注 5 を参照。
13) 岡田与好「経済的自由主義とは何か」(同『経済的自由主義−資本主義と自由』東京大学出版会、1987 年、所収) を参照。雨宮昭彦「パネル・ディスカッション『介入的自由主義と管理型市場経済の生成——戦間期から戦後へ』・パネルの趣旨」(『2006 年度政治経済学・経済史学会秋季学術大会・総会　報告要旨』所収) を参照。

目　次

はしがき　　　　　　　　　　　　　　　　　　　　　　　雨宮　昭彦　iii

第1章　1930年代ドイツにおける〈経済的自由〉の法的再構築
　　　　――ナチス経済法と競争秩序のシステム …………雨宮　昭彦　1

はじめに――戦間期における介入法のシフト　1

第1節　〈所有と契約〉をめぐる論争――ナチス経済史・法制史研究　3

　(1)　ナチス経済像の再審　3

　(2)　〈契約の解体〉という神話　8

第2節　新民法と経済法の理念　10

　(1)　ナチス新民法の理念　12

　(2)　ナチス経済法の理念　17

　(3)　強制カルテル設立法　22

第3節　ナチス期における法改革の論理　28

　(1)　「新しい自由主義」の制度化　28

　(2)　近代自由主義経済法のオルド自由主義的超克　30

おわりに――公序としての経済的自由主義　35

第2章　ナチス経済像の革新――研究のパラダイムチェンジ
　　………………………………………J.シュトレープ／M.シュペーラー　45

はじめに　45

第1節　景気回復と歪んだ経済の奇跡　46

　(1)　大恐慌からの景気回復　46

　(2)　農業政策と消費　49

第2節　軍需経済の「奇跡」　53

(1)　投資契約における自由　54
　　(2)　契約形態の選択肢——建設業の事例と国際比較　57
　　(3)　ナチス国家と企業　62
　　(4)　シュペーア神話の終わりか　63
　おわりに　68

第3章　ドイツ電力業における市場規制の展開
　　　　——1935年のエネルギー産業法の成立過程を中心に
　………………………………………………………………田野　慶子　75

　はじめに　75
　第1節　法律制定以前の電力業　78
　　(1)　ドイツ電力業の特徴　78
　　(2)　利害対立の激化　79
　第2節　エネルギー産業法制定にいたる過程　81
　　(1)　電力業をめぐる諸見解　81
　　(2)　第一草案（シャハト案）　84
　　(3)　編纂委員会案　87
　　(4)　エネルギー産業法　89
　第3節　法律制定後の電力業　93
　　(1)　ナチス再軍備下における電力業集中化　93
　　(2)　第二次大戦後の電力業集中化　95
　おわりに　97

第4章　ナチス期金融市場政策の展開と貯蓄銀行
　　　　——1935年ライヒ国債問題を中心に　…………三ツ石　郁夫　105

　はじめに　105
　第1節　資本市場の回復と長期国債の発行　108
　　(1)　資本市場の回復　108

(2)　貯蓄銀行における資金形成　110

　(3)　社会保険・生命保険における資金形成　111

　(4)　1935年ライヒ国債の発行　113

第2節　1935年国債の発行とその問題　114

　(1)　第1回発行分の購入　114

　(2)　国庫証券の発行　115

　(3)　第2回発行分における問題　117

第3節　整理政策の行き詰まりと軍備金融方式の多様化　121

　(1)　短期信用拡大の危機　121

　(2)　シャハトとゲーリングの対立　124

　(3)　1930年代後半の国債・国庫証券発行と短期債務の整理　126

おわりに　129

第5章　戦時BISにおける市場認識と戦後構想
　　　——ペール・ヤコブソンの政策論を中心に………矢後 和彦　137

はじめに　137

第1節　戦時と戦後のヤコブソン理論——「市場経済」への執着　140

　(1)　「価格メカニズム」への着眼と「小国論」　140

　(2)　ブレトンウッズへの視線　145

　(3)　ケインジアンとの論争——戦時から戦後へ　148

第2節　第二次大戦期のBIS銀行業務——営業の推移とその背景　153

　(1)　預金の収集——「金」と「預金」の関係　153

　(2)　資金の運用——金保有の目的　157

　(3)　損益計算と利益処分——為替損益の処理　160

第3節　清算論から復権へ——アメリカからみた戦時・戦後のBIS　165

　(1)　戦時におけるアメリカとBIS——関係悪化の諸前提　166

　(2)　BIS清算論から復権へ——「欧州の機関」としてのBIS　169

おわりに　174

第6章　戦前・戦時日本の統制的経済体制とナチス的方式の受容
　　　──経済機構再編成の構想 ……………………………柳澤　治　183

はじめに　183

第1節　電力国家管理と「全体主義的」イデオロギー
　　　　──国営方式とナチス的方式　188

　(1)　電力国家管理を「全体主義的」とする見解　188
　(2)　電力国家管理のイギリス型とナチス・ドイツ型　189
　(3)　革新官僚の電力国家管理論における世界認識　191
　(4)　国営方式とナチス・ドイツ方式　193

第2節　ナチス・ドイツの民間経済再編成への注目
　　　　──日満財政経済研究会と昭和研究会　194

　(1)　日満財政経済研究会とナチス的機構再編方式　194
　(2)　昭和研究会の民間経済機構改革案──ナチス的方式の批判的検討　196

第3節　企画院における経済機構再編成の構想とナチズム　203

　(1)　経済機構改革としての経済新体制構想
　　　　──「経済機構整備要綱（案）」（1940年夏）　203
　(2)　経済新体制確立要綱（1940年12月）へ　206

おわりに　210

第7章　戦時日本における金融市場のリスク管理
　　　──戦時金融金庫の事例 ……………………………山崎　志郎　221

はじめに　221

第1節　戦時金融金庫法の制定と設立　222

第2節　設立当初の事業見通し　225

第3節　各年度の事業計画と実績　229

　(1)　1942年度　230
　(2)　1943年度　232

(3) 1944 年度以降　234

第 4 節　収益構造　237

おわりに——政策金融機関とリスク管理　241

第 8 章　戦後ドイツ経済制度における連続性の再建
——社会的生産システムと経済政策
………………………………………………W. アーベルスハウザー　247

はじめに——「経済の奇跡」の神話　247

第 1 節　二種類の再建　249

　(1) 成長のダイナミズム　250

　(2) 制度的枠組み　252

第 2 節　経済政策の時代錯誤　254

　(1) 旧い工業モデルへの指向　254

　(2) 労働市場と生産構造の懸隔　257

第 3 節　1970 年代以後の改革の停滞　260

　(1) グローバリゼーションの回帰　260

　(2) 早い診断——遅い治療　262

第 4 節　東西ドイツの再統一——起こらなかった二度目の「経済の奇跡」　265

おわりに——連続性の終わりか？　270

第 9 章　現代ドイツにおける規制の体系と規制改革
………………………………………………………加藤　浩平　275

はじめに　275

第 1 節　規制の広がりと規制改革への取り組み　278

　(1) サービス市場での規制　278

　(2) 規制改革への取り組み　281

　(3) 連邦所有企業の民営化　282

第 2 節　郵政民営化　285

(1) 郵政民営化への第一次改革　286
　　(2) 第二次郵政改革　286
　　(3) 第三次郵政改革　288
　　(4) 市場参入への障害　289
　第3節　鉄　道　改　革　291
　　(1) 軌道交通の特性　292
　　(2) 鉄道改革の展開　294
　　(3) 路線ネットへの参入規制　296
　　(4) 改革の成果　298
　第4節　電力市場の自由化と規制　301
　　(1) 電力産業の特徴　301
　　(2) 「エネルギー経済法」(1998年)の実施　303
　　(3) 自由化と集中過程　304
　　(4) 市場競争の展開　306
　　(5) EU方針との対立　308
　お わ り に　310

あとがきに代えて　　　　　　　　　　　　　J. シュトレープ　319

第1章

1930年代ドイツにおける〈経済的自由〉の法的再構築
―― ナチス経済法と競争秩序のシステム

雨宮 昭彦

はじめに――戦間期における介入法のシフト

　国家が市民社会から全権委任をとりつける戦争のような例外状態を別にすれば、「所有権絶対の原則」および（「契約自由の原則」・「団体結成の自由」などを含む）「私的自治の原則」は、近代私法＝民法の古典的基本原則であって、そこにいわゆる市民社会の自律性の理念が法的に表現されていた。資本主義経済の発展は、原理的には、この自律的な市民社会の理念と切り離すことはできない[1]。

　もっともこの法的聖域はあくまでも理念のなかでの話であって、ドイツで自由主義的経済秩序を象徴する営業の自由と契約の自由が宣言された時期――前者は1869年（営業法）、後者は1900年（民法）――にも、自由主義経済秩序（国家と経済の相互独立性、経済活動の自由を守ることへの国家の課題の限定）に反する国家介入が行われており、とくに、1873年の恐慌に続く大不況期には経済法、労働法、社会法に基づく諸政策が実施された[2]。

　しかし、国家介入がより一般化するのはとくに第一次世界大戦以後である。ドイツ革命によってドイツ帝国からワイマール共和国へと転換したドイツでは、自由主義的理念と社会国家的理念をともに表明したワイマール憲法[3]を背景に両方向の介入が本格化した。それを時期的に比較すると、1920年代と30年代との間に特徴的な差異があることが浮き彫りになる。

　すなわち、1920年代に主流となったのは、社会国家ないし福祉国家の建設、基本的には平等原理を指向する方向での介入であって、具体的には、労働市場

における契約者間の実質的な平等確保や弱者保護を意図した法令（1918年の労使団体間の集団的労働契約制度、23年の国家労働仲裁制度、20年の経営委員会法や26年の労働裁判所法など一連の労働法、母性保護法・労働時間条例・閉店法・パン菓子製造業夜間労働禁止法・失業扶助法など）であった[4]。

　これに対してワイマール共和国末期、大恐慌という「例外状態」において成立した大統領内閣以後の1930年代には、経済危機で混乱し破壊された市場経済の再建に関わる法令が数多く発布された。それによる介入は、20年代とは異なって、価格やそれを規定する市場権力への介入であって、私的所有権に基づく経済的自由、すなわち「契約自由の原則」や「団体結成の自由」など「私的自治の原則」の再検討という点では20年代と共通していたが、それを、社会国家建設のような「平等主義的」方向でではなく、逆に、機能不全となった市場経済を再構築する方向で遂行した点がこの時期の特徴であった。法学者J. W. ヘーデマン（Justus Wilhelm Hedemann）によれば、1930年代前半（1931～35年）には、『ドイツ国家法令集（Reichsgesetzblatt）』第一部（国内法）に収録された法令の数は2万3720を数え、その大部分は経済問題に関係していた[5]。経済法（Wirtschaftsrecht）と総称されるこうした法律の発布は、ワイマール期末期の大統領内閣のもとで始まり、ナチス期に加速化した。

　これら経済法は、先に述べたように、「所有権絶対の原則」、「契約自由の原則」（「私的自治の原則」）に抵触するものであったが、その基本的考え方は、20年代の介入法の精神からは大きな転換を遂げていた。この変化のコアをなす考え方を、本章では、ナチス体制下の1930年代後半に、国務大臣・官房長官ランマーズ（H. -H. Lammers, Reichsminister und Chef der Reichskanzlei）と国家・プロイセン内務省事務次官プフントナー（Hans Pfundtner, Staatssekretär im Reichs- u. Preuß. Ministerum d. Innern）を編者に刊行された叢書「ナチス国家の基盤・構成・経済秩序」の表題および、その一冊として収録された『経済法』の指摘に従って[6]、「競争原理」（Wettbewerbsprinzip）と「経済秩序」（Wirtschaftsordnung）という言葉で表現したい。

　ナチス期には、経済活動の「自生的規範」（Selbstgeschaffenes Recht der Wirtschaft) である「一般業務条件」(Allgemeine Geschäftsbedingungen, AGB) の改革から始まって、経済法の再編、より原理的な私法・公法関係の再検討を経て、民法改革＝新民法（国民法 Volksgesetzbuch）の構想に至る一連の私法改革が進展した。その目的は、従来よく言われてきたような、「私的自治の原則」の否定・「経済的自由」の抹消ではなく、むしろその再定義であり、とりわけ機能不全となった「競争原理」の、19世紀末以降の新しい経済的条件のもとでの再生を意図した「経済的自由」の法的再構築であって、先の『経済法』の著者である法学者 H. グロスマン＝デルト（Hans Großmann-Doerth）の言葉を借りるならば、「無意味化した」、19世紀的「市民時代的な」「自由主義経済法」の刷新こそが「ナチズムの法改革の課題」であった[7]。

　以上の観点から、本章では、ナチス体制下における経済的自由主義の刷新を、次の順序で明らかにしていきたい。まず、第1節では、ドイツにおけるナチス経済史研究および法制史研究の最新の展開を、従来の研究史との関連で整理することにより、本章の問題設定の研究史的意義を確認する。次いで第2節で、ナチス私法改革＝新民法の理念と30年代前半に発布された経済法を検討したうえで、最後に第3節で、ナチス期における法改革の論理をオルド自由主義の視角から探ってみたい。

第1節　〈所有と契約〉をめぐる論争——ナチス経済史・法制史研究

(1)　ナチス経済像の再審

　ナチス経済史研究は近年格段な進展を見せているが、それらの新しい実証研究の成果は、全体として、従来のナチス像に「パラダイムチェンジ」とも命名しうるような根本的な変化をもたらしつつある[8]。その最も顕著な知見の一つは、「ナチス期における民間企業の所有権は名目的にのみ維持されたのであり、実際には、経済アクターとしての企業には自立的意思決定の余地は殆どなかった」との従来の支配的な見方に根本的な修正を迫った点である[9]。

表1-1 テーミンのソビエト経済とナチス経済の比較

		所有権	
		私的所有	公的所有
経済システム	市場経済	資本主義市場経済	社会主義市場経済
	集権的計画経済	ナチス経済・戦時経済	ソ連経済

表1-2 20世紀ドイツの経済体制と経済政策の諸局面　シュナイダーの整理

1914〜1918年	国家の価格政策・最高価格・規則、民間経済の戦争に向けた道具化。処分権（所有権）の強力な制限。		
1918〜1933年	経済政策の実験、経済権力的地位の乱用に対する条例（カルテル条例、1923年11月2日)、世界恐慌の結果としての緊急条令、国家と経済の関係の問題化。		
1933〜1945年	価格メカニズムの失効と国家の操舵、政治の優位、<u>法律上は私有財産制・実際には生産手段を利用し生産するものを決めるのは国家</u>。		
	第一次セクター	第二次セクター	第三次セクター
	国家生産（農林業）階級（Reichsnähr-stand)・作付け比率・価格・品質等級・利幅が規定される。食糧配給券の導入（1939年8月28日)。	国家工業集団（Reichsgruppe Industrie)。	外国為替強制経済・貿易強制経済、信用制度に関する国家条例（1934年12月5日)。
	賃金・価格凍結		

1948年以後

西側地区／ドイツ連邦共和国	ソビエト地区／ドイツ民主共和国
「操舵された経済」(戦時経済）の清算と社会的市場経済への方向。自由化、すなわち国家間の商品流通の数量制限からの解放。<u>学識者による政策諮問の制度化──学識者諮問委員会</u>。	「戦時経済秩序」＝ソビエト型中央計画経済の有利な前提。諸制度の解体（「革命による転換」)。技術的進歩は僅かあるいは皆無・効率性の低さ・経済的豊かさは低水準（ドイツ連邦共和国の最大限25％)。

　例えば、アメリカの経済史家P.テーミン（Peter Temin）は、ソビエト経済とナチス経済を比較し、両者の共通面として中央集権的計画経済を強調した（表1-1)[10]。

　このような、いわば経済史的全体主義論は、従来ドイツでも支配的な見方であったといってよい。例えば、J.シュナイダー（Jürgen Schneider）は、第一次世界大戦以後のドイツを表1-2のように整理し、次の点を示した[11]。①ナチス経済は、法律上の私有財産制は維持されつつも、実際には生産手段の処分権

を掌握した国家によって操舵された経済である。②ナチス経済は、経済制度の面から見て、「社会的市場経済」に指向した戦後西ドイツ経済とは不連続である一方で、ソビエト型中央計画経済を採用した東ドイツとは連続性を示す。③「学識者諮問委員会 Wissenschaftlicher Beirat」メンバーであるオルド自由主義経済学者・法学者に関しては、彼らと戦後西ドイツとの関わりを強調する一方で、ナチス体制との関係については不問に付している（あるいは、ナチズムに対する彼らのレジスタンスを一面的に強調している）[12]。

ナチス経済における国家と企業の関係については、ナチス体制をビッグビジネスの道具と見るマルクス主義的見解から、それを企業の自立的意思決定が失われた国家主導経済とする見方まで多様な観点が存在するが[13]、今日の歴史研究の主流をなしているのは後者である。上記のテーミンもシュナイダー（ここでは①、②）もこの系列に属している。ナチス経済は、この立場にとって、企業の私的所有権が形骸化し国家が生産手段を利用する権限を掌握した「社会主義ブランド」の一タイプなのである。

この命題を論証する際に、テーミンは、所有権の形骸化をこの体制における契約のあり方と関連づけ、国家が企業に固定価格でその産出物の引き渡しを義務づけるという企業にとって不平等な長期契約の形態であったとした。企業がこの契約を拒否した場合には、彼によれば、その企業は国有化されうるのである。

これに対して、ブーフハイムとシェルナーは、この間にドイツで進捗しつつあった実証研究の成果を、テーミンの方法、すなわち「所有と契約」の観点から整理することによって、テーミンの主張に反して「契約の自由」は次の3点においてナチス期にも基本的に維持されたことを立証した[14]。①資金、原材料など投入の配給が拡大したにもかかわらず、企業は通常は依然として自分自身の生産計画を追求する十分な余地を維持していた。②工業における投資決定は確かに国家規制から影響を受けたが、その決定の主導権は一般には企業にあった。投資の水準や構成における中央計画は存在していなかった。これは4カ年計画のもとでも、戦時期を通じてもそうであった。③国家の戦争関連投資やア

ウタルキー関連投資に関してさえも、国家は通常、工業への無条件の支援を保証するために権力を行使しなかった。むしろ、契約の自由が尊重された。国家は、企業に契約の幾つかの選択肢を提示し、企業自身の選択を通じて、企業が国家目的に従って行動するように誘導した。

J. シュトレープ（Jochen Streb）らは、この最後の論点、すなわち軍需経済においてナチス国家とドイツ企業との間で締結された契約形態の選択の問題に立ち入って、固定価格契約と原価契約（コスト付加契約）のうち、実際にはどちらの契約形態が選択されたかを実証的・理論的に分析し、通常の市場経済において発注側と受注側の間の情報分配の非対称性から発生するプリンシパル・エージェント問題[15]がそこにも観察されうることを指摘した[16]。独ソ戦への移行局面のなかで、政府が原価契約よりも固定価格契約を選択すべき諸条件（発注者＝政府と受注者＝企業との間で取引情報における発注者側の有利な位置の確立を示す諸条件）が一般的には満たされていき、「1942年5月19日の単位価格ないしグループ価格に関する条例」によって原価契約から固定価格契約への移行（契約のあり方への法的規制）が行われたが、そうした諸条件が整わない産業（例えば、建設業）では、（取引当事者双方のその都度の駆け引きの結果として）両方の契約形態が併存した[17]。本章の問題設定との関係でいえば、先の全体主義論的仮説（常に発注側＝国家の意向の貫徹）もマルクス主義的仮説（常に受注側＝企業の意向の貫徹）もともに妥当しないのである。

テーミン批判から出発したブーフハイムらは、最近の研究成果をふまえて、さらに積極的に次のような興味深い指摘を行っている。

① ナチス体制は、一般に、民間企業の国営化や国有企業の創設を全く望んではいなかった。逆に、可能なところでは企業の「再民営化」すら促進された。

② ナチスのイデオロギーにおいては、企業家的精神が重視され、私的所有はそうした企業家的精神の発揮にとって不可欠の前提であると考えられていた。

③　私的所有のみが、コスト意識を育て、効率性上昇と技術的進歩を達成させる重要なインセンティブの源泉となるとナチエリートは考えていた。4カ年計画は可能な限り民間企業によって執行されるべきであるとの基本的方針の背景には、「ドイツ原材料局の4カ年計画への融資プラン」も述べているように、「工業の自由なイニシアティブを維持することが重要であり、その場合にのみ、成功が期待できる」との動機づけがあった。ヒトラーも、経済の官僚制的経営に対して、それが自然的淘汰を回避することによって、最も弱い平均の維持に保証を与え、より高い能力や工業や価値に対する重荷となって一般的な繁栄に対するコストとなるが故に、基本的に反対であるとの考え方を折に触れて表現した。

④　こうした考え方は、私的所有権と公的所有権の効果に関するモダンエコノミクスの理解と一致している。第三帝国が、私的所有権に基づいた企業経営と国家のインセンティブ政策との組み合わせを、生産の効率性を増進させるための基本的には最善の道として追求したことは最近の経済史事例研究が示す通りである。こうした関連をナチスはよく知っており、彼らの目的を達成するために、意識的にそれを利用した。

　ナチス経済は中央管理の計画経済ではなかったこと、ナチスの経済政策は、基本的に、私的所有の枠組みを維持し民間企業の活力を促進していく立場にたっていたことが確認された。しかし、テーミンの問題提起をめぐるブーフハイムらの作業の意義は、それだけに止まらない。反証可能な形で提起された命題をめぐるこの論争は、「所有と契約」の関係という問題設定の仕方、すなわち私的所有権を前提とした取引における契約のあり方に注目して法と経済を関連づけるという卓抜した方法的視角のゆえに、個別経済史分野を超えて、この時期、「経済的自由」の法思想・経済思想に起こりつつあった事態を考察するうえでも極めて重要な意義を有しているように思われる。ナチス経済史研究と法制史研究との架橋の試みを可能にするのはこの方法的視角である。

(2) 〈契約の解体〉という神話

　すでに述べたように「契約の自由」は、近代私法（民法）の基本原則「私的自治」の最も重要な構成要因であり、「私的所有権絶対の原則」と共に、経済的自由主義の法的な基本原則を示すが、この契約モデルは、ナチス体制のもとでは、「いつでも制限されたり、取り消されたりされうる」とされてきた[18]。「私的自治」を体現し「自由主義」と「個人主義」の法的表象である「契約の自由」は、個々の利害の全体利害への従属（「公益は私益に優先する」）を要求する「全体主義」国家においては攻撃対象となったのであり、最終的には私法の存続自体が問題化したと考えられてきた。「法秩序の退化」、法の「国家テロの道具化」、「契約の廃棄」がこれまでのナチス法制史の支配的見解であった。先の全体主義論の経済史ヴァージョンは法制史におけるこの見解といわば相互に補完的な関係にあると言えよう。

　しかし、こうした理解には、法改革作業に従事したナチス諮問機関「ドイツ法律アカデミー」の議事録・関連資料[19]が公刊され、その研究が進むにつれて「正当な懐疑」が向けられるようになり、「財やサービスの交換を規制する契約に関しては、それが妥当しない」ことが明らかになった。とりわけ、1938年から43年にかけて実施された「ドイツ法律アカデミー」のプロジェクト、ナチス新民法＝国民法（Volksgesetzbuch）草案を検討したC.ハルト（Caroline Harth）は、2008年に公にした博士論文において、次のような瞠目に値する諸点を明らかにした[20]。すなわち、①新民法草案の若干の部分にはナチス的表現が認められるものの、基本的には法技術的に従来の民法（BGB）の内容が継承されている。②契約法に関して目指されたのは、一般的には、「契約の自由」の原理的廃棄ではなく、古典的な契約概念（契約当事者間の形式的な合意モデル）の機能不全の認識に基づく改革であり、具体的には、市場経済の規制をはかる経済法との整合性を確立することであった。③この改革の主導理念としてナチス諮問機関法律家たちの念頭におかれたのは、古典的な経済的自由主義モデルが機能不全になったとの認識を踏まえて、国家の直接的操舵モデル（私法

領域の公法への吸収）ではなく、（私法による対応をあくまでも維持して）個人のイニシアティヴを生かす方向での「秩序づけられた自由主義」モデルであった。こうした法制史理解は、ブーフハイムらの経済史研究が提起した新しいナチス経済像と整合的な関係にあると言ってよい。

　ところで、新契約法の構想へと発展することになるナチス経済法に関しては、マックス・プランク欧州法制史研究所の大規模なプロジェクト「ヨーロッパの独裁：経済コントロールと法」の一部として実施された「ナチズムにおける法を通じた経済操舵」の研究成果が 2005 年以降次々に公にされた[21]。前記ハルトもそのメンバーに含む研究グループは、労使関係の法的規制、農業法、外国為替管理法と貿易、銀行法と金融規制、保険業の規制、競争法とカルテル法、特許法と知的財産保護、消費政策、株式会社法と借入資本法、鉱山法、エネルギー産業法、食料価格等々、広範な領域のナチス経済法と取り組んだ。この個別分析は、ナチス期に発布された経済法の重要な法令が、基本的に戦後西ドイツへと引き継がれたことを明らかにしている[22]。しかし、その際、この連続性に関して言えば、例えば、株式会社法の場合、何故いわゆる「システム中立的な改革」がなされたのかについて、その論理が十分に構築されているとは言い難い[23]。また、エネルギー産業法の場合、その「システムの境界を超えた」戦後への持続の説明を、「経済政策の自由主義的局面と介入主義的局面の間の境界線は、自由な政治システムと全体主義的政治システムとの間の時期区分とは一致せず、極めて複雑な相互関係にある」とのいわば表層観察で代替させることで満足してしまっており、法的持続性を説明する歴史的ロジックの構築へと進もうとしていない[24]。

　これに対して、マックス・プランク研究所のプロジェクトに参加したハルトは、後の博士論文となる内容をここでいっそう端的に展開し、ナチス私法改革に関する、「反自由主義的、反個人主義的」で、「法思想の退化」、「契約思想の解体」との通説を簡潔に批判した[25]。それによれば、①ナチス私法新秩序が生成した背景には、工業化の進展と世界恐慌によって市場の競争原理と契約自由の基盤が解体されてきているのであり、したがって、競争の再建を通じてのみ

契約の正当性も再建されうるとの認識があった。しかもこの認識はすでに1933年以前から広がっていた。②ナチス私法改革の核心は、経済介入や中央管理経済への志向性にではなく、経済的自由主義思想とナチス法思想との結合を試みた点にあり、ここにおいてナチスの私法思想とオルド自由主義の経済思想とが結びついたのである。

　この見方は1945年以降への法的連続性に関して一つの極めて興味深い説明の仕方を示唆している。1930年代ナチズムの時代は──すでに拙著で示したように[26]──第一次世界大戦と大恐慌によって決定的な存亡の危機に瀕し、延命を模索する経済的自由主義が根本的な自己革新を遂げていく「可能性の時代」に他ならなかった。この時期に発布されたり構想された経済法や私法の、戦後への連続性の根拠も、これら法律の経済思想的支柱の連続性と密接不可分の関係にあるのではないだろうか。

　以上の研究史の整理をふまえて、次節では、ナチス国民法と経済法の基本的な考え方について立ち入ることにしたい。

第2節　新民法と経済法の理念

　ナチス体制のもとでは「契約法の改革」に、戦後西ドイツで要人として活躍することとなる錚々たる法学者が従事した。その多くは、「ドイツ人の法生活の改革を促進し、法制定管轄部局との緊密かつ継続的な連携のもとで、ナチズムの綱領を国家全領域において実現することを課題」（ドイツ法律アカデミー法1934年7月11日、§2)[27]として設立されたナチス諮問機関「ドイツ法律アカデミー」メンバーであった[28]。従来の民法（1896年起案、1900年発効）を改正して「ドイツ国民法（das Volksgesetzbuch）」を制定することが同アカデミーの最大の課題であったが、ナチス契約法は、この新民法＝国民法のなかの「第四編　契約・責任法（債権法）［4. Buch: Vertrags- und Haftungsordnung (Schuldrecht)］」として成文化されることになった[29]。

　この契約法の作成過程で中心問題となったのは「正しい契約」（der richtige

Vertrag）の概念である。ナチス法改革における「正しい契約」というコンセプトの解釈は、ドイツ法律アカデミーの主要メンバーの一人、W. シュミット＝リンプラー（Walter Schmidt-Rimpler）が 1941 年に発表した論考が示すように[30]、私的自治の思想（私法上の法律関係については個人の自由意思に基づいて自律的に形成しうる。それに属する「法律行為の自由」のなかでも典型的な「契約自由の原則」は、契約の締結・相手方選択・内容・方法を国家の干渉を受けずに自由になし得るとする）と（公益優先を規定する）他律的な契約秩序との関係をめぐっている。

　従来の民法の基礎にある（19 世紀的）自由主義的経済秩序の考え方に従えば、自由に結ばれた契約が共同体にとってもつ有効性＝合目的性（Zweckmäßigkeit）は自明のものであった。自由な契約の正しさは市場が正義であるとの確信、市場への信頼に基づいていた。なぜなら、リベラルな市場経済の理念によれば、市場経済への個々の参加者による個別の決定、個々の自由な契約の総和は、結果的に、公益と合致するとされたからである。こうした考え方は第一次大戦前後から動揺し始め、市場への不信は世界恐慌によって決定的となった。こうして伝統的な「正しい契約」の理念はナチズムのもとで大きく転換していくことになる。ナチスの契約思想に関して一般的に了解されてきたのは、私的自治の思想を放棄し、個々の契約当事者の利害＝私益よりも共同体の利害＝公益を優先するとの見方である。

　しかし、個々の国民の結ぶ契約に関して、とくにナチス・イデオロギーが色濃く刻印された家族法や労働法の対象領域では（個々の具体的契約ケースの中に）ナチ党綱領第 24 条の有名な文言「公益は私益に優先する」に概括されるような私的自治から他律的秩序への転換が確認される一方で、財やサービスの交換を対象とした契約（ナチス体制下で結ばれた個々の取引に関する契約）に関しては、その限りではなかった[31]。従来、「反自由主義的」、「反個人主義的」、「反ローマ法的」と考えられてきた新民法構想に関しては[32]、どうであろうか。

(1) ナチス新民法の理念

　新民法＝「国民法」草案は、それまでの議論を集大成し、1941年5月に「機密」文書として、ドイツ法律アカデミーの代表委員会メンバー、各委員会委員長およびライヒ法務大臣に送付された[33]。この草案冒頭、「大ドイツ帝国の国民法に関する基本法則。第1章　民族同胞の原則」は、契約に関して、次のように規定している[34]。

　「第11項：経済生活の秩序（die Ordnung des Wirtschaftslebens）は民族同胞の共同体意識を持った共同生活の本質的な前提である。契約は、財の有意義な分配の手段（Mittel sinvoller Verteilung）として承認される」。

契約を「財の有意義な分配の手段」とみること自体はナチス新民法に特有のことではない。問題は、その法システムが、「財の有意義な分配」としてどのような理念を基礎におくかである。そしてその理念は、第11項も示すように、共同体の本質的前提である「経済生活の秩序」の内容に関わっている。

　この点について構想されているドイツ新民法は何を最も重要な目標としているであろうか。国民法制定委員会委員長J.W.ヘーデマン（Justus Wilhelm Hedemann）[35]の執筆した国民法草案指針に関する回状（1941年1月7日）によれば、ドイツ法律アカデミー総裁H.フランク（Hans Frank）は、上記草案が完成する前年、1940年にミュンヘンで開催された同アカデミー年次大会において、これを、次のように要約している[36]。「ドイツ国民法が抱懐するのは次のような20世紀の認識である。すなわち、個人法に代わって共同体法が、貧しい者の搾取に代わって彼らのための扶助が、資本主義の利潤渇望に代わって、非の打ちどころのない業績競争（einwandfreien Leistungswettbewerb）を通じて計画的に導かれた健全な個人の発展が、強者による弱者の抑圧システムに代わって、社会的・法的に対等に保護された民族同胞の間の真の契約自由が立ち現れなければならないとの認識である」、と。

「真の契約の自由」には、ここでは、その前提として「非の打ちどころのない業績競争を通じて計画的に導かれた健全な個人の発展」を可能にするような経済のあり方(「経済生活の秩序」)が想定されている。この健全な諸個人の「業績競争」に基づいた「経済生活の秩序」については、ドイツ法律アカデミー・メンバー、チュービンゲン大学教授 H. シュトール(Heinrich Stoll)によって 1934 年に執筆され、同アカデミーの「人格［自然人・法人］法・団体法・債権法委員会」に提出、討議を経て 35 年 9 月に決定稿となった重要文書「業績の障害に関する教訓」が、いっそう端的に次のように述べている[37]。なおこの報告書には契約法草案が添付され[38]、35 年 10 月にアカデミー総裁 H. フランクに届けられた[39]。

「経済生活の秩序にとって重要な・個・人・の・活・動・力(der persönlichen Tatkraft)の意義を認識し、共同体におけるいっそう高い業績達成のために・個・々・人・の・生・活・意・欲(Lebenswillen des einzelnen)を意識的に利用する(sich einsetzen)ような法秩序は、個・々・の・業・績(Einzelleistung)の向上を刺激し、活力ある自発的人格(der tatkräftigen Persönlichkeit)に対して発展の可能性を与えるために必要不可欠な手段に訴えることを躊躇しないのである。そのための法政策的手段は、債権法的な契約の自由(die schuldrechtliche Vertragsfreiheit)である。個人の・自・発・性(der privaten Tatkraft)にこそ、最高の目標である公益(Gemeinwohl)の顧慮が求められなければならないのであり、この自発性の退化は、断固として阻止されねばならない。個人の自発性が、強制的な規則の網の中で窒息してしまわないように、また、裁判所の契約形成を要請して絶えざる危険にさらすことで萎縮してしまわないようにしなければならない。従って、私法においては、強制的規則の導入や裁判所の［契約］形成権の拡大によって［公益の直接的］保護思想を考慮するという可能性は、生命に関わるような重大な法的関係や異常事態における係争問題の調停を目的とする場合のみに限られるのである」、と。契約の自由の必要性に関する、同様な、上記の文言をほぼそのままなぞるような見解を、アカデミー主力メンバー、ケルン大学教授 H.C. ニッパーダイ(Hans Carl Nipperdey)も、1937 年に示している[40]。

ナチス新民法における「経済生活の秩序」は「個人の活動力」を重視し、業績競争の主体である「活力ある自発的人格」の発展を促すような社会システムを想定している。「公益」は、このシステムにおいては、「私益」を追求する「個人の自発性」への法的・司法的介入による後者の強制的抑制を通じた前者の「保護」によって実現すべきではないとされており、むしろ「個人の自発性」への「公益」顧慮の要請、すなわち私益追求の自発性と公益実現との両立が主張されている。(債権法的な)「契約の自由」は、ここでは、その廃棄を要請されるどころか、むしろ、この「経済生活の秩序」にとっての「必要不可欠な手段」として位置付けられ、それへの積極的なコミットメントが明示されているのである。

ところで、これらの議論において、「経済生活の秩序」を構成する競争は、「個人の自発性」を「公益」へと結びつける「業績競争」(Leistungswettbewerb)であって、無制限な「自由競争」とは峻別されている。「公正な競争」は「障害のある競争」や「誤った競争」でもありうる「通常の競争」とは区別され、「法的に許容しうる業績競争」は「法的に許容できない非業績競争」と峻別されるのである[41]。これらの点について、1937年10月、ドイツ法律アカデミーにおいて「民法改革に向けて」をテーマに開催された報告会においてW. シュミット゠リンプラーは次のように述べている[42]。

「個人が自分のイニシアティブの自由を通じて、また自己の責任ある決定を通じて、共同体に貢献するという視点」、「自己投入の意義が、共同体を構成する分肢としての行動のなかに存在していること」——これを「実現する手段」として、「教育」と並んで、「自己実現のエゴイズムと意志を駆動力として用い、法的規則を通じて共同体にとって正しい結果を獲得するという方法がある。具体的には、契約の思想である。ただし、この契約においては、一方のエゴイズムが他方のエゴイズムと均衡しなければならず、それによって正しい結果が達成されるという限定がつく。また、競争の思想である。ただし、この競争とはすなわち業績競争であって、最高の仕事を遂行する者が、利益と成功への最大の見通しをもち、仕事が十分でない者は損失を被り排除されるという限定がつ

く。さらに、所有権の思想である。ただし、個々人が自分に与えられた手段を、自分の目的のために、自己の責任において投入し、所有者として誤った投入による損失を自ら担わねばならず、正しい投入による成果と利益を自ら享受するという限定がつく」、と。

こうして、大筋として、近代私法の基本原則の受容を確認したナチス民法＝国民法草案は、1942 年、ドイツ法律アカデミーの国民法制定委員会会合で H. クラウゼ（Hermann Krause）が行った次の指摘が、その大まかな特徴をなすことになった[43]。「その編纂内容は、BGB［民法］のそれと本質的には同じように調整された。個々の点では、例えば、人格法（Personenrecht）における民族同胞の名誉に関する規定とか、所有権規則（Eigentumsordnung）における家屋敷と小菜園に関する規定のように、それを超えた部分もある。しかし、基本的には、さしあたりは、19 世紀の私法学が示す枠組みのなかにある」、と。

だが、他方で、私益と公益の関係に関する考察は、私的自治への、「公益」の視点からの何らかの――主として、契約当事者間の条件の調整を目的とする――介入を要請せざるをえない。先に示したように、シュトールと同様の見解を述べた後で、ニッパーダイは、次のように指摘している、「［個人の自発性を窒息させたり萎縮させたりしないように］契約法においては自由裁量的規則が優位となるべきである。しかし、一連の契約や一般業務条件（Allgemeine Geschäftsbedingungen. 略号 AGB）は、共同体の要請に対応し、契約当事者間の適切な均衡・調停をもたらさねばならない」[44]、と。こうして、1942 年 11 月 19、20 日の一般契約法委員会において、AGB の契約規則草案が、国民法の契約規則草案に追加された[45]。

この「一般業務条件 AGB」とは、本来、私的自治の原則に対応して、契約条件に関して民間で自主的に形成され、前もって定式化されている契約条件の規定であるが、新民法においては、この AGB に関して次のような条項が付加された。

§1：AGB、無効性
当局に認可されていない AGB は、それが、契約当事者の一方の利害の不適当な優遇を招く限りで無効である。
§2：AGB、妥当性
AGB は、その妥当性が当事者双方によって特別に取り決められていない場合には、次の場合にのみ、契約にとり決定的規準となる。すなわち、その AGB に基づいて契約を行おうとするものは、契約の締結時に或いは契約の商慣行的な活動のさいに、もう一方の契約当事者に明示的にその AGB を示したり、それを彼に送付したり、さもなければ適切な仕方で公開し、しかも、この者が異議を唱えなかった場合のみである。［以下、省略］
§7：AGB の解釈
AGB の解釈に際しては、［契約当事者の双方にとって］同質的な契約条件の統一的な形成を保証するという目的が考慮されなければならない。不明瞭であることは、その AGB を自分の経営に適用する者にとって負担となる。

　AGB については全て当局の認可を必要とするとの提案は委員会での議論の後に、技術的に実行不可能であることなどを理由に却下され、私的自治への介入はあくまでも最小限度に止められた。ここに表れているメッセージは、全体的には、契約締結時における「透明性の要請」（Tranzparenzgebot）、すなわち契約当事者が、契約の諾否の決定にとって重要な情報を持つことを保証しなければならないとのスタンスである[46]。それによって、AGB による市場の機能障害は回避され、市場のパフォーマンスの増大、すなわち公益は確保されるのである。
　以上概観してきたように、ドイツ法律アカデミー、人格［自然人・法人］法・団体法・債権法委員会および国民法制定委員会の民法改革の視点は、私益の追求が同時に共同体への貢献（公益の実現）となることを目的に、「契約」や「競争」や「所有」に対して、すなわち私的自治の原則や私的所有権絶対の原則など私法の諸原則に対して、意識的にある条件（限定）を付加し、新たな

「経済生活の秩序」を生み出そうとする考え方であった。それでは、ナチス期に数多く発布された経済法の基本的な理念は何だったであろうか。

(2) ナチス経済法の理念

ナチス政府は、その発足後の諸年に、労働関係・経済関係の新秩序構築を意図して、国法形態により一連の夥しい数の法令を編纂した。そのほとんどが経済に関連するそれらの法令は、ナチス国家に関する「法的に有効な行為の消滅という意味での脱法治化（Entrechtlichung）の進展」という考え方が不適当であることを示している[47]。それでは、いかなる経済法を通じてどのような経済操舵が行われたのであろうか。なお、市場経済に関する国家規制・介入は、国家の法令（Reichsgesetz）や、それを通じた（民間で自生的に生まれた契約条件である）一般業務条件（Allgemeine Geshäftsbedingungen, AGB）の作成への関与によって行われた。経済法はここではそれらの法令の全てを指している。

最初に、ここでの問題関心から商品流通や価格に関する重要な経済法を概観しておこう[48]。まず、「強制カルテル設立法」（1933年7月15日、RGBl, I, 1933, S. 488）[49]は、国家経済相（管轄分野によっては国家食糧・農業相［§9］）に、カルテル等へ企業を組織し価格を監視する権限を委任した。「ドイツ商品輸出保護法」（1933年9月22日、RGBl, I, 1933, S. 667）は食糧経済と工業経済における対外取引への介入を規定した。「工業原料・半製品に関する取引法」（1934年3月22日、RGBl, I, 1934, S. 212）は輸入と国内流通における計画的操舵を規定した。「経済措置法」（1934年7月3日、RGBl, I, 1934, S. 565）は国家経済相に商品流通の包括的操舵に関わる全権を委任した。「4カ年計画施行条例」（1936年10月18日、RGBl, I, 1936, S. 887）、同「施行令」（1936年10月29日、RGBl, I, 1936, S. 927）と、それに伴う「価格停止（凍結）法」と通称される「価格引き上げ禁止条例」（1936年11月26日、RGBl, I, 1936, S. 955f.）は、一切の財とサービスに関する価格引き上げを（1936年10月18日に遡って）禁止した。

これらの経済法がもたらす一見した印象はナチス政府による、市場経済の最終的な停止へと至る経済統制の漸次的強化である。1933年に始まったナチス

による経済操舵は、1936年の「4カ年計画施行条例」と「価格凍結法」による市場メカニズムの停止によって一つの頂点に達し、経済面でも、全体主義的国家システムへと移行したとの見方はそうした印象と整合的であろう。実際、私有財産の私的処分権が大幅に制限された、社会主義計画経済と類似した経済操舵システムというナチス経済像は主としてこれらの経済法を根拠にしているが、個々の法令の政策的意図、理論的背景、機能メカニズム、政策効果等にまで踏み込んだ理解に基づいているわけではない。上記「取引法」のような貿易に関わる法令は、当時の為替不足に強いられた通貨・貿易政策上の必要性（為替・貿易管理）から成立した経済法であり、最近の研究では、そうした管理の制約のなかで展開した原料をめぐる企業と当局との駆け引きが繊維産業の事例にそくして明らかにされてきている[50]。以下では、こうした新しい研究史の理解をも背景にして、これらの経済法に対する異なった見方を提示したい。しかし、その前に、AGB条項の問題に極く簡単に言及しておこう[51]。

AGB条項作成は原則的には引き続き民間に委ねられたが、国家により禁止措置が取られる場合（例、「紡糸原料法」(1935年12月6日、RGBl, I, 1935, S. 1441ff.)）もあった。また、もしも国家経済相がAGBを国民経済的に見て正当ではないと判断したときには、AGBは無効であると宣言し、その適用を禁止しうるとされた。こうした原則からはずれたAGBに関する特別の介入規定としては以下のような法令がある。「人の陸上輸送法」(1934年12月4日、RGBl, I, 1934, S. 1217)、「貨物の自動車輸送法」(1935年6月26日、RGBl, I, 1935, S. 788)では、輸送条件は個々の企業家でも管轄当局でもなく、国家交通相の監督下にある公法団体であるライヒ・自動車・経営連合により作成されるとし、連合とライヒ鉄道の間で（契約）合意が成立しない場合には、国家交通相が料金を設定するとした。「船舶担保証券銀行法」(1933年8月14日、RGBl, I, 1935, S. 583)では、契約条件が銀行にも債務者にも正当であるか否かについての判断は当該監督当局が行うとした。1939年1月31日の国家経済相の布告では、工業経済における支払い・納品条件全般の包括的再検討を国家工業集団（Reichsgruppe Industrie）に義務づけた。「経済広告法」(1933年9月12日、RGBl, I,

1933, S. 625）では、その「第二実施条例」（1933 年 10 月 27 日、RGBl, I, 1933, S. 791）と連携して、広告局に、広告手段と発注条件の規範化を促進する権限を与え、契約当事者は AGB 作成に関わりうるが、その際には広告局により作成された AGB との調和をはかることが要請された。

　さて、これらの経済法による民間産業への介入により、いずれにせよ、契約の自由は広範に国家の監督下に置かれることになった。しかし、その本来の目的や意図はどこにあったであろうか。ナチズムのもとにおける市場経済の機能と公益との関連に焦点をおく本章では、カルテル関連法のような価格の問題に直接に関わる経済法を取り上げてこの点を検討することにしたい。
　ところで、もともと、カルテル法では、契約の自由への法による国家介入、したがって、私的自治への制限には第一次世界大戦以前に遡る長い歴史があった。1897 年のザクセン木材カルテルに関する判決は、契約の自由がカルテル形成を許容した典型的事例とされるが、この法的立場は、「1909 年 6 月 7 日の不正競争防止法」によって、一般利害（Allgemeininteresse）の観点からみた競争の公正性（Lauterkeit des Wettbewerbs）を保証する立場へと転換する。これにより、競争を目的とする業務取引において良き道徳（die guten Sitten）に反する行為をした者は、不作為（Unterlassung）と損害賠償（Schadenersatz）を要求されうるとされた[52]。
　こうした競争制限を防止する競争法は、「権力競争や仮象競争から真の業績競争（den echten Leistungswettbewerb）を法的に守る」ために、ナチス期にも本質的に変化することなく維持されたばかりか、市場への国家の介入権限が、「業績競争」を促進する方向で、様々な管轄当局（国家経済相、国家価格形成委員、四カ年計画管轄局、職業管理行政当局）を通じて、強化・拡大した[53]。権力掌握後、ナチスは、経済過程の、そうした方向での市場制御を試みる法律を次々に発布した。
　例えば、「割引き法」（1933 年 11 月 25 日、RGBl, I, 1933, S. 1011ff.）は、日用品やサービスの最終消費者への個別販売における、価格割引き（§1-6）・数量

割引き（§7-8）については、同法の定める規準に従って予め告知ないし承認が必要であるとし、違法な割引き販売については、実刑（罰金刑・禁固刑）をもって対処することを規定した。また、「価格拘束に関する、および需要充足高騰化防止に関する条例」（1934年12月11日、RGBl, I, 1934, S. 1248f.）は、カルテルによる価格・加工/販売の最低マージン・最高割引率・最低追加料金の設定、それらの消費者に不利な方向への変更に関して（§1）、また生産者や卸商による小売価格の設定に関して（§2）、国家価格監視委員（Reichskommissar für Preisüberwachung）ないしその委託当局の認可が必要であるとし、違反に対しては実刑（禁固刑および上限額のない罰金刑）によって臨むこととした。さらに、価格と競争に対する基本的立場を明らかにした重要法令として「競争条例」（1934年12月21日、RGBl, I, 1934, S. 1280）がある。

「競争条例」は、条文を、次のように、「価格」の規定から始めている。「国民の購買力に対応する価格は、商品とサービスの十分な供給のもとで、健全な競争に基づいて、最も確実で信頼できる形で展開する」、と。価格の基礎となる「健全な競争」は、さらに、同条例（§1）の中で、「業績と責任意識に基づいた競争」と表現され、そうした「競争を創出して、国民経済にとって最良の価格を可能な限り保証する」ため、国家価格監視委員に価格監視に関わる権限を委ねている。重要な点（§2）は、「信用の不正利用や義務の不履行」等により「卑劣有害なやり方」で、「原価を補填し得ず、秩序ある経済（einer ordnungsmässigen Wirtschaft）の諸要求に対立するような価格によって商品やサービスを提供するもの」に対しては、実刑（禁固刑および上限額のない罰金刑）によって臨むとしたことである。

以上の経済法が、市場機能の停止と国家の直接的統制を目的とした経済操舵を意図したものでは決してなく、むしろ逆に、当時、物価下落が進行する大恐慌のなかで横行した市場全体の業績を低下させる過度な値下げ競争（価格闘争Preiskampf）や不適切な割引き競争（闘争割引きKampfrabatte）[54]、またカルテルなど市場支配的権力による不当に高い価格での販売に対して、価格監視、価格認可、違反に対する実刑処分によって対処しようとしたものであることは明

らかであろう。経済操舵は、ここでは、競争的市場における本来の価格機能を回復させ、「秩序ある経済」全体のパフォーマンスを向上させるような「業績競争」の創出を意図している。ドイツ法律アカデミー・カルテル委員会委員長、国務大臣 O. レーニッヒは（Oswald Lehnich）は、「ドイツ経済が、節度のない競争にも硬直状態にも陥ることなく、自由に発展・展開しうるような、健全な市場ルール（eine gesunde Marktregelung）を恒久的に構築するためには、その法的基礎を見出すことが必要である」と述べているが[55]、これらの経済法は、国家価格形成委員レントロップ（Wilhelm Rentrop）が1937年に指摘しているように、こうした意図を担うものであり、それが可能にする価格政策は「健全な業績競争の促進」を目指すものであった。この目標は、1935年5月15日付「公共経済新聞」に次のように的確に表現されている、「国民経済的に最善の価格とは、購買力に最も柔軟に適応するような最善の業績をめぐる競争の中で展開する。……それゆえに、必要なことは、常に格闘（Ringen）のなかでつまり競争（Wettbewerb）のなかで形成されうるような業績に対して自由な軌道を与えること、しかも、この競争が公正な条件のもとで発展するように配慮すること——これである」[56]、と。

ところで、この「健全な業績競争」の前提、「公正な条件」として重視されたのが、「正しい価格計算と経営会計」（richtiges Kalkulieren und Rechnen）である[57]。この問題意識は、まず、「経済における自立的費用計算の促進条例」」（1934年11月15日、RGBl, I, 1934, S. 1186）のなかに明白に表れている。同条例は、自立的で、責任意識のある費用計算を促進することを目的に、カルテル等の団体が、その構成員に費用・価格の規定数値を伝達して販売価格を拘束することを禁じ、違反には実刑（禁固・上限額のない罰金）で対処することとした。この規定および「原価を補填し得ず、秩序ある経済（einer ordnungsmässigen Wirtschaft）の諸要求に対立するような価格」との先の「競争条例」の規定とによって、「価格は諸企業家の間で［拘束から］自由なものとすること、しかし、個々の企業の原価に拘束されること」が示されているのである[58]。

さらに、進んで、「1936年11月12日の国家経済相布告」は、商工経済組織

の諸集団・会議所に対して統一的な簿記規準・価格計算の規準を設定するよう義務づけた[59]。それによって各経営費用を正確に把握させ、「他の経営費用との比較」や「当該経済部門の平均費用との比較」を可能にすることで、「ドイツ企業の経済性を、コスト・価格の引き下げの方向で、また不必要な価格騰貴の防止の方向で促進」することが、同布告の目的であった。こうした経営合理化政策が、1936年の10月18日の「4カ年計画施行条例」によって始まった軍需経済構築を促進するための手段であったことはいうまでもない。むしろ、注目すべき点は、この国家目標の追求が、第一次世界大戦時における経済の組織化のように官僚機構による経済の直接的管理とだけでなく、官僚機構を用いた機能的な競争経済の構築とも結びつけられ、そのメリット（企業家の自発性、競争を通じた淘汰による業績向上、直接的操舵に比べたシステム全体の安い管理コスト等）を利用する方向でも進んだということである[60]。30年代前半に発布された最も重要なナチス経済法の一つである「強制カルテル設立法」(1933年7月15日、RGBl, I, 1933, S. 488f.) は、この視点から見たときに、この経済法の本質が明らかになるように思われる。

(3) 強制カルテル設立法

さて、この法律は、その名前から受ける印象とは相違して、カルテルの設立と解体の両方の権限を国家に与えている。すなわち、同法令§1(1)では、国家経済相に、企業・経済全体・公益（Gemeinwohl）の観点から必要と思われた場合、企業をして、カルテル等を設立させたり加入させたりする権限を与える一方で、§1(2)では、1923年の「経済権力の乱用に対する条例」(1923年11月2日、RGBl, I, 1923, S. 1067ff.) をここでのカルテル等に適用するとし、それら企業団体が経済全体や公益を阻害する場合には、国家経済相が、カルテル契約等を無効とする、カルテル裁判所への申請手続きに入ることを可能としている（「経済権力の乱用に対する条例」§4、§7）。なお、この無効宣告は、「カルテル条例の変更に関する法」(1933年7月15日、RGBl, I, 1933, S. 487) によって、カルテル裁判所を介することなく国家経済相が直接に行いうるようになった（§

1、4)。

　それでは、カルテルの設立と解体の権限を国家に与えたこの法律はいかなる政策意図を有しており、どのような政策効果が期待されていたのだろうか。

　まず、これまでの一般的解釈を確認しておきたい。カルテルは、法的な観点からは、市場経済秩序の阻害要因であった。ナチスの目的にとっては、第一次世界大戦におけるカルテルによる経済組織化の経験が教えるように、かえって、そのことがメリットになった。すなわち、ナチスには、カルテルのような大きな経済単位のほうが、合理的に機能し管理が容易で国家構造に統合させやすいため、戦争準備によりうまく適合しうるとの認識があり、この法律は、強制的にそうした大きな経済単位を形成する手段であったと考えられている。強制的にカルテルを設立し、アウトサイダーをカルテルに加入させ、経営の新設・拡大を禁止するという経済相に賦与された権限によって、産業全体の衰退を招く過当競争を防止し、個々の経済部門を国家計画に適合させることが可能となった。これらの組織された経済部門では、競争が消滅し、価格形成は行政的手法で行われた。この法律によって発生したのは、カルテルに組織された生産部門で大きな生産・販売割り当てを有する大企業に優位な集権化の構造である[61]。

　確かに、1936年10月の4カ年計画開始以後は、いわゆる経済体制に関する法的な「例外状態」[62]へと入っていく中で、「公法と私法の区別を断念しようとはしなかったし出来なかった」ナチス国家においても「公法の突出と私法の一定の空洞化」が進み[63]、ここに描かれた方向に向かったであろう。しかし、これまでの検討から明らかになった「業績競争」による「秩序ある経済」の構築という経済法の理念から見たときに、発令時点における「強制カルテル設立法」の理解が一面的、あるいは後知恵的であることは否めないであろう。第一次世界大戦の経験を踏まえた（戦争準備を目的とした）統制経済構築の手段としてのカルテル利用と、その過程で進行した産業組織における大企業優位の構造という説明では尽くされない「強制カルテル法」の、経済政策としての意義は何であろうか。

　同法に関する「行政当局の論拠 amtliche Begründung」は、まずこの法律

の経済的背景として、「ドイツ経済を襲った厳しい恐慌」のなかで「激化した競争とそれによる非経済的な価格形成は、国民経済的に価値ある企業を消滅の危機に追い込んでいる」こと、「この損害を真っ先に被るのはそうした企業の就業者である」ことを確認し、「国家には、公益優先（Voranstellung des Gemeinwohls）の観点から秩序化の方向で（ordnend）介入する可能性が、与えられねばならない」と述べている[64]。これらの文言が示すのは、先に概観した価格政策に関する経済法と同じ趣旨が、強制カルテル設立法においても真っ先に強調されているということである。さらに「論拠」は、「個々の企業家のイニシアティヴと責任感に基づく既存の経済秩序を根本的に変革して国家的計画経済の基礎を用意することが、本法発布の目的では決してない。本法の可能性については、非常に慎重に、また、民間経済が、自助による自己の決意で、現存する苦境からの脱出路を見いだせないときにのみ、用いられるべきである」とし、こうした視点から、「強制カルテルの設立に先だって、自発的な企業結合のあらゆる可能性が……尽くされるべきである」としている。同法の効果は、その実際の適用によりも、むしろ、その法の存在が、企業家に対して自発的な結合を促す圧力を生み出した点にあるとの指摘もあるが[65]、このことは以上の「論拠」の趣旨と整合的である。1934年7月13日の国家経済相の基本方針も、ナチス経済政策の課題は現存する経済組織の変更にあるのではないとして一般的介入を忌避した[66]。法的に発生した産業組織への介入可能性が利用されるのは、国民共同体の目標に反するケースに対してである。この目標は、産業の組織における市場秩序（Marktordnung）ないし市場ルール（Marktregelung）の確立におかれた。

　市場ルールは、過当競争による「投げ売り価格」（Preisschleuderei）も、独占による「許容できない価格のつり上げ」（unzulässige Preistreiberei）も回避して、「業績競争」による「公正な価格」（gerechte Preis）を実現するような市場環境である。こうした環境は、「最大限の利益の追求」という「もっぱら個別経営的な視点」に期待することはできない。そこで「ナチス国家では、むしろ、経済は何よりも国民総体の需要充足に指向するとの社会的契機が優勢にな

った」のである。「公正な価格」や「業績競争」は、こうして、「国民総体の需要充足」の実現と関連づけられた。完全競争が需給調整を自然的に行うことによって同じ目標を結果的に実現したとしたならば、ここではそれが、人為的な業績競争を通じて意識的に追求されているのである。ところで、この需要充足は生産促進・雇用増大を通じて実現されるが、この経済過程は、(「公正な価格」を追求する) 価格政策とどのように関わるのであろうか。この点におけるナチスの経済政策の基本的方針は、「数量景気 (Mengenkonjunktur) の方法を通じて景気拡大を可能な限り促進する」ことであった[67]。数量景気の論理は当時ほぼ次のように説明されている[68]。

　経済活性化の遂行は物価変動に決定的に影響されうる。物価が高騰すれば、雇用創出政策の効果は、公的需要の充足という点でも、労働所得の需要への転換という点でも、悪化せざるをえない。物価が需要と同じテンポと規模で上昇するならば、販売と生産の増進という経済活性化の目標は、名目賃金の上昇を禁じていても、不可能になってしまう。それに反して、物価水準の引き下げは、雇用創出手段の効果を向上させる。こうした「国家により始動された数量景気の方法」で経済活性化をはかる方針は、ナチス政権成立後早くも 1933 年 5 月 16 日付けの国家監視委員・国家経済委員の共同声明において表現されている。同声明は、価格設定における最大限の自己規律のために「価格景気 (Preiskonjunktur) ではなく数量景気を」をスローガンに次のように述べた、「生活必需品や日常的サービスの分野で経済状態を改善する方法は、価格景気ではなく、数量景気によって開始しうる。数量景気のみが、失業者に雇用機会を提供し、国民共同体の購買力を漸次的に向上させる前提と可能性を創出する」、と。ナチス経済政策の枢軸をなす (「公正価格」を追求する) 価格政策は、こうしたインフレーションを随伴しない数量景気を目指した景気政策とセットになっていた。ナチス 30 年代のカルテル政策を評価するうえで看過されてはならないのは、この視点である。強制カルテルも、過当競争 (投げ売り価格) や独占 (カルテル価格) を回避し業績競争を通じて数量景気を実現するという市場秩序・価格ルールを確立する過程で取られた、当面する市場の機能障害への対策であ

り、その意味で、ひとまずは、「単なる応急処置、過渡的措置」であった[69]。

　強制カルテル法に基づく経済相の権限はこうした視点から発動される[70]。すなわち、①過当競争による「投げ売り価格」(Preisschleuderei)の問題の中心であるアウトサイダーの規制に関しては、介入すべきケースはもちろんのこと、そうでないケースもあった。後者の場合として、例えば、優れた技術を有する企業家は、自己のコスト政策上の優位からカルテル圏外にいることを選択する傾向がある。業績競争を志向するアウトサイダーの存在は、カルテルによる価格の過剰なつり上げに対抗する最上の調整器であるので、こうした民間の競争を国家が弱めることはないとされた。②カルテルによる「不当な価格のつり上げ」は雇用創出策の受益者の範囲を限定し数量景気の進行を阻害するため、国家経済省による介入が行われ、当該団体に対して騰貴した価格の引き下げが要請されたり、カルテル契約に無効宣告が下された。③過剰投資は労働投入・価格・企業の収益性に弊害をもたらすが、恐慌と景気低迷の過程でなおも生産設備等の必要な調整が終了していない状況の中では、この問題はいっそう深刻になる。そのため経営拡大・新設を国家管理のもとにおき、不要な場合には禁止措置をとった。

　以上概観したように、「国家は、強制カルテル化の権限を、非常に賢明に、すなわち、何よりも健全な市場状態の再生に役立つ権力装置として用いた」[71]。本来、独占的な市場支配の装置であり、恣意的な市場規則の造形物であったカルテルは、強制カルテル法によって、公益的な市場秩序を形成する過渡的手段へと変貌した。この経済法を超えて、30年代前半の価格政策を担った中心的行政機関、国家価格監視委員の条例にまで視野を拡げるならば、既存のカルテルを計算カルテル(Kalkulationskartell)に、すなわち、原価計算に基づく個々の経営の価格設定によってカルテル内部で業績競争が展開する競争秩序のアリーナに転換させようとした試みも、ナチス体制下におけるカルテルの機能変化を遂行した経済法の事例として挙げることができる[72]。

　これら30年代前半のナチス期に発布された経済法が示しているのは、経済

活動における私的所有に基づく個人の自由なイニシアティヴの否定ではない。逆に、そうした理念の独自な再評価であると言ってよい。それと同時に、これらの経済法は、この理念を国民経済へと総括する論理として、19世紀的な経済的自由主義（自由放任思想、私的自治に貫かれた市民社会）がもはや失効していることの確認のうえに作成されている。これらの点について、1935年に法学者 A. マニク（Alfred Manigk）は、再構築の過程にある「私的自治」に関する書物の中で、次のように述べている[73]。

「国家の『全体性』という言葉は時として、新しい国家思想の適切な表現とは見なされない。我々は、この表現を、あたかも、全体国家が、国家の中で起こった全ての出来事を、その管理によって掌握しようとするというような意味で用いてはおらず、むしろ、全体国家とは、国家に関連づけられ国家の中に再認識されないようなポジションが自分の領域の中にあることを許さないという意味で使っている。その限りで、私的領域は維持されているのである。」「国家の指導者や代表者が、経済・商業・文化における国民的福祉の促進のために、重要な機会をとらえて繰り返し訴えていることは、企業家や創造的人間の自由なイニシアティヴと冒険心であった。その際、彼らは、私有財産維持の法的命題と並んで私的経済維持の法的命題を立てているのである。あまりにも容易に官僚制的に変色した国家介入よりも自己責任ある企業者活動が優先されるという意味での経済の自由に対しては、国民的福祉が設ける限界まで、その有効性が主張されている」、と。マニクはこのように述べて、その法的根拠の一例として、1934年11月15日に発布された、国家価格監視委員に関連する経済法「経済における自立的費用計算の促進条例」を挙げている。これは先に見たように、個々の企業家が自己責任において価格形成を行うことを定めていた。こうして問題の焦点となるのは、私有財産制に基づく個人の自由な経済活動を、「全体」国家の中に位置づける方法、より端的に言うならば、法を媒介にした関連のさせ方であった。

第3節　ナチス期における法改革の論理

(1)　「新しい自由主義」の制度化

　経済と法の「総合」(Synthese) をうち立てることは民間経済への国家介入の必要性が高まった戦間期には一貫して重要な課題であったと言っていいが、特に、前節で述べたように私有財産制と経済活動における個人の自由なイニシアティヴを再確認し、それを「公益」へと意識的・方法的に統合することを強調したナチス「全体」国家のもとでは、それまで以上に重要な課題となった。この「総合」を実際に構築する上で、前節で見たように、「公益」の視点から「私益」の活性化と統合をはかった「経済法」は主導的な役割を果たした。これについて先のマニクは次のように述べている、「国民経済の観点を示す経済原則こそが、経済法を決定的に規定しなければならないであろう。すでに明らかなように、ドイツ社会主義は、自由主義的な無計画性を拒絶しつつも、集権的な国家計画経済を全く目指してはいない。その『全体性』のなかで私的経済は全く排除されてはいないのである。借入資本の可能な最高の収益性ではなく、ドイツ国民の需要充足がドイツ国民経済の目標であるとの原則に導かれつつ、個人の業績競争を絶対に放棄することなく、これを、新しい、隅々まで明瞭な秩序原則のもとに置くことである」[74]、と。

　民法改革の議論や経済法の個々の内容からも理解されるように、ナチス期における法改革の基本的視点は、経済法を国民経済の秩序原則の立場から規定し、経済と法の「総合」をはかる方向へと収斂していったといってよい。こうした基本的流れの中で、実際的な法改革の提案と思想的な構想提示の両面において、最も重要な法思想・経済思想の体系へと成長していったのがオルド自由主義であった。このドイツ新自由主義の経済学者・法学者のグループは、1940年代初頭、ナチス法改革の知的拠点となった国家直属の公法機関「ドイツ法律アカデミー」のなかに、「第Ⅳ部門：国民経済学の研究」としてオフィシャルな活

図1-1　ドイツ法律アカデミー全組織（1940年時点）

```
                    監督官庁
              国家法務省・内務省
                        │
                 アカデミー総裁
                        │
                    総裁代理
                        │
                     理事会
                        │
     財務官　学術的・法政策的研究主幹　統括責任者
                        │
          ┌─────── 管理機構 ───────┐
          │            │            │
       法案作成部局  名誉評議会   法学研究部局
          │                         │
        委員会                  部門：Ⅰ、Ⅱ、Ⅲ、Ⅳ*
          └──────  正　会　員  ──────┘
                 振興・非正規・通信会員
```

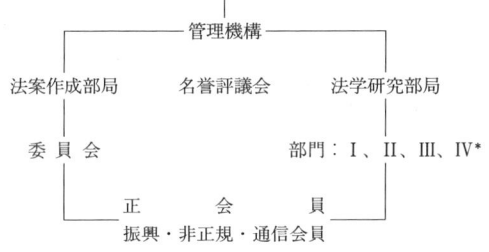

*注：「管理規則」§8によれば、法学研究部局の各部門には以下のような仕事が割り当てられている。
部門Ⅰ：法制史と法学の基礎問題
部門Ⅱ：国民と国家の法律研究
部門Ⅲ：国民共同体の法的生活の研究
部門Ⅳ：国民経済学の研究

出所：Anderson, D. L., *The Academy for German Law, 1933-1944*, Diss. New York u. a., 1987, p. 600.

動の場を有するまでの勢力へと成長した（図1-1参照）[75]。彼らは、さらに、第二次世界大戦後は、米・英・仏西側占領地区の統合により発足したドイツ連邦共和国（西ドイツ）において、その成立の契機となる通貨改革の過程で、また、本章第1節表1-2に示されているように、「学識者諮問委員会」メンバーとして制度化された政策提言の場で活躍することになる。大恐慌以後必至となった経済的自由主義の再定義と、それに対応した私法・経済法改革との取り組みは、「自由」経済を選択する限り、避けて通ることのできない課題であったとするならば、オルド自由主義が制度化されていく過程はこの課題の連続性・普遍性を象徴しているのである。しかし、この過程が示唆するのはそれだけではない。近代以後に「自由」経済を再構築するという学問的で実践的な課題は、政治的には全体主義も民主主義も排除しないばかりか、ある歴史的条件のなかではむしろ前者と論理的、したがってまた積極的に結びつきうるということである。

以下では、本章の一つの総括として、ナチス期における私法改革・経済法改革というアクチュアルな文脈と密接に関わりつつオルド自由主義が「経済と法」の総合に向けていかなる視点を打ち出したかについて、概観することにしたい。

(2) 近代自由主義経済法のオルド自由主義的超克

　さて、大恐慌期に「新自由主義のマニフェスト」によってその立場を明らかにしたオルド自由主義のグループは、ナチス期に入ると、叢書「経済の秩序」を主要舞台に、自由経済の新たな根拠づけとその制度・政策構想を展開することになる[76]。この叢書の、W. オイケン（Walter Eucken）、F. ベーム（Franz Böhm）と並ぶ編者の一人、法学者ハンス・グロスマン゠デルト（Hans Großmann-Doerth）は、1933年のフライブルク大学就任講義において、「一般的業務条件 AGB」を「自生的な形で成立した経済法」（Selbstgeschaffenes Recht der Wirtschaft）と名付け、これを国家の強力なコントロール下に置くべきことを主張し、その実現に関して、「新しい国家」に全面的な期待を表明した[77]。ここでは、この期待の内容に関する彼の主張の要点のみを確認しておきたい。

　グロスマン゠デルトは、「この国家の成立以降、それなしでは自分の提案も無益な独り言になってしまい、その提案が不可能になってしまうような二つの条件が創り出された」として、次の点をあげた。第一に、変革後の国家はその意志を貫徹する権力を再びもち、経済に対して自由になった。経済が国家の意志を妨害する可能性が今ほど小さかったことはかつてなかった。自立的な法形成にとり非常に重要な団体は今日例外なく国家の手中にある」、と。ここでは、ワイマール期までの「経済国家」を克服して「国家の優位」を実現することへの、ベームやオイケンと同様な強い期待が表明されているのである[78]。第二に、この国家を実現した指導者達は、ドイツ国民に正しい生活秩序を与えようとの意志に満ちており、そのためには「自生的な形で成立した経済法」の「粛清」（Säuberung）を緊急に必要としていることを自覚しているということである。この仕事のためにこそ国家は法律家を必要としたのであると彼は述べている。

この法律家のなかには、裁判官、弁護士、経済界の法律顧問の他、彼のような大学教師も含まれている。

ところで、ここに一端が示されたグロスマン゠デルトの法改革論は、翌34年に公にされた論考の中で、AGBを超えてより広範な経済法を射程に入れ、いっそう根本的に展開された[79]。

ナチス法改革に関して、グロスマン゠デルトは、新体制発足後、1934年の時点で、新しい法思想の実現した法改革として、人種法、法原則としての指導者原理、世襲農場法、自由な市場経済からの農民の分離を挙げた。これに対して、彼は、既存の法の再吟味と従来の法秩序との批判的取り組みという「第二の課題」が残っていることを指摘している。それは、自由主義時代に生成し19世紀末に成立した、経済生活に関する法律——それをここでは「自由主義的経済法」と命名している——を改革するという課題である。

自由主義的経済法は、自由市場経済システムに対応し、その秩序化の原理（das ordnende Prinzip）は、企業家の競争と、国家のあらゆる計画経済の断念である。個人のイニシアティブを可能な限り十全に展開するために企業家は過去の束縛から解放される。このシステムでは、企業家の側からみれば、自分の利益追求を行動指針にすればよく、全体の利害から見れば、解放された個人の利益追求は、他の企業家との競争を通じて、また消費者の行動を通じて制御され、全体利害にとって可能な最善の結果を生み出す。古典経済学によるこうした思想に対応したのが19世紀の法秩序であった。そこから、国家の経済操舵的介入からの全面撤退、および経済秩序化の、企業家イニシアティヴへの一任が発生する。この企業家イニシアティヴの完全な展開を可能にするために、法律は、企業家に対して次のような自由を与えた。すなわち、営業の自由、契約の自由、組織結成の自由である。グロスマン゠デルトは、自由主義的経済法が保証するこれらの自由——具体的には、(a)個人のイニシアティブの自由、(b)契約の自由、(c)仲裁裁判の自由、(d)組織結成の自由——を俎上にのせ、次のような問題をたてた。①これらの自由は、いかなる目的といかなる条件のもとで、企業家に付与されたのか。②ドイツの建国から60年間の企業家による、それ

ら自由の行使の仕方は、上記目的にかなうものであったか。③この問いに対し全面的に否定的な回答が与えられる場合、そこからいかなる法改革の課題が導出されるのか。

(a)個人的利益追求の自由の前提は、権力をもたない同等の企業家の競争、すなわちより安くてより良いものを作るという真の業績競争の展開であるが、巨大独占企業、カルテルといった経済権力の形成によって、経済過程は、純粋な業績能力のみを投入して競われる匿名の過程ではなくなった。(b)契約の自由は、自由主義的経済法の前提である自由競争とは対立する経済権力の成立によってカルテル協定を生み出した。しかし、契約の自由は、本来、自由競争を前提として成立する全体秩序のなかでのみ承認されるべきものであるから、自由主義的法律の立場からは不法行為とされるが、こうした契約の自由の不当な利用はAGBを通じてさらに拡大してきた。ここに成立するのは、対等な二人の企業家の契約関係ではなく、私的な権力的恣意の命令でしかない。(c)こうした状況の中で、民事訴訟法における仲裁裁判が前提とする、仲裁裁判取り決めの締結にあたって力が同等で双方が決定の自由をもった個人間の対峙という条件は損なわれ、例えば、AGBにおける仲裁条項の内容が私的経済権力の圧力によって規定されるという事態が発生している。(d)法人格をもった組織結成の自由、とくに株式会社の設立は、1870年代に、国家による認可強制（Konzessionszwang 免許主義）からの解放と一定の法的条件の充足（準則主義）への転換によって、容易になったが、その目的は、社会に散在する小資金を吸収して大企業に役立てるためであった。しかし、この株式会社設立の自由は、カルテルによる販売会社の設立、公企業の組織形態の——役員俸給を公務員基準から民間基準に変えて通常の公務員よりも優遇することなどを目的にした——転換、責任の制限化、様々な転嫁（税金逃れから犯罪行為まで）、企業からの利己的搾取など、他のゆゆしき目的のために利用されている。

こうした診断に基づいて、グロスマン゠デルトは、「自由主義経済法がその本来の意義を奪い取られている状態に鑑みて、国家に対していかなる助言が可能か」を問うている。

ナチス体制の成立を「革命」（Revolution）と命名する彼は、革命の前後において、経済法改革の点でいかなる成果があったかを点検し、カルテル等の経済権力に対する必要な国家監視の強化、民事訴訟法の改革と仲裁裁判所権限の国家による制限、企業決算表開示義務に関する進歩（すでに1931年の緊急条例から）を評価するとともに、AGBにおける契約の自由の国家による制御、株式会社法の改革（企業責任の強化を目的とした有限会社の廃止、準則主義の見直し、株式の相互持合の問題との取り組みなど）を提言している。前節で見たように、ナチス経済法は、AGB及び価格やカルテルに関連した諸法令について見る限り、まさにここに描かれた方向で制定されたことは注目に値しよう。その他の点ではどうであろうか。

国務大臣・官房長官ランマーズと国家・プロイセン内務省事務次官プフントナーを編者に刊行された叢書「ナチス国家の基礎、構成、経済秩序」への1938年と推定される寄稿「経済法」において、グロスマン=デルトは、経済闘争の秩序において、契約の自由には、引き受けた負債に対する厳格な責任の原則が対置され、債権関係に関する私法上の規則や民事訴訟法や破産法などはこの原則に従う、と述べている[80]。この原則に基づいて、「資本会社」（社員のリスクを制限し、それを債権者に部分的に転嫁する）から、「個人会社」（社員をその全財産をもって会社の負債の保証にあたるよう義務づける）への転換が、1934年7月5日の「資本会社の転換法」と1936年8月27日の「法人税法の改正法」によって促進された。（重役会や監査役会など）企業指導者の責任の法的保証・企業決算の公開義務・不偏不党の監査強制・資本市場への企業情報の十分な伝達をナチス政府は促した（とりわけ、1937年に発布された「株式会社法」正確には「1937年2月4日の株式会社及び株式に基づく合資会社法」RGBl, I, 1937, S. 107ff.）。なお、この株式会社法によって、株式会社設立に可能な基礎資本の額面価値の最小限は、それまでの5万RM（ライヒスマルク）から10倍の50万RMへと劇的に引き上げられ、免許主義（Konzessionszwang）が再導入された[81]。また、資本金10万RM未満の小規模株式会社は、1940年末までに、有限会社か個人会社に転換するか解散しなければならなくなった。株式会社改革もその大筋に

おいて1934年にグロスマン゠デルトが示した方向で進んだのである。

　1933年5月にナチス体制への強い期待を表明したグロスマン゠デルトは、叢書「ナチス国家の基礎、構成、経済秩序」への寄稿「経済法」のなかで、ナチズムの経済構成における決定的な原理の一つとして競争思想を強調した、1934年5月17日のドイツ労働戦線第二回作業部会での総統演説に言及しつつ、経済法を通じて創出される競争の意義を次のように説明している。「国家によって演出された競争によって、可能な限り最善の全体供給という目標が達成されるためには、人為的に創り出された経済競争のなかに純粋な業績能力が投入されることが必要である」。それは「諸力の完全な自由運動によって保証されるものではなく、個々のエゴイズムは、この競争政策の遮断機によって除去されることが望ましい。権威による競争秩序の設定を通じて、企業家に対しては、[競争秩序に従う以外の] 他の経済競争の方法が遮断されることが必要である」、と[82]。こうして、「国家に課された最も困難な課題としての競争秩序」こそが、経済における私益と公益の対立を克服・止揚させ、前者を後者へと導くのである。

　ところで、この競争秩序と、ナチス経済のいわゆる「職業身分的」な団体構成との関係はいかに理解すべきであろうか。「経済法」論文の最後の節（「第5節　経済法の部局と組織」）で、グロスマン゠デルトは、この点について極めて明快な説明を与えている[83]。

　それによれば、ナチス政権成立前に存在した工業経済の諸組織（工業・商業・手工業会議所など公法的職業代表組織、雇用主団体や労働組合など民間の利益団体）に関しては、「大変革」（Umbruch）以後、団体の「強制的画一化」（Gleichschaltung）――それは1933年4月には完了したと考えられる――が実施され、「指導者原則」が導入された。当初多様な見解が交錯したナチスの職業身分的構成という新しい経済秩序に、企業家は、いわゆる経済の全面的な強制的カルテル化、競争の排除、個々の企業の存在保証を期待したが、そうした見方の一切を、総統は、身分的構成のいっそうの見合わせに関する1933年6月7日の指令によって終わらせた。1934年2月27日の「ドイツ経済の有機的

構成準備法」、その実施条例（同年11月と翌年9月）によって、団体管轄官庁の確定（経済省と交通省）、団体数のかなりの減少、責任会員制、会員総会の権限の大幅限定と指導者・諮問委員会制度の導入がはかられた。

　ここに明らかなことは、「職業身分」のイデオロギー的外皮のもとで行われた、ナチズムによる経済団体再編の意図は、管轄官庁と一体となって経済法の実施を担いうるような効率的な民間組織を創出することにあったという点である。グロスマン＝デルトが1933年に述べたように、「自立的な法形成にとって非常に重要な団体は、例外なく、国家の手中に入った」[84]。それによって、「経済国家」が克服されたのである。

　「経済国家」から「全体」国家へ、（利益団体の）「獲物としての国家」から「強い国家」への転換という大恐慌期における新自由主義の基本的要請は、ここに現実からの解答を与えられた[85]。それが、オルド自由主義にとって、決して模範解答などではなかったとしても、まったく受容不可能な「誤答」でもなかったことは、以上に見た法改革をめぐるグロスマン＝デルトの議論や、「経済の秩序」叢書の中で表明された「新しい国家」の経済法や制度に対するベームの強い期待[86]、そしてナチス諮問機関への彼らの積極的関与が示している通りである。

おわりに——公序としての経済的自由主義

　自由市場経済の経済秩序としての「競争秩序」は、ここに「経済と法の総合」をはかるための基本的原理として提示された。自由主義的経済法の機能不全や逆機能を告発したグロスマン＝デルトの議論が示すように、この概念は、19世紀的＝近代的資本主義経済を前提に成立した経済的自由主義を、近代以後の資本主義経済に対応した新しい自由主義へと再構築するさいに、そのコアとしての位置を獲得する。叢書「経済の秩序」の一冊として刊行された『課題としての競争』のなかでL.ミクシュ（Leonhard Miksch）が展開した競争政策論もこのコンセプトの上に築かれたが[87]、同叢書の中で、「自由な市場経済の

法」(das Recht der freien Verkehrsordnung) を端的に「競争秩序」(Wettbewerbsordnung) として定式化したのは F. ベームであった[88]。

彼はこの「競争秩序」を、ワイマール共和国末期から続く彼の一連の作業を通じて、まさに公法の位置にまで昇格させる[89]。とりわけ、1936 年、『イェーナ経済研究所報』(*Mitteilungen des Janaer Instituts für Wirtschaftsrecht*) にベームが寄せた論考「経済法の中心概念としての経済秩序」は、そうした問題関心を極めて明瞭に示している点で注目に値する[90]。なお、この「経済法研究所」は、30 年代半ばにベルリン大学に移籍して私法改革＝国民法制定を指導することになる J.W. ヘーデマンを所長に 1919 年、イェーナ大学に設立された。法学を中心とした研究機関としてはこの時期に唯一の研究所である[91]。

その論考の中で、ベームは、自由経済を法制度による人為的秩序として捉え、そうした自由経済の法制度は、「明らかに公法に属する」として「憲法」(*Verfassung*) の名称を与えると同時に、「政治システム」に属するものとした。「経済が公法を作り出す」(フーコー) のである[92]。こうした「公法の法原則」として、具体的には、自由市場経済の基本原則である営業の自由、住居移転の自由が筆頭に挙げられ、続いて、とりわけ競争制度がそれに加えられた。このリストは、さらに、契約の自由や私有財産や一定の非物質的財の保護などへと拡張されている。ちなみに、「営業の自由」を、ベームは、終戦後 1948 年に、米・英占領地区におけるカルテル結成禁止措置を背景に、改めて、「憲法としての性格をもつ」法律として再提示することになる。それは、完全な調整機能を備えた市場メカニズムに公序としての性格を与え、それが実現する競争秩序が損なわれた場合には、国家介入による競争秩序の回復を正当化する[93]。経済的自由主義は、近代以後の資本主義経済の変貌に対応して、ここに、公序としての再構築を企図されたのである。その企図にとって、ドイツの 1930 年代は、まさに「可能性の時代」であったと言ってよい。

注
1) Kaufmann, F. -X., Diskurse über Staatsaufgaben, in: D. Grimm (Hg.), *Staatsauf-*

gaben, Baden-Baden 1994, S. 23 ; 近江幸治『民法総則』成文堂、2008 年、14 頁以下。
2) Jaeger, H., *Geschichte der Wirtschaftsordnung in Deutschland*, Frankfurt/M 1988, S. 108.
3) 自由主義的理念は、個々人の経済活動の自由に関する 151 条、契約の自由・営業の自由に関連する 152 条以下に、社会国家的理念は、土地制度改革に関する 155 条、社会化に関する 156 条、団結権の承認に関する 159 条、経済民主主義の原則に関する 165 条、社会保険制度に関する 161 条に示されている。Werner, S., *Wirtschaftsordnung und Wirtschaftsstrafrecht im Nationalsozialismus*, Frankfurt/M u. a. 1991, S. 24f.
4) Werner, S., *Wirtschaftsordnung und Wirtschaftsstrafrecht im Nationalsozialismus*, S. 26f.
5) Hedemann, J. W., Recht und Wirtschaft, in: Ders., *Probleme des deutschen Wirtschaftslebens*, Berlin u. a. 1937, S. 795f. Zit. aus J. Bähr, 〉Recht der staatlich organisierte Wirtschaft〈, in: Ders. und R. Banken, *Wirtschaftssteuerung durch Recht im Nationalsozialismus*, Frankfurt/M 2006, S. 452.
6) Großmann-Doerth, H., *Wirtschaftsrecht einschl. Gewerberecht*. 2. Bd., Gruppe 2, (Heft 38) von: Lammers, H. -H. und H. Pfundtner (Hg.), *Grundlagen, Aufbau und Wirtschaftsordnung des nationalsozialistischen Staates*, Berlin 1938.
7) Großmann-Doerth, H., Sinnlos gewordenes liberales Wirtschaftsrecht —— eine Aufgabe nationalsozialistischer Rechtserneuerung, in: *Hanseatische Rechts-und Gerichtszeitschrift*, Jg. 1934.
8) 本書、第 2 章シュトレープ/シュペーラー論文を参照。
9) Buchheim, C., J. Scherner, The Role of Private Property in the Nazi Economy: The Case of Industry, in: *Journal of Economic History*, Vol. 66, No. 2, 2006, S. 394.
10) Temin, P., Soviet and Nazi Economic Planning in the 1930's, in: *Economic History Review*, Vol. 44, No. 4, 1991.
11) Schneider, J., Von der nationalsozialistischen Kriegswirtschaftsordnung zur sozialistischen Zentralplanung in der SBZ/DDR, in: J. Schneider, W. Harbrecht (Hg.), *Wirtschaftsordnung und Wirtschaftspolitik in Deutschland (1933-1993)*, Stuttgart 1996, S. 11.
12) Blumenberg-Lampe, C., *Das wirtschaftspolitische Programm der "Freiburger Kreis". Entwurf einer freiheitlich-sozialen Nachkriegswirtschaft. Nationalökonomen gegen Nationalsozialismus*, Berlin. 1973, を参照。
13) 欧米における研究史の整理については、次を参照、Buchheim, Scherner, The Role of Private Property in the Nazi Economy, p. 391f.「全体主義的独占資本主義」という観点からナチス体制における〈所有と契約〉の関係を捉えた次を参照、Neumann, F., *Behemoth. Struktur und Praxis des Nationalsozialismus 1933-1945*, Frankfurt am Main 1984 (1977), S. 307ff.（ノイマン、岡本友孝・小野英祐・加藤栄一訳『ビヒモス──ナチズムの構造と実際』みすず書房、1963 年、226 頁以下）。

14) Buchheim, Scherner, The Role of Private Property in the Nazi Economy; Buchheim, C. (ed.), *German Industry in the Nazi Period*, Stuttgart 2008.
15) 発注者（プリンシパル）が受注者（エージェント）の行動を監視できない状況下で約束を実行させるのに最適の契約形態を選択しようとするときに直面する諸問題で、ここでは、情報上の優位に基づく情報レントをエージェントが獲得する事態を回避する必要性を重視した契約形態（原価契約）と、生産費を引き下げようとするエージェントのインセンティブを損なわないような契約形態（固定価格契約）との間の選択上の葛藤が問題となる。
16) 本書、第2章シュトレープ／シュペーラー論文を参照。
17) シュトレープ, J., 雨宮昭彦・三ツ石郁夫ほか訳「インセンティヴ対取引費用——第三帝国における建設業規制」（首都大学東京・大学院社会科学研究科・経営学専攻 Research Paper Series, No. 11), in: http://www.comp.metro-u.ac.jp/lib.keiei/rps.html 本書、第2章注36、訳注を参照。
18) Harth, C., *Der Mythos von der Zerstörung des Vertrages*, Frankfurt/M 2008, S. 13f. における研究史の整理を参照。こうした支配的な見解に対して、すでにE. フレンケル (Ernst Fraenkel) は、1941年に刊行した『二重国家』(*The Dual State: A Contribution to the Theory of Dictatorship*, New York: Oxford University Press, 1941. 中道寿一訳、ミネルヴァ書房、1994年）において、ナチズムが個人の自由を除去して法治国家を解体したが、資本主義経済秩序の諸原理、私有財産や契約への忠実の諸原則は維持したことを指摘している。Bähr, J. u. R. Banken (Hg.), *Wirtschaftssteuerung durch Recht im Nationalsozialismus*, Frankfurt/M 2006, S. 4f.
19) *Akademie für Deutsches Recht. 1933-1945. Protokolle der Ausschüsse*, Schubert, Werner u. a. (Hg.), Peter Lang: Frankfurt am Main u. a. 1986年より刊行が始まり、2008年の時点で17巻が出版されている。
20) Harth, C., *Der Mythos von der Zerstörung des Vertrages*.
21) 「ヨーロッパの独裁」シリーズは、2002年から2007年までに14巻が刊行された。そのうち次の2巻がナチズムにおける法と経済を主題としている。Gosewinkel, D. (Hg.), *Wirtschaftskontrolle und Recht in der nationalsozialistischen Diktatur*, Frankfurt/M 2005; Bähr, J. u. R. Banken (Hg.), *Wirtschaftssteuerung durch Recht im Nationalsozialismus*.
22) エネルギー産業法と信用制度法については、各々、本書、第3章田野論文、第4章三ツ石論文を参照。
23) Bähr, J., Unternehmens- und Kapitalmarktrecht im >Dritten Rech<: Die Aktienrechtsreform und das Anleihestockgesetz, in: Bähr, J. u. R. Banken (Hg.), *a. a.O.*, S. 54ff.
24) Stier, B., Zwischen kodifikatorischer Innovation und materieller Kontinuität: Das Energiewirtschaftsgesetz von 1935 und die Lenkung der Elektrizitätwirtschaft im Nationalsozialismus, in: Bähr, J. u. R. Banken (Hg.), *a.a.O.*, S. 304. 同法に関しては、本書、第3章田野論文を参照。

25) Harth, C., Der 〉richtige Vertrag〈 im Nationalsozialismus. 〉Wettbewerb als Instrument staatlicher Wirtschaftslenkung, in: Gosewinkel, D. (Hg.), *a.a.O.*
26) 雨宮昭彦『競争秩序のポリティクス——ドイツ経済政策思想の源流』東京大学出版会、2005 年 ; Amemiya, A., Neoliberalismus und Faschismus: Liberaler Interventionismus und die Ordnung des Wettbewerbs, in: *Jahrbuch für Wirtschaftsgeschichte*, 2008/2; 雨宮昭彦「ドイツ新自由主義の生成——資本主義の危機とナチズム」(権上康男編『新自由主義と戦後資本主義——欧米における歴史的経験』日本経済評論社、2006 年、所収)。
27) *RGBl* (=*Reichsgesetzblatt*), I, 1934, S. 605.
28) Harth, C., Der 〉richtige Vertrag〈 im Nationalsozialismus, S. 108.
29) *Akademie für Deutsches Recht. 1933-1945. Protokolle der Ausschüsse*, Bd. III, 1, *Volksgesetzbuch. Teilentwürfe, Arbeitsberichte und sonstige Materialien*, Schubert, W. u. a. (Hg.), Frankfurt am Main u. a. 1988, S. 39ff.
30) Schmidt-Rimpler, W., Grundfragen einer Erneuerung des Vertragsrechts, in: *Archiv für civilistische Praxis*, N. F., 27. Bd., 1941. Harth, C., Der 〉richtige Vertrag〈 im Nationalsozialismus, S. 107f., 114 をも参照。
31) Harth, C., Der 〉richtige Vertrag〈 im Nationalsozialismus, S. 110.
32) Ibid., S. 110, 112.
33) *Akademie für Deutsches Recht. 1933-1945. Protokolle der Ausschüsse*, Bd. III, 1, S. 39ff.
34) Ibid., S. 46.
35) Wegerich, C., *Die Flucht in die Grenzenlosigkeit. Justus Wilhelm Hedemann (1878-1963)*, Tübingen 2004, S. 70f.
36) Rundschreiben von Hedemann vom 7. 1. 1941 an die Vorsitzenden der Bürgerlich- und handelsrechtlichen Ausschüsse (Richtlinien für die Teilentwürfe), in: *Akademie für Deutsches Recht. 1933-1945. Protokolle der Ausschüsse*, Bd. III, 1, S. 327.
37) Die Lehre von den Leistungsstörungen. Denkschrift des Ausschusses für Personen-, Vereins- und Schuldrecht vorgelegt von Heinrich Stoll (Tübingen 1936), in: *Akademie für Deutsches Recht. 1933-1945. Protokolle der Ausschüsse*, Bd. III, 3, S. 232ff. 引用は、S. 248.
38) Gesetzentwurf von Heinrich Stoll aus der Denkschrift des Ausschusses für Personen-, Vereins- und Schuldrecht: "Die Lehre von den Leistungsstörungen" (1936), in: *Akademie für Deutsches Recht. 1933-1945. Protokolle der Ausschüsse*, Bd. III, 1, S. 270ff.
39) シュトールの報告書に付けられた、ドイツ法律アカデミー人格[自然人・法人]法・団体法・債権法委員会委員長 J.W. ヘーデマンの序文による。ヘーデマンは、当時イェーナ大学教授、同大学経済法研究所所長。1936 年のうちにベルリン大学教授に転任する。同委員会は、1939 年にドイツ法律アカデミーの国民法制定委員会に吸収され、ヘーデマンがその委員長に就任する。Wegerich, C., *Die Flucht in die Grenzenlosig-*

keit, S. 70f.
40) Nipperdey, H. C., Das System des bürgerlichen Rechts, in: *Akademie für Deutsches Recht. 1933-1945. Protokolle der Ausschüsse*, Bd. III, 1, S. 436.
41) Harth, C., *Der Mythos von der Zerstörung des Vertrages*, S. 89.
42) Schmidt-Rimpler, W., Vom System des bürgerlichen, Handels- und Wirtschaftsrecht, in: *Akademie für Deutsches Recht. 1933-1945. Protokolle der Ausschüsse*, Bd. III, 1, 413f.
43) Krause, H., Wirtschaftsrecht und Volksgesetzbuch, in: *Deutsche Rechtswissenschaft*, Bd. 6, 1941, S. 204.
44) Nipperdey, H. C., Das System des bürgerlichen Rechts, S. 436.
45) Stück 3: Geschäftsbedingungen, in: *Akademie für Deutsches Recht. 1933-1945. Protokolle der Ausschüsse*, Bd. III, 1, S. 119.
46) Harth, C., Der 〉richtige Vertrag〈 im Nationalsozialismus, S. 125.
47) Gosewinkel, D. (Hg.), *Wirtschaftskontrolle und Recht in der nationalsozialistischen Diktatur*, S. XIVf.
48) Puppo, R., *Die wirtschaftliche Gesetzgebung im Dritten Reich*, Konstanz 1989, S. 52f.
49) 以下、法令については、本文中に、発布の日付とともに、出典を示す。RGBl は、*Reichsgesetzblatt* の略。
50) Höschle, G., *Die deutsche Textilindustrie zwischen 1933 und 1939*, Stuttgart 2004.
51) Harth, C., *Der Mythos von der Zerstörung des Vertrages*, S. 72f.; Raiser, L., *Das Recht der allgemeinen Geschäftsbedingungen*, Hamburg 1935.
52) 村上淳一『ドイツ市民法史』東京大学出版会、1985 年、223 頁以下 ; W. フィケンチャー、丹宗昭信監訳『競争と産業の権利保護』六法出版社、1958 年、157 頁以下。
53) Werner, S., *Wirtschaftsordnung und Wirtschaftsstrafrecht im Nationalsozialismus*, S. 88ff.
54) Rentrop, W., *Preisbildung und Preisüberwachung in der gewerblichen Wirtschaft*, Hamburg 1937, S. 58（レントロップ『ナチス独逸の新物価政策』商工調査第 77 号、昭和 13 年 9 月、61 頁）。
55) Rentrop, W., *Preisbildung und Preisüberwachung in der gewerblichen Wirtschaft*, S. 57（邦訳、60 頁）。
56) Eckhardt, H., *Das Kalkulationskartell. Ein Beitrag industriellen Markt- und Preisordnung*, Rathenow 1938, S. 40.
57) Flottmann, E. (Hg.), *Deutsche Preisrecht. Eine systematische Darstellung der Grundlage der Preispolitik und des Preisrechts. Unter Mitwirkung von Mitarbeitern des Reichskommissars für die Preisbildung*, Stuttgart 1943, S. 188ff.
58) Eckhardt, H., *Das Kalkulationskartell*, S. 43.
59) Rentrop, W., *Preisbildung und Preisüberwachung in der gewerblichen Wirtschaft*, S. 63（邦訳、67 頁）。

60) 競争経済の方法と戦時課題の遂行との関連については、オルド自由主義エコノミスト、A. ランペ（Adolf Lampe）の次の文献を参照、Lampe, A., *Allgemeine Wehrwirtschaftslehre*, Jena 1938. 関連して、雨宮『競争秩序のポリティクス』264 頁、注 26。こうした視点と関連して、柳澤治『資本主義史の連続と断絶――西欧的発展とドイツ』日本経済評論社、2006 年、115 頁をも参照。
61) Werner, S., *Wirtschaftsordnung und Wirtschaftsstrafrecht im Nationalsozialismus*, S. 81ff.; Neumann, F., *Behemoth*, S. 318ff.（ノイマン、『ビヒモス』、235 頁以下）。
62) Böhm, F., *Die Ordnung der Wirtschaft als geschichtliche Aufgabe und rechtsschöpferische Leistung*, Stuttgart und Berlin 1937, S. 88; 雨宮『競争秩序のポリティクス』170、193 頁。
63) Nipperdey, H. C., Das System des bürgerlichen Rechts, S. 429.
64) Müllensiefen, H., W. Dörinkel, *Das neue Kartell-, Zwangskartell- und Preisüberwachungsrecht*, Berlin 1934, S. 85.
65) Puppo, R., *Die wirtschaftliche Gesetzgebung im Dritten Reich*, S. 81.
66) Becker, T., *Die Kartellpolitik der Reichsregierung*, Berlin-Grunewald 1935, S. 17.
67) Ibid., S. 23.
68) Dickelt, D., *Preisüberwachung 1931-1936*, Berlin 1937, S. 14, 16. 恐慌からのナチズムによる景気回復が、物価騰貴を随伴しない形で進行した点については、アメリカの景気回復過程との違いを指摘した Röpke, W., Trend in Business Cycle Policy, in: *The Economic Journal*, Vol. 43, Issue 171, 1933; 秋元英一「1930 年代アメリカ経済の再検討――比較史の視点から(1)」『千葉大学経済研究』第 8 巻第 1 号、1993 年、を参照。競争政策とセットになった、反インフレ的な数量景気政策の意味を、最近の経済史研究が取り組んでいる、ナチズムによる経済復興がケインズ主義的であったとの神話の相対化作業をも考慮して、深めていく必要があろう。次を参照、Ritschl, A., Deficit Spending in the Nazi Recovery, 1933-1938: A Critical Reassessment, in: *Journal of Japanese and International Economies*, Vol. 16, 2002; Spoerer, M., Demontage eines Mythos. Zu der Kontroverse über das nationalsozialistische "Wirtschaftswunder", in: *Geschichte und Gesellschaft*, Jg. 31, 2005; 本書、第 2 章シュトレープ／シュペーラー論文を参照。
69) Becker, T., *Die Kartellpolitik der Reichsregierung*, S. 36.
70) Ibid., S. 35ff.
71) Ibid., S. 36.
72) Eckhardt, H., *Das Kalkulationskartell*, S. 44ff.; Becker, T., *Die Kartellpolitik der Reichsregierung*, S. 34. オルド自由主義者 F. ベーム（Franz Böhm）は、強制カルテル設立法の制定によって初めて可能となった市場操舵に対して、「合目的性の決断という刻印が押された」「経済憲法の思想」の実現であるとの絶大なる賛辞を送った。強制カルテル法と価格政策の組み合わせによって可能な競争政策についての考察は、当時のオルド自由主義エコノミストの主要な研究テーマの一つであった。雨宮『競争秩序のポリティクス』167 頁以下（ベーム Böhm に関して）、234 頁以下（ミクシュ Miksch

に関して)。
73) Manigk, A., *Die Privatautonomie im Aufbau der Rechtsquellen*, Berlin 1935, S. 8f.
74) Ibid., S. 9f.
75) 新自由主義の拠点となったドイツ法律アカデミー第4部門は、法学をコアとするこの組織のなかに設けられた、唯一の経済学中心の部局である。アカデミーは国家法務相と内務相の管轄下に置かれ、アカデミー総裁はドイツ国首相により任命された(「1934年7月11日のドイツ法律アカデミー法」、§3, 4 [RGBl, I, 1934, S. 605])。Pichinot, H. -R., *Die Akademie für deutsches Recht. Aufbau und Entwicklung einer öffentlichen-rechtlichen Körperschaft des Dritten Reichs*, Diss., Kiel 1981, S. 154. 組織構成の変化 (1934、35、43年の各時点) は、Anderson D. L., *The Academy for German Law, 1933-1944*, Diss. 1987, p. 601ff.
76) 雨宮『競争秩序のポリティクス』143頁以下を参照。
77) Großmann-Doerth, H., *Selbstgeschaffenes Recht der Wirtschaft und staatliches Recht. Antrittsvorlesung*, Freibutg im Breisgau 1933, S. 27.
78) 「経済国家」の克服に関する新自由主義者の見解については、雨宮『競争秩序のポリティクス』105、125頁以下。
79) Großmann-Doerth, H., Sinnlos gewordenes liberales Wirtschaftsrecht—eine Aufgabe nationalsozialistischer Rechtserneuerung, in: *Hanseatische Rechts- und Gerichtszeitschrift*, Jg. 1934.
80) Großmann-Doerth, H., *Wirtschaftsrecht einschl. Gewerberecht*. 2. Bd., Gruppe 2, (Heft 38) von: Lammers, H. -H. und H. Pfundtner (Hg.), *Grundlagen, Aufbau und Wirtschaftsordnung des nationalsozialistischen Staates*, Berlin 1938, S. 4.
81) Bähr, J., Unternehmens- und Kapitalmarktrecht im ›Dritten Rech‹: Die Aktienrechtsreform und das Anleihestockgesetz, S. 78; Ders., "Corporate Governance" im Dritten Reich, in: Abelshauser, W., J. -O. Hesse, W. Plumpe (Hg.), *Wirtschaftsordnung, Staat und Unternehmen. Neue Forschungen zur Wirtschaftsgeschichte des Nationalsozialismus*, Essen 2003, S. 56.
82) Großmann-Doerth, H., *Wirtschaftsrecht einschl. Gewerberecht*, S. 5.
83) Ibid., S. 43ff.
84) Großmann-Doerth, H., *Selbstgeschaffenes Recht der Wirtschaft und staatliches Recht*, S. 27.
85) 雨宮『競争秩序のポリティクス』105頁以下、113頁以下、144頁以下、174頁以下。
86) Böhm, F., *Die Ordnung der Wirtschaft als geschichtliche Aufgabe und rechtsschöpferische Leistung*, S. 90f., 180; 雨宮『競争秩序のポリティクス』168頁以下。
87) Miksch, L., *Wettbewerb als Aufgabe. Die Grundsätze einer Wettbewerbsordnung*, Stuttgart und Berlin 1937. 雨宮『競争秩序のポリティクス』195頁以下。
88) Böhm, F., *Die Ordnung der Wirtschaft als geschichtliche Aufgabe und rechtsschöpferische Leistung*, S. 104.
89) 村上淳一『ドイツ市民法史』314頁以下、226頁以下。

90) Böhm, F., Die Wirtschaftsordnung als Zentralbegriff des Wirtschaftsrechts, in: *Mitteilungen des Janaer Instituts für Wirtschaftsrecht*, Heft31, 1936.
91) Wegerich, C., *Die Flucht in die Grenzenlosigkeit. Justus Wilhelm Hedemann (1878-1963)*, S. 27.
92) フーコー、M., 慎改康之訳『生政治の誕生――コレージュ・ド・フランス講義1978-79年度』筑摩書房、2008年、101頁。ただし、フーコーは、ナチズムを、ドイツ史において自由主義の「敵対領域」となった、「保護経済」（リスト）・「国家社会主義」（ビスマルク）・「計画経済」（ラーテナウ）・「ケインズ主義経済」という4つの「要素の厳密な融合」（134頁）として捉えるという旧い観点に立っている。したがって、オルド自由主義とナチズムとの関係についての彼の分析は、結果的に、通説の枠内に止まってそれを超えることはない。しかし、フライブルク学派＝オルド自由主義の言説分析から導き出したこの学派の3つの目標のうちの第一点に関する、次のような彼の指摘は正鵠を射ているように思われる。「一つの国家の正当性を、経済上の取引相手同士の自由の空間から出発して基礎づけること」（131頁）。まさに「経済が公法を作り出す」のである。この目標にとって有する、ドイツ20年代と30年代の対立的な意義、そして、とくにナチス法改革の課題と評価に関するオルド自由主義者の言説を踏まえるならば、それに続くフーコーの分析は、ナチズム論に限って言えば、今あるものとはおよそ異なったものとなっていたであろう。ちなみにナチズムの法的構造に関してフーコーが利用した文献は、編者注（158頁、注40）によれば、僅かに、30年代に出版された2冊のフランス語文献のみである。しかし、その他の点では、オルド自由主義とアメリカの新自由主義（「無政府自由主義」144頁、「無政府資本主義」179頁）との、そのロジックにおいて地続きの関係など、フーコーの思考は根底的であり、間然する所がない。
93) 村上淳一『ドイツ市民法史』228頁以下。

第2章

ナチス経済像の革新
――研究のパラダイムチェンジ

ヨッヘン・シュトレープ／マルク・シュペーラー

は じ め に

　第三帝国が崩壊してから半世紀以上が経過したが、ナチス期の最も重要な経済発展過程は、いまだに経済学的に十分説明されておらず、それゆえ相変わらず「奇跡」という言葉で呼ぶにふさわしいものと受け止められているようである。たとえばヴェルナー・アーベルスハウザー（Werner Abelshauser）は1999年に発表した論文のなかで、1939年以前における完全雇用への急速な回復と、彼がいうところのバランスのとれた軍需生産能力と消費財生産の成長に対して、引用符つきの「経済の奇跡」（Wirtschaftswunder）という概念を認めている[1]。リチャード・オウヴァリー（Richard Overy）も1994年の著作において、1942年1月から1944年夏にかけてのドイツ軍需生産の急激な増大をふまえて、この時期についても、軍需相アルベルト・シュペーア（Albert Speer）によって引き起こされた「いわゆる生産の奇跡」（so genanntes Produktionswunder）[2]ということを言わざるをえなかったのであった。

　もっとも、ごく最近になって、ドイツの経済史家のグループは、新たに始まった作業において、第三帝国の経済の奇跡と呼ばれる現象を全面的に経済学的に説明してその新たな評価を試み、それによって経済の奇跡なるものを脱神話化しようとしている。ここで、支配的定説への批判が立脚するのは、一つは、現代経済理論モデルと計量経済学の方法であり、もう一つは、既存のマクロ経済データの修正とこれまで無視されてきたデータの開拓である。本章ではこの新しい研究動向を概観し、そこで使われている方法とそこから帰結する認識を

日本の研究者に、二つの問題群に要約して、提示することにしたい[3]。

まず第1節「景気回復と歪んだ経済の奇跡」では、第二次大戦勃発までの第三帝国における経済全体の発展を分析する。そこで示そうとすることは、ナチズムの国家景気（Staatskonjunktur）［すなわちナチ国家の景気政策とそれによる好況］が、1932年以降のドイツ経済の急速な回復にとっての必要な前提では全くなかったのではないかということであり、さらにそれは明らかにドイツの消費者の負担のもとに進んだのではないかということである。ドイツの消費者は、ワイマール期における景気の頂点であった1927-28年と比較すると、第三帝国の平時には、すでに明らかに、経済学的観点から見ても生物学的観点から見ても生活水準の後退を甘受しなければならなかったのである。その原因はとくに、ナチス農業イデオロギーを実行に移したことが、本質的に農業「生産闘争」（Erzeugungsschlacht）の失敗をもたらしたことに求められる。

次に第2節「軍需経済の『奇跡』」では、農業部門での展開とは対照的に、ナチスは、工業生産を操舵する際には、一般に考えられているよりもはるかに強く、利潤指向的企業の自発的協力に拠っていたことがはっきりと示される。国家と工業企業との間の取引規制に利用された投資・調達契約は、可能な限り、民間経済の費用・便益（コスト・ベネフィット）計算に適合するように作成され、それによって初めて、注目すべき生産高・生産性の上昇のための培養基を生み出したのである。

第1節　景気回復と歪んだ経済の奇跡

(1) 大恐慌からの景気回復

多くの年配ドイツ人にとって、ナチス政府は、ドイツを世界経済恐慌の谷底から救出し、国際的に見てもかなりの経済発展をもたらすことに成功したと記憶されている。専門研究においても、幾つかの部分でこうした見方がなされてきた。その際に、ナチ経済政策の成功を示す表面的には動かしがたい指標とし

て挙げられたのは、1933年以降における失業の後退と経済成長の上昇であった。

それにもかかわらず、ナチスが権力を掌握した1933年とヨーロッパで第二次世界大戦が勃発した1939年の間のドイツ経済史に関して、新たに論争が沸き起こった。それは、経済理論と経済政策における根本的なパラダイム転換に関わってくることになるかもしれない。ケインズ主義とそれに対応した、経済政策による経済計画についての楽観主義が支配的な時代には、経済学者は、次のように難なく考えることができた。すなわち、全体主義政府は、その目的がたとえ犯罪者的であったとしても、適切な経済政策上の措置をとったということである。こうした観点の最も影響力ある代表者として、ヴェルナー・アーベルスハウザーは、ナチスについて次の点を承認した。すなわち、ナチスは、意識的に、また時期的には西側民主主義諸国よりも早く、ケインズ主義的な赤字財政支出（*deficit spending*）を追求し、それによってドイツを1932年の深刻な危機から救い、その後の驚くべき経済成長を達成したのであり、それは個人家計にも益するものであった、と[4]。

こうした見方は、新古典派経済学のルネサンスによって説得力を失った。ここ数年、ナチス経済政策の成果を明らかに批判的に評価する一連の研究が現れている。そこで第一に指摘されたのは、1933年――正確には1932年晩夏――以後の経済復興がナチスの政策なしでも、およそ同じ規模で生じたということである。第二に、全要素生産性発展の分析によって、ナチスの農業政策はドイツの農業発展をむしろ妨げるように作用したであろうことが示された。さらに第三点は、経済成長全体の印象的な数字によって次の点が隠蔽されたことである。すなわち、成長の果実は全く均等には分配されなかったこと、むしろ、非独立就業者の所得状況は、企業家やとりわけ国家の利益の犠牲になって悪化したことであり、この点は、生物学的な観点から見た生活水準のデータにも反映している。第四に、通貨価値の減少が過小評価されたために、1930年代後半の実質経済成長が過大評価されたのではないかということである。

ドイツを世界経済恐慌から復興させたことに、ナチスは事実上どの程度貢献したのかという問題は、もともと、古くからあった論争である。最近ではまず

第一に、クリストフ・ブーフハイム（Christopf Buchheim）が、とりわけアーベルスハウザーとの論争のなかで、——少なくとも経済史的な観点から歴史を振り返ると——経済の回復力はすでに1932年夏から認められると強調している[5]。また、アルブレヒト・リチュル（Albrecht Ritschl）も、一連の著作のなかでこのテーマに取り組み、その際まず、一連の準備研究において国民経済計算を再構築することに貢献した[6]。彼は、その教授資格請求論文のなかで、次の点について研究した。すなわち、なぜドイツの経済発展は1923・24年のハイパー・インフレーション克服後にも弱いままであり続けたのか、そしてなぜドイツは、その後、非常に激しく世界恐慌に巻き込まれたのか、である[7]。さらにリチュルは、ドイツ経済のマクロ経済学的モデルを構築し、それを1924年から32年の期間に関して実際の歴史データにそくして詳述した。次いで、そこから得られたモデル変数にもとづいて、1933年から38年までの期間について、もしもドイツでナチスとその部分的には積極的な経済政策による介入が存在しなかったならば景気はどのように展開していたであろうかとの仮定にもとづく問いを設定し、そのような反事実の［仮定上の］ドイツに関する景気動向を予測した。その結果示されたことは、1936年（この年を含む）までの時期に関して、実際の景気動向と反事実の仮定に基づいて計算された景気動向とは驚くほど一致していたことである[8]。

興味深いことであるが、一般的に流布している見解に反して、ナチスドイツは不完全雇用の時期に、特別な規模の負債を負ってはいなかった。計算方法によって異なるが、1933年から36年までの期間における公的財政赤字は、国民総所得の3.1％から4.3％であった。これは、例えば、第二次オイルショック後の1980年代初めにおけるOECD諸国の数値と比較しても、大きいものではない[9]。アウトバーン建設も、すでに同時代人が認めていたような役割をほぼ果たさなかったのである。なぜなら、包括的な研究プロジェクトの成果によれば、最初の建設事業が雇用効果を示し始めたのはようやく1935・36年になってからだった。しかし、まさにこの時期には、周知のように、すでにドイツが急速に完全雇用に近づいていたのである[10]。

要約すると、リチュルがおこなった現実の経済成長に関する新たな計算も、反事実の仮定に基づくシミュレーションも次のような主張に解釈されうる。すなわち、ナチス経済政策は、1936年までの国民総所得の展開との関連で見るとなにか誤ったことをやったわけではほとんどなく、さらに1937・38年には、フランスやイギリス、とくにアメリカ合衆国でみられたような新たな景気後退への転落を回避することに成功したということである。

(2) 農業政策と消費

だが、[以上のような集計的視点からではなく]個々の構成要素に分けた視点から見ると、ナチス経済は、それを「歪んだ成長」と呼ぶことにはある程度の正当性があるとブーフハイムが指摘せざるをえなかったような諸傾向を示している[11]。これについてはその後、一連の新たな実証研究が現れた。ステファニー・デグラー（Stephanie Degler）とヨッヘン・シュトレープは農業部門における生産性の展開を分析した[12]。農業は、ナチスがそのイデオロギー上の考え方を、実際の秩序政策・経済政策へと広く置き換えることができた唯一の経済領域であった。その例としては、とくにライヒ世襲農場法（Reichserbhofgesetz）とライヒ食糧身分（Reichsnährstand）があげられるとされる[13]。

全要素生産性の測定のために、デグラーとシュトレープはもともとロバート・ソロー（Robert Solow）によって開発された方法を利用している[14]。この方法の出発点はコブ・ダグラス型農業生産関数であり、それは農業における実質純生産価額（Wertschöpfung）（O）と3つの生産要素である労働（A）、土地（B）、資本（K）、それに技術進歩（F）の間の関係を次の式で表している。

(1)　$O = F \cdot A^{\alpha} \cdot K^{\beta} \cdot B^{\gamma}$　ただし、$\alpha + \beta + \gamma = 1$

成長率として次の式が成り立つ。

(2)　$\hat{O} = \hat{F} + \alpha \cdot \hat{A} + \beta \cdot \hat{K} + \gamma \cdot \hat{B}$

(2)式の変換によって、全要素生産性は、実質純生産価額の成長率から配分比

で按分された物的生産要素（労働、土地、資本）の成長率を差し引いた残差として生じる。

(3) $\hat{F} = \hat{O} - \alpha \cdot \hat{A} - \beta \cdot \hat{K} - \gamma \cdot \hat{B}$

(3)式右側の数値は少なくとも原則的に計測可能であり、また経験的に観察可能である。(3)式左側の全要素生産性の変化は、通例、独立した成長要素として解釈されている。だが、さらに、この残差量は生産成果における他のすべての影響要因をも含んでいる。たとえば、物的生産要素の量的増加によっては見積もることができない気候変動などがそれにあたる[15]。

これらの公式に基づいて、デグラーとシュトレープはドイツ農業の全要素生産性を、1933年から38年までの時期について、およびそれに前後する2つの比較の期間、すなわち1925年から29年（ないし32年）の期間と1950年から59年までの期間について計算した。その結果、ナチ期における生産性上昇の明らかな速度低下が示された。全要素生産性の年平均成長率はワイマール期には4.9％（世界恐慌期を含めると3.7％）であり、またドイツ連邦共和国初期には4.3％であったのに対して、第三帝国ではわずか2.1％であった。したがってナチ農業政策は農業近代化過程を明らかに阻害していたのであり、上述のライヒ世襲農場法とライヒ食糧身分という二つの秩序政策上の革新が少なくともその原因であることはたしかである。

だが食糧生産だけでなく、その消費や国民の健康上の扶助においても第三帝国はよくない結果を示している。最近のイェルク・バーテン（Jörg Baten）とアンドレア・ワグナー（Andrea Wagner）の研究によれば、ナチス期ドイツのいくつかの地域では食糧供給事情が不安定であり、国民の広範な諸階層の健康状態が悪化していた。1930年代の死亡率はヨーロッパ全体では低下したが、ドイツでは一定のまま変化しなかった。とくに目を引くのは、5歳から15歳までの死亡率がドイツでは上昇したことである。さらに、この年齢層の平均体格は、1920年代の間、そして1946-47年の冬の食料不足の時期から今日にいたるまで長期的に上昇しているのに対して、1930年代のドイツでは停滞して

いたことが確認されている。そのようなことは他のヨーロッパ諸国では見られなかった。バーテンとワグナーは、その原因として、保健衛生制度上の支出が停滞したこととともに、ナチスのアウタルキー政策・食料価格政策の結果として、タンパク質を含んだ食糧供給が悪化したことをあげている。アウタルキー政策の結果、従来の輸入地域の人々にとって、体格の成長を促す食糧——牛乳、チーズ、肉——の入手が困難となり、また国が決めた最高価格政策のために、これらの家計が、ある程度の価格で提供されるタンパク質を含んだ食料を購入して子供など家族の食糧事情を改善しようとする見込みは低下したのであった[16]。

さらに第三帝国の平時における物的生活水準の悪化については、十分根拠のある実証研究が現れた。リチュルによって再構築された国民経済計算データにもとづいて、マルク・シュペーラーは国民総所得を、その主な構成要素である民間消費、投資、政府支出に区分している[17]。ワイマール期と第三帝国においてそれぞれ最も景気が良かった1927−28年と1937−38年を比較することによって、多くの興味深いことがわかる。1933年以降における国民総所得の増加は主に投資と政府支出に割り振られた。それに対して実質民間消費を人口一人当たりで計算すると、1937−38年の数値は1927−28年のそれにまったく届かない。したがって国家のプロパガンダとは反対に、国民への物的消費財の供給状況はナチス期の好況時においてすら、ナチスが軽蔑したワイマール期よりも良くはなかったのである。

国民の消費欲求を無視した理由は、すでにルネ・エルベが詳細に説明したように、もちろんナチス政府が国民経済的資源を最初から何よりも軍備拡大に向けたことに求められる[18]。軍備拡大の優越性は、上述したように、国民総所得の支出面だけでなく、その分配面にも影響を及ぼした。1927−28年と1937−38年の比較のためにシュペーラーは、次の3つのグループに可処分所得として流入する二次所得を計算している。すなわち、非独立的労働と年金から所得を得ている階層、利潤と資産から所得を得ている階層、および政府である。可処分所得は、1927−28年には、この3階層に63：23：14の比率で分配されていたのに対し、1937−38年には58：24：19となった。それゆえ政府は所得増

加のもっとも大きな部分を獲得し、他方で企業家はその割合をわずかに伸ばし、労働者・職員・年金受給者は前二者の増加分を補塡しなければならなかったのである[19]。

ミクロ的視点においても、以上のマクロ的視点による観察と同様な結果が得られる。第三帝国、とりわけ1936年からの完全雇用達成以降の時期について、物的生活水準を評価する際、公表された生活費指数は実際のそれを過小評価しているのではないかとの問題がすでに繰り返し指摘されてきた[20]。ちなみにそれはまた、少なくとも1930年代後期に関するマクロ経済の公表値をも、少しばかり疑問視する問題でもある[21]。それに加えて、とくに輸入代替が進行するなかで、多くの消費財、とくに繊維部門の消費財の品質が低下しているという深刻な問題がある[22]。

政府が価格を固定化することによって、市場に対してシグナルを発する機能が価格から奪われてしまったのであるならば、消費財ないし消費財群の評価のために価格を経済学的分析の対象とすることは、原則的には無意味となる。価格固定によって生じた歪みを回避するために、シュペーラーとシュトレープは顕示選好理論（Axiom der offenbarten Präferenzen）を用いた[23]。彼らがそこで集中的に分析したのは最も重要な食糧である。それは、両大戦間期における下層世帯の家計のなかで支出の約4割を占めており、また1930年代後半の様々な品質低下によってもほとんど影響を受けなかった消費財であった。1927－28年における中・上層階級の平均的家計が消費していた食糧の数量については、ある広範囲のアンケート調査にそくして明らかになる。この年の（農業）生産物価格もわかっているから、これら食糧群に対する当時の支出が確定されうる。

1930年代についても、ドイツで消費されていた食糧数量はわかっている。すなわち1920年代後半と比較して、1930年代のドイツ家計は果物、野菜、小麦製品、マーガリンをあまり消費しなかった。他方で反対に、ジャガイモ、ライ麦製品、バターを比較的多く消費した。そこで、これら1930年代に実際に消費された食糧群をその時期の歪んだ価格ではなく、1927－28年の市場価格で評価するなら、たとえば1935－36年の食料支出額は1927－28年のそれとほ

とんど同じであった。結局、1935－36年の平均的食糧群は、1927－28年においても当時の可処分所得で消費されえたことになる。しかし 1927－28年には、家計が数量的に見て優先して選択する食糧群は［35－36年のそれとは］明らかに異なっていたから、1935－36年の食糧群は［20年代当時の］消費者の目からすれば価値が比較的低く見られたのではないかと考えられる。

　以上に挙げた調査結果を繰り返し考えてみると、ナチズム体制は1930年代末にはドイツ国民の間で極めて不人気となっていたと想定すべきであろう。だが実際にはその反対であった。それについては何ら数量データは存在しないのであるが、たとえプロパガンダや同質化されたジャーナリズムが示唆するほどではないにしても、たしかにナチズム体制は国民の広範な部分によって高く評価されていたと仮定することは可能である。ハルトムート・ベルクホフ（Hartmut Berg-hoff）はこうした［国民的］賛同を「潜在的消費」（virtueller Konsum）という言葉で説明しようとした[24]。その場合、この用語の意味は、将来の大量消費の約束ということである。「歓喜力行団」プログラムによってメディア効果があるよう挙行された少数の選ばれた労働者のクルージング（船旅）は、将来の大衆向けツーリズムの約束を先取りするものだった。アウトバーンの国家による建設計画や「フォルクスワーゲン」購入のための貯蓄計画もこうした関連で挙げることができる。ナチズム体制はこうしたやり方で国民の消費願望に対応したが、その願望の充足はプロパガンダによって将来へと先送りされた。シュペーラーとシュトレープは、潜在的消費概念のなかに、たとえば、外交政策上の成果や1936年のオリンピックがもたらした国民的自尊心のような公共財の消費をも含めるよう主張している。

第2節　軍需経済の「奇跡」

　ピーター・テーミン（Peter Temin）[25]やピーター・ヘイズ（Peter Hayes）[26]らの経済史家による有力な見解によれば、第二次4カ年計画が実行に移され、ヒャルマール・シャハト（Hjalmar Schacht）が1937年経済大臣を解任され、代

わってヘルマン・ゲーリング（Hermann Göring）の権力が増大していくと、これを画期としてドイツの民間工業企業は、ナチ政治家の計画立案意志のもとに完全に従属していくことになったとされている。完成品市場と部品市場を包括的に規制することによって、また公用徴収と暴力を少なくとも潜在的な脅迫手段とすることによって、ナチスは冷たい社会化の流れのなかで企業家活動の余地を最終的には、次のように制限していったとされる。すなわち、生産手段の私的所有者は、権力者の要求に屈服し、その活動を、国家が予め設定した軍需上・アウタルキー上の目標にあわせるほかに何ら選択肢を持たなかったというのである。

(1) 投資契約における自由

　1933-34年のフーゴー・ユンカース（Hugo Junkers）［の所有する特許と株式］の公用徴収、1934年の褐炭・ガソリン株式会社（Braunkohle-Benzin AG）の設立、あるいは1937年におけるドイツ製鉄業企業所有鉱山の没収の例が示すように、実際のところ、ナチスはその経済目標の実現のために直接的強制をも躊躇なく利用した。それにもかかわらずヨナス・シェルナー（Jonas Scherner）は、そうしたヒエラルキー的な介入は第三帝国においては通常的なことではなく、むしろ非常に控えめに利用された例外にすぎないと主張している[27]。彼がこのように判断したのは、次のような観察に基づいている。すなわち、市場経済を指向する経済学者と同じくナチス経済政策立案者も、自発的に協力する民間企業家は、命令される企業家や国家企業よりも一般的により効率的に経営するという見解をもっていたということである[28]。それゆえに、できるだけ高い生産成果に関心をもつナチスは、徴収と暴力の広範囲にわたる投入によって民間企業をほとんど抵抗できないように追い立てることはまったくできなかったし、またしようとも思わなかった。シェルナーが示すように、1936年以降もドイツの企業家は、国家が軍需・アウタルキー部門の生産能力拡大へ参加することを彼らに要求したのに対して、そうした要求に報復措置を恐れることなく従わないでいることを可能にする自由度を有していたのである。

4カ年計画の所定基準に対してドイツ企業家が抵抗したことは完全に確認可能であるが、この抵抗は、彼らが道徳的な疑念を持っていたからというよりも、国家需要ブームが近いうちに衰え、生産能力の過度な拡大が長期的には誤った投資となることを恐れていたからであった。企業家のこうした懸念を払拭するために、ナチ権力は、たいていは、強制ではなく、その基礎にある経済学的諸問題を重視した。すなわち、ナチ国家は、企業家に要求する投資の経済リスクの全部あるいは一部を、貸付金の授与や特別償却の承認、あるいは直接補助によって、引き受けたのである[29]。投資リスクをこのようにナチ国家に転嫁することを、民間企業家は、理由なしには受け入れえなかったのであるが、[それを受け入れた場合には] 企業家は、資本供給者としての国家に対して、逆に、自らの企業の広範囲にわたる管理権や発言権を容認しなければならなかった。それゆえ国家と企業との間で具体的な投資契約が結ばれた場合でも、それは複雑な検討・交渉過程の結果であった。「平時」においても需要の継続的増加が確かに見込めるとの理由から、企業が生産能力拡大のリスクをむしろ低く評価した場合には、企業は国家の保証と補助金を放棄した。それに対して、企業が長期的な投資失敗を予想した場合には、投資リスクはできるだけ国家に転嫁されたのである。

　論争は研究文献のなかで次の点をめぐって行われている。すなわち、ナチスの産業政策は、戦後の西ドイツ経済におけるとりわけ1950年代の経済の奇跡にプラスに作用することになる近代化過程を引き起こしたのであろうか[30]、それとも、ナチ国家が誘導した投資は、むしろ利潤をもたらさない過剰な工業生産能力の拡大を招き、したがって長期的には西ドイツ経済の成長速度にブレーキをかけてしまったのではないか[31]、こうした点である。この問題に答えることは容易ではない。なぜなら、そのためには、1933年から45年の期間にワイマール共和国が存続していたと仮定した場合の経済発展と実際に起こった経済発展とを比較するという、反事実に基づく比較研究をしてみなければならないからである。このように仮定した状況の中では、当該期間にドイツ企業はナチスの目標設定から影響されることなく、もっぱら自分自身の判断によって投資

を計画したことになる。

だが、シェルナーは、［そうした反事実の仮定にもとづく検証法に拠ることなく］その時々に実際に締結された投資契約から、間接的に、ナチ産業政策の操舵効果の有効性を推論するという考え方を発展させた[32]。企業が第三帝国において、国家から要請された投資のリスクを自ら進んで担おうとした場合には、それは、シェルナーによれば、次のことを示唆している。すなわち、当該企業は、この投資を、比較検討の対象となる反事実的状況［すなわち、ナチ国家の要請がなかったと仮定した場合］においても、実際に行ったのと同じ程度に、自分自身の肯定的な将来への見通しに従って、実行したであろうということである。それとは反対に、投資資金の返済リスクを国家に大幅に転嫁するような投資契約が示唆しているのは、企業は、そのような生産能力の拡大を、国家のリスク負担がなければ実行しなかったであろうということである。この命題を支持する証拠として、シェルナーは次の点を示した。すなわち、綿花輸入を代替する化繊の生産能力構築は、民間企業自身がリスクを引き受ける形で行われたのであり、他の工業諸国における発展と比較すると、ナチスによる影響力の行使がなかった場合でも、［実際になされたのと］ほぼ同じ程度に実行されていたであろう、ということである。具体的には、例えば、二大化繊企業 IG ファルベン社（IG Farben AG）と合同グランツシュトッフ・ファブリーク（人絹製造）社（Vereinigte Glanzstoffabriken）は、その化繊生産高を 1929 年の 2 万 8055 トンから 1937 年の 11 万 7728 トンへと拡大した。これらは実際の生産高を示す数値であるが、当時のドイツ化繊企業の調査に基づく予測によれば、［アウタルキー政策による特殊条件が解除された場合を想定した］ノーマルな条件下における 1937 年のドイツの化繊生産高は、9 万 4000 トンから 12 万 3000 トンの間であった。また、［アウタルキー政策を行っていない諸国である］アメリカ合衆国［以下、アメリカ］とイギリスにおける売上動向を基礎にしてドイツの化繊売上高を推計すると、［アメリカの消費量を基礎にした推計値は］8 万 5800 トン、［同様に、イギリスの消費量を基礎にすると］10 万 320 トンであった[33]。これとは反対に、ドイツの企業が、例えば、水素添加法による石油合成の生産設備に、それが経済

的には利潤をもたらさないにもかかわらず、進んで投資を行おうとしたのは、ただ単に、ナチ国家が経済性保証契約において企業に、その投資に対する適切な利子を約束したからに過ぎなかった。

(2) 契約形態の選択肢——建設業の事例と国際比較

実際に利用された投資契約のなかでリスク配分がどうなっていたかをめぐる研究者の議論が明らかにしたのは次の点である。すなわち、ナチスは、契約を、利潤指向的な民間企業を操舵するための市場経済原理的手段として十分に利用することを知っていたということである。こうした判断は、完成した軍需生産設備で生産された製品調達に関する契約の利用の仕方についてもあてはまる。実際に、ナチスの経済管理に関わる指揮者は、すでに、製品調達を管轄する国家当局と受注企業との間の情報分配の非対称性から発生するプリンシパル・エージェント問題を十分に認識していた[34]。とりわけ独占的供給構造をもつ軍需品市場での取引のように、競争価格で公的注文を配分することが不可能である場合、注文主である国家の側が［取引相手について］不完全な情報しかもたないことは、とくに重大な問題であった。伝統的には、公的注文の配分方法としては、［入札のような］競争的公募が不可能な場合には、二つの標準的契約タイプが利用可能である。すなわち、固定価格契約と原価契約（コスト付加契約）である。だが、国家と企業の間で情報が非対称的に分配されているために、どちらの契約タイプを選んだ場合でも、国家の観点から見ると、効率やインセンティブの上で望ましくない特性が生じる。すなわち、情報の非対称性は、「隠された情報」（hidden information）として、また「隠された行動」（hidden action）として、表れうる。ここで「隠された情報」とは、軍需企業が発注側である国家当局とは異なってその生産コストの実際の高さをわかっている場合に、そうした企業の情報上の有利な位置を意味している。その軍需企業が生産開始後に経営内部で企業効率を上げるために、いかなる努力をするのかということは、発注側である国家当局には判断しえない事柄である。「隠された行動」が［軍需企業の側に］可能となるのはそうした事情を通じてである。

これら二つの問題は、上記の標準的契約タイプの事例にそくして具体的に明らかにされうる。固定価格契約の場合、発注者の買取り価格が決まるのは契約締結時点であり、したがってそれは、事後的に（ex post）観察可能な生産費からは独立して決定される。それゆえに、価格交渉の間、軍需企業は、自分自身だけが知っている生産費を偽って申告し、それによって高い買取り価格を実現して情報レント[1]を獲得する可能性をもっている。したがって、誠実な企業とは反対に、発注側である国家当局に高い生産費を偽って提示することに成功し、それによって高い販売価格をも実現するような企業は、固定価格契約を通じて、経済的な利益を得ることになるのである。こうした逆選択[2]の形態は、原価契約を利用することで回避されうる。この契約形態においては、買取り価格は、納品の際にはじめて、事後的に観察可能な生産費を基礎にして決められるのである。だが、この契約形態の場合には、軍需企業側にかかった費用の全額が支払われるので、経営効率の上昇によって契約締結後に生産費を引き下げようとするインセンティブが失われることになる。このケースではモラルハザード、すなわち、軍需企業が生産過程においてコスト引き下げを目的とする企業努力を怠る可能性が予想できる。したがって、発注する国家当局は、これら二つの標準的契約形態のいずれの場合においても、軍需品調達に際して経費の増加を考慮しなければならないのである。

　発注側である国家当局には、［原価契約を結んで］企業に情報レントを発生させないようにするか、それとも［固定価格契約を結んで］企業に効率的生産へのインセンティヴを与えるかという目標選択上の葛藤が発生する。これは、結局、いかにしたら軍需契約は適切に構成されうるのかという問題である。情報が非対称的に分配されている場合の調整理論は、これに関して、次のような解答を与えている。すなわち、原価契約よりも固定価格契約を常に選択するのが望ましいのは次のようなケースである[35]。

(1)　発注側である国家当局が軍需企業の生産技術について情報基盤を改善し、したがって、軍需企業が、あまりにも高い生産費を偽って提示しうる余地

が低い場合。
(2) 軍需諸企業の生産技術が接近しており、それによって［発注側の］逆選択が生ずる可能性が低い場合。
(3) 軍需品に対する国家の需要が高い場合。

　ヨッヘン・シュトレープとザビーネ・シュトレープ（Sabine Streb）は、これら3つの条件が、ナチス軍需経済において、遅くても1942年には満たされていたことを示した[36]。まず、国家により長年にわたって実施されてきた費用監視は、国家当局の情報基盤を高め、その結果、個々の軍需企業が契約締結前にあまりにも高い生産費を偽って提示する余地が狭まった。さらに、すでに1935年には、既存の軍需企業は、新たに軍需生産に転換する企業に対して、製品と生産方法に関する必要な知識を提供するのが望ましいとの考え方が広まっていたが、この考え方は、軍需大臣アルベルト・シュペーアによって、1942年に、軍需企業により構成された委員会や企業連合の形成を通じて、実行に移された。これら諸機関が取り組んだのは、とりわけ、企業間での知識移転を実現することであった[37]。それによって、非効率的な企業は、効率的な企業の経営組織と生産技術を導入する可能性をえた。［諸企業の］生産技術は接近した。最終的に、1941年から42年の冬に、ナチス指導部は、電撃戦の局面は終わりに来ていること、そして軍需生産の顕著な上昇がどうしても必要だということを考えていた。その際に、なによりも経営内部の効率上昇によって軍需生産の増大を実現しなければならないということは十分に周知の事柄であった[38]。すでに1941年6月にヘルマン・ゲーリングは、原価契約によってもたらされるモラルハザードの問題にいっそう厳しい注意を向けるようにと要請し、次のように述べた、「軍需品発注の際の利潤の査定はこれまでのところ、取引数量ないしは経営に必要な資本にそくして行っている。こうしたやり方では、操業能力を十分に利用しようとの刺激は発生しない。しかし、戦争において重要なことは、もっぱら、軍需品を最小の費用で最大限に増産するための刺激である」[39]、と。ナチスは、実績達成へのこうした刺激が、生産開始前に変更不可

能の形で規定された販売価格を用いることによって発生させうるということを認識していた。なぜなら、こうした固定価格は、経営努力により実現するコスト削減を完全に自己の利益とすることができるとの確信を軍需企業に与えるからである。固定価格契約は開戦以降次第に拡大したが、原価契約からこの固定価格契約への最終的な移行は、「1942年5月19日の単位価格ないしグループ価格に関する条例」によって行われた[40]。

ヨッヘン・シュトレープは、第三帝国における50の様々な建設計画に関する実証分析に基づいて、固定価格契約と原価契約を用いた［契約の］調整過程で生ずる問題の高度な複雑性を明らかにした[41]。ここでも確認されるのはとりわけ次のようなシュルナーのたてた仮説である。すなわち、ドイツの民間建設業は、建設契約の具体的な作成に対して決定的な影響を与えることができるような交渉力を持っていたということである。

第二次世界大戦勃発後、建設業における企業経営の不確実性は著しく高まった。とりわけ、労働力と建設資材が戦時という条件の中で不足してくると、建設企業はもはや、すでに戦前に始まっていた建設プロジェクトを、最初に結んだ固定価格契約では、黒字で完了できないという状態になっていた。それゆえに、建設企業は、国家の発注当局に、追加的に、固定価格の引き上げを納得させるべく試みた。それはいつも成功したわけではなかった。こうした説得の努力にもかかわらず、多くの建設プロジェクトは企業家に損失をもたらすことになった。こうした否定的な結果を将来的に回避するために、建設企業家は彼らの交渉戦略を変え、戦時期に起こった新しい建設計画では、彼らのリスクを最小限にするような原価契約か、追加的に付加される高いリスクプレミアムを約束した条項を含む、新しいタイプの固定価格契約かのいずれかを要求した。こうした選択肢を前にして、国家の発注当局は、軍需産業における国家のやり方にあわせて、たいていは、追加的なリスクプレミアムの付いた固定価格契約を採用した。これは、結果として、企業家に、事実上顕著な利益をもたらした。ナチスは、建設企業家がリスクの高い建設注文を引き受けるように動機づけるためには、事前に、高い利益の見通しが必要であるということを完全に理解し

ていた。だが、彼らは、建設企業家が実現した利益を、事後的に、再び、吸い上げようとした。最終的に、1944年3月、国家価格形成委員は次のように指示した。すなわち、建設業界全体に関しては、1942年に発生した高い利益を、最大で、売上げ額の13％にまで縮小すべきであり、超過分は、国家に払い戻すべきである、と[42]。この条例によって、建設企業に関する1942年の固定価格契約は、驚くほどに、事後的に原価契約へと転換した。だが、この条例によって、1944年の現行の固定価格契約も、その誘引機能を失った。建設企業家は、今や、こうした契約も後には原価契約へと転換することになるであろうとの考え方から出発しなければならなかったので、彼らは、もはや、効率性の向上を通じて利益を高めるための拠り所を持っていなかった。ドイツは最終的に、1945年春、敗戦を迎えたので、1944年の［国家による］利益の吸い上げ［政策］が、長期的には、現実に、建設業の生産性後退に帰結することになったのか否かは、もちろん分からない。

　もっとも、特別に作成された投資契約と製品調達契約を通じて民間企業を操舵することは、ナチス経済システムの独自な特質ではなく、むしろ、第二次世界大戦期にはドイツの敵国でも使用された戦時経済の一般的な手段として解釈すべきである。この命題を事例として裏付けるのが、アメリカにおける合成ゴム生産の調整過程である[43]。1941年12月7日の真珠湾攻撃とそれに続く日本の東南アジア侵攻によって、アメリカは僅か2カ月の間に天然ゴム市場から切り離された。天然ゴムはタイヤ製造においてだけでなく、多くの軍需製品にとっても不可欠の原料であって、それを利用できるかできないかは戦争の勝敗を決したのである。それゆえに、アメリカ政府は、1942年、合成ゴムの国内生産能力を年産約1万トンから80万トン以上に引き上げることを決定した。もっともアメリカの民間企業は、このような生産能力の拡大に自己資金を進んで投資しようとはしなかった。なぜなら、合成ゴムは、終戦後には再び利用できるようになる天然ゴムとは、品質と価格の点で競争できないと彼らは考えていたからである。したがって、ドイツにおける水素添加法による石油合成の場合と同様に、アメリカ政府もまた、投資リスクと生産リスクを自ら完全に引き受

けざるをえなかったのである。投資契約として機能した「賃貸借協定」(Agreements of Lease) では、民間企業は、計画されている合成ゴム工場をできるだけ早く設立し、必要な機械を設置することが義務づけられた。国営の防衛施設協力機関 (Defense Plant Cooperation) は、その見返りに、この生産能力拡張のための必要資金の全額を引き受け、設備を民間企業に、まず5年間、年間賃貸料1ドルというシンボル価格で貸し出した。製品調達契約としては、原価契約として作成された「施設運営協定」(Plant Operation Agreements) が締結された。国家は、アメリカの合成ゴム生産者に、その生産数量の販売を保証し、どちらかといえばゆるく把握された生産費も、利潤を加算して、国家が支払った。軍事的脅威と合成ゴムの戦略的重要性の大きさのために、費用の問題は重視されなかった。

(3) ナチス国家と企業

　ナチスの包括的な産業政策・軍需政策は、ドイツ企業に対して最終的にどのような影響をもったのであろうか。この問題に答えるために、マルク・シュペーラーは、1925年から41年までの工業部門の株式会社の利益を調査した[44]。その際、彼は、商法にしたがって作成され、株式会社にとっては公示が義務づけられた商事貸借対照表ではなく、未公刊の税務貸借対照表に依拠した。税務貸借対照表は、法人税額の査定の過程で企業のなかで作成され、その後、国家の事業所監査官によって検査された。企業と税務署との間のしばしば長期にわたる交渉の後に、最終的な税務貸借対照表が合意に達した。これが、税額査定の基礎となった。この税務貸借対照表は、当時の経営学者によって、公刊された貸借対照表とは異なって「真の」利潤についての情報を引き出しうるものと見られていた。それゆえにシュペーラーは、まだ公立の文書館や企業の文書館で閲覧可能なすべての税務貸借対照表、すなわち企業100社以上について、計700以上の対照表を収集した。その上で、彼は、国家統計局が集計した決算統計をも用いて、ドイツ工業部門の株式会社全体を代表する標本の階層別無作為抽出検査を行ったのである。

税務貸借対照表と公刊された商事貸借対照表との比較によって、シュペーラーが示したのは以下の点である。すなわち、ドイツ工業部門の株式会社の利潤は、ワイマール共和国に関しては、架空利潤（Scheingewinn）であって、これは、ワイマール経済の構造的な脆弱性に関するクヌート・ボルヒャルト（Knut Borchardt）の命題を実証的に支持している[45]。それに対して第三帝国に関しては、まさに利潤の爆発的増加が観察された。利潤は、1936年から40年、すなわち4カ年計画とほぼ同じ時期に最高点に達した。さらに、利潤の詳細な分析によってわかることは、平均を超えて高い利益をあげたのはとりわけ軍需部門の企業であり、他方で、消費財部門での利潤の増加は明らかに抑制されていたということである。

シェルナーとシュトレープが、いわば事前的視点（ex-ante-Perspektive）から観察したことが、シュペーラーの研究では、事後的視点（ex-post-Perspektive）から確認されたのである。ナチ国家の利害関心にもとづいて生産した企業は、その対価として高い利潤で報いられた。ナチ当局はこうした利潤増加を知っていたがまともな対抗措置をとろうとはしなかった。彼らは、企業の潜在的な技術革新力や生産力を可能な限り十分に利用するために、軍需産業の良好な利益状況を少なくとも承認して受け入れたのであり、恐らく、積極的に促進さえしたのである。したがって、事前的視点からも、事後的視点からも明らかになってくるのは、ナチス経済を指令経済（Kommandwirtschaft）であるとしたテーミンの考え方とはほとんど一致しえないようなナチス経済のイメージである。ナチスは、企業に直接的な強制を行うのではなく、企業の利潤動機を利用したのであった。

(4) シュペーア神話の終わりか

ドイツ軍需経済で広くみられた固定価格契約と良好な利潤機会は、生産性の上昇、したがってまた生産高の拡大のために効果的な刺激を与えることになった。軍需省の主任統計官だったロルフ・ヴァーゲンフューア（Rolf Wagenführ）の報告によれば、1942年初めから44年夏までの期間だけで、軍需用最終製品

の生産指数は300％以上、軍需産業の労働生産性は230％以上の増加を示した[46]。この推計が依拠している統計には著しい欠陥がある[47]にもかかわらず、それでも第二次世界大戦期のドイツ軍需生産に著しく集中的な成長が起こったということを出発点としなければならない。この成長はこれまでの研究では、まず第一に、軍需大臣アルベルト・シュペーアの指揮によって着手された幾つかの合理化政策に起因するものとされてきた[48]。それゆえに、多くの研究者は、シュペーアを第三帝国の、少数の専門能力のある指導者の一人であるとしてきたのである[49]。

もっとも、ドイツ軍需経済における労働生産性の上昇を説明するための基本的なコンセプトは、今日まで、とりわけマクロ経済データと、合衆国戦略爆撃調査（United States Strategic Bombing Survey, USSBS）による戦後の出版物や、それが実施したヴァーゲンフューアやシュペーアのような軍需省関係者の尋問調査に依拠している[50]。これに対して、軍需企業内部の経営学的変化については、研究が未開拓のまま大幅に遅れてきていた。この研究の欠落を埋めるために、シェルナーとシュトレープは、ある包括的研究プロジェクトのなかで、ドイツ監査・信託株式会社（Deutsche Revisions- und Treuhand AG）が国家の委託により作成した、ドイツ軍需企業についての経営監査報告を分析している。この経営調査会社は1922年に国有企業として設立され、その任務は、国家が保証を引き受けることになった全ての企業を検査することだった[51]。

ベルリン連邦文書館にはドイツ監査・信託株式会社に関する独立した文書資料一式が存在するが、それはこれまでの研究ではほとんど知られていなかったものである[52]。この文書資料の中には、［シェルナーら］申請者の調査によれば、ドイツ監査・信託株式会社創設時から第二次世界大戦末までの期間における工業企業、商社、銀行、保険会社、団体、公益事業体、計約3500社の経営調査書類が収められている。そこでは多くの場合、企業の書類は一連の連続した数年間分が残されている。検査された軍需生産者のなかで重要なのは、空軍向け軍備拡張でしばしばみられるような、国家が［経営に］参加している企業であり、あるいは国有企業だが、一般には民間経営者に貸し出された企業、あるい

はその重要な変種として、国家が直接投資信用を与えたり、その投資信用に保証を与えたり、あるいはまた回収不能の補助金を与えている企業である。これまで特定された軍需生産者のうちほぼ半数については、たいていは 5 年分以上の継続した報告書が存在している。多くの場合、1930 年代終わりから 1943-44 年までの期間がカバーされている。軍需企業に関する検査報告書は大幅に標準化されている。そこには、貸借対照表ならびに損益計算書に関する詳細なコメント付きの概観だけでなく、販売額・価格・費用とその構成、欠陥製品、製品の範囲（種類）や労働力の構成に関する詳細な報告が含まれている。企業の投資はしばしば、新規調達した個々の機械を挙げつつ分類・整理されている。報告書は、一般に、1930 年代終わり以降ますます包括的で詳細になってきており、しばしば 200 頁以上の分量に達している。この点は、恐らく、ナチス軍需計画担当者が、生産技術や費用変化に関して管理し、情報を入手する必要性があったからであろう。彼らは、上に述べたプリンシパル・エージェント問題をコントロールしようとしていたのである。

　研究プロジェクトの初期の段階で、ブドラス（Budraß）とシェルナーとシュトレープは、ドイツ航空機産業における労働生産性の上昇の原因を研究した[53]。基礎資料となった経営調査報告書は、Ju 88 計画に関与した航空機用機体生産・エンジン生産 7 社に関するものであった。すなわち、ポツダムのアラドー航空機製作所（Arado Flugzeugwerke Potsdam）、ライプツィッヒの ATG 社、オラニエンブルクのハインケル製作所（Heinkel-Werke Oranienburg）、デッサウのユンカース航空機・エンジン製作所（Junkers Flugzeug- und Motorenwerke Dessau）、ライプツィッヒの中部ドイツエンジン製作所（Mitteldeutsche Motorenwerke GmbH Leipzig）、ハレのジーベル航空機製作所（Siebel Flugzeugwerke Halle）、ブレーメンのヴェーザー航空機製造（Weser Flugzeugbau Bremen）である。この資料をもとに明らかにしえたのは、学習効果と内製化の減少（アウトソーシング）という二つの要因が生産性上昇に本質的な影響を与えたということであった。この事実は、これまでドイツ軍需経済の奇跡に関する研究史のなかでは、ほとんど言及されてはこなかったし、さらに、ア

ルベルト・シュペーアの、しばしば称賛されている活動とはいかなる密接な関係もなかったのである。

学習曲線のコンセプトは1963年にアルメン・アルキアン（Armen Alchian）によって経済学に導入された[54]。彼は、第二次世界大戦期のアメリカ航空機生産に関する研究から、ある特定タイプの航空機一単位当たりの生産に要する直接労務費（direkte Arbeitsaufwand）は、生産する機体の数が増加するとともに減少するという事実を見出した。その場合、右下がりに図示される学習曲線［製品一単位当たりの平均労働時間の下降］を通じて示される労働生産性の上昇は、ラーニング・バイ・ドゥーイングによって説明される。すなわち、労働者が一定の仕事を頻繁に繰り返せば、それだけ、彼はこの仕事をいっそう巧みに、効率的にこなすようになるのである。さらに、経営側もこの生産の継続期間に絶えず経験を蓄積していき、それによって生産過程と経営内分業を徐々に改善しうるようになる。経済学者が学習効果について立ち入って研究するようになるのは漸く1960年代になってからであるが、ナチスの軍需計画担当者は、すでに1930年代にこのコンセプトを十分に知っていた。ライヒ航空省は航空機製造における直接労務費の変化に関するデータを注意深く収集して、個々の航空機タイプと個々の航空機メーカーごとに学習曲線を示し、後の固定価格を確定するために、これらの学習曲線の経過に関する情報を利用した[55]。実際、ドイツ航空機生産における学習効果は、とりわけ、新しい航空機タイプの生産開始の際に著しかった。デッサウのユンカース航空機・エンジン製作所の場合、Ju 88爆撃機の単位当たり生産に要する直接労務費は、1939年10月には10万労働時間であったのが、1941年8月約1万5000労働時間、1943年9月には7000労働時間へと減少した[56]。

さらに、第二次世界大戦の開始時点でドイツ航空機企業は、飛行機の一定部品や中間製品を自前で生産せずに、納入業者に製作させるならば、いっそうの生産性向上を実現しうるということを認識していた。一定の生産工程に集中することによって、航空機生産者だけでなく、多くの納入業者も、単位時間当たりの生産量増加による規模の経済を実現し、また時間経過のなかで生産量が増

加することにより学習曲線効果を享受しえたのである。たとえば、中部ドイツエンジン製作所の事例は、ドイツ飛行機産業におけるアウトソーシング措置の広がりを裏付けている。この企業では総生産費に占める、中間投入額［他企業への支払い分］（Ausgaben für Vorleistung）の比率が、1937年の21％から1939年の58％を経て、最終的に1943年には72％へと上昇したのであった[57]。

第1節で示した全要素生産性の考え方を用いれば、ドイツ航空機産業における労働生産性上昇の様々な原因について、その効果を定量的に評価することができる。ここで注意すべきは、工業生産の分析では、農業生産の分析において観察対象となった土地という生産要素（B）が無視され、その代わりに中間投入 Vorleistung（V）が考慮されるという点である。その結果、Oはここでは実質純生産価額（Wertschöpfung）としてではなく、生産高（Produktionsleistung）として計測され、解釈されることになる。こうした修正をふまえて、(3)式により全要素生産性の年成長率を計算したうえで、(2)式の両辺から、生産要素である労働の年成長率を減ずると次のようになる。

(4) $\hat{O}-\hat{A}=\hat{F}+\alpha\cdot\hat{A}+\beta\cdot\hat{K}+\gamma\cdot\hat{V}-(\alpha+\beta+\gamma)\cdot\hat{A}$　ただし、$\alpha+\beta+\gamma=1$

この式を変形すると最終的に以下の式がえられる。

(5) $\hat{O}-\hat{A}=\hat{F}+\beta\cdot(\hat{K}-\hat{A})+\gamma\cdot(\hat{V}-\hat{A})$

この方程式に基づくと、労働生産性の年成長率（$\hat{O}-\hat{A}$）は、全要素生産性（$\hat{F}$）の成長率、および生産弾力性によってそれぞれ加重された、資本集約度 $\beta\cdot(\hat{K}-\hat{A})$ と中間投入の集約度 $\gamma\cdot(\hat{V}-\hat{A})$ との成長率によって、説明されうるのである。この実証分析の方法をブドラス、シェルナー、シュトレープが調査した航空機生産企業の事例に適用すると、次のような驚くべき結果をうる。すなわち、学習効果とならんで、アウトソーシングも、労働生産性の注目すべき上昇の重要な源泉であったということである。とりわけ成功した企業であるユンカース社、ジーベル社、中部ドイツエンジン製作所、ヴェーザー社では、労働生産性上昇の少なくとも3分の1が、中間投入集約度の上昇に起因すると

みなすことができる[58]。この研究成果は、第二次世界大戦期におけるドイツ「軍需経済の奇跡」(Rüstungswunder) に関するこれまでの説明に、大幅な欠落があったことを示している。生産および生産性上昇の説明の際には、明らかに、本来の軍需企業と、組立用部品やその他の中間製品の生産者との間の分業の拡大を重要な要因として考慮しなければならないのであり、この分業によって、関与したすべての企業は、規模の経済と学習効果を実現しえたのであった。この調査結果は、これまでの研究では無視されてきた、有名軍需企業への納入業者にこそ、経済史研究がもっと眼を向けるべきであることを意味している。

おわりに

本章で紹介した研究プロジェクトの多くはまだ完結していない。それでも、ナチスのいわゆる「経済の奇跡」は、モダンエコノミクスの手法を利用し、また新しいデータを開拓して説明することで脱神話化しうるであろうことが示唆されている。第二次世界大戦以前の時期と大戦期の諸国民経済の経済過程について我々がさらに理解を深めることは、国際比較の視点に期待することができよう。本章が日本の読者にとって、1930年代と40年代の日本経済に関する新たな独自な研究プロジェクトを発展させるための刺激となり、それがさらにドイツの研究に対して弾みを与えるよう希望している。

注
1) 次を参照、Abelshauser, Werner, 1999: "Kriegswirtschaft und Wirtschaftswunder. Deutschlands wirtschaftliche Mobilisierung für den Zweiten Weltkrieg und die Folgen für die Nachkriegszeit." *Vierteljahrshefte für Zeitgeschichte* 47: 503-538. とくに S. 505, 512.
2) Overy, Richard J., 1994: *War and Economy in the Third Reich*. Oxford, S. 344. シュペーアの組織的な貢献を積極的に評価する研究として、さらに次を参照せよ。Abelshauser, Werner, 1998: "Germany: Guns, Butter and Economic Miracles." In: Mark Harrison (Hg.): *The Economics of World War II: Six Great Powers in International Comparison*. Cambridge, S. 122-176, hier S. 156 f.; Weyres-v. Levetzow, Hans-

Joachim, 1975: *Die deutsche Rüstungswirtschaft von 1942 bis zum Ende des Krieges.* München, S. 47-49.
3) ナチ期経済史の新しい標準的研究として、次の研究を挙げておく。Tooze, Adam, 2006. *The Wages of Destruction. The Making and Breaking of the Nazi Economy.* London.
4) 次を参照、Abelshauser, 1998, S. 125 f., 131, 169; ders., 1999.
5) 次を参照、Buchheim, Christoph, 1994: "Zur Natur des Wirtschaftsaufschwungs in der NS-Zeit." In: *Zerrissene Zwischenkriegszeit. Wirtschaftshistorische Beiträge. Knut Borchardt zum 65. Geburtstag.* Baden-Baden, S. 97-119; ders., 2001: "Die Wirtschaftsentwicklung im Dritten Reich – mehr Desaster als Wunder. Eine Erwiderung auf Werner Abelshauser." *Vierteljahrshefte für Zeitgeschichte* 49: 653-664; ders., 2008: "Das NS-Regime und die Überwindung der Weltwirtschaftskrise in Deutschland." *Vierteljahrshefte für Zeitgeschichte*, Bd. 56, S. 381-414.
6) 次を参照、Ritschl, Albrecht, 1991: "Die deutsche Zahlungsbilanz 1936-41 und das Problem des Devisenmangels kurz vor Kriegsbeginn." *Vierteljahrshefte für Zeitgeschichte* 39: 103-123; ders., 1992: "Über die Höhe und Struktur der gesamtwirtschaftlichen Investitionen in Deutschland 1935-38." *Vierteljahrschrift für Sozial- und Wirtschaftsgeschichte* 79: 156-176; ders. und Mark Spoerer, 1997: "Das Bruttosozialprodukt in Deutschland nach den amtlichen Volkseinkommens- und Sozialproduktsstatistiken 1901-1995." *Jahrbuch für Wirtschaftsgeschichte* H. 2: 27-54; Ritschl, Albrecht, 1998: "Measuring national product in Germany, 1925-38: the state of the debate and some new results." In: Trevor Dick (Hg.), *Business Cycles since 1820. New International Perspectives from Historical Evidence.* Cheltenham, S. 91-109; ders., 2004: "Spurious growth in German output data 1913-1938." *European Review of Economic History* 8: 201-223.
7) 次を参照、Ritschl, Albrecht, 2002: *Deutschlands Krise und Konjunktur 1924-1934. Binnenkonjunktur, Auslandsverschuldung und Reparationsproblem zwischen Dawes-Plan und Transfersperre.* Berlin.
8) Ritschl, 2002, S. 64-67, を参照。
9) Ritschl, Albrecht, 2003: "Hat das Dritte Reich wirklich eine ordentliche Beschäftigungspolitik betrieben?" *Jahrbuch für Wirtschaftsgeschichte* H. 1: 125-140. とくに S. 133, を参照。
10) Ritschl, Albrecht, 2002a, "Deficit Spending in the Nazi Recovery, 1933-1938: A Critical Reassessment." *Journal of the Japanese and International Economy* 16: 559-582, を参照。
11) Buchheim, 2001, S. 662.
12) Degler, Stephanie, und Jochen Streb, 2008. "Die verlorene Erzeugungsschlacht: Die nationalsozialistische Landwirtschaft im Systemvergleich." *Jahrbuch für Wirtschaftsgeschichte*, 2008/1, S. 161-181.

13) Streb, Jochen, und Wolfram Pyta, 2005: "Von der Bodenproduktivität zur Arbeitsproduktivität: Der agrarökonomische Paradigmenwechsel im 'Dritten Reich'." *Zeitschrift für Agrargeschichte und Agrarsoziologie* 53: 56-78.
14) Solow, Robert M., 1957, "Technical Change and the Aggregate Production Function." *Review of Economics and Statistics* 37: 312-320, を参照。
15) Denison, Edward F., 1967: *Why Growth Rates Differ: Postwar Experience in Nine Western Countries.* Washington D. C., S. 279-289, を参照。
16) Baten, Jörg, und Andrea Wagner, 2003: "Autarchy, Market Disintegration, and Health: the Mortality and Nutritional Crisis in Nazi Germany, 1933-1937." *Economics and Human Biology* 1: 1-28; Wagner, Andrea, 2003: "Ein Human Development Index für Deutschland. Die Entwicklung des Lebensstandards von 1920 bis 1960." *Jahrbuch für Wirtschaftsgeschichte* H. 2: 171-199.
17) Spoerer, Mark, 2005: "Demontage eines Mythos? Zu der Kontroverse über das nationalsozialistische 'Wirtschaftswunder'." *Geschichte und Gesellschaft* 31: 415-438.
18) Erbe, René, 1957: *Die nationalsozialistische Wirtschaftspolitik im Lichte der modernen Theorie.* Zürich.
19) Spoerer, 2005, S. 425-428.
20) これについては次を参照、Steiner, André, 2005: "Zur Neuschätzung des Lebenshaltungskostenindex für die Vorkriegszeit des Nationalsozialismus." *Jahrbuch für Wirtschaftsgeschichte* H. 2: 129-152.
21) Spoerer, 2005, S. 432 f.
22) Höschle, Gerd, 2004: *Die deutsche Textilindustrie zwischen 1933 und 1939. Staatsinterventionismus und ökonomische Rationalität.* Stuttgart.
23) Spoerer, Mark, und Jochen Streb, 2006: "Butter and Guns - but no Margarine: The Impact of Nazi Agricultural and Consumption Policies on German Food Production and Consumption, 1933-38." (Universität Hohenheim, 未公刊準備ペーパー).
24) Berghoff, Hartmut, 2001: "Enticement and Deprivation: The Regulation of Consumption in Pre-War Nazi Germany." In: Martin Daunton und Matthew Hilton (Hg.), *The Politics of Consumption. Material Culture and Citizenship in Europe and America.* Oxford, 165-184, ここでは S. 173, 178; ders., 2007: "Gefälligkeitsdiktatur oder Tyrannei des Mangels? Neue Kontroversen zur Konsumgeschichte des Nationalsozialismus." *Geschichte in Wissenschaft und Unterricht* 58: 502-518.
25) Temin, Peter, 1991: "Soviet and Nazi Economic Planning in the 1930s." *Economic History Review* 44: 573-593, を参照。
26) Hayes, Peter, 1987: *Industry and Ideology. IG Farben in the Nazi Era.* Cambridge; ders, 2004: *Die Degussa im Dritten Reich: Von der Zusammenarbeit zur Mittäterschaft.* München, を参照。

27) 次を参照、Scherner, Jonas, 2006: "Das Verhältnis zwischen NS-Regime und Industrieunternehmen – Zwang oder Kooperation?" *Zeitschrift für Unternehmensgeschichte*: 166-190. また、Buchheim, Christoph und Jonas Scherner, 2006: "The Role of Private Property in the Nazi Economy: The Case of Industry." *Journal of Economic History* 66: 390-416, も参照。
28) Scherner, 2006, S. 172, を参照。
29) 次を参照、Scherner, Jonas, 2004: "Ohne Rücksicht auf Kosten? Eine Analyse von Investitionsverträgen zwischen Staat und Unternehmen im 'Dritten Reich' am Beispiel des Förderprämienverfahrens und des Zuschussvertrages." *Jahrbuch für Wirtschaftsgeschichte* 2004: 167-188.
30) Abelshauser, 1999, S. 538, を参照。
31) Buchheim, 2001, S. 663, を参照。
32) Scherner, Jonas, 2002: "Zwischen Staat und Markt. Die deutsche halbsynthetische Chemiefaserindustrie in den 1930er Jahren." *Vierteljahrschrift für Sozial- und Wirtschaftsgeschichte* 89: 427-448, を参照。さらに次をも参照、ders., 2008: "The Beginnings of Nazi Autarky Policy: The 'National Pulp Programme' and the Origin of Regional Staple Fibre Plants." *Economic History Review* 61: 867-895.
33) Scherner, 2002, S. 444, を参照。
34) Elfert, Friedrich Wilhelm, 1942: *Preisrecht und Preisordnung*. Leipzig, S. 98; Fischer, Guido, 1941: *LSÖ. Kosten und Preis*. Leipzig, S. 50 f を参照。調達契約に関する理論的分析については、次を参照、Laffont, Jean-Jacques, 1994: The New Economics of Regulation Ten Years After. "*Econometrica*" 62: 506-537.
35) Laffont, Jean-Jacques und Jean Tirole, 1986: "Using Cost Observation to Regulate Firms." *Journal of Political Economy* 94: 614-641, を参照。Laffont, Jean-Jacques und Jean Tirole, 1993: A Theory of Incentives in Procurement and Regulation. Cambridge/Mass. をも参照。
36) Streb, Jochen und Sabine Streb, 1998: "Optimale Beschaffungsverträge bei asymmetrischer Informationsverteilung: Zur Erklärung des nationalsozialistischen 'Rüstungswunders' während des Zweiten Weltkriegs." *Zeitschrift für Wirtschafts- und Sozialwissenschaften* 118: 275-294 を参照。[関連して次の論考を参照。J. シュトレープ、雨宮昭彦・三ツ石郁夫ほか訳「インセンティヴ対取引費用：第三帝国における建設業規制」（首都大学東京・大学院社会科学研究科・経営学専攻Research Paper Series, No. 11), in: http://www.comp.metro-u.ac.jp/lib.keiei/rps.html. なお、本リサーチペーパー原文は、改訂の上、次のように刊行予定である。Streb, Jochen: "Negotiating Contract Types and Contract Clauses in the German Construction Industry during the Third Reich" *RAND Journal of Economics* 2009.〈訳注〉]。
37) Wagenführ, Rolf, 1954: *Die deutsche Wirtschaft im Kriege 1939-1945*. Berlin, S. 40, を参照。
38) Fischer, Guido, 1943: *Einheits- und Gruppenpreis*. Leipzig, S. 29 f., を参照。

39) Eichholtz, Dietrich, 1985: *Geschichte der deutschen Kriegswirtschaft 2: 1941-1943*. Berlin, S. 515 からの引用。
40) *Anordnung über Einheits- und Gruppenpreise vom 19. Mai 1942*, Reichsanzeiger Bd. 117.
41) 次を参照、Streb, Jochen, "Negotiating Contract Types and Contract Clauses in the German Construction Industry during the Third Reich", *RAND Journal of Economics* 2009、刊行予定（注 36、訳注、参照）。さらに次を参照、Streb, Jochen, 2003: "Das Scheitern der staatlichen Preisregulierung in der nationalsozialistischen Bauwirtschaft." *Jahrbuch für Wirtschaftsgeschichte* 2003/1: 27-48.
42) 次を参照、"Runderlass Nr. 6/44 vom 14. März 1944 des Beauftragten für den Vierjahresplan, Reichskommissar für die Preisbildung." Bundesarchiv R 13 VIII/188.
43) Streb, Jochen, 2002: "Technologiepolitik im Zweiten Weltkrieg. Die staatliche Förderung der Synthesekautschukproduktion im deutsch-amerikanischen Vergleich." *Vierteljahrshefte für Zeitgeschichte* 50: 367-397, を参照。
44) 次を参照、Spoerer, Mark, 1996: *Von Scheingewinnen zum Rüstungsboom. Die Eigenkapitalrentabilität der deutschen Industrieaktiengesellschaften 1925-1941*. Stuttgart; ders., 2000: "Industrial Profitability in the Nazi Economy." In: Buchheim, Christoph, und Redverd Garside (Hg.), *After the Slump. Industry and Politics in 1930s Britain and Germany*. Frankfurt a. M., S. 53-80.
45) いわゆる「ボルヒャルト論争」については、Kruedener, Jürgen v. (Hrsg.), 1990: *Economic Crisis and Political Collapse. The Weimar Republic 1924-33*. New York; Ritschl, Albrecht, 2003a: "Knut Borchardts Interpretation der Weimarer Wirtschaft. Zur Geschichte und Wirkung einer wirtschaftsgeschichtlichen Kontroverse." In: Elvert, Jürgen/Kraus, Susanne (Hg.), *Historische Debatten und Kontroversen im 19. und 20. Jahrhundert*. Stuttgart, S. 234-244.
46) Wagenführ, 1954, S. 125, 178, 180 を参照。
47) 次を参照、Scherner, Jonas und Jochen Streb, 2006: "Das Ende eines Mythos? Albert Speer und das so genannte Rüstungswunder." *Vierteljahrschrift für Sozial- und Wirtschaftsgeschichte* 93: 172-196, hier S. 176-182.
48) 次を参照、Abelshauser, 1998, S. 156 f.; Overy, 1994, S. 356-363; Weyres, 1975, S. 47-49.
49) USSBS に参加したカルドアの指摘については、Kaldor, Nicholas, 1946: "The German War Economy." *Review of Economic Studies* 13, S. 48.
50) とりわけ次を参照、Speer, Albert, 1969: *Erinnerungen*. Berlin, S. 219-228.
51) *Reichshaushaltsordnung vom 31. Dezember 1922*, § 48, §§ 110-117 を参照。
52) 文書館におけるこの資料の所在場所を示す記号は、BArch R 8135.
53) 次を参照、Budraß, Lutz, Jonas Scherner und Jochen Streb, 2009: "Learning and Outsourcing: Explaining Growth of Output and Labor Productivity in the German

Aircraft Industry during World War II." Erscheint in *Economic History Review*. Vgl. auch Scherner, Jonas und Jochen Streb, 2008: Wissenstransfer, Lerneffekte oder Kapazitätsausbau? Die Ursachen des Wachstums der Arbeitsproduktivität in den Werken der Deutschen Sprengchemie GmbH, 1937-1943." *Zeitschrift für Unternehmensgeschichte* 53: 100-122.

54) 次を参照、Alchian, Armen, 1963: "Reliability of Progress Curves in Airframe Production." *Econometrica* 31: 679-693.
55) Militärarchiv Freiburg BArch MA RL3/931 を参照。
56) Budraß/Scherner/Streb を参照。
57) Budraß/Scherner/Streb を参照。
58) Budraß/Scherner/Streb を参照。

訳注
＊本章は、Mark Spoerer, Jochen Streb, "Neue ökonomische Erklärungen der 'Wirtschaftswunder' des Nationalsozialismus" (Oktober 2008) の邦訳である。その最初の版は、2007年4月に執筆され、マルク・シュペーラー、ヨッヘン・シュトレープ「ナチス経済研究のパラダイムチェンジか——ドイツにおける最新の研究動向」として、『歴史と経済』第200号（2008年）に掲載された。その増補改訂にあたっては、本文については、建設業における企業とナチス国家との契約形態に関する叙述を補うとともに、注には、2009年1月時点までの新たな研究史を反映させた。本書への増補改訂版掲載にあたっては政治経済学・経済史学会に承認をえた。本章の原題は直訳すれば「ナチズムの『経済の奇跡』に関する新しい経済学的説明」であるが、本文の趣旨をより端的に示すために、表題のようにした。また、適宜、節・項を設けた。なお、本章の論点と関連して、アーベルスハウザーは1991年の論文で、「国家の優位」という世界恐慌期経済政策の共通分母を装備した経済的自由主義の思想がナチス体制下で発展していった事情を指摘していた（Abelshauser, W., "Die ordnungspolitische Epochenbedeutung der Weltwirtschaftskrise in Deutschland: Ein Beitrag zur Entstehungsgeschichte der Sozialen Marktwirtschaft", in: D. Petzina (Hg.), *Ordnungspolitische Weichenstellungen nach dem Zweiten Weltkrieg*, Berlin 1991）。この点付記して議論を補完しておきたい。

[1] 情報に基づく独占的な力を示し、情報的に優位な立場を戦略的に利用して利益が得られるような場合に、この概念が用いられる。情報レントの発生は資源配分の効率性を損なうことになるので問題とされる。

[2] 契約当事者間に情報の非対称性が存在する状況で、保持する情報において優位に立つ側の機会主義的行動によって、その劣位に立つ側が自分に不利な契約内容を選択する結果になるケース。

雨宮 昭彦／三ツ石 郁夫［訳］

第3章

ドイツ電力業における市場規制の展開
—— 1935年のエネルギー産業法の成立過程を中心に

田野 慶子

はじめに

ドイツ連邦議会は、1997年11月にエネルギー産業法の新法（Gesetz zur Neuregelung des Energiewirtschaftsrechts）を可決した。その結果、1935年以来ドイツ電力業を規制し続けてきたエネルギー産業法（Gesetz zur Förderung der Energiewirtschaft, Energiewirtschaftsgesetz）が60数年ぶりに改定されることになり、電力市場における再編が急速に進展しつつある。こうした変化に対応して、あらためて1935年に成立したエネルギー産業法に関心が集まり、その法的、経済的、社会的意義を再検討しようという試みが始まっている。

エネルギー産業法が長期間にわたって実効力を持つなかで、ドイツ電力業は次のような特徴を有するようになった。大電力企業による独占化とその独占を保護・規制するための国家介入の深化である。そこには、エネルギー産業部門の過度の競争は国民経済にとって損失であるという思想があり、国家は、競争を制限した独占的な市場構造を保護しつつ、電力供給が適切な料金のもとに安定的に行われるように、監督・規制を実施してきたのである。こうしたあり方は、「管理型市場経済」の一類型とみなされるであろう。

このようなドイツ電力業の構造は、近年様々な視点から批判されてきた。まず、新自由主義の立場からは、競争を制限した市場のあり方が疑問視され、規制緩和や自由化、民営化が叫ばれてきた。B. スティア（Stier）によれば、こうした市場原理を重視した潮流のもとで、競争のみが経済的最適を達成できるという考え方が受容され、独占の解体や競争の促進が追及されてきたのであ

る[1]。その延長線上に、連邦所有の巨大企業であり、電力市場に大きく関係しているVebaやVIAGの民営化が実施されたのであった[2]。

　また、電力の大量消費や原子力利用に反対する環境保護の立場からは、国家に保護された電力業の独占体制こそが社会経済的・エコロジー的害悪の根源だという指摘がなされてきた。代表的なものとして、W.ツェンクル（Zängl）の著作がある[3]。彼によれば、ドイツ大電力企業は、電力消費を意図的に増加させるために電機工業と共同して電力政策に影響力を及ぼしてきたのであり、国家は、彼らのあり方を是認し、その利害を一方的に擁護したのである。その結果、電力独占の力はますます強大になり、あたかも「電力国家（Strom-Staat）」[4]とも言うべき強固な既得権益を築き上げたのである。

　こうしてみると、新自由主義と環境保護では、それぞれの論理展開は大きく異なるものの、大電力企業の独占化と国家介入というドイツ電力業の特徴を否定的に捉えている点では共通している。それゆえ、彼らは、こうした産業構造の構築を法的に支えてきたエネルギー産業法をも真っ向から批判するのである。「1935年に成立したエネルギー産業法こそが、［中略］『電力独裁（Strom-Diktatur）』形成にとっての画期となった」という評価さえ登場したのである[5]。1997年の法改正の背景には、こうした多方面からの批判が存在していた。

　しかしながら、エネルギー産業法の影響を肯定的に捉えようとする見解も広く存在する。戦後西ドイツの奇跡の経済成長と高い福祉水準を保証してきたのがエネルギー産業法を基礎とした既存の電力供給システムであり、他のシステムがそれに替わったとしてもこれ以上良い結果をもたらすとは到底考えられない、といった考え方も根強いのである[6]。

　現在までのところ、エネルギー産業法に対する「反発」や「共感」といった様々な主張が繰り返されているが、その評価は未だ定まっていないといえよう。だからこそ、近年、同法を学問的手法にもとづき客観的に分析し、その意味を冷静に捉え直そうという動きが起きているのである。たとえば、J.O.C.ケールベルク（Kehrberg）は、法制史的視点からエネルギー産業法制定にいたる過程を分析しており、A.ファリディ（Faridi）は、この法律の規制内容を解明する

ことで諸工業と電力業との対立関係を歴史的に明らかにしようとしている[7]。

　ところで、エネルギー産業法がナチス期の1935年に制定された後20世紀末まで基幹的立法であり続けたという事情は、ドイツ史研究にとって興味深いことがらである。G. アンブロジウス（Ambrosius）によれば、エネルギー産業法のみならず、人員輸送法（Personenbeförderungsgesetz）や信用制度法（Kreditwesengesetz）などの重要な規制立法（Regulierungsgesetz）は、すべて1930年代のナチス期に制定され、戦後西ドイツへと引き継がれたのである。それゆえ、これらの法律が単にナチズム期の再軍備や秩序維持のために制定されたと考えることはできないのである[8]。それらが、20世紀前半から後半という長期にわたり有効であり続けたことは、時代を越えた「普遍性」を有していたことを意味しよう。つまり、こうした諸規制を考察するにあたっては、ナチス期と戦後西ドイツとの連続という問題が関連してくるのである。ただし、これらの立法がナチス政権のもとで成立したという事実を無視することはできない。それゆえ、なぜナチス期にこれらが制定されたのかという問いが成り立つのであり、同時に、その規制形態のなかにどのようなナチス的特徴が刻印されているのかが問われることになる。

　こうしてみると、エネルギー産業法をはじめとした規制立法についての分析は、ドイツ経済史研究の重要な領域であるはずである。にもかかわらず、これまでのところ本格的考察はなされてこなかった。エネルギー産業法についても先述したケールベルクやファリディらによる個別研究が存在するのみである。本章は、こうした現状を踏まえたうえで、1935年のエネルギー産業法に焦点をあて、同法の成立の経緯とそれが市場に及ぼした影響を検討し、そのうえで、この法律の経済史的意義を考察しようとするものである。次節において、1935年以前のドイツ電力業の状況を概観し、第二節で、エネルギー産業法が成立する過程について、大電力企業の利害やナチス党の意向などに留意しつつ検討する。第三節では、制定された法律が、ナチス期及び戦後西ドイツでどのように機能していたかについて明らかにする。

第1節　法律制定以前の電力業

(1) ドイツ電力業の特徴

　発電・送電・配電という電力業の市場構造は当初から競争制限的であった。電力企業が、各地域で送電・配電を行うための送電線・電柱の設置に際して、当該自治体（Gemeinde）から公道の単独利用権（Wegerecht）を収得していたからである[9]。それゆえ、各企業は、その販売地域内において競争に直面することなく電力販売を拡大することが可能となり、事実上の独占的地位を獲得していたのである。

　このような競争制限的市場にもかかわらず、1920年代のドイツ電力業では集中がさほど進展せず、様々な所有形態や規模の企業が多数存在するといった状況であった。その点について、各企業の発電量に占める割合を踏まえながら検討してみよう。図3-1によれば、当該期の総発電量のうち、各種工場での自家発電と電力を外部に販売する電力企業の発電——後者は公的発電と呼ばれている——がそれぞれ半々を占めていた。公的発電においては、ライヒ（ドイツ国家）あるいは州所有の企業のなかにエレクトロヴェルケ株式会社（Elektrowerke AG）やプロイセンエレクトラ株式会社（Preußische Elektrizitäts-AG）、バイエルンヴェルク株式会社（Bayernwerk AG）、バーデンヴェルク株式会社（Badenwerk

図3-1　所有形態別の発電量割合（1927年）
（単位：％）

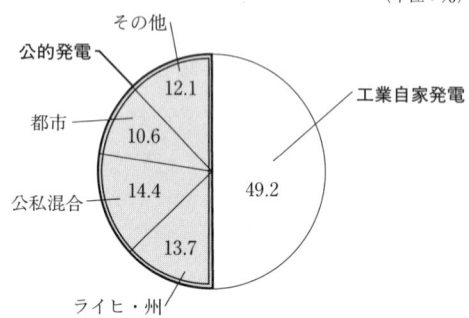

その他　12.1
公的発電
都市　10.6
公私混合　14.4
ライヒ・州　13.7
工業自家発電　49.2

出典：Ausschuß zur Untersuchung der Erzeugungs＝und Absatzbedingungen der deutschen Wirtschaft, *Die deutsche Elektrizitätswirtschaft*, Berlin 1930, S. 11; Bruche, G., *Elektrizitätsversorgung und Staatsfunktion. Das Regulierungssystem der öffentlichen Elektrizitätsversorgung in der Bundesrepublik Deutschland*, Frankfurt am Main/New York 1977, S. 44 より作成。

AG）などが含まれ、公私混合企業としては[10]、ライン・ヴェストファーレン電力株式会社（Rheinisch-Westfälisches Elektrizitätswerk AG、以下 RWE と略す）などがある。これらは、当該期ドイツを代表する大電力企業であり、全発電量の約25～30％を担っていた[11]。また、都市発電所による発電は、個々の発電規模は小さかったものの、全体として総発電量の一割を占めていたのである[12]。こうした電力業の多様性が様々な利害衝突を引き起こすことになり、とりわけ、大電力企業が電力販売を拡大しようとするなかで、工業自家発電や小規模の都市発電所と対立するといった状況が生まれていたのである[13]。

このような事情のゆえに、ドイツでは、電力業の集中化を促進しようとする見解が繰り返し提起されてきた。たとえば、H. シャハト（Schacht）は、1908年の論文のなかで、大電力企業の立場から次のような議論を展開している[14]。小規模な都市発電所は非経済的な資本形成を意味しており、それを解消するためには、発電の集中化が求められている。こうした集中化は、国家独占ではなく私的独占によって担われるべきであり、また、消費者の正当な利害を保護するために、このような私的な電力独占は、国家の監督下に置かれなければならない。ここには、国家介入のもとで大電力企業の発展を促そうとするシャハトの考え方があらわれていよう。また、O.v. ミラー（Miller）は、テクノクラートとして同時代のイギリス、アメリカ、ソビエトを検討したうえで[15]、「規模の経済」の優位性を説き、ドイツ全体を網羅する高圧送電システムの構築を提言していた[16]。しかし、こうした動きにもかかわらず、1920年代には、電力業の集中化・大規模化を促進するような諸措置が実施されることはなかったのである。

(2) 利害対立の激化

こうした状況下で、1920年代末から30年代にかけて電力業における競争が一段と熾烈になっていった。たとえば、工業自家発電と大電力企業との対立が深刻になった[17]。そもそも、工業自家発電とは、工場で消費する電力を自らの発電でまかなおうとするものであるが、実際は、常に大電力企業との売買関係

が存在していた。各工場は、稼働率が高く自家発電の電力のみでは不十分な時には、外部の大電力企業から電気を購入し、逆に、自家発電の電力が過剰な場合、それを外部へ販売しようとしたからである。1920年代には、工業における自家発電の割合が徐々に低下し、各工場が外部の電力企業から電気を引き入れる比重が拡大しつつあった。ところが、1920年代後半から30年代にかけての熱力学の進歩や蒸気機関・蒸気タービン建造技術の進展のなかで、工業自家発電の効率が増し、発電規模も拡大していったのである。その結果、電力企業による工業への電力販売量が減少するとともに、工業自家発電の供給が拡大することになり、こうした状況が大電力企業にとっての脅威となったのである。

　また、都市発電所と大電力企業との対立も激しくなっていった[18]。ドイツ電力業の発展は、19世紀末に駅・劇場などの公共空間への電灯の普及とともに開始されたが、当初は、そうした公的な電気供給の主要部分を都市発電所が担っていた。1920年代になると、先述したようなライヒや州所有あるいは公私混合の大電力企業が安価な電力販売で発展していき、料金が相対的に高い都市発電所の競争力は低下しつつあった。しかし、都市発電所からの収入は各都市の財政にとって常に重要であり、その限りで、都市発電所は大きな意味を持ち続けたのである。とくに20年代末の大恐慌を契機に破綻寸前まで追い込まれた各都市の財政運営において、都市発電所の存在は決定的であり、大電力企業の競争圧力のなかで、いかにして都市発電所の収益をあげるかが各都市にとって愁眉の課題となったのである。それゆえ、効率の悪い都市発電所を駆逐して電力販売の拡大をはかろうとする大電力企業と小規模発電を温存しようとする都市との競争が、30年代は一段と激化したのである。

　こうして様々な利害対立が表面化するなかで、ナチス期にはいると電力業集中化をめぐる多様な見解が提案されたのである。

第2節　エネルギー産業法制定にいたる過程

(1) 電力業をめぐる諸見解[19]

　まず、33年10月に大電力企業の側が『地方自治体の利益促進のために必要なドイツ電力業における措置についての見解（Gutachten über die in der deutschen Elektrizitätswirtschaft zur Förderung des Gemeinnutzes notwendigen Maßnahmen）』を発表し、以下のような論議を展開した。

　第一に、効率的・経済的観点から、連係経済（Verbundwirtschaft）にもとづく大規模発電・供給を提唱した。この大規模化の利点は、多種多様な消費者を包摂して電力需要にばらつきを持たせることで、最大出力と最小出力との差異を可能な限り縮小し、それを通じて負荷率の最適化すなわちコスト削減を達成しようとするものである。また、この大規模化により電気料金が低下し、産業における電力利用が拡大して活況となれば、新たな雇用創出に結びつくとしている。第二に、公企業——具体的には都市発電所——の租税特権を廃止すべきだと提案し、都市発電所のあり方を批判している。第三に、電力業への国家の介入を具体的に求めている。たとえば、経済省には、新たな設備建設や旧式設備の拡張を許可する権限、産業の要請に基づいて道路やその他の土地の利用を許可する権限、また、それに伴う補償支払いを決定する権限などを持たせるべきなのである。こうしてみると、大電力企業は、国家介入のもとで電力業の集中化を促進しようとしていたことがわかる。

　これに対して、ナチス党は、33年11月にB.エントルクス（Endrucks）、H.ラムブレヒト（Lambrecht）らが『電気産業における課題に関する報告（Bericht über Aufgaben in der Elektrowirtschaft）』を発表した。当時のドイツでは失業者が600万人に達しており、ナチス党の最重点課題の一つが失業の解消にあったという状況を反映し、この『報告』のかなりの部分も電力業における雇用創出に関わるものであった。既存設備の維持・補修あるいは新しい設備建設な

どを通じて雇用を確保することが強調されており、たとえ設備出力が過剰となったとしても、旧式設備を温存・稼動させつつ、新しい設備建設を促進すべきとされていた。また、国土防衛の観点からして、大規模集中発電は空爆の標的になりやすく一度破損するとその被害が甚大であるが、小規模分散発電はそうした危険性が小さいものとされた。雇用確保のために旧式設備を温存し、空爆による被害回避のために小規模発電を提唱するということは、結局、都市発電所を擁護することにつながっていったのである。なお、ドイツの電力業のあり方をこのように方向づけるために、法的規制が必要だとされている点にも留意しなければならない。

　また、ナチス党の『報告』は、国家による電力業の監督についても詳細に論じている。ライヒは、「ライヒ電気監督庁（Reichselektroinspektion）」を通じて、企業の意思決定について監視もしくは介入しうるとした。その結果、企業の自立性は、指導機関やそれぞれの段階に応じたナチス党の諸機関の下に従属させられることとなり、電力業において指導者原理（Führerprinzip）が貫徹することになるのである。こうしたあり方は、電力業における同質化（Gleichschaltung）を意味しているといわれている。

　ところで、都市の側は、1934年の『自治体会議報告（*Bericht Gemeindetag*）』を通じて都市発電所を擁護する見解を表明するとともに、以下のような六点を提案した。

1．電力業は国民経済の基礎であり、ライヒはそれを私的大企業に任せるべきではない。
2．電力業は共同経済的に組織されなければならない。その利益は公共のために役立つようにすべきである。
3．電力業は経済的観点に従わねばならない。
4．国民経済的観点から、大規模供給に有利とならないように既存の発電所は細分化されうる。
5．電力供給は自治体を通じて組織されるべきである。

6．電力業の新秩序に向けた方策は、自治体の財政的利害についても配慮すべきである。

1．4．5．では、ドイツ電力業の主体があくまで小規模な都市発電所であることが強調されており、2．6．は、発電所の運営にあたって都市財政的な観点も十分留意されるべきだという主張である。

同時に、都市発電所も電力業へのライヒの介入を求めていた。この『報告』によれば、指導者原理にもとづく計画的な電力供給を達成するために、ライヒの指導のもとで地域行政単位に応じた組織化が段階的になされるべきであった。同時に、電力業全体は、経済大臣のもとにある「ライヒ電気監督官（Reichs-elektroinspekteur）」の指導のもとで、自治体代表者から成る「電気顧問団（Elektrobeirat）」によって監視され、電気監督官自体は、送電、発電、設備投資、料金設定について影響を与えるのであった。

以上からわかるように、電力業のあり方をめぐって大電力企業と都市発電所は真っ向から対立していたのである。たとえ都市発電所が効率的に劣っていたとしても、ナチス党にとって、都市発電所の存在が十分意味あるものだったこともあり、その存立基盤は容易に崩されるようなものではなかった。それゆえ、こうした対抗関係が早急に解消する見込みはほとんどなかったのである。

こうした対立関係のなかで、三者に共通している点は、電力業への国家あるいはライヒの介入を求める点であった。ドイツ電力業への介入・規制を強めようという動きは、1919年の電力社会化立法の制定に遡ることができるが、この法律自体がまったく実効性を欠いていたこともあり、1930年代にいたるまで国家介入が具体化することはなかった。そうした状況のなかで、大電力企業、都市発電所、ナチス党それぞれが、ライヒによる市場規制を望んでいたのである。ただし、こうした市場規制あるいは国家介入の目的は、三者で大きく異なっていた。大電力企業は、ライヒの監督のもとで電力業集中化を促進しようとしており、都市発電所は、ライヒの保護のもとで都市運営の円滑化を図ろうとしていた。そして、ナチス党は、国家介入を通じて、電力業への指導者原理の

貫徹および電力業の同質化を狙っていたのである。いずれにせよ、このような電力業へのライヒの介入を求める意向を受けて、エネルギー産業法制定に向けた動きが生じたのである。

(2) 第一草案（シャハト案）

まず、1935年2月にシャハトが草案を提出した（資料3-1）。その第1条では、エネルギー供給企業を「他者にエネルギーを供給する全ての企業」と定義している。したがって、大電力企業や都市発電所のみならず、たとえ工業自家発電であっても、外部に電力を販売しているものはエネルギー供給企業と捉えられ、それらすべてがこの法律の適用を受けることになる。第2条において、各企業のライヒ経済大臣への情報提供・報告が義務づけられ、第3条で、各企業が設備投資を実施する前にそれをライヒ経済大臣に届け出ること、また、そうした届け出を経済大臣は不許可にすることができること、とされている。第4条では、自家発電を行っている企業が、その電力の他者への販売を開始しようとする際、ライヒ経済大臣の許可がなければならないとされ、工業自家発電の外部への販売を抑制する内容となっている。さらに、第7条(1)で、ライヒ経済大臣の権限で、効率の悪い企業を閉鎖に追い込み、その電力供給を他の効率の良い企業に代替させることが可能となり、同(2)では、経済大臣の許可のもと、閉鎖される企業の設備を代替企業が収用できるとされている。これは、具体的には、小規模な都市発電所を閉鎖して大電力企業に代替していこうとするものである。こうした第7条による小規模経営の閉鎖や第3条の設備投資に関する規制こそが、過剰な設備を削減して電力業の集中化を促そうという意図を如実にあらわしたものである。

以上から明らかなように、シャハトのこの草案は、ライヒの介入のもとで、工業自家発電や都市発電所のあり方を厳しく統制しつつ、電力業集中化を促進しようとしたものであり、先にみた大電力企業の『見解』に表明されていた要求を立法化しようとしたものであった。

同時に、この草案は、あくまでシャハトの経済的思考の延長線上に構築され

資料 3-1　第一草案（シャハト案）　　1935 年 2 月

ライヒ政府は、以下の法律を決定し、発布する。

第 1 条
(1) 略
(2) 公的エネルギー供給企業とは、その法的形態や所有関係で区別することなく、他者に直接あるいは間接に電力エネルギーもしくはガスを供給する全ての企業と経営を意味する。

第 2 条
(1) ライヒ経済大臣は、公的エネルギー供給企業に対してそれらの技術的・経済的諸関係についてのあらゆる情報を要求することができる。同大臣は、それら企業にある技術的・経済的書類について報告義務を課すことができる。
(2) 略

第 3 条
(1) 公的エネルギー供給企業は、既存設備の廃棄や新しい設備の建設、あるいは既存設備の改修、拡張の前にライヒ経済大臣に届け出なければならない。
(2) ライヒ経済大臣は、公的福祉（öffentliches Wohl）という理由に基づいて、エネルギー設備の廃棄、建設、改修、拡張を中止させる（untersagen）ことができる。
(3) 略

第 4 条
(1) エネルギー設備が専ら自己の需要を満たすためのものであり、電力やガスを他者に販売していない企業（自家発電）が、他者へのエネルギー供給（公的エネルギー供給）を開始しようとする場合、ライヒ経済大臣の許可を必要とする。
(2) 略

第 5 条　略

第 6 条
(1) ライヒ経済大臣は、国民経済的に合目的的で、統一的かつ安価な公的エネルギー供給を促進するために、公的エネルギー供給企業の接続条件、料金、供給条件についての規定を公布することができる。
(2)(3) 略

第 7 条
(1) 公的エネルギー供給企業が、その供給課題を遂行できなくなった場合、ライヒ経済大臣は、禁止措置の実施にしたがってその経営を中止させ（untersagen）、必要な場合は、別の効率のいい企業に供給課題を引き受けるように委託することができる。
(2) (1)の場合、ライヒ経済大臣は、経営の促進と供給課題の遂行に必要とされる限りで、委託をうけた企業に有利なように既存設備の収用（Enteigung）を許可することができる。
(3)から(5)　略

第 8 条から第 11 条　略

第 12 条
(1) ライヒ経済大臣は、国土へのエネルギー供給を確実にするために必要とされ、安価な料金を企業に期待できる限りで、既存設備の維持や追加的設備の建設についての規定を公布することができる。
(2) 略

第 13 条から第 20 条　略

たものであり、ナチスの政策やイデオロギーとはまったく無関係だった。それゆえ、電力業への指導者原理の導入については何ら触れられることはなく、また、第3条(2)では、ナチス的な用語である"Gemeinwohl（公共の福祉）"ではなく、一般的な用語の"öffentliches Wohl（公的福祉）"を使っている。シャハトにとって、"öffentliches Wohl"という表現は、ドイツエネルギー産業における上位利害を意味するものであり、そうした上級の——つまり、電力業全体を視野にいれた——判断に依拠するからこそ、個々の企業設備の廃棄、建設、改修、拡張などを禁止することが可能だったのである。こうした解釈のなかに、ナチス的思考が皆無なことは明らかであろう[20]。

こうしたシャハトの草案は、当然のことながら、ナチス党幹部との様々な軋轢を生み出した[21]。とりわけ、都市発電所を有する自治体の利害を代弁する内務大臣W.フリック（Frick）の反発は大きかった。彼は、この草案の目的である電力業の集中化により、自治体から自治権限の一部が剥奪されることを恐れていた。それゆえ、この草案の提出を中止し、新たにドイツ自治体会議の代表者と協力しつつ改めて法案について協議すべきだと主張したのである。こうした動きにナチス党の有力幹部R.ヘス（Hess）やライヒ大臣であるH.ケール（Kerrl）、H.フランク（Frank）が呼応してゆき、次第にシャハトの草案はライヒ政府のなかで疑問視されるようになった。

結局、1935年10月18日の閣議のなかで、ヒトラーの指示によりこの草案は取り下げられ、10月23日に新たな審議が開始されたのである。この新たな審議には、経済省や内務省の官僚とともに、自治体会議代表者であるミュンヒェン市長K.フィーラー（Fiehler）、ケプラーサークルを組織して経済問題に関わっていたW.ケプラー（Keppler）、ミュンヒェン商業会議所会長A.ピッチュ（Pietzsch）なども参加した。そして、経済大臣の関与のないまま内務大臣の主導のもとに、新たな草案が作り上げられ、その結果、シャハトの第一草案と新しいもう一つの草案とが存在することになった。両草案の処理は、あらためて編纂委員会（Redaktionskomitee）に諮られることになり、同委員会は、1935年10月25、26日に急遽会議を行い、新たな法案を提出したのである。

この新たな法案は、すでに提出されていた二つの草案を一本化したものであり、その実質的内容は、1935年12月に最終決定されたエネルギー産業法に極めて近いものであった。

(3) 編纂委員会案

　編纂委員会案で改訂された点を検討してみよう（資料3-2）。第一に、ライヒの電力業への介入がより明確に規定されたことがあげられる。まず、第一草案に比して長くなった前文（Präambel）において「ライヒ政府は、エネルギー供給を国家によって秩序だてる」と宣言しており、また、新たに第1条(1)として「ドイツエネルギー産業は、ライヒの監督のもとに置かれる」という文言が挿入された。こうした修正が意味することは、ライヒ政府がエネルギー産業のあり方やその目的を決定し、それぞれの企業経営がそれに沿ったものかどうかを監督する、という仕組みであった。つまり、企業が合目的的でないような行為をしたならば、ライヒが、その企業活動に干渉し、それを改めさせるということを想定していたのである。このような介入は、企業活動の自由を制限しライヒの指示を各企業に徹底させようとする点で、エネルギー産業への指導者原理の導入といえよう。

　第二に、第1条(2)で自治体電力業に対するライヒ経済大臣の監督は、都市の利害を代表する内務大臣との協力のもとで行われることが謳われ、都市発電所への配慮が明言された。これは、内務大臣フリックやヘスらの第一草案に対する反発を受けて、加えられた条文である。

　第三に、ナチス的な"Gemeinwohl（公共の福祉）"という用語が第4条で使用されていることである。この条文は、第一草案第3条の設備投資の届け出とライヒによるその届け出の不許可に対応するものであり、第4条(2)では、設備投資計画の届け出後一カ月以内にライヒ経済大臣が異議を申し立て、その異議申し立てから二カ月以内にそれを"Gemeinwohl（公共の福祉）"の観点から中止させうるとした。第一草案でシャハトが"öffentliches Wohl（公的福祉）"という用語を使ったのは、先述したように、彼がこの用語に「エネルギー産業全

> **資料 3-2　編纂委員会案の抜粋**　　　　　　1935 年 10 月
>
> 　エネルギー産業が国家的・経済的生活の維持にとって重要な基礎であるという認識のもとに、ライヒ政府は、エネルギー供給を国家によって秩序だてる（ordnen）ことを決定した。ライヒ政府は、以下の法律を決定し、発布する。
>
> 第1条
> 　(1)　ドイツエネルギー産業（電力とガス供給）は、ライヒの監督のもとに置かれる。
> 　(2)　ライヒ経済大臣がこの監督を実施するが、自治体の電力供給の利害に関係する限り、自治体監督官庁であるライヒ内務大臣との協力のもとで行われる。
>
> 第4条
> 　(1)　エネルギー供給企業は、エネルギー設備の建設、改修、拡張、廃棄の前にライヒ経済大臣に届け出なければならない。
> 　(2)　ライヒ経済大臣は、エネルギー供給企業の設備の建設、改修、拡張、廃棄について、届け出後1カ月以内に異議を唱えることができる。また、異議を唱えてから2カ月以内に、公共の福祉（Gemeinwohl）という理由に基づいて、その計画を中止させる（untersagen）ことができる。
>
> 第13条
> 　(1)　ライヒ経済大臣は、国土防衛（Landesverteidung）を確実にするために必要とされ、また、企業に要求することが可能な限りにおいて、既存エネルギー設備の維持や追加的な設備建設、さらに、エネルギー販売についての規定を定めることができる。企業にとって経済的に予想される以上の負担が生じた時には、ライヒ経済大臣が規定する適切な補償がなされなければならない。

体を視野にいれたより上位の利害」という意味を持たせ、そうした上位の判断にもとづき個々の企業の設備投資に規制を加えようという内容であった。それに対して、この新たな草案が"Gemeinwohl（公共の福祉）"というナチス的文言で設備投資を制限しようとしたことは、電力業の設備投資がナチスの意向にもとづきナチスの采配によって制限されるということを表していたのである。

　第四は、第13条に国土防衛という目的を加えたということである。第一草案の第12条では、「国土へのエネルギー供給を確実にするために必要とされ」

るならば、ライヒ経済大臣が既存設備の維持や追加的設備の建設についての規定を公布しうるとされていたが、この草案では、「国土防衛を確実にするために」という表現に変化している。このことは、この法律がドイツの再軍備を想定し、エネルギー産業を軍事化の過程に包摂していこうとしたものであることを示していよう。

以上から明らかなように、編纂委員会案は、第一草案とは異なりナチス党の意向を十分汲み取ったものとなっており、指導者原理の貫徹や再軍備への対応といった内容を持っていたのである。そして、この編纂委員会案をより精緻にした法案が1935年12月13日の閣議で採択され、エネルギー産業法が成立した。

(4) エネルギー産業法

それでは、エネルギー産業法の内容を検討してみよう（資料3-3）。前文は、以前の草案以上に詳細になっており、エネルギー産業を「指導し（führen）」、「エネルギーを公共の福祉（Gemeinwohl）の利害のもとに包摂」するといった表現が、ナチス的思考をより鮮明にあらわしていよう。なぜなら、「指導する」とは指導者原理の導入を直接的に意味しており、また、「公共の福祉（Gemeinwohl）」という文言を条文のみならず前文にも挿入することで、冒頭からナチス的な色合いを強調しているからである。

第1条は、編纂委員会案を踏襲し、(1)でライヒによる監督が明言され、(2)は都市発電所に配慮して経済大臣と内務大臣との協力が規定されている。第2条のエネルギー供給企業についての定義、第3条の各企業に対するライヒ経済大臣への情報提供・報告義務は、それぞれ第一草案から一貫したものとなっている。第4条は、第一草案をもとに編纂委員会が改訂した内容を活かしており、ナチス経済的視点から設備投資を規制しようとしている。第5条は、第一草案から一貫しており、工業自家発電の外部への販売を制約している。第8条と第9条は、それぞれ第一草案の第7条(1)および(2)を厳密に叙述したものであり、ライヒ経済大臣の権限で、効率の悪い企業を良い企業に代替させ、閉鎖される

資料 3-3　エネルギー産業法

　経済的・社会的生活にとって重要な基礎であるエネルギー産業を、すべての関連する経済主体や公的地域団体との協働で統一的に指導し（führen）、エネルギーを公共の福祉（Gemeinwohl）の利害のもとに包摂し、エネルギー供給に関するあらゆる事柄に対して必要とされる公的影響力を確保し、国民経済を損なうような競争作用を妨げ、複合連系経済の目的に沿った調整を促進し、さらに、これらすべてを通じてエネルギー供給を可能な限り確実かつ安価に形成するために、ライヒ政府は、以下の法律を決定し、発布する。

第1条
(1) ドイツエネルギー産業（電力とガス供給）は、ライヒの監督のもとに置かれる。
(2) ライヒ経済大臣がこの監督を実施するが、自治体の電力供給の利害に関係する限り、自治体監督官庁であるライヒ内務大臣との協力のもとで行われる。

第2条
(1) 略
(2) エネルギー供給企業とは、その法的形態や所有関係で区別することなく、他者に電力エネルギーを供給する、あるいはそうした経営を管理している全ての企業と経営を意味する。

第3条
　ライヒ経済大臣は、エネルギー供給企業に対してそれらの技術的・経済的諸関係についてのあらゆる情報を要求することができる。同大臣は、それら企業にある技術的・経済的書類について報告義務を課すことができる。

第4条
(1) エネルギー供給企業は、その設備の建設、改修、拡張、廃棄の前にライヒ経済大臣に届け出なければならない。
(2) ライヒ経済大臣は、エネルギー供給企業の設備の建設、改修、拡張、廃棄について、届け出後1カ月以内に異議を唱えることができる。また、異議を唱えてから2カ月以内に、公共の福祉（Gemeinwohl）という理由に基づいて、その計画を中止させる（untersagen）ことができる。
(3) (4) 略

第5条
(1) エネルギー供給企業でない企業や経営が、他者へのエネルギー供給を開始しようとする場合、ライヒ経済大臣の許可を必要とする。
(2) 略

第6条
(1) エネルギー供給企業が一定地域に供給する場合、その企業は、一般的な供給条件と料金とを公表し、当該地域のすべての者にその条件と料金で接続し供給する義務を負う（一般的接続・供給条件）。
(2)から(5) 略

第7条　略

第8条
(1) エネルギー供給企業が、その供給課題とりわけ本法に基づいて課せられる義務を遂行できない場合、あるいは、供給課題の遂行を妨げるような状況を排除するための諸措置がなされえない場合、ライヒ経済大臣はその企業に対して、中止手続きの実施の後に、その経営のすべてもしくは一部分を中止させる（untersagen）ことができる。同大臣は、別のエネルギー供給企業に供給課題を引き受けるよう委託することができる。
(2) (3) 略

第9条
(1) ライヒ経済大臣は、第8条により供給課題の引き受けを委託された企業の要請に基づいて、中止させられた企業に関連するエネルギー設備と土地所有権の収用（Enteignung）を許可することができる。この要請は、第8条により経営を中止させられた企業が要求した場合、差止められねばならない。
(2) 収用措置については、第11条の規定が、適切な補償がなされるという条件のもとに適用される。
(3) (4) 略

第10条　略

第11条
(1) 公的なエネルギー供給の目的のために、収用の際に土地所有あるいは土地所有権の剥奪や制限が必要となる限りにおいて、ライヒ経済大臣は、収用の許可を確認する。
(2) (3) 略

第12条　略

第13条
(1) ライヒ経済大臣は、国土防衛（Landesverteidung）を確実にするために必要とされ、また、企業に要求することが可能な限りにおいて、既存エネルギー設備の維持や追加的な設備建設、さらに、エネルギー販売についての規定を定めることができる。企業にとって経済的に予想される以上の負担が生じた時には、ライヒ経済大臣が規定する適切な補償がなされなければならない。
(2) 略

第14条から第20条　略

1935年12月13日、ベルリン

総統かつライヒ首相　A. ヒトラー

企業の設備を代替企業が収用できることが規定されている。第13条は、編纂委員会案を踏襲し、エネルギー産業が国土防衛という目的のもとに動員される可能性を明らかにしている。こうしてみると、エネルギー産業法は、第一草案と編纂委員会案のそれぞれの趣旨を汲み上げており、それゆえ、シャハトが主張している大電力企業の意向とナチス党の経済的理念とが並存するかたちになっている。

シャハトら大電力企業が追及してきたのは、何よりもまず電力業の集中化であった。先にみた大電力企業の『見解』でも明らかなように、電力業の大規模化・集中化を通じて効率のよい産業構造を構築しようとしたのである。エネルギー産業法は、こうした要請に応え、設備投資に対する規制を導入し、効率の悪い小規模企業の大企業による代替を促進しようとしている。これは、大電力企業と競合関係にあった小規模な都市発電所に対抗する法的措置であり、この法律が成立したことにより、非効率な都市の小発電所の存在基盤が切り崩されたといえよう。ただし、第1条(2)で都市発電所に対して一定の配慮がなされ、ライヒ経済大臣と内務大臣との協力が規定されたために、事態はむしろ混乱していった。法律制定後も、経済省と内務省との間で、いかなる時に、いかなる条件のもとで内務大臣が協力するのかをめぐって論争が繰り広げられたのである。結局、こうした混迷状態は、1941年に「水道とエネルギーのための総監督（Generalinspektor für Wasser und Energie）」が任命され、両大臣の権限がここに移譲されるまで続いた[22]。

工業自家発電に対する法的措置という点では、次のような特徴があろう。まず、自家発電の場合でも、その電力を外部販売しているならば、エネルギー供給企業と解釈されてこの法律が適用されることになったことである。つまり、そうした自家発電は、国家の監督下におかれ、ライヒへの情報提供・報告義務を課せられたわけである。同時に、自家発電がその電力の外部販売を開始しようとする時、ライヒの許可が必要となり、これにより、自家発電の電力販売参入は事実上不可能となったのである。さらに、1939年10月26日に制定された細則などによってこの法律の適用範囲がより厳密に定義され、その結果、通

常の工業自家発電に対しても、第4条に規定された設備投資の届け出とそれに対するライヒの中止命令とが適応されることになった。こうして自家発電に対する国家の介入が次第に強化されていったのである。シャハトは、こうした事態を踏まえ、このエネルギー産業法が公的発電と工業自家発電との競争を強力に規制するであろうと期待を込めていたのである[23]。

同時に、このエネルギー産業法はナチス思想とも深く関連していた。すでにみてきたように、第一草案に欠けていたナチス的要素は、編纂委員会案を経て成立したこの法律に色濃く反映されている。とりわけ、ライヒの電力業への介入のあり方が重要である。なるほど、大電力企業も都市発電所も共に、ライヒによる電力業に対する規制を望んでいたが、この法律で具体化された国家介入の内実は、ナチスが提唱する指導者原理に沿ったものとなった。すなわち、前文で強調されているように、ライヒは電力業のあり方をナチス的な「公共の福祉」という観点から秩序だてるのであり、また、そうした観点に立って、企業の設備投資を規制し、個々の企業活動の自由を制限しうるのであった。エネルギー産業法におけるこうしたライヒの介入は、通常の経済法の範囲をはるかに越えたものだったのである[24]。

また、この法律がナチスの再軍備政策に対応していた点も見過ごしてはならない。国土防衛を確実にするために、エネルギー設備やエネルギー販売についての規定を定めることができるという第13条は、軍事的観点に立って、設備投資に対する規制や効率の悪い小規模発電の閉鎖といった措置を採ることを可能としたのである。こうして、エネルギー産業法の成立とともにドイツ電力業の軍事化への道が開けたのである[25]。

第3節　法律制定後の電力業

(1) ナチス再軍備下における電力業集中化

エネルギー産業法は、その後のドイツ電力業の発展にどのような影響を及ぼ

したのだろうか。まず、ナチス期においては、ライヒ主導のもとで電力業の集中化と軍事化を促進したことがあげられる。とりわけ、工業自家発電の抑制とそれに伴う大電力企業の工業への電力販売が著しく進展した[26]。これに関しては、たとえば、合同製鋼（Vereinigte Stahlwerke AG）の事例がある[27]。ドイツ最大の鉄鋼コンツェルンである合同製鋼は、巨大な自家発電設備を持っており、その発電量は1920年代末で約17億kWhに達しており、エレクトロヴェルケやRWEといった大電力企業よりも大きかった。しかし、同社の電力需要は膨大であり、自家発電で賄われる部分は全需要の約8割にすぎず、残りの2割についてはRWEなどからの電気引き入れで対応していた。また、RWEにとって合同製鋼は最大の顧客であり、合同製鋼へ販売する電力はRWEの全電力販売量の13％に達していたのである。こうしたなかで、合同製鋼は、所有する鉱山発電所の発電量を拡大してその電力を独自の電線網を使って他の工場へ送電し、それによってRWEからの電気引き入れ量を削減しようとする計画を策定したのである。これに対して経済省は、既存の大電力企業の送電線と合同製鋼独自の送電線とが平行に架設されることは経済全体からみて好ましくない、という理由のもとにこの計画を中止させ、合同製鋼がRWEと再度協議するよう促したのである。結局、合同製鋼は、自家発電拡張を断念し、1930年代後半には外部からの電気引き入れを急増させていったのである。

ハノーバーのハケタール針金・ケーブル製作所株式会社（Hackethal, Draht- und Kabelwerke AG）も、エネルギー産業法のもとで自家発電の拡大を阻止された[28]。同社は、1938年に外部からの電気引き入れよりも効率のよい自家発電設備の建設を申請したが、経済省は、当該地域の大電力企業であるハノーバー発電所（Elektrizitätswerk Hannover）が出力拡大のための設備投資計画をたてており、将来的に十分な電力供給を達成しうるという理由のもとに、ハケタール針金・ケーブル製作所の投資計画申請を却下したのである。こうして、大電力企業への集中化を促進するために、工業自家発電に関連する様々な設備投資が中止に追い込まれていったのである。

また、エネルギー産業法は、ドイツ電力業の軍事化にも役立ったといえよう。

たとえば、1941年3月の報告『エネルギー産業法導入後の経済省の対策（*Die energiewirtschaftlichen Maßnahmen des Reichswirtschaftsministeriums seit Einführung des Energiewirtschaftsgesetzes*）』は、この法律が、電力業の戦争能力の創出や電力業の軍事的動員にとって最も重要な手段であるとしている。また、「水道とエネルギーのための総監督」が創設された1941年以降には、戦時下の効率的な資源投入のために、エネルギー産業法に則して、100以上の小規模発電設備の収用が実施されたといわれている[29]。

(2) 第二次大戦後の電力業集中化

それでは、第二次大戦後のドイツ電力業にとってエネルギー産業法はどのような意味を持ったのだろうか。

当初、この法律は授権法（Ermächtigungsgesetz）を基礎としているナチス期の勅令（Kabinettsverordnung）であるという点で批判の対象となった。しかしながら、連邦憲法裁判所により「授権法が廃止されても、それに基づいて制定されたナチス期の法律が自動的に失効することはない」という判断が示され、この法律の有効性自体は担保されることとなった。ただ、この法律を通じてナチス政府が達成しようとした目的がボン基本法に抵触しないのか、という疑問が投げかけられ、それに対して、次のような法解釈が提起された。エネルギー産業法は、経済的独裁の道具として構築されたのではなく、独裁に役立つものでもない。それは、実体的にはあらゆる点で基本法と合致しており、ナチス思想を体現しているわけではない。この法律の正当性は、効率的エネルギー供給という技術的・経済的特殊性のなかに存在するのであり、とりわけ、公共のために確実で価格適合的なエネルギー供給を確保することを重視しているところにある[30]。

こうしたエネルギー産業法のもとで、西ドイツ電力業の年間総発電量は、1950年初頭に約500億kWh、1980年代初頭には約3700億kWh、1990年代末には約5100億kWhと、この半世紀間に約10倍になったのである[31]。同時に、こうした拡大とともに電力業の集中化も急速に進展した。図3-2をみるならば、

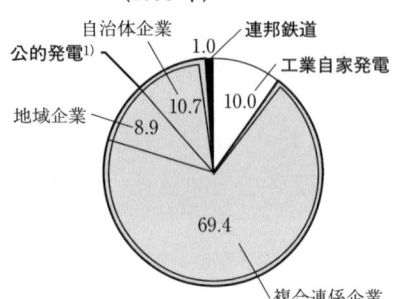

図3-2 所有形態別の発電量割合
（1998年） （単位：％）

- 公的発電[1]
- 自治体企業 10.7
- 連邦鉄道 1.0
- 工業自家発電 10.0
- 地域企業 8.9
- 複合連係企業 69.4

出典：Müller, L., *Handbuch der Elektrizitätswirtschaft*, Berlin 2001, S. 36, 125 より作成。
注：1) 公的発電については1996年の数値である。

1990年代の発電量のなかで工業自家発電と公的発電が占める割合は、それぞれ10％および90％となっている。1920年代に工業自家発電の割合が約50％であったことを踏まえるならば、ドイツ電力業の発展のなかで工業自家発電の位置づけが低下してきたことは明らかである。また、公的発電においては、RWEやプロイセンエレクトラ、バイエルンヴェルクなどの複合連係大企業の占める割合が約70％となっており、1920年代にその割合が30％弱だったことを踏まえるならば、その力が圧倒的になったことは明白である。他方、都市発電所である自治体企業の割合は10％にとどまっており、20年代とほとんど変わらない状況である。結局、エネルギー産業法のもとで、工業自家発電や都市発電所の発展は抑制され、大電力企業への集中化が進展した。かつて、シャハトらが望んでいた発展が現実のものとなったのである。

それゆえ、こうした電力業のあり方に対する反発、とりわけ、工業自家発電を行なう重化学工業からの批判は常に存在していた[32]。ドイツ工業界は、当初からエネルギー産業法が西ドイツへ引き継がれることに強く抵抗しており、この法律の名称がエネルギー産業振興であるにもかかわらず、その内実は、既存のエネルギー供給大企業の振興を第一義的な目的としたものだと反発していた。1951年には、ドイツ工業連邦連盟（Bundesverband der deutschen Industrie）やドイツ工業・商業会議（Deutscher Industrie- und Handelstag）などが、工業自家発電の投資に対する規制の中止とエネルギー産業法の改正を求めたのである。そこでは、大電力企業以外のものによる電力販売・供給が、様々な条件のもとで許可を得なければ可能とならない点が問題とされていた。つまり、企業の自家発電を地域的に離れている別の工場へ内部的に送電する際、あるいは、自家

発電を生産工程が結合している他企業の工場へ送電しようとする場合などに常に許可が必要となるからであった。工業界は、こうした規制がエネルギー供給のあり方を恣意的に歪めていると訴えたのである。また、1970年代には、ドイツ独占委員会（Deutsche Monopolkomission）により、工業自家発電が国家的及び私的な規制措置によって相当に圧迫されているということが告発され、また、1978年のニーダーザクセン経済交通大臣編の報告書は、工業自家発電が、大電力企業や市場構造および所与の法制度によって抑制されており、その結果停滞している現状を非難しているのであった。

　以上のように、20世紀後半のドイツ電力業は、エネルギー産業法のもとで急速に拡大し、電力企業は世界でも有数の大企業へと成長していったのである。しかしながら、こうしたあり方に対する批判が常に存在していた点には留意しなければならない。

お わ り に

　1920年代のドイツ電力業において、大電力企業は、常に工業自家発電や小規模の都市発電所と競合する状態にあり、そうした対立関係は、大恐慌以後一段と激化した。電力企業の利害を代表するシャハトは、こうした状況を改変するために、電力業を規制する法案を提起したのである。その案は、シャハトとナチス党幹部との駆け引きのなかで修正されつつ、最終的に、1935年12月にエネルギー産業法として成立したのである。

　この法律は、二つの側面を持っていた。第一に、シャハトら大電力企業が一貫して求めていた電力業の集中を促進するという側面である。これは、第4、5、8、9条などを通じて、工業自家発電や都市発電所の発展を抑制し、大電力企業への一極化を進めるものであった。第二の側面は、ナチス党が狙っていた電力業のナチ化、再軍備化である。こちらについては、ナチス的用語を多用してナチスの理念を刷り込むこと、また、第13条に国土防衛目的を明記することなどで具体化していったのである。大電力企業の利害に基づく部分とナチス

の意向に配慮した部分が並立しているという二重構造的な枠組みが、この法律の当初の特徴だったのである。

第二次大戦後は、ナチス的、軍事的意図を封印したうえで、電力業集中化を第一義的に追求する法律として解釈し直され、ドイツ電力業にとって最も重要な立法として1997年まで存続したのである。

エネルギー産業法自体はナチス期に成立したものであるが、同法の理念である電力業集中化や国家介入といった考え方そのものは、20世紀初頭に大電力企業が意図したものであった。シャハトは、すでに1908年にそのことを表明していたのである。そうであるならば、この法律を支える思想は、20世紀初頭からワイマル期を経て活き続け、1935年に法律として結実した後、20世紀末まで有効であり続けたことになる。そこには、ナチス期と戦後西ドイツとの連続のみならず、20世紀全体を貫く連続性が浮かび上がってくるのである。同様のことは、冒頭で触れた人員輸送法や信用制度法にもあてはまる。これらの法律は競争を制限し市場を規制しようとするものであるが、こうした規制政策は、すでに第一次大戦前からワイマル期にかけてその理念が育まれ、ナチス期に法律として実体化し、第二次大戦後の西ドイツで長く機能し続けたのである。ここに、20世紀ドイツの「規制国家（Regulierungsstaat）」としての発展が見出せるのである[33]。

ところで、なぜこのように「普遍的」法律がナチス政権期に制定されたのであろうか。それは、ナチスのような強権的な中央集権国家のもとで、初めて、統一的な法規制を妨げてきた「遠心力」を抑制することが可能となったからである[34]。すでに見てきたように、かつてのドイツ電力業の特徴はその多様性にあった。市場には、ライヒ、州、地方自治体それぞれの所有企業や公私混合企業、あるいは私企業など多様な所有形態のものが乱立しており、同時に、工業自家発電も存在していた。こうした様々な企業、経営をすべて網羅したうえで、それらを上から管理・監督するような法律は、脆弱な基盤の国家——たとえばワイマル政権——では実現不可能だったのである。結局、極めて強権的なナチス政権が、20世紀の普遍的理念を現実の法律へ具体化することに成功したの

である。

　また、エネルギー産業法のなかに大電力企業の意向がほとんどすべて反映されているということは、ナチス政権が電力企業の利潤追求や蓄積衝動に対して極めて寛容だったことを意味している。同党は、この法律を通して利益指向的な大電力企業の経営拡大を容認し、それを梃子として電力業の再軍備を行おうと意図していたのである。ここには、あくまでも企業の自律性・自発性を尊重しようとするナチスの考え方が表われていよう[35]。

　ところで、電力供給が急増した戦後西ドイツにおいて、大電力企業は電力市場において圧倒的な存在となり、電力政策にも大きな影響力を行使してきた。しかしながら、そうした電力業のあり方に対しては、常に重化学工業から批判が向けられており、両者の間には深刻な対立があったのである。エネルギー産業法が工業自家発電を抑制し電力企業を保護しようとするものである限り、両者のこの対抗関係は、ドイツ電力業の構造そのものに根ざした本質的なものだったといえよう。こうした軋轢をはらんだドイツ電力業のあり方を「電力独裁」といった言葉で単純に表現するのは不適切であろう。たとえ、大電力企業が強大な地位にあったとしても、そのカウンターパワーとして常に重化学工業が存在していたのであり、電力企業の力の行使は、あくまでこの強大な勢力との駆け引きのなかでのものだったのである。

　さて、20世紀のドイツ資本主義にとってエネルギー産業法はいかなる意義を持ったのであろうか。何よりも、第二次大戦後の経済成長・工業化にともなう電力需要の急増に対処し、安定的な電力供給システムを機能させてきたことにあろう。そうした実効性が備わっていたがゆえに、この法律の他の部分——たとえば、ナチス政権期に成立したこと、あるいは、国家介入のもとで大電力企業の独占化を促進していることなど——は、正面から論じられてこなかったのである。しかしながら、時代は大きく変わりつつある。高度成長や工業化を単純に賞賛する雰囲気はもはや存在しない。こうした転換期だからこそ、エネルギー産業法の改定が行なわれたのであり[36]、それを契機として、同法に対してこれまでと違った客観的、学問的関心が向けられているのである。

注
1) Stier, B., *Staat und Strom. Die politische Steuerung des Elektrizitätssystems in Deutschland 1890-1950*, Ubstadt-Weiher 1999, S. 20-21.
2) Vebaの民営化は、1960年代半ばに開始され80年代まで段階的に実施されており、VIAGの場合は、1986、88年の民営化後にエネルギー部門が強化されたという経緯がある。ドイツの民営化については Esser, J., Privatisation in Germany: symbolism in the social market economy?, in: Parker, D. (ed.), *Privatisation in the European Union. Theory and Policy Perspectives*, London and New York 1998、を参照。VIAGについては、Pohl, M., *VIAG Aktiengesellschaft 1923-1998. Vom Staatsunternehmen zum internationalen Konzern*, München 1998.
3) Zängl, W., *Deutschlands Strom. Die Politik der Elektrifizierung von 1866 bis heute*, Frankfurt am Main 1989.
4) G. カルヴァイナ (Karweina) によれば、大電力企業はドイツという国家のなかにもう一つの国家を形成するほどの権力を持っているのである。Karweina, G., *Der Strom-Staat*, Hamburg 1984.
5) Stier, a.a.O., S. 23.
6) *Ebenda*, S. 456.
7) Kehrberg, J. O. C., *Die Entwicklung des Elektrizitätsrechts in Deutschland. Der Weg zum Energiewirtschaftsgesetz von 1935*, Frankfurt am Main 1997; Faridi, A., Der regulierende Eingriff des Energiewirtschaftsgesetzes in Wettbewerb zwischen öffentlicher und industrieller Stromerzeugung in den 30er Jahren, in: *Zeitschrift für Unternehmensgeschichte*, 49. Jahrgang, 2004.
8) Ambrosius, G., Was war eigentlich "nationalsozialistisch" an den Regulierungsansätzen der dreißiger Jahre?, in: Abelshauser, W., Hesse, J. -O., Plumpe, W. (Hg.), *Wirtschaftsordnung, Staat und Unternehmen. Neue Forschungen zur Wirtschaftsgeschichte des Nationalsozialismus*, Essen 2003, S. 41.
9) Faridi, a.a.O., S. 175.
10) 公私混合 (gemischt privat und öffentlisch, gemischtwirtschaftlich) という概念はすでに第一次大戦前から用いられており、たとえば、R.パッソウ (Passow) は、公私混合企業を「私的資本と公的団体の共同した出資と経営」に基づく企業としている。Passow, R., *Die gemischt privaten und öffentlichen Unternehmungen auf dem Gebiete der Elektrizitäts- und Gasversorgung und des Straßenbahnwesens*, Jena 1912, S. 1-3. また、公私混合企業の概念を整理したものとして、小坂直人「公私混合企業の性格規定によせて」北海学園大学『経済論集』第40巻第3号、1993年がある。
11) 以上の大電力企業については、Pohl, M., *Das Bayernwerk 1921 bis 1996*, München/Zürich 1996; Asriel, C. J., *Das R. W. E. Rheinisch-Westfälisches Elektrizitätswerk A. -G. Essen a. d. Ruhr. Ein Beitrag zur Erforschung der modernen Elektrizitätswirtschaft*, Zürich 1930; Maier, H. (Hg.), *Elektrizitätswirtschaft zwischen Umwelt, Technik und Politik. Aspekte aus 100 Jahren RWE-Geschichte 1898-1998*, Freiberg

1999; Pohl, H., *Vom Stadtwerk zum Elektrizitätsgroßunternehmen. Gründung, Aufbau und Ausbau der "Rheinisch-Westfälischen Elektrizitätswerk AG" (RWE) 1898-1918*, Stuttgart 1992; RWE (Hg.), *Das RWE nach seinen Geschäftsberichten 1898-1948*, Essen 1948; Schweer, D./Thieme, W. (Hg.), *Der gläserne Riese. RWE-ein Konzern wird transparent. 100 Jahre RWE 1898-1998*, Wiesbaden 1998；田野慶子『ドイツ資本主義とエネルギー産業——工業化過程における石炭業・電力業』東京大学出版会、2003年、第6、7章。
なお、電力業全般については、Gröner, H., *Die Ordnung der deutschen Elektrizitätswirtschaft*, Baden-Baden 1975.

12) 都市電力業については、Schott, D., *Die Vernetzung der Stadt. Kommunale Energiepolitik, öffentlicher Nahverkehr und die "Produktion" der modernen Stadt. Darmstadt- Mannheim-Mainz 1880-1918*, Darmstadt 1999; Ders., Stadtentwicklung-Energieversorgung-Nahverkehr. Investionen in die technische Vernetung der Städte am Beispiel von Manheim mit Ausblicken auf Darmstadt und Mainz, in: Kaufhold, K. H. (Hg.), *Investionen der Städte im 19. und 20. Jahrhundert*, Köln Weimar Wien 1997; Ders., Lichter und Ströme der Großstadt. Technische Vernetzung als Handlungsfeld für die Stadt-Umland-Beziehung um 1900, in: Zimmermann C. und Reulecke, J. (Hg.), *Die Stadt als Moloch? Das Land als Kraftquell? Wahrnehmungen und Wirkungen der Großstädte um 1900*, Basel Boston Berlin 1999; Böhme, H./Schott, D., Elektrifizierung zwischen "demonstrativer Modernität" und strategischer Industriepolitik. Entwicklungswege beim Aufbau einer städtischen Dienstleistungs-Infrastruktur in Darmstadt, Mannheim und Mainz (1880-1935), in: Reulecke, J. (Hg.), *Die Stadt als Dienstleistungszentrum. Beiträge zur Geschichte der "Sozialstadt" in Deutschland im 19. und frühen 20. Jahrhundert*, St. Katharinen 1995; Lindemann, C., *Chancen und Grenzen kommunaler Elektrizitätspolitik. Die Entwicklung des Elektrizitätswerkes Aachen und der Rurtalsperren-Gesellschaft von 1890 bis 1928*, Frankfurt am Main 1996; Kleinschmit, C., *Stadtwerke Gelsenkirchen. Vom Regiebetrieb zum modernen Dienstleistungsunternehmen*, Essen 1998；Gas-, Elektrizitäts- und Wasserwerke Köln AG (Hg.), *125 Jahre kommunale Wasser und Energieversorgung für Köln*, Köln 1997. 森宜人「フランクフルト国際電気技術博覧会とその帰結——近代ドイツにおける都市電力ネットワーク形成の一モデル」『社会経済史学』第69巻5号、2004年、同「ヴァイマル期ドイツにおける都市の電化プロセス」『社会経済史学』第71巻第2号、2005年、同「都市化時代の大都市と周辺自治体——世紀転換期フランクフルトにおける合併と電力網の拡張」『一橋論叢』第133巻第2号、2005年。

13) 以上のようなドイツ電力業の特徴については、Wolff, A., Aufgaben und Organisationsformen der öffentlichen Unternehmung im Gebiet der Elektrizitätswirtschft, in: *Schriften des Vereins für Sozialpolitik*, Bd. 176 II, 1931; Wendlandt, K., *Die Entwicklung der Kommunalen Elektrizitätswerke und ihre Stellung zu den Expan-

sionsbestrebungen der Großkraftwerke, Berlin 1931.
14) シャハトの考え方については、Kehrberg, a.a.O., S. 140-141 を参照。
15) 各国の電力業については、Hughes, T. P., *Networks of Power. Electrification in Western Society 1880-1930*, The Johns Hopkins University Press 1983、坂本悼志『イギリス電力産業の生成・発展と電気事業法の変遷』長崎大学東南アジア研究叢書、1983年、同「イギリス電力産業の組織化」権上康男、廣田明、大森弘喜編『20世紀資本主義の生成——自由と組織化』東京大学出版会、1996年。
16) この点については、Hughes, T. P., Technology as a Force for Change in History. The Effort to Form a Unified Electric Power System in Weimar Germany, in: Mommsen, H., Petzina, D., Weisbrod, B. (Hg.), *Industrielles System und politische Entwicklung in der Weimarer Republik*, Düsseldorf 1974.
17) 以下の工業自家発電と大電力企業との対立については、Faridi, a.a.O., S. 175-184.
18) 都市発電所と電力企業との対立については、小坂直人「ドイツ電力産業と公私混合企業——RWEとドルトムント市の対立を中心に」『公益事業研究』第44巻第3号、1993年、拙著、第8章。また、当該期の都市経営については、関野満夫『ドイツ都市経営の財政史』中央大学出版部、1997年を参照。
19) 以下の諸見解については、Kehrberg, a.a.O., S142-152; Karweina, a.a.O., S. 155ff; Matzerath, H., *Nationalsozialismus und kommunale Selbstverwaltung*, Stuttgart 1970, S. 394-402; Schweer/Thieme (Hg.), a.a.O., S. 119-123.
20) この点については、Kehrberg, a.a.O., S. 155.
21) 以下の経緯については、*Ebenda*, S. 157-162.
22) この点については、*Ebenda*, S. 164.
23) Faridi, a.a.O., S. 186.
24) Kehrberg, a.a.O., S. 166.
25) なお、この法律制定以降、電力市場統制のための様々な機関が設立された。36年10月には「価格形成に関するライヒスコミッサー (Reichskommissar für Preisbildung)」が設置され、電力料金体系に対するライヒ政府の統制が可能となった。1939年9月には、戦時下での確実な電気供給のために「電力業のためのライヒ機関 (Reichsstelle für Elektrizitätswirtschaft)」が組織され、発電と電気供給についての中央集権的規制の条件が整えられ、1941年には先述した「水道とエネルギーのための総監督」が設置されたのである。この点については、Bruche, a.a.O., S. 77-81.
26) この点については、Herzig, T., Wirtschaftsgeschichtliche Aspekte der deutschen Elektrizitätsversorgung 1880 bis 1990, in: Fischer, W. (Hg.), *Die Geschichte der Stromversorgung*, Frankfurt am Main, 1992.
27) この事例については、Faridi, a.a.O., S. 187.
28) *Ebenda*, S. 188.
29) Kehrberg, a.a.O., S. 172. ただし、この点を疑問視する研究もある。たとえば、Karweina, a.a.O. なお、ナチス期のドイツ電力業の特徴をイギリスと対比したものとして、本書、第6章柳澤論文を参照。

30) 以上の法律議論については、Kehrberg, *a.a.O.*, S. 175ff.
31) こうした数字については、Müller, *a.a.O.*, S. 125.
32) 以下の批判については、Faridi, a.a.O., S. 192ff.
33) Ambrosius, a.a.O., S. 41.
34) Ebenda, S. 60.
35) これまで、ナチス政権は企業の自主的な意思決定を否定しており、企業活動は統制されていたという考え方が一般的であった。しかし近年、こうした見方とは異なる視角が提起されている。それによれば、ナチスは、一般的に考えられている以上に利潤指向的企業の自発的協力に拠っていたのであり、各企業においては、生産や投資決定における自立性が確保され、契約の自由が保証されていたのである。本章で扱ったナチスと電力企業との関連についても、こうした新たな視角からの分析が求められている。新たな研究動向については、Abelsheuser, W., Hesse, J. -O., Plumpe, W., Wirtschaftsordnung und Unternehmen im Nationalsozialismus. Neuere Forschungen zur Wirtschaftsgeschichte des Nationalsozialismus, in: Abelshauser, Hesse, Plumpe (Hg.), *a.a.O.*、本書、第2章マルク・シュペーラー/ヨッヘン・シュトレープ論文を参照。
36) なお、今日の電力市場における競争政策については、本書、第9章加藤論文を参照。また、エネルギー産業法改定以後の様々な法改正については、正田彬「ドイツにおける電力産業と法――自主規制の展開と関係する市場支配的地位の濫用規制」『ジュリスト』第1337号、2007年。

第4章

ナチス期金融市場政策の展開と貯蓄銀行
―― 1935年ライヒ国債問題を中心に

三ツ石 郁夫

はじめに

　ナチス期におけるドイツの金融体制は、1931年に生じた銀行破綻と金融危機を背景としつつ、1933年以降における国防軍支出の自律的優先的拡大、そして何よりも外貨危機と通貨安定化に関連した中央銀行ライヒスバンク総裁シャハト（Hjalmar Schacht）による金融政策的対応、ならびに1930年代後半におけるシャハトの権力低下と4カ年計画の展開のなかで、とくに一方でメフォ手形（Mefo-Wechsel）を中心とした特殊手形による短期信用と、他方でライヒ［ドイツ国家］の各種国債などによる長期信用によって独自な資金調達機構を形成した[1]。

　この資金調達機構は、とくにシャハトの政策においては、短期信用から中長期信用への転換の大きな流れを指向しつつ展開した。短期から長期への転換は、一般的にはつなぎ信用を安定化するために不可欠な金融措置である。実際、1930年代前半のワイマール末期からナチス期初期における金融市場の混乱のなかで、雇用創出から軍備拡大にいたる資金需要は、まず一時的に短期信用で充足され、のちにその債務を長期信用で安定化する立替金融方式がとられていた。

　この立替金融を実行するためには、何よりも金融危機によって崩壊した長期資本市場を再建し、ここに供給されるべき十分な資金を形成する必要があった。シャハトは、1935年8月、ケーニヒスベルクで行われた講演で、ナチス政権成立以来すすめられてきた雇用創出計画と軍備拡大に必要とされた資金が短期

信用によって調達され、その債務は経済の活性化と国民の貯蓄の高まりに伴う長期資本市場の健全化の後に長期信用へと整理されると述べている[2]。ここで示されている考えは、雇用創出・軍備拡大のための資金は一時的に短期で調達され、その後整理されて、債務が長期安定化されることになるという短期・長期信用の立替金融方式である。そのためには、資本市場の回復と健全化を促進する資本市場政策が何よりも重要な役割と意義を持っていた。

そうしたシャハトの考えは、とりわけ1936年以降、軍備支出拡大とアウタルキー経済化のテンポと程度をめぐるゲーリング（Hermann Göring）との対立のなかでしだいに後退し、ライヒスバンクの地位は1939年までに決定的に政府に従属することになった[3]。

第二次大戦勃発後、ライヒスバンク副総裁ランゲ（Kurt Lange）はドイツの戦時金融が統制経済的であると特徴づけ、それが1933年のヒトラー政権掌握以来展開されてきた資本市場政策によるものとして、その意義を強調している。それは別に表現すれば、ドイツは1933年以来の軍備拡大と戦争のための支出を、資本市場に支えられて調達してきたのであり、ナチスはそのために資本市場を振興してきた。それは、第一に直接市場にかかわる政策として、民間資金需要を抑制し、ライヒのそれを優先させる証券発行規制、利子率を6％から4.5％へと引き下げる利子率政策、そして健全な証券取引相場を形成するための公開市場政策が行われ、第二にすべての金融機関を統一的で厳格な規制の下におく信用制度法（Reichsgesetz über das Kreditwesen）制定、第三に民間企業に対して配当支払を6％ないし8％に制限した債券基金法（Anleihestockgesetz）制定、さらに第四に為替管理による外国の影響からの通貨制度の保護、そして第五に通貨政策を容易にした1939年6月15日のライヒスバンク法（Gesetz über die Deutsche Reichsbank）である[4]。

このようなナチス期軍備拡大金融における資本市場の意義に対して、大島通義は財政分析において、第一に1933年4月以降、国防軍財政が国家財政のなかで自律化すること、第二に軍備拡大金融を支えたのはメフォ手形であり、それは早期に償還されつつ、ライヒスバンクにおける手形保有の増加との関連で

1936年2月から償還期間が3カ月から6カ月に変更されたこと、第三に1938年3月で停止されたメフォ手形に代わって、それ以降、一時的な納入者国庫証券や、のちの割引国庫証券、租税証券などを通じて、再軍備資金が短期信用で調達されたことを指摘している。他方で大島は中央銀行分析において、1939年6月15日ライヒスバンク法で規定されたライヒスバンクの政府・国家従属はすでにナチス政府成立当初から進行していたとみなし、その観点のもとで、一定の独立した政策を展開しようとするシャハト資本市場政策が1938年までに破綻し、結局第二次大戦勃発までにライヒ政府資金調達が、ライヒ国庫手形、利付国庫証券、そして流動性公債の3つのルートへと整備された過程を詳細に検討している[5]。

長期信用である資本市場が当時の政策のなかで重要に位置づけられていたにもかかわらず、結果としてその役割が低く評価されてくる原因は、何といっても1935年ライヒ国債の発行結果にある。この国債発行と整理政策をめぐる諸問題は、この時期の資本市場それ自体のあり方に関連し、金融市場と金融機関のなかで資本市場がいかなる意義を持ちえたのかを検討するなかで明らかになる。その場合、とくに重要な位置を占めていたのは貯蓄銀行である。

貯蓄銀行は、1931年の銀行・金融危機において、その上部機関である振替銀行・ランデスバンク（Girozentrale/Landesbank, 以下、GZ/LBと略記）とともに大きな打撃を受けていたが、ナチス期においてはベルリン大銀行などと比較して逸早く回復し、むしろ資本市場回復に必要な国民的貯蓄の収集機構として重要な役割を担いうる金融機関であった[6]。

本章は、1935年以降のライヒ国債購入先であった貯蓄銀行に焦点を当てつつ、その関係のなかでライヒスバンクの資本市場政策を明らかにすることを目的とする。その際手がかりとなるのは、シャハトの資本市場政策とランゲの資本市場政策の比較である。さしあたって指摘できることは、シャハトの政策目標が長期資本形成の促進とそれによる短期債務の整理、さらにそれを通じた通貨安定とインフレ抑制であったのに対して、ランゲにとっての目的は、たしかに長期資本形成の促進では共通しているが、しかしそれだけでなく、言葉の本

来の意味で長期資金を政府資金として調達するのでなく、むしろ長期短期いずれの資金をも「長期」へと偽装して調達することにあるといえよう。このような第二次大戦勃発時の資本市場政策は、ランゲによれば「有機的」として特徴づけられているが、その内容は単なる長期信用にかかわる市場政策の枠を超えて金融構造全般にかかわる政策と考えられる。本章ではまず、1935年ライヒ国債発行にいたるライヒスバンクの準備政策を検討した後、同国債発行と貯蓄銀行の受け入れにおける問題、同時期に発行された中長期国庫証券、そして、ライヒスバンクによるその後の証券発行問題を検討することになる。

第1節　資本市場の回復と長期国債の発行

(1)　資本市場の回復

1934年末から1935年初めにかけてのベルリン証券市場は、資本市場を健全化し、立替金融を実施する政策プログラムにとって明らかに好ましい回復傾向を示していた。その背景は第一に、1934年12月5日ライヒ信用制度法が公布されたことによる金融機関と証券市場の制度的安定化、第二に農業部面と自治体における短期債務の低利借換が進んだこと、第三に1931年末以降、継続して利子率が引き下げられてきたことである。実際、ベルリン取引所では、1933年初めに額面価格のなお約81％に落ち込んでいた6％確定利付証券の相場が、1935年1月には約96％にまで回復してきたのであった[7]。

ライヒ信用制度法は、一般的にシャハトとベルリン大銀行の勝利と捉えられているが、その前日12月4日に公布された資本会社の利益分配に関する法律（債券基金法）は株式会社の利益配当支払に6％の上限を設け、それを超える利益分については金割引銀行（Golddiskontobank）を通じて基金をつくり公債運用へと誘導することとした[8]。これによって株式投資は魅力のない運用とされ、株式発行は1930年代を通じて停滞することになった。金融市場の資金はむしろ株式運用から確定利付証券へと誘導されることになったのであるが、そ

れは言うまでもなくベルリン大銀行の利害に沿うものではなかったのである。資本市場は政府・ライヒスバンクによって意図的に操縦され、とくに公債のための市場として明確に位置づけられたのであった[9]。

この過程で借換措置が進められた。債券所有者は旧来の債券を選ぶか、1回限りのボーナスがついた新規低利債券を受け入れるかの選択を迫られたのであるが、前者は市場においては不利な扱いを受けたから、実際には新規債券へと乗り換えるしかなかったのである。これにあわせて、1935年1月24日には金融機関金利引下げ法が、同年2月27日には公債金利引下げ法が公布された。

こうして1930年代中頃までに証券市場の健全化と安定化が進むことになるが、その間の証券市場の新規発行状況は表4-1に示されるとおりである。債券と株式の新規発行は世界恐慌によって急速に収縮し、1930年から1934年までに全体でおよそ7分の1にまで縮小した。それが転換するのは1935年のことであるが、その場合、債券発行においては増加傾向が明確になるが、それに対して株式発行は1930年代後半においても抑制されたままであった[10]。証券市場においてしだいに形成されてきた資金は、株式ではなく債券へと誘導された。

このような資本市場健全化策の到達点として1935年のライヒ国債発行が位置づけられる。それは1935年1月のザール人民投票においてザール住民の91％がドイツへの帰属に投票し、3月にはドイツが空軍保有を発表し、さらに3月16日「国防軍再建のための法律」によって一般兵役義務を導入する過程のなかで、ドイツが外交的にも軍事的にも攻勢に転じる時期に照応している。資本市場は、ライヒ国債のための資金を調達するために政府によって意識的に操作され、それまでのメフォ手形などの短期債務を償還しつつ、さらに不安定な短

表4-1　債券・株式の新規発行額（1930〜38年）

(単位：百万RM)

	1930年	1931年	1932年	1933年	1934年	1935年	1936年	1937年	1938年
債券	2,926	1,338	521	1,031	338	1,646	2,718	3,408	7,851
株式	555	635	150	91	143	156	395	333	827

出所：James, Harold, *Die Deutsche Bank im Dritten Reich*, München 2003, S. 33.

期債務ではなく安定的な長期債務に基づく軍事金融へと移行することが企図されたのであった。期間28年の利率4.5％ライヒ国債は、1935年初めから翌年初めにかけて2度にわたり5億ライヒスマルク（以下、RMと略記）ずつ発行され、それらは貯蓄銀行が蓄積した流動性準備を利用して購入された[11]。

(2) 貯蓄銀行における資金形成

長期資金形成の重要な源泉である貯蓄預金は、ナチス期の金融機関諸業態のなかで貯蓄銀行において顕著な伸びを示し、1935年末には預金総額の44.3％が貯蓄銀行に集中していた。第一次大戦前と比べると、貯蓄銀行と公私保険会社、そして職業身分的な組織機関を通じて集められる貯蓄は、大衆による直接の証券購入に対して大きく拡大した。大資産家の割合は総じて後退したのに対して、小貯蓄家は、貯蓄預金や生命保険、また職業組織の掛け金の形で一定の積立を行い、こうした資金の運用を金融機関などに任せたのであった。

表4-2に示されるように、貯蓄銀行の貯蓄預金は、1932年末から33年末までに約6億5千万RM、1933年末から34年末までに約7億RM増加していた。ここにはインフレ期に由来する再評価預金（Aufwertungsguthaben）の増加分は算入されていないので、これは純粋な新規預入と利子分である。他方で、1931年恐慌時において貯蓄銀行が引受手形によって借り入れた債務額は、預金の増加分をもとに返済することによって、1932年の6億7600万RMから33年には3億5900万RM、34年には1億6600万RMへと着実に減少し、35年

表4-2　貯蓄銀行における貯蓄預金の増加と準備（1932〜39年）

(年末、単位：百万RM)

	1932年	1933年	1934年	1935年	1936年	1937年	1938年	1939年
貯蓄預金額	11,446.7	12,095.0	12,799.0	13,802.7	14,614.9	16,061.8	17,686.7	19,335.3
年間増加額	—	648.3	704.0	1,003.7	812.2	1,446.9	1,624.9	1,648.6
準備（KWG第11条）	571.0	687.6	733.9	779.9	868.2	977.3	1,078.2	1,212.0
他の準備			208.5	230.0	67.3	70.1	97.7	86.8

注：KWGは信用制度法をさす。
出所：DSGV, *Geschäftsbericht 1937*, Statistischer Anhang (SA) 6.; *1938*, SA. 6; *1939* SA. 6.

には残額は約3000万RMとなっていた。このような貯蓄銀行における新規資金の形成は、政府・ライヒスバンクからみれば、何よりも包括的な雇用創出措置の成果であり、それを再度政府のために利用しようとすることは、当然の成り行きであった。

ライヒ経済省は1934年9月6日、貯蓄銀行に対する自治体信用の禁止について協議しているが、その際、付随的にではあるが、すでに貯蓄銀行組織によるライヒ国債購入問題を検討した。この問題で経済省審議官バイアホッファー(Ministerialrat Bayrhoffer)は、短期貨幣市場で運用されている貯蓄銀行の流動性準備を一部、資本市場に移しかえる可能性を見出すべきと主張したのである[12]。

貯蓄銀行は1931年の金融恐慌において流動性不足のために取り付けに対応できず、支払い不能に陥った。そこで貯蓄銀行の流動性を確保するために、直後の1931年10月6日の第3次大統領令において、貯蓄預金の少なくとも30％と他の預金の少なくとも50％については流動性の高い運用を義務付け、とくに貯蓄預金の少なくとも10％と他の預金の少なくとも20％はGZ/LBで流動性準備として保有することが義務づけられたのであった[13]。その後、貯蓄預金が順調に増加すると、流動性準備は規定にしたがって増加した。表4-2にあるように、1934年末にはその額は合計して約9億4千万RMに達したのであった。

これをうけてライヒスバンク内では、同年10月、10億RMのライヒ国債を貯蓄銀行組織が引き受ける可能性について検討している。その結果、10億RMという金額では同行の短期信用業務を縮小させてしまうが、もし貯蓄銀行の流動性規定を緩和するなら5億RMの消化は可能であろうという結論を引き出したのであった[14]。

(3) 社会保険・生命保険における資金形成

この時期に政府・ライヒスバンクは長期資金形成の源泉について個別に検討している。まず社会保険のなかでも長期資金形成にとって重要な役割を担っていたのは、州傷病保険局とライヒ職員保険局であった。雇用創出措置の展開以

降、保険義務のある雇用者数が増加するとともに、両保険に対する保険料支払いは急速に増加し、また1933年12月7日の「傷病保険・職員保険・鉱業被用者保険（Knappschaft）の営業改善に関する法律」によって組織の金融的健全化がはかられると、その資産は大幅に増加した[15]。

表4-3に示されるように、職員保険と傷病保険はワイマール期の1920年代末から1931年前後まで資産を急速に増加させ、その資金をおもに住宅建設向けの抵当信用と抵当証券、電気・ガス・水道などの供給事業を行う公営企業向けの自治体債権と貸付へと振り分けていた。恐慌期に傷病保険は資産を減少させたのに対して、職員保険はペースが鈍ったとはいえ資産増を維持した。その後ナチス期に入って、1934年から両保険ともに再び資産拡大が明確になった。1934年では両保険の資産増加額は3億8400万RMとなり、1935年にはそれは4億9600万RMとなった。ナチス期に資金運用の方法も変化した。両組織の運用先は、上述の住宅金融と公営企業から、ライヒが直接関与する雇用創出金融やライヒ証券の購入へと転換していたのである[16]。

こうした状況のなかで、政府・ライヒスバンクは、この資本市場にとって重

表4-3 職員保険と傷病保険の資産と運用（1925～35年）

（年末、単位：百万RM）

	純資産額			資産運用			
	職員保険	傷病保険	計	有価証券	貸付	抵当	計
1925年	316.7	430.9	747.7	90.9	135.5	281.7	508.1
1926年	510.6	588.5	1,099.0	256.7	197.2	384.7	838.6
1927年	706.4	881.7	1,588.2	412.0	353.8	499.4	1,265.2
1928年	965.1	1,277.6	2,242.7	572.8	619.2	682.9	1,874.9
1929年	1,268.3	1,582.1	2,850.4	725.2	851.4	867.5	2,444.1
1930年	1,567.6	1,636.7	3,204.3	977.8	939.3	1,068.8	2,985.9
1931年	1,811.4	1,451.3	3,262.7	957.9	937.5	1,197.6	3,093.0
1932年	2,003.4	1,266.6	3,270.0	862.8	936.4	1,216.8	3,016.0
1933年	2,167.4	1,229.1	3,396.5	902.5	880.6	1,237.7	3,020.8
1934年	2,366.3	1,414.3	3,780.6	1,356.2	796.6	1,246.3	3,399.1
1935年[1]	2,607.6	1,669.1	4,276.7	1,634.7	857.8	1,304.2	3,796.6

注：1）1935年の数値にはザールラントが含まれる。
出所：*Wirtschaft und Statistik*, 16. Jg., Nr. 5, 1936, S. 210; 17. Jg., Nr. 4, 1937, S. 158. から作成。

要な資金をライヒ国債購入のために利用できる可能性を検討したのであった。ライヒスバンクの試算では、傷病保険の1934年収支を推計すると、保険料収入と運用益を合わせた総収入は9億5千万RMであり、他方で総支出は7億8千万RMであったから、余剰は約1億7千万RMとなる。他方で職員保険では1934年収入が約4億7800万RM、支出が3億800万RMと推計されているから、約1億7千万RMの余剰金である。これらを合わせて、政府は3億5千万RM程度をライヒ国債購入にまわせると予想していた[17]。

　生命保険においても、恐慌がはじまってから保険契約数と保険料収入は減少していたが、社会保険と同様に1934年から個別契約数が増加しはじめた。1934年10月末において、公的・民間をあわせてドイツには合計84の生命保険会社が存在しており、その総資産は43億8100万RMであった。政府・ライヒスバンクは1935年には運用可能な余剰金は3億5千万RMから4億RMに達するとして、そのうち1億5千万から2億RMがライヒ国債購入へと振り向けられると算定し、これらの資金を貯蓄銀行資金を補完する形で国債購入へと利用していくことになる[18]。

(4) 1935年ライヒ国債の発行

　政府・ライヒスバンクは、軍備金融を短期から長期へ転換することによって資金調達を安定化し、同時に高率金利を借り換えによって引き下げることを目的として、まず第一に1935年1月24日金融機関金利引下げ法（Gesetz über die Durchführung einer Zinsermäßigung bei Kreditanstalten）と同年2月27日の公債金利引下げ法（Gesetz über Zinsermäßigung bei den öffentlichen Anleihen）を公布して金利を4.5％に引き下げることとし、第二にとくに貯蓄銀行にライヒ国債を引き受けさせるために、2月9日ライヒ信用制度法第一実施条例（Erste Durchführungsverordnung zum KWG）を公布した[19]。

　上記の金利引下げ法公布日の1月24日、ライヒスバンクは貯蓄銀行全国組織であるドイツ貯蓄銀行・振替銀行協会（DSGV）ならびにドイツ中央振替銀行・ドイツ自治体銀行（DGZ-DKB）と協定を結び、2月から8月にかけて期

間28年の4.5％ライヒ国債5億RMを振替銀行組織を通じて貯蓄銀行に3回に分けて売却したのである。このときの相場は98.75％であった[20]。この国債は、貯蓄銀行の流動性準備によって購入されたがゆえに、「流動性国債」と呼ばれた。ライヒスバンクは「流動性国債」について、「ライヒは第一次大戦後はじめて有利な条件でまとまった額の国債を確実に売却することができた」と評価し、それは、市場金利の引き下げとともに、資本市場が健全化しつつあることの兆候であると報告したのである[21]。

「流動性国債」の成功は、すぐに第2次発行へとつながった。同年8月、ライヒ政府は貯蓄銀行組織と、貯蓄銀行が同条件で再度5億RMのライヒ国債を1935年10月から1936年2月にかけて4回に分けて引き受けることを協定したのであった[22]。これとは別に、1935年中に保険会社向けにライヒ国債が3億5千RM発行され、また同年9月には期間10年のライヒ国庫証券5億RMが公募された。

こうしてシャハトが構想した短期債務の整理ないし軍備金融の短期から長期への転換は、この時期の経済回復に伴う資金形成とともにまずは順調にスタートした。その発行から生じた具体的な問題を次に明らかにしよう。

第2節　1935年国債の発行とその問題

(1) 第1回発行分の購入

ライヒ国債第1回発行分は1935年2月から8月にかけて、振替銀行組織を通じて貯蓄銀行に3回に分けて売却された。この国債は各地域の個別貯蓄銀行が流動性準備をもとに購入したものであるが、すべての貯蓄銀行が同様に購入したのではなかった。その事情は、プロイセンにおける貯蓄銀行に関する文書記録によれば、次のようであった[23]。

プロイセンにある貯蓄銀行1157行のうち、実際にこのライヒ国債を購入したのは866行（74.9％）に止まり、残りの291行、すなわち約4分の1の貯蓄

銀行はこれを引き受けなかったのである。その理由は、それらの貯蓄銀行がなお十分な流動性を蓄積できていなかったからである。貯蓄銀行による流動性規定充足度は、全体として次のようであった。規定額を100％を超えて達成していた貯蓄銀行が8行、80～100％の充足率であったのが9行、50～80％が24行、20～50％が29行、20％以下の充足率が221行であり、うち190行は流動性預金がなかった。ここから貯蓄銀行のなかでも預金増加には大きな相違があったといえる。と同時に、ある程度の流動性残高があるにもかかわらず、ライヒ国債を購入しないケースもあった。

このような貯蓄銀行の受け入れの相違は、地域的な相違としても現れていた。たとえば、ライヒ国債を購入した貯蓄銀行の割合はシュレスヴィヒ＝ホルスタインではわずかに30.7％、ヴェストファーレンでは65.3％、ラインラントでは66.0％、ハノーファーでは74.5％と比較的低く、プロイセンの他の地域ではおおむね90％以上となっていた。

しかし全体として、「流動性国債」は成功したと評価された。一部の貯蓄銀行では流動性不足のために国債購入に参加できなかったとはいえ、多くの貯蓄銀行ではなお流動性残高に余裕があるとして、第2回発行が準備されることになったのである。シャハトの構想は、経済回復に伴う資金形成を貯蓄銀行を通じて利用することによって、まずは順調に進展しはじめるのであるが、この1935年第2回発行に先立って、より期間の短いライヒ国庫証券が別の形で発行され、やはり短期債務の長期化の試みがなされることになる。

(2) 国庫証券の発行

ライヒ国債が貯蓄銀行によって購入されたのに対して、ライヒ割当国庫証券（auslosbare Schatzanweisungen）はライヒスバンクを幹事としたコンソルティウムを形成して公募された。1935年の4.5％証券5億RM分は、期間が10年である点を除けば、ほぼライヒ国債と同じ条件で同年9月4日から16日にかけて金融機関を通じて発行された。

その購入者（総計5万4041件、一件当たり平均約9300RM）の内訳をみると、

第一に個人が4万2935名で、計1億1400万RM（23%）を引受け、一人当たり平均は約2600RMとなる。次に商工業企業6867社は1億7500万RM（35%）を引受けている。このなかには673社の軍需産業がある。次に金融機関は9600万RM（約20%）、保険会社は7600万RM（15%）であり、さらに公法団体、基金、財団などが7%程度を引き受けている[24]。

1件あたりの購入額の構成は表4-4の通りである。それによれば、1000RM以下の小口購入は件数で47.5%を占め、とくに個人応募者のなかでは54%と半分以上を占めている。2万RM以下の購入層をみると、件数で95%、金額の約28%を占めており、ここから国庫証券が大衆に向けて販売されていることがわかる。他方で10万RM以上の大口購入は、総額の約半分になっており、とくに商工業企業による購入が大きな割合を占めている。

さらに国庫証券販売の地域別構成をみると、大ベルリンで応募者の16%、金額の30%を占め、また西部ドイツの工業地域で大口購入が目立つのに対して、シュレージエン、中部ドイツ、西南ドイツでは小口応募の多いのが特徴になっている。

この発行はコンソルティウムを通じたのであるが、そこにおいてベルリン大銀行は金額で約半分（2億4860万RM=49.7%）、応募数で2万8794件（53.3%）を扱っている。さらにそのうち半分はドイチェバンク=ディスコントゲゼルシャフトによるものである（金額で24%、人数で27%）。このなかで商工業企業は

表4-4　1935年ライヒ割当国庫証券の応募者内訳

（単位：%）

	合計内訳		個人応募者内訳		商工業応募者内訳	
	応募者	金額	応募者	金額	応募者	金額
1千RM以下	47.5	3.5	54.0	13.8	21.6	0.6
1千〜2万RM以下	47.4	24.8	45.1	70.6	58.8	15.9
2万〜10万RM以下	4.0	22.0	0.8	12.7	16.1	32.2
10万RM超	1.1	49.7	0.1	2.9	3.5	51.3

注：商工業では、金融機関を含まない。
出所：BArch, R2501/6549, Wer hat die 4 1/2% auslosbaren Schatzanweisungen des Reichs von 1935 gezeichnet?

5790万RMを購入し、また個人（1万2152人）も3960万RMを購入した。

こうして貯蓄銀行の貯蓄預金とは別に蓄積されつつあった資金を、ライヒ政府は直接吸い上げる経路を確立した。この公債は、貯蓄銀行の預金と競合する少額個人貯蓄だけでなく、商工業企業の余剰利益をも吸い上げる役割を果たすことになったといえよう。

(3) 第2回発行分における問題

ここまで国債は順調に発行されたのに対して、1935年第2回発行分は予定通り進まなかった。そこで同年11月13日に開かれたDGZ-DKB理事会では、これをいかに消化するかが検討された。その内容は議事録によれば、次の通りである。

最初に理事代表のハインツェ（Heintze）は、この時点での貯蓄銀行による国債購入状況についてシャハトが失望を表明しており、ハインツェに対して購入の進展を要望したと述べている。ここで事務担当のアダムス（Adams）は、状況を次のように報告している[25]。

1935年9月末時点において、ドイツ貯蓄銀行全体の流動性総額は13億9300万RMであり、このうち半分の6億9650万RMを国債購入に充てることができる。5億RMは第1回発行分として消化されたから、あと1億9650万RMを購入に充てることができる。11月までに新規に購入された額は2億6800万RMだから、すでに約7000万RMほど超過している。第2回発行の締め切り期限1936年2月までに貯蓄銀行の預金がどの程度増加するかが問題であるが、これまでの増加傾向から予測すると、流動性の増加は9700万RMと予想されるから、その半分の4850万RMをライヒ国債に充てることができる。ところで9月末時点で貯蓄銀行の流動性準備は規定に対して3億2千万RM不足しており、それが1936年2月までに預金増加によって埋め合わせられれば、さらに貯蓄銀行は1億6千万RMのライヒ国債を購入できると計算する。そこでこれらすべての数値をあわせると、貯蓄銀行が流動性準備によって購入できるライヒ国債は4億7600万RMとなる。

しかしアダムスは、実際には予測どおりにはならないだろうと報告している。なぜなら、上記の予測がドイツ全体の貯蓄銀行の総計であって、個別の貯蓄銀行をみると、そこでは預金の動向は一律でなく、一部では流動性が十分に準備されてなかったり、また流動性債務が非常に大きい貯蓄銀行もある。

　そこで結論としてアダムスは、第2回のライヒ国債が1936年春までに完売されるためには、流動性準備だけでなく他の資金をも購入に充てることが必要だと述べている。その資金としてまず考えられるのは、GZ/LBなどが保有する預金や他のそれ以外の資金である。こうした資金をライヒ国債購入の原資とするなら、貯蓄銀行組織は従来の運用政策から転換することになるのであるが、アダムスはこのような貯蓄銀行の政策転換にも言及しつつ報告を終えている。

　このような貯蓄銀行中央組織の報告と考えに対して、各地域の貯蓄銀行・振替銀行協会会長・事務長からは異論が出された。ノイファー（Neuffer：ヴュルテンベルク会長）、ギュンダート（Gündert：バーデン会長）、ハイマン（Heymann：ザクセン事務長）は、個別貯蓄銀行はライヒ国債購入に対して慎重な態度をとっていると報告し、その理由として次のような事情をあげている。すなわち、多くの貯蓄銀行（とくにザクセンでは3分の2の貯蓄銀行）では抵当信用が限度水準である預金額の50％を超えており、もはやそれ以上に新規に貸付できなくなっている。それゆえ信用制限は預金の拡大にとって不利に作用するのではないかと危惧している。つまり、信用組合に預金を奪われることにならないかと考えている。また1935年末から300マルクまでの預金払戻しが事前告知なしに可能となるため、支払準備を増やす必要があり、そのことも貯蓄銀行の慎重な態度に影響している、と。

　さらにベルリン市収入役ヘットラーゲ（Hettlage）は次のように要求している。貯蓄銀行には何よりも地域の信用需要を考慮することが期待されており、そのうえでライヒの要求にも応えていくことができる。それゆえ、ライヒ国債のために地域の抵当信用を抑制するということはあってはならない。貯蓄銀行がライヒ資本市場に参加することは一定程度で明確に制限されるべきである、と。

これに対して、ライヒ信用制度監督官シュペール（Sperl）（ライヒ・プロイセン経済省審議官）は、貯蓄銀行が流動性準備以外にもかなりの銀行預け金残高を保有している状況においては、これをライヒ国債購入のために使用すべきと述べ、そこで「流動性国債」の名称はやめて、「貯蓄銀行国債」と呼ぶべきであるとしている。さらに DSGV に対して、満足のいく国債売却結果を得るために、地方組織に対してそれぞれの地域がどれくらいの額を購入すべきか指示を出すように求めたのである。

DSGV 理事代表ハインツェはこうした政府からの要求に対して、ライヒ国債が貯蓄銀行に強制売却されたとの印象を与えるような措置は避けるべきと反論し、しかし困難な事情にもかかわらず、ライヒ国債の第2回分の購入は成功させることを表明した。

以上の議事録から、政府・ライヒスバンクの意向と個別貯蓄銀行の意見、両者の間にある貯蓄銀行中央組織の立場が明確になってくる。すなわち、政府・ライヒスバンクは当初の軍備金融方式の転換のために国債を発行し、その資金を貯蓄銀行から引き出そうとしたのであるが、個別貯蓄銀行は預金資金を地域内での資金需要のために使用しようとしていた。両者の間で貯蓄銀行中央組織首脳部は、結局ライヒの方針に従っていく構図が浮かび上がってくるのである。

その後、第2回発行分の貯蓄銀行による消化は次のように進んだ。1935年12月5日、DSGV は各地方組織宛に、また DGZ は各地方 GZ 宛に回状を送り、そのなかで貯蓄銀行が GZ に保有している「余剰」残高をライヒ国債購入に充当することを求めた。しかしこれはあまり成果を見なかったために、12月20日時点でなお2億1000万RM の国債が未消化となっていた。そこで DSGV と DGZ は、ライヒ・プロイセン経済省の提案に基づいて、それぞれの地域が一定額の未消化分を購入する配分案を共同して決定し、その内容を12月23日付けの回状で各地方組織と各 GZ に伝達した。同時のそのなかでは、やむをえない場合には DGZ が自己資金によって残額を引き受けることも表明されていた。こうした措置は顕著な効果を示し、翌年1月24日までの購入額は4億2300万RM にまで達した。さらに残りの7700万RM については GZ が購入し、場合

によっては他の地域で消化される見通しを示したのである[26]。

　1936年1月24日のDSGV役員会において、ザクセン貯蓄銀行組織会長のエベルレ（Eberle）は、GZが残額を持つことに対して疑念を表明し、その理由として、ライヒ国債がGZにとっても流動性として認められるかどうか不明であること、景気後退時にはライヒ国債保有によってGZ自体の支払不能が生じかねないこと、貯蓄銀行に向けられている批判がGZに対しても向けられかねないことを指摘し、さらに貯蓄銀行が信用制度法によって銀行と同じ金融機関とみなされて業務の混乱が起きただけでなく、安全性を問題視されたり、他機関からの競争にさらされていたことを指摘し、抵当信用が封鎖されている状況が預金の増加にとってマイナスに作用するゆえに、その解除ないし緩和を要求した[27]。

　シュペールは、エベルレの要求に対しては一定の理解を示しつつ、しかしそうした抵当信用封鎖の解除や住宅建設促進よりも、ライヒの短期債務を整理することのほうが何よりも優先されねばならないとし、そのために貯蓄銀行組織が全力をもって協力することを要請しつつ、貯蓄銀行が短期間にライヒ国債の購入を進めたことに満足し、DSGVに対して謝意を表明したのである[28]。

　以上のような1935年における2度のライヒ国債発行と貯蓄銀行による購入経過から、われわれは次のことを確認することができる。

　第一に貯蓄銀行に蓄積された長期資金10億RMは、とりあえず1935年国債を通じて政府・ライヒスバンクへと流入することになったが、そのあり方は第2回募集分の購入状況からわかるように、必ずしも政府・ライヒスバンクの思惑通りには進まなかった。むしろ、第二に、貯蓄銀行は1935年までは一定の制限を伴ってはいたが、地域の信用需要、とくに抵当信用と中間層信用を優先した信用政策をとっていたのであり、中央組織からの要請に対して一定応じつつ、なお拒否する姿勢を有していた。地域的な貯蓄銀行の自律性がなお保たれていたと考えることができる。しかし、それゆえに政府・ライヒスバンクとしては、長期資金形成のために、貯蓄銀行組織に対して一層介入し、その資金をコントロールするとともに、従来の整理政策を見直して軍事金融機構を再構築

することを迫られることになったのである。

第3節　整理政策の行き詰まりと軍備金融方式の多様化

(1) 短期信用拡大の危機

　立替金融方式の前提として、短期信用額が一定水準に抑えられている必要があった。シャハトは1935年5月3日付ヒトラー宛陳情書のなかで、まず基本的な考え方として、ドイツの政治的課題は軍備拡大計画を他の目標に優先して遂行することであるとし、そのうえで軍備拡大のための資金調達が1935年には国内外において二重に問題になっていると述べている[29]。このうち国内問題とは、軍備金融の方法をめぐる問題である。シャハトにとって、その場合の前提は、軍備拡大のための紙幣発行はたしかに可能であるが、それは貨幣価値を維持できる範囲内、すなわちインフレを生み出さない範囲内でのみ許されるということであった。したがって軍備計画を隠蔽するためには紙幣増刷が必要だというのはわかるが、それが中央銀行としては最終手段であると考えていたのである。

　シャハトは、1935年4月末時点でライヒスバンクが46億4100万RMの手形を保有し、うち軍需関連手形は23億7400万RMに達するとして、ライヒスバンクが自由にできる資金の多くの部分が軍備拡大に充てられていると述べている。これらの短期信用を整理するために、すでに同年2月以降、ライヒ国債約5億RMが発行された。国防軍経費としては、それまで1933年度予算で7億5千万RM、1934年度予算で11億RMが計上され、1935年度予算では25億RMが予定されていた。他方で1928年度以来の予算赤字額が50〜60億RMにのぼり、これらの不足額はライヒ短期信用によって貨幣市場から調達されているから、1935年度予算案では、それがまた軍備のための予算要求額に関しても障害となっているということであった。

　シャハトはここで、ライヒ財務大臣フォン・クロジックによる財政健全化方

針を取り上げて、それに賛意を表している。フォン・クロジックの方針とは、この時期の景気回復によって税収が伸びているとしてもそれだけで予算不足を補うことはできないから、赤字を回避するために、基本的には有機的計画的に支出を節約する財政政策が必要であって、それによる収支均衡の国家予算によってはじめて国防政策の基礎が確かなものとなるというものである。

　シャハトはこうした要求が緊急に必要であることの理由として、政府と党が国家予算で裏付けられていない支出のために、租税以外の形で際限なく民間から資金調達していることをあげ、多かれ少なかれ公的性格を持つ支出のためにさまざまな会計が並存する状況は、財政見通しに関して明確な展望をえるために大きな障害になっていると指摘している。たしかに国家は財政高権を持っていると、シャハトは認めるが、省庁と党部局が国家予算の各配分とは別に独自に予算を持っていることは、財務大臣と内閣のコントロールを不可能にする。軍備金融に関するこうした多数の政府・党部局の並立・対立は壊滅的影響を及ぼす。この領域での集中的統一的コントロールが実現しないならば、それ自体がむずかしい軍備金融の問題解決は最悪の事態を迎えかねないとシャハトは危惧するのであった。

　そこでシャハトは次のような4点にわたる提案を行っている。

1．全権委員（Beauftragter）は、ライヒ・国家・党の租税・公課ならびに公的・党施設からの収入をさしあたってすべて確認しなければならない。
2．総統から委任された委員会は、こうした収入がそれまでどのように使用されたか、将来どのような目的のために支出されるか、そして軍備金融のために利用されるかについて調査しなければならない。
3．同委員会は、すべての公的組織・党機関の資産状態について、とくに資産がどのように運用されているか、それがどのように軍備金融に利用されているか検査しなければならない。
4．ライヒ財務省は、新税導入または既存の税に関する税率引き上げによってどれくらい税収が増加するかについて検討する義務をもっている。

シャハトは、政治的理由のためにライヒスバンクが引き受けてきたこれまでの軍備金融方式はたしかに成功したのであるが、これからは新しい方式に移行する必要があり、そのもとですべてのドイツの金融的潜在力を軍備金融の目標に集中しなければならないとして、陳情書を締めくくっている。

シャハトが上述の陳情書において問題としたことは、次の2点である。

第一に、それまでの軍備金融はライヒスバンクが短期金融方式で行ってきたが、それは、ライヒスバンクが企業の経済活動に供給する資金が、租税は別として、銀行を通じて還流する限りにおいてうまく機能していた。しかし、ライヒスバンク保有の特殊手形が膨張してくるにつれて、資金還流がうまく機能せずに資金供給が増加していた。このことはインフレの危機を生み出しかねなかった。

第二に、政府経常予算とは別に、政府・党の各部局が独自予算を持つことによって全体としての財政コントロールが困難になり、ここでも健全財政と通貨信用が危うくなっていた。

ヒトラー政府は政権掌握後、軍組織の再編を検討し、1934年12月13日にはライヒ国防評議会（Reichsverteidigungsrat）を設置していたが[30]、それを受けて1935年5月21日、ヒトラーはシャハトを「戦時経済全権委員（Generalbevollmächtigter für die Kriegswirtschaft）」に任命した。この委員は、国防評議会の指示にしたがって戦時のための経済的準備を指導するものであり、経済省と農業省、労働省、森林省、その他の首相直属の省庁を配下にし、さらに財務省とライヒスバンクを指導して、戦争遂行のための金融を平時において準備するものとされたが、軍需産業については軍事省（国防省から名称変更）の管轄に属さない範囲に限定されていた[31]。

すでに1935年1月30日に経済相にも任命されていたシャハトがこの全権委員に就くことによって、国防軍指導部は強力な「経済独裁者」によるライヒ省庁の指導と国防体制の整備を期待したのであったが、その後、実際に展開したのはむしろ国防軍指導部とシャハトとの間での対立であった[32]。

その対立過程は、具体的には外国為替の配分を食糧と原料のどちらに重点を

置くかの問題に端を発しているが、それは一方で原料輸入を抑制することによって食糧輸入を拡大し、世界経済的な連携を模索するシャハト的方針と、他方で原料輸入の維持拡大によって軍備拡大をいっそう推し進めるゲーリング的方針との対立であった。

この背景には1935年以降エスカレートしていく国際的な再軍備レースがあり、それは軍備拡大のための資金調達にとって外圧要因となっていた。1935年3月、ヒトラーは陸軍を従来の21個師団から36個師団以上への増強を宣言し、他方、戦車大隊と飛行大隊も量的質的に強化する計画が参謀本部によって打ち立てられ、これに基づいて国防大臣ブロンベルク（Bromberg）は、軍拡に必要な原料、とりわけ鉄鉱石、石油、ゴムの優先的供給をシャハトに要求したのであった[33]。

こうして一方で戦時金融体制構築の権限をシャハトに集中して構築する過程が1935年に進むとともに、同時にこの時期には、一方で短期信用による軍備金融は限界に近づきつつ、他方で従来の国防力整備計画を上回る軍備拡大の要求が軍部とこれを背景とするゲーリングによって提出されたのである。しかしその資金需要をみたす資本市場は、1935年から36年初めの貯蓄銀行からの抵抗によって、必ずしも順調には成長しない齟齬が生じていた。

(2) シャハトとゲーリングの対立

1936年4月4日外貨・原料特別委員に任命されたゲーリングは、5月12日の審議官協議のなかで、シャハトと経済状態、金融問題、原料・外為プログラムについて議論しているが、ここで両者はおもに次の2点をめぐって主張を対立させた[34]。

第一に軍備拡大の範囲とテンポの問題である。シャハトは軍備拡大のための資金をライヒ財政とは別にライヒスバンクが調達することは了解していたが、その資金要求が党と軍部から一層高まっていることに危機感を抱いていた。1936年に80～90億RMに達する要求に対して、長期公債で対応できる額は20億RMである。租税を別とすれば、それ以外は貨幣市場に依存せざるをえない

が、そのことはインフレの危機を招くことになる。ゲーリングと異なって、シャハトはこうした事態を絶対に避けねばならなかった。

　第二に外国貿易の意義ないしアウタルキーの問題についてである。シャハトは、たとえ割合が小さいとしてもドイツ経済は輸入に依存しており、それを可能とするためにも生産の拡大と輸出が必要であると考えていた。これに対してゲーリングは国内で代替原料が調達可能であれば、輸入はもはや必要ではないという立場であった。そしてそのために労働力を配置換えする必要を主張したのである。

　ライヒスバンクはその後、同年5月20日に次のような理事会報告をまとめている。その内容は第一に、軍備金融の拡大の結果、ライヒスバンクによる手形割引を通じて支払手段が拡大し、それによって物価の上昇と貨幣減価のきざしが生じている。それゆえ軍備金融をライヒスバンクの負担が軽減される範囲に抑制すべきである。第二に、1935年に長期公債による短期債務の整理がすすめられたが、それは今後、同様には進められない。なぜなら国民の貯蓄力が低下しているからである。第三に短期金融を続ける場合は、吸上げ政策（Abschöpfungspolitik）を進める必要があるが、そのためには増税も必要である[35]。

　二人の対立は結局、軍部からの原料・資金要求と金融システム安定化のどちらを優先するかの問題であった。そしてその判断は結局、1936年8月、ヒトラー自身が「4カ年計画課題報告書」（Denkschrift Hitlers über die Aufgabe eines Vierjahresplans）において軍備拡大優先へと決定的に舵を切ることによって決着した[36]。

　直後の9月4日にゲーリングの下に開かれた閣議は、それ以前のものよりもはるかに重要であった。ブロンベルク、シャハト、フォン・クロージック（von Krosigk）らが同席したなかで、ゲーリングはヒトラー「報告書」の内容を確認し、その実行に自らが責任を持つことに同意を得た後、政策課題として次の2点をあげた。第一に、技術的に可能な領域では全力で自給することに努力し、それによって外貨節約を達成すること、第二に軍備拡大と食糧供給に必要な場合は為替を投入することであった。こうして軍備拡大の絶対的優先と原

料自給方針が政府内で決定されたのである[37]。

ところでこの閣議では、外貨危機に対する経済政策案としてゲルデラー (Carl Friedrich Goerderer) が提出した経済政策報告書に取上げられた。同報告書は、第一にライヒスマルク平価引下げによる国際競争力の強化、第二に為替自由化と輸出増加による国際収支の改善、第三に財政規律の回復を内容とするもので、それは経済政策の方向性として、国際経済関係の回復と軍備拡大の制限を指向していた[38]。それはまさにヒトラー報告書とは正反対の政策原理を持つものであったといえよう。それゆえに、ゲーリングはゲルデラー報告書を「完全に役に立たない」として却下したのであった[39]。

1936年10月18日、ゲーリングがヒトラーの意を受けた4カ年計画全権委員に任命されたのち、翌年11月26日シャハトのライヒ経済大臣解任までに、政策的実権が決定的にシャハトからゲーリングに移動した。経済大臣解任にあたって、ヒトラーはシャハトに書簡を送り、1934年7月30日の経済相仮就任以来の労をねぎらいつつ、シャハトが辞表提出の理由としてあげた4カ年計画省と経済省との対立問題を認めた。ヒトラーはシャハト辞任を受けて、フンク (Walter Funk) を後任に指名したが、フンクが1938年1月15日の就任までの短期間、ゲーリングを経済相として暫定的に指名した。そこでヒトラーはゲーリングに書簡を送り、4カ年計画省と経済省を組織的人的に統一し、両省がもつ課題を実務的に解決して協力体制を実現することを要請したのである[40]。

こうして戦争準備体制は、経済的合理性の枠組みを越えて組織的に準備されていくことになり、それを支える資金調達メカニズムも、従来の枠組みを越えていくことになる。

(3) 1930年代後半の国債・国庫証券発行と短期債務の整理

1935年に発行された超長期国債は総額18億8200万RMに達し、そのうち10億RMは貯蓄銀行が、それ以外は社会保険が購入した。その後、同国債は1937年に6億2400万RM、1938年には37年の追加分と合わせて15億9370万RM、1939年には38年第2回分・追加分と合わせて43億6200万RMが発

表 4-5 ライヒ整理国債の発行（1935～39 年）

(単位：百万RM)

年	名　　　称	発行額
1935 年	4.5% ライヒ国債	847.0
	同　　　　第 2 回	289.0
	4.5% 割当国庫証券	500.0
	計	1,636.0
1936 年	4.5% ライヒ国債 1935 年第 2 回追加	746.0
	4.5% 割当国庫証券第 1 回	88.0
	同　　　　第 2 回	700.0
	同　　　　第 3 回	588.0
	計	2,122.0
1937 年	4.5% 公債 1937 年	624.0
	4.5% 割当国庫証券第 1 回	700.0
	同　　　　第 2 回	800.0
	同　　　　第 3 回	850.0
	4.5% 割当国庫証券 1936 年追加	66.0
	計	3,040.0
1938 年	4.5% ライヒ国債	1,580.6
	4.5% 割当国庫証券第 1 回	1,400.0
	同　　　　第 2 回	1,599.0
	同　　　　第 3 回	1,850.0
	同　　　　第 4 回	1,168.6
	4.5% 国債 1937 年追加	13.1
	計	7,611.3
1939 年	4.5% ライヒ国債 1938 年第 2 回	974.2
	4.5% ライヒ国債	2,936.0
	同　　　　第 2 回	284.0
	4.5% ライヒ国債 1938 年追加	167.8
	4.5% 割当国庫証券 1938 年第 2 回追加	367.0
	4.5% 割当国庫証券 1938 年第 4 回追加	431.4
	計	5,160.4
	合　　　計	19,569.7

出所：*Wirtschaft und Statistik*, 16. Jg., Nr. 5, 1936, S. 211; 17. Jg., Nr. 6, 1937, S. 234; 18. Jg., Nr. 5, 1938, S. 204; 19. Jg., Nr. 7, 1939, S. 276; 20. Jg., Nr. 5/6, 1940, S. 83. から作成。

行され、おもに貯蓄銀行組織と職員・傷病保険によって購入された。

これとは別に、4.5% 割当国庫証券が 10～12 年の期間で、事実上長期国債と同様な形で同時期に発行されている。その発行経過は、表 4-5 にあるように、1935 年に 5 億RM、1936 年に 13 億 7600 万RM、1937 年には 36 年の追加分と合わせて 24 億 1600 万RM、1938 年には 60 億 1760 万RM、そして 1939 年には 1938 年追加分が 7 億 9840 万RM であった。超長期国債と合わせると、1935 年から 39 年までに整理を目的としたライヒ国債は 195 億 6970 万RM 発行されたことになる。

　ライヒ国債の発行収入はまず雇用創出手形の償還に利用された。1935 年度の国債収入では 4 億 9400 万RM がこの目的に使用され、それはたとえばライ

ンハルト計画にある建築修理のための3億9600万RMに充てられている[41]。1936年には長期債収入の増加によって、短期債務は約4億RM減少した[42]。

表4-6には、ナチス期全体におけるライヒ政府短期債務の変化が示されている。ここでの短期債務とは、割引国庫証券、ライヒ手形、ライヒスバンク経営信用、その他の貸付であり、雇用創出手形や租税証券は含まれていない。残高の変化は、財政上・金融技術上のさまざまな要因によって変化するので、その動向を必ずしも一定の要因で説明することは難しいのであるが、しかし、にもかかわらず総額の変化は3つの時期に区分できるだろう。

第1期は1932年から1935年までの期間であり、この時期には資本市場が回復しつつあるとはいえ、なお凍結部分があるために短期債務が一定程度増加している。第2期は1935年から1938年3月までであり、上にみた整理国債の発行が一定の効果を示して短期債務が減少している時期である。そして第3の1938年4月以降になると、再び短期債務が急増することになる[43]。

1938年4月以降における短期債務の急増は、何よりもメフォ手形が同年3月で発行停止となり、それに代わって4月から納入者国庫証券（Lieferungs-schatzanweisungen）が発行され始めたことによる。これは6カ月満期の証券で額面の75％までロンバードクレディット可能であり、その際の借入れ金利は5％である。そうした限りではメフォ手形と大きな差異はないが、重要な違いは納入者国庫証券がライヒスバンクで割引されず、満期になってライヒ財務省によって請戻し（換金）されることである。このことの意味は、納入者国庫証券によって軍備調達のライヒ短期債務がはじめて統計に現れたことである。1938年4月のライヒ債務統計によれば、短期割引国庫証券債務は3月の16億

表4-6 ナチス期におけるライヒ国内短期債務残高

（各年末、単位：百万RM）

	1932年	1933年	1934年	1935年	1936年	1937年	1938年	1939年
残高	1,391	1,750	2,273	2,856	2,441	2,388	2,532	7,843

注：1938年と1939年の数値は4月末時点。
出所：*Wirtschaft und Statistik*, 16. Jg., Nr. 4, 1936, S. 170; 17. Jg., Nr. 4, S. 156; 18Jg., Nr. 3, S. 113; 20. Jg., Nr. 10., S. 156. から作成。

3480万RMから4月には18億7940万RMへと1カ月で2億4460万RM増加し、さらに5月には23億9500万RM、6月には28億9930万RMへと急増したのであった[44]。

こうした供給者国庫証券の急増は、同年3月のオーストリア併合による出費とそれにかかわる急速な軍備拡大に伴って、当初予算の国防軍支出110億RMが実際には140億RMへと増加することに照応していた。現金支払を要求する国防軍に対して、法人税引上げと地方自治体財政からの財政調整は歳入増までに時間を要した。同年夏には、財政危機、インフレ・戦争心理による実物資産への逃避、ユダヤ人迫害の本格化を背景として、ベルリン取引所の証券相場が急落し、実際にライヒ財政は支払不能状態に陥りつつあった。1938年に繰り返し募集された合計80億RMにものぼる国債と国庫証券は、こうしたライヒ財政の緊急事態を反映したものであった。短期信用を整理し、それによって債務構造と通貨制度を安定化する役割を持っていた長期信用は、実質的には短期信用自体の役割を担うことになり、こうして戦時に向けた金融の動員体制が動き出すことになった[45]。

おわりに

シャハトが構想した債務構造安定化政策は、1935年以降における一定程度の政府短期債務減少にもかかわらず、結局1938年までに破綻し、放棄されることになった。このことは、ライヒスバンクによる信用市場の安定性と通貨信認の維持という中央銀行の任務に対して、軍備拡大の政治的課題が優先されたことを意味し、同時にそれは経済政策の権力がシャハトからゲーリングに移行する過程でもあった。別言すれば、経済の安定的成長と安定的通商関係を求める要求に対して、軍備拡大の政治的要求が優先されたということであり、ドイツ経済は1936年の4カ年計画以降、軍備拡大目標のために新たな秩序枠組を政府介入によって構築することになった。

だがこうした転換は単なる経済に対する政治の優位として特徴づけられるだ

けではない。短期債務整理政策の破綻において、重要な契機となったのは貯蓄銀行の対応であった。たしかに貯蓄銀行は資本市場のための資金を形成したが、その貯蓄預金はけっしてシャハトが期待したようには増加しなかった。その限りでライヒスバンク整理政策実現のための現実的基盤とはなりえなかったのである。実際、ライヒ国債購入時に示された地方貯蓄銀行からの反発は、単に貯蓄銀行だけでなく、そこに貯蓄預金を提供する一般民衆による域内資金の流出拒否としても解釈されうるのである[46]。1936年以降、貯蓄銀行はライヒ政府に指導された中央組織を通じて統制され、軍備拡大金融に重要な役割を果たしていく。その場合でも、ライヒ政府と貯蓄銀行組織は戦争と平和の危機が貯蓄動向に及ぼす影響に神経を尖らせながら資本市場政策への「合意」を模索していくことになった[47]。

　公的債務構造の転換方針と軍備金融優先方針とが衝突し、前者が後者に席を譲る過程は、1938年4月納入者国庫証券が発行されて以降、最終局面を迎えた。債務安定化の原則を放棄した無制限の信用創造・拡大政策は、債務構造を長期でカモフラージュしつつ、あらゆる資金源と信用を軍備拡大へと動員する体制へ向かうことになった。価格管理と配給制と「吸収政策」によってかろうじて「安定」と「均衡」が保たれていたナチス経済において、通貨が安定化する見通しはもはや存在しなかった。第二次大戦勃発時において、なお明確な形をとっていなかったとはいえ、すでにインフレが始まっていたのである[48]。民間銀行を含めたナチス金融構造は、占領地域での収奪による問題解決をめざしつつ、市場と介入の構図を革新する機能的な戦時体制へと突破口を模索することになる。

注
1)　ナチス期戦時金融問題の基本的枠組みについては、Boelcke, Willi A., *Die Kosten von Hitlers Krieg. Kriegsfinanzierung und finanzielles Kriegserbe in Deutschland 1933-1948*, Paderborn 1985. を参照。金融機関と金融政策に焦点を当てた研究として、Kopper, Christopher, *Zwischen Marktwirtschaft und Dirigismus. Bankenpolitik im "Dritten Reich" 1933-1939*, Bonn 1995 がある。また最近の研究のなかでは、ナチス

経済の総体的把握を試みたものとして、Tooze, Adam, *The Wage of Destruction. The Making and Breaking of the Nazi Economy*, London 2006. が挙げられる。軍事財政と軍事金融を詳細に分析したものとして、大島通義『総力戦時代のドイツ再軍備――軍事財政の制度論的考察』同文館、1996年、ならびに大島通義・井手英策『中央銀行の財政社会学――現代国家の財政赤字と中央銀行』知泉書館、2006年、が重要である。

2) Rede des Reichspräsidenten und beauftragten Reichswirtschaftsministers Dr. Hjalmar Schacht auf der Deutschen Ostmesse in Königsberg am 18. August 1935, in: Jacobsen, Hans-Adolf und Werner Joachim (Hrsg.), *Ausgewählte Dokumente zur Geschichte des Nationalsozilasimus 1933-1945*, Bielefeld 1961, S. 4f.
3) Kopper, a.a.O., S. 209-219.
4) Lange, Kurt, Die Kapitalmarktpolitik in der gelenkten Wirtschaft, in: *Deutsche Geldpolitik*, Berlin 1941. (Schriften der Akademie für Deutsches Recht. Hrsg. v. Präsidenten der Akademie für Deutsches Recht, Reichsminister Dr. Hans Frank. Gruppe Wirtschaftswiss., Nr. 4), S. 403-421. ランゲは、たとえば1940年10月17日国民貯蓄の日に因むラジオ講演のように、精力的に資本市場政策の意義ないし貯蓄の重要性について講演を重ねているのであるが、このことは資本市場の安定化とライヒスバンク資本市場政策によって、戦争による金融リスク心理からナチス経済の資金信用循環を守ろうとする努力の現れであるといえよう。
5) 大島『総力戦時代のドイツ再軍備』おもに第2、6、7章、大島・井手『中央銀行の財政社会学』52～129頁。
6) 貯蓄銀行がナチス期において貯蓄預金の収集・集積機関として、短期債務を整理するために重要な役割を果たしたことは多くの研究文献で指摘されている（たとえば、Boelcke, *Die Kosten von Hitlers Krieg*, S. 24-26）が、詳細については明らかでない。コッパーは、1931年以前にドイツ金融経済が民間銀行から貯蓄銀行に構造変化している点を強調しているが、ベルケと同様、貯蓄銀行とライヒ国債購入との具体的関係については分析していない（Kopper, a.a.O., S. 156ff.）。ナチス期における貯蓄銀行の展開については、拙稿「ナチス期金融体制における貯蓄銀行の資金・信用構造――1933～1939年を中心として」『滋賀大学経済学部研究年報』Vol. 13、2006年12月、1～18頁を参照されたい。
7) Beer, Joachim, *Der Funktionswandel der deutschen Wertpapierbörsen in der Zwischenkriegszeit (1924-1939)*, Frankfurt am Main 1999, S. 296f.
8) *RGBl*, Jg. 1934, Teil I, S. 1222f.
9) James, Harold, *Die Deutsche Bank im Dritten Reich*, München 2003, S. 32f.
10) 表4-1において株式発行額が1938年に急増しているが、これは4カ年計画にもとづくライヒ所有企業であるヘルマン・ゲーリング製鋼所（Reichswerke AG für Erzbergbau und Eisenhütten "Hermann Göring"）とペリツ水素添加工場（Hydrierwerke Pölitz）に向けた一時的なものにすぎない（James, *Die Deutsche Bank*, S. 32）。
11) 前掲拙稿「ナチス期金融体制における貯蓄銀行の資金・信用構造」14頁。
12) Nr. 10: Ressortsprechung im Reichswirtschaftsministerium vom 8. Sptember

1934, in: *Akten der Reichskanzlei. Regierung Hitler 1933-1945 (ARH)*, hrsg. f. die Historische Kommission bei der Bayerischen Akademie der Wissenschaften von Hans Günter Hockerts, Band II/1 1934/35, München 1999, S. 48.
13) *RGBl*, Jg. 1931, Teil 1, S. 554. この内容は1934年信用制度法に引き継がれた。
14) Bundesarchiv (BAarch), R 2501/6511, Kann die Sparkassenorganisation eine Milliarde Reichsmark Reichsanleihen übernehmen?, 27. Okt. 1934.
15) *Wirtschaft und Statistik*, 15. Jg., Nr. 5, 1. März 1935, S. 185.
16) *Wirtschaft und Statistik*, 16. Jg., Nr. 5, 1. März 1936, S. 210f.
17) Nr. 115: Aufzeichnung der Volkswirtschaftlichen und Statistischen Abteilung der Reichsbank, in: *ARH*, Bd. II/2: 1934/35, S. 428f. 余剰のできるだけ多くを利用するために、政府は、保険資産運用に関するそれまでの法律規定（1924年5月28日職員保険法と1934年5月17日ライヒ保険条例修正法によれば、保険会社は資産の25％までをライヒ・州公債を購入できることになっていた）を変更して、公債運用割合を政府の任意で決定できるように変更しようとしたが、結局、この試みは失敗したようである。ただしその目的は傷病保険に関する別の法律によって達成された（A.a.O., S. 430). なお、その他の災害保険や健康保険は、雇用が増加したにもかかわらず、保険料が引き下げられたためにそれほど多くの余剰を生み出さないと評価されていた。
18) Nr. 115, S. 430f. 生命保険会社保険料収入の運用に関する法律規定は存在しなかった。
19) *RGBl.*, Teil I, Jg. 1935, Nr. 5, S. 45f.; Teil I, Jg. 1935, Nr. 22, S. 286-288.; Teil I, Jg. 1935, Nr. 17, S. 205-207. 2月9日実施条例第15条によって、貯蓄銀行が保有する流動性残高のうち、半分までをライヒ経済大臣が指定する債権で保有することが認められた。
20) *Geschäftsbericht des DSGV*, 1935, S. 14.
21) *Verwaltungsbericht der Reichsbank*, 1934, S. 9.
22) *Geschäftsbericht des DSGV*, 1935, S. 14.; *Wirtschaft und Statistik*, Jg. 15, Nr. 18, Sept. 1935, S. 696f.; Hauptstaatsarchiv Stuttgart (HSTAS), E130b, Nr. 1355, Erlass des Reichswirtschaftsministers, am 28. Aug. 1935（ライヒ経済大臣8月28日付布告：「今回新たに貯蓄銀行が購入するライヒ国債5億RMも同じ扱いとする」）。
23) BArch, R8126/63, Zur Reichsanleihezeichnung der Sparkassen.
24) BArch, R2501/6549, Wer hat die 4 1/2% auslosbaren Schatzanweisungen des Reichs von 1935 gezeichnet?
25) BArch, R8126/52, Auszug aus dem Protokoll der Verwaltungsratsitzung vom 13. 11. 1935, S. 4-10.
26) BArch, R8126/53, Verhanldungsniederschrift über die Sitzung des Vorstandes des DSGV am 24. Jan. 1936.
27) A.a.O. エベルレは第一次大戦以降の貯蓄銀行の発展に大きく貢献した。1933年以降、貯蓄銀行の危機を救うために、一方でナチス政府に協力したが、他方で貯蓄銀行に対する国家介入の反対と地域自治体への貢献を主張していた。エベルレの思想と活動については、Hillen, Barbara, *Der Sparkassenreformer und sächsische Mittelstands-*

第4章　ナチス期金融市場政策の展開と貯蓄銀行　133

politiker Johann Christian Eberle (1869-1937), Beucha, 2004, とくに 182 頁以降を参照されたい。
28)　A.a.O.
29)　Zwei Denkschriften des Reichbankpräsidenten Schacht für Hitler. 3. Mai 1935, in: *ARH*, Bd. II/1 1934/35, S. 564-570. 大島は、軍備拡大と信用政策をめぐって、シャハトが 1935 年春以降、危機感をもつようになったことを指摘している（大島・井手『中央銀行の財政社会学』77~84 頁）。
30)　Ministerbesprechung vom 13. Dezember 1934, in: *ARH*, Bd. II/1 1934/35, S. 251f. これに先立ってすでに 1933 年 4 月 4 日には、国防軍組織の編成替えとそれに関わる費用を歳入に考慮することなく投入することが政府によって決定されている。Oshima, Michiyoshi, Die Bedeutung des Kabinettsbeschluß vom 4. April 1933 für die autonome Haushaltsgebarung der Wehrmacht, in: *Finanzarchiv*, NF. 38, 1980, S. 193-235. 大島『総力戦時代のドイツ再軍備』47~56 頁。
31)　Geheime Entschließung der Reichsregierung vom 21. Mai 1935, in: *ARH*, Bd. II/1, S. 593f.
32)　大島『総力戦時代のドイツ再軍備』178~179 頁。
33)　Tooze, a.a.O., S. 207-213.
34)　Ministerialsitzung bei Göring vom 12. Mai 1936, in: *ARH*, Bd. III: 1936, S. 317-324.
35)　Nr. 92. Aufzeichnung der Volkwirtschaftlichen und Statistischen Abteilung der Reichsbank, 20. Mai 1936, in: *ARH*, Bd. III: 1936, S. 332-338. 同様の内容は、8 月 22 日付の次の記録にもある。Nr. 133. Aufzeichnung der Volkwirtschaftlichen und Statistischen Abteilung der Reichsbank, 22. August 1936, in: *ARH*, Bd. III, S. 486-488.
36)　Treue, Wilhelm, Denkschrift Hitlers über die Aufgabe eines Vierjahresplans, in: *Vierteljahrshefte für Zeitgeschichte*, Jg. 3, 1955, S. 184-210. ペッツィーナは、「4 カ年計画」によって「国家」が一部の大工業と同盟して経済領域のうちに滑り込んだとみなし、それによって成立した「4 カ年計画」を包含する経済体制が、一方で自由市場経済を排除しないとともに、他方で私的所有を認めることによって計画経済体制とも異なる、軍事経済的アウタルキーをめざす新たな「国家」指令経済（"staatliche" Kommandowirtschaft）と捉える（Petzina, Dieter, *Autarkiepolitik im Dritten Reich. Der nationalsozialistische Vierjahrsplan*, Stuttgart 1968, S. 196-198.）。ヒトラー報告書をきっかけにしてナチス経済体制が質的に転換したとする見方は、トーズにおいても継承されているが、その要因はかれによれば、より具体的に、国際収支危機（為替危機）に起因する価格停止令と鉄鋼などの配給制の導入である（Tooze, a.a.O., S. 230-232）。
37)　Nr. 138: Ministerialsitzung bei Göring vom 4. September 1936, in: *ARH*, Bd. III, S. 500-504.
38)　Goerdeler, Carl Friedrich, Denkschrift zur Rohstoff-, Devisen- und Währungs-

lage, in: Gillmann, Sabine und Hans Mommsen (Hrsg.), *Politische Schriften und Briefe Carl Friedrich Goerdelers*, Bd. 1, München 2003, S. 411-464. ライプツィヒ市長であり、元ライヒ価格委員でもあったゲルデラーは、当初は「保守的な社会のあり方（conservative respectability）への復帰」（トーズ）をナチス政権に期待しつつ、しかし、この時点に至って決定的な対立へと変化していたといえようが、しかし質的変化はナチス政策の側にも言いうる。トーズによれば、シャハトはこの時期には平価切下げ論に転換しつつ、英米との協調路線を探っていた。結局、フランス・ブルム政府が金本位制・貿易管理から英米協調路線へと転換し、1936年9月26日に公表された三国通貨協定を結んだことは、ドイツの「転換」にとっても少なからぬ影響を与えたと考えられる（Tooze, a.a.O., S. 214-223）.

39) Nr. 138: Ministerialsitzung bei Göring vom 4. September 1936, in: *ARH*, Bd. III, S. 502.

40) Kopper, a.a.O., S. 209-219; Hitler an Reichsbankpräsident Schacht und an Generaloberst Göring, 26. November 1937, in: *ARH*, Bd. IV: 1937, München 2005, S. 611-613.

41) *Wirtschaft und Statistik*, 15. Jg., Nr. 14, S. 528.

42) ナチス期を含めた両大戦間期の再軍備金融については、大島『総力戦時代のドイツ再軍備』第6章が詳しい。同書では、1933年度から37年度までに発行されたメフォ手形は206億RMであり、雇用創出手形2億RMと合わせた特殊手形208億RMは、この時期の国防軍支出323億RMの実に64.1％を占めることが指摘されている（同書、271頁）。1935年国債はたしかに短期信用の整理に使われたが、すでにこの時期からライヒ予算収支を悪化させる諸要因（政府短期証券の償還、追加的国防支出、臨時収入の欠損、減税措置、メフォ手形の早期償還）が現れていた。これら諸要因は、1938年3月メフォ手形発行が停止されると顕在化し、4月以降の納入者国庫証券発行によって、軍備拡大資金の調達の役割はライヒスバンクと大蔵省がともに担うことになった（同書、320～364頁）。

43) *Wirtschaft und Statistik*, 20. Jg., Nr. 10, S. 156.

44) *Wirtschaft und Statistik*, 18. Jg., Nr. 12, S. 498; Nr. 15., S. 620.

45) Nr. 182: Aufzeichnung der Volkswirtschaftlichen und Statistischen Abteilung der Reichsbank, in: *ARH*, Bd. V: 1938, S. 597-600; Nr. 190: Aufzeichnung der Volkswirtschaftlichen und Statistischen Abteilung der Reichsbank, in: *ARH*, V, S. 628-634; Nr. 194: Reichsfinanzminister Schwerin von Krosigk an Hitler, in: *ARH*, V, S. 648-653; Nr. 286: Schriftswechsel zwischen Reichswirtschaftsministerium und Reichsbank-Direktorium, in: *ARH*, V, S. 953-959; 大島『総力戦時代のドイツ再軍備』326～364頁。

46) 全国貯蓄銀行貯蓄預金預入増加額の対前年比率は、1935年第1四半期までプラスで推移していたが、第2四半期以降マイナスに転じ、第4四半期にはそれがさら拡大したことは、一部の預金者層が貯蓄銀行の国債購入に必ずしも賛成していないことを示している。ゲルデラーは貯蓄銀行資金が地域の中小営業者と市民の預金からなり、そ

れは地域内部での資金需要に応えるべきものと考え、ライヒによる一方的な流動性介入に反対した (Goerdeler, Denkschrift zur wirtschaftliche Lage vom 26. 10. 1935, in: Gillmann u. Mommsen, a.a.O., S. 395).
47) たとえば1939年11月28日のライヒスバンク資本市場委員会では、1939年4月に貯蓄預金が当座預金へと大幅にシフトし、同年8月には貯蓄預金が3億7000万RMの払い戻し超過となったことが、ハインツェによって報告されている (BArch R2501/6392)。
48) Tooze, *The Wage of Destruction*, pp. 285-287. 第二次大戦勃発にあたって、通貨信用危機がどの程度の要因となったかの問題は非常に重要な検討課題である。

第5章

戦時BISにおける市場認識と戦後構想
――ペール・ヤコブソンの政策論を中心に

矢後 和彦

はじめに

　戦時経済、とりわけ第二次大戦期の戦時経済については、これまでつぎのような見方が支配的だったとおもわれる。

(A)　戦時経済は、統制経済である。
(B)　戦時経済は、戦後の経済成長に大きな影響をあたえた。

ところが、同時代の欧州には、こうした見方とは相当にことなるニュアンスの見解が存在した。すなわち、

(A)'　戦時経済は、統制経済のなかに市場の機能をとりこむことで成功した。
(B)'　戦時経済は、戦後の経済成長には影響をあたえていない。戦後の各国は統制経済としての側面をただちにそぎ落として、市場経済に復帰した。

　以上の見解は、(A)と(A)'、(B)と(B)'という対をなしている。と同時に、よくみると(A)'と(B)'のあいだにも微妙な矛盾がみてとれる。
　この(A)'と(B)'のほうの見解を、戦時から戦後にかけて、国際金融の舞台で発信し、また実践にうつしたのが国際決済銀行（Bank for International Settlements、以下BISと略）であった。本章の課題は、このBISの視点から、第二次大戦期の戦時経済と、戦時に練り上げられた戦後構想を検討することである。以上に

みた諸見解のマトリックスは、まさに「介入的自由主義」と「管理型市場経済」のあいだの論理的な齟齬と、しかしまた歴史の現実のなかにあらわれた一貫性[1]とを表現しており、BIS は、その帰趨を見定める好個の素材をなしているとおもわれる。

周知のとおり BIS は、第一次大戦後のドイツ賠償問題を金融的に解決することを目的として 1930 年に創設された国際機関である。戦間期の BIS は、中央銀行間協力の独特なフォーラムとして機能し、賠償問題と世界恐慌に対処した。第二次大戦期の BIS は、総会の開催は停止したが、事務局は活動を継続していた。戦時下の BIS 事務局では、連合国・枢軸国双方から派遣された有能な職員が勤務をつづけており、とりわけ BIS の理論活動の中核をになう金融経済局 (Monetary and Economic Department) では、局長ヤコブソン (Per Jacobsson) を中心に、ナチス経済の動向やブレトンウッズ会議の帰趨が克明に分析されていた[2]。この BIS に焦点をあてることで、筆者は、戦時期における同時代の市場認識と、戦後をみとおした構想とを、国際的な視点から再構成することを意図している。

この課題をあつかうに際して、本章では、以下の3つの問題領域をとりあげることとする。

第一に、ヤコブソンという個人の思想である。ヤコブソンは、1930 年代の初頭からさきにふれた BIS 金融経済局に局長として勤務し、戦時を経て、1956 年に国際通貨基金 (International Monetary Fund、以下 IMF) の専務理事に転出するまで、20 年以上もその地位にあった文字通り BIS のキーパースンである。スウェーデン出身のヤコブソンは、経済学者ヴィクセル (Knut Wicksell) の学統に連なる理論家であり、ケインズ (John Maynard Keynes) とも親交のあった国際的なエコノミストであった。かれはまた BIS『年報』(Annual Report) の主要部分をほぼ独力で書きあげ、同時代の国際金融・経済にかかわる論壇に大きな影響をおよぼした[3]。このヤコブソンの理論活動の軌跡について、本章では、公刊された論考はもとより、未公刊の日記・書簡類[4]も参照して、かれの戦時経済論と戦後構想をあきらかにすることをこころみる。

第二に、BIS という組織の対応である。ヤコブソンは傑出した理論家だったとはいえ、かれの主張がそのまま BIS の公式見解になったわけではない。そこには、BIS という組織の事情——BIS は中央銀行間協力のフォーラムであると同時に、株式銀行として収益もあげなければならなかった——がかかわっていた。ヤコブソン自身も、勤務先や時代の要請におうじて、みずからの主張を融通無碍に変化させることをいとわない、組織人としての側面を有していた。このように本章は、単にあれこれの思想が存在した、というだけでなく、それが、組織や社会の現実とどのように対峙し、また妥協していったのか、という点に着目する。この論点に接近するため本章では、BIS の財務諸表等の組織内資料[5]を活用して、ヤコブソン理論の背景にあった諸事情を解明することをこころみる。

第三に、以上の見解にたいする反作用、端的にはアメリカの反応である。ヤコブソンの思想があり、それが変容をとげつつ BIS の見解に反映されたとして、さらに問題になるのは、結局それがどういう帰結にみちびいたか、ということであろう。本章であつかう戦時期には、ブレトンウッズ会議が開催され、戦後の国際金融のありかたが熱を帯びて討議されており、他方でヤコブソンと BIS は、ブレトンウッズ会議で出された諸提案に懐疑的なスタンスをとりつづけていた。さらにブレトンウッズ決議では BIS の清算が勧告され、BIS は存亡の危機に立たされることになるが、その後 BIS は生き残り、ブレトンウッズ体制も急速に再編を余儀なくされていく——。本章では、こうした時代のうねりを、アメリカ側の一次資料[6]にもとづいてあとづけようとする。従来の戦時研究では、「アメリカの影響」という契機がかならずしも正面からとりあげられてこなかっただけに、本章ではこの視点をとくに強調しようとする。

以下第一節では、戦時から戦後にかけてのヤコブソンの思想的営為を回顧し、第二節では、ヤコブソン理論が応用される際しての BIS 内外の事情をあつかう。第三節では、アメリカ側の資料から、アメリカの BIS 観の変化とその背景を検討する。

第1節　戦時と戦後のヤコブソン理論——「市場経済」への執着

　第二次大戦がはじまると、BIS は定款に規定された業務の中立性を標榜して、局外中立をたもとうとした。同時に、BIS に集う各国の代表は、連合国・枢軸国を問わず業務を継続し、ここに大戦中にもまれな国際的な連絡拠点ができた。こうした環境のなかで、ヤコブソンは、金融経済局長として日常業務を遂行するとともに、戦後の構想作りに没頭した。その思考の軌跡をたどってみよう。

(1) 「価格メカニズム」への着眼と「小国論」

　戦時におけるヤコブソン理論の起点となるのは、第二次大戦の直前、ミュンヘン協定にてズデーデン地方がナチス・ドイツに割譲された際の構想である。1938 年 10 月 1 日に BIS 部内で閲覧されたこの構想は「ミュンヘンの協定以降における BIS の業務」と題されたメモのかたちをとっている[7]。このメモをまず検討しておこう。

　ヤコブソンの手になるこのメモは、ミュンヘン協定によって平和が達成され、今後は軍備から平時経済への移行が課題になるだろう、という——のちの史実からすれば、はなはだ的はずれな——情勢認識を基礎にしている。メモは、そのうえで、この情勢下で BIS が果たすことになる役割として、「技術的な委員会のための集会所」「こうした委員会における仲裁者」「大ドイツ、チェコのいずれにとっても借款を組むことになれば、そうした借款のエージェント」という諸点を列挙している[8]。興味深いのは、ヤコブソンがミュンヘン協定以降の情勢について「平時への移行」というみとおしを示し、それに対応した景気動向を展望していることである。すなわち、平時に移行すれば、景気はただちに過熱し「インフレ的発展」に向かう、という流れと、政府借入の増大、軍需産業の縮小にともなう「広範な失業」、という流れである。一般に、戦後構想においては、戦後の景気動向の予測は欠かせないが、この時点でのヤコブソンは、

インフレと失業という、対極に立つみとおしを提示し、それぞれのバランスをとる、という展望を示している。のちにみるように、第二次大戦後の戦後構想についてはBIS、とりわけヤコブソンは、「景気過熱論」を採用し、「景気後退論」に立つアメリカ・ケインジアンとするどく対立することになる。

　第二次大戦の戦端がひらかれると、ヤコブソンはBISの『年報』の執筆をひきつづき担当すると同時に、スイス銀行協会をはじめとする民間団体の求めに応じて精力的に講演をおこなった。ヤコブソンの見解が、BISという組織の制約から比較的自由に展開されたのは、こうした講演においてである。そこで以下では、まずヤコブソン理論の論理構造をかれの講演とその周辺資料からうきぼりにし、次いで、それらの見解がどのようにしてBIS『年報』などの公式見解にまとめられたかを、それぞれみていくことにしよう。

　ヤコブソンの戦時経済論の最大の特徴は、「価格メカニズム」を称揚する点にある。かれの「価格メカニズム」論とは、すなわち、戦時においても価格が国民経済の重要なシグナルでありつづけるという議論であった。この議論が立ち入って展開されたのは、1942年にスイス銀行協会でおこなわれた講演においてである[9]。この講演でヤコブソンは、同年に日本の蔵相が出した声明——東アジアにおける金決済の重要性を指摘——にも言及しながら、金本位の擁護をうったえた。その論理構造は、以下のようなものである。当時、戦時期には金本位への批判が一般にはたかまっていた。その論拠は、「再建金本位の崩壊」という「金本位無力論」だけでなく、「ナチス経済が金準備僅少にもかかわらず再軍備・公共事業政策に成功した」という「金本位不要論」もふくんでいた。ヤコブソンは、この後者に反論し、ナチス・ドイツの成功は、「国内の高貯蓄率」と「賃金コストの抑制」に負っている、という論点を押し出した。ヤコブソンは、一見、拡張的とみえるナチス経済が、実は高貯蓄と低賃金というデフレ要因をともなっていることを指摘したのである。

　この講演には、本章の冒頭でふれた(A)'および(B)'の論点がナチス経済の評価とあいまって鮮明にあらわれている。すなわち、労働運動の禁圧のような「統制経済」の措置は、実は「価格メカニズム」という「市場経済」の機構を作動

させている——これは(A)'につながる主張である。同時に、この講演でヤコブソンは「格別戦時的な制度は、多くの点において正常な諸条件のもとでは適用しがたい」という命題を開陳している。「戦時的な制度」によって擬制的に実現している「市場経済」を、早期に本来の「価格メカニズム」に戻すべきである——これは(B)'の議論である。市場の安定——ヤコブソンが好んで用いた表現によれば「コストと価格の均衡」——は、戦時には強制的に、戦後には市場をつうじて、それぞれ実現されるべきものと構想されている。

では、こうした主張は、BIS『年報』ではどのように表現されているだろうか。1939年度（1939年4月1日から40年3月31日）の『年報』では、「序論」のなかで第一次大戦と第二次大戦の比較がおこなわれている。この比較をふまえて『年報』は、「戦時経済の本質的特徴」を以下のように論じている。「根本の問題のおこるところは、財貨および労務の現実の生産高が、動員による人的資源の減少ならびに外国貿易にかんする障壁によって減退するのにたいして、国家の需要が2倍あるいはそれ以上に増大するという事実である」[10]。この認識を起点に『年報』は、各国が軍需の超過によって生ずるインフレをいかに制御しているか、という事例を紹介する。1940年度の『年報』でも、「序論」の数ページを割いて、各国における戦時の政府支出の増大と、それがインフレにつながらないように講ぜられている措置が紹介されている[11]。1941年度には、この「インフレ中立化」の手法がさらに立ち入って検証され、「インフレーションを相殺するところの効力の観点」から種々の政策が比較対照される[12]。同様の政策比較は1942年度の『年報』にも引き継がれ、連合国・枢軸国の双方にみられる「強制貯蓄」に高い評価が与えられている[13]。

ナチス・ドイツの経済運営への評価も、1941年度の『年報』にみられる。「ドイツ制度の成功は、原価および価格機構の通常的機能に基づくよりは、より多く健全かつ賢明な政府指導の効率的統制および実業界ならびに一般国民の協力と訓練に依存する」[14]。

ところで、こうした「価格メカニズム」を称揚する立場がBIS『年報』に掲載されるについては、『年報』執筆を担当するBIS金融経済局の内部で重要

な論争があった。1940年5月に——すなわち1939年度の『年報』作成の過程で——当時アメリカからBISに出向していたキンドルバーガー（Charles Kindleberger）と局長ヤコブソンが衝突したのである。ヤコブソンの日記によると、上述の「インフレ中立化」の諸施策を論じた『年報』の草案について、若きキンドルバーガーがヤコブソンを「二度、さらに再度」訪れて、この論点にふれた箇所を草案から削除するように迫ったという。ヤコブソンは、キンドルバーガーと論争し、原案は削除しないことで落着した。この論争を回顧してヤコブソンはこう述懐している。「キンドルバーガーは俊敏で、学識があり、理論と統計にも通暁していた——しかしかれは文章が下手で、良い判断を下すにはあまりにニューディールに影響されすぎていた」[15]。対するキンドルバーガーは、自伝のなかでヤコブソンの能力を高く評価しつつも、かれの印象を「部屋の中央でかれと話しはじめると、ほどなくして部屋のすみに追い詰められ、巨大なフレームと分厚いレンズのめがねでもって攻撃されつづける」とふりかえり、「私にとっては、かれはあまりにもマネタリストだった」と述べている。戦時期の『年報』についても、キンドルバーガーは「私が大きく貢献した第10期会計年度」が——すなわち、上述の衝突があった1939年度『年報』が——「その後のものよりも、若干ましだった」と証言している[16]。キンドルバーガーは、この衝突のあと、1940年にはBISを辞して合衆国に帰国する。BIS『年報』をめぐるこの対立は、のちにみるようにアメリカ・ケインジアンとの論争にも発展する。

　さて、戦時のヤコブソン理論について、もうひとつ重要な契機が「小国論」である。ヤコブソンは、1943年12月にスイス産業協会とザンクト・ガレン経済研究会の招きで「小国と世界経済の復興」と題する講演をおこない、第二次大戦後の復興構想を紹介しながら、スイスなど欧州の「小国」が果たすべき役割を論じている[17]。その論理を整理しておこう。

　ヤコブソンは講演のなかで、まず戦間期をふりかえり、「小国」がめざましい成長を示したこと、恐慌への対応も機敏で、失業率も英米など「大国」にくらべて低かったことを評価する。次いで「これら小国の優秀なる業績をもたら

した原因」として、「小国」は貿易依存度が高いため、その分、国際価格への適応力が高い、という点を強調する。「輸出か、しからずんば死」という状態におかれているだけに、「小国はコストと価格の間の不均衡を未調整のままにしておくことはできない」のである。

こうした「小国」評価の延長線上に、ヤコブソンは戦後復興のありかたを吟味する。次項でふれるように、この講演の時点で、IMFの設立構想がすでにあきらかにされており、戦後世界では、なんらかの国際機関が復興に大きな役割を担う、とかんがえられていた。ヤコブソンは、これらの構想を紹介しながらも「国際機関において小国が発揮できる影響力は当然非常に少ない」と指摘して、「再び金本位制が採用されるという方向にいくならば、それは多分小国にとって有利となるであろう」と述べている。ヤコブソンはまた、戦間期の経験をふりかえり「小国が大幅な平価切下げという方法によってその競争力を高めようとする傾向は少しもない」と述べて、「小国」が健全通貨を重視してきたことを称揚する。これらの議論から、ヤコブソンは、国際機関設置論への批判、金本位復帰論を展開し、「小国」の強みを生かして早期に貿易自由化をすすめるよう提言している。

もっとも、こうした「小国論」は、戦時期の当初から練り上げられていたわけではなかった。1940年10月の時点では——すなわち、欧州全域でナチス・ドイツがその版図をひろげているときに——ヤコブソンは、ナチスの勝利を前提として、戦後世界では複数の巨大な通貨圏が分立する、というみとおしをたてていた。ヤコブソンは、これらの巨大通貨圏のあいだの関係を「重要な問題」と認識し、これら通貨・経済圏のあいだで信用取決めを執行する国際的な機関を創設することを提言している。この国際機関は、資本移動を「全般的に監督」し、また戦後復興にかかわる国際的な信用供与を——「予算を若干支援する信用の形態での、相対的に少額の援助」を——おこなう。ヤコブソンはまた、こうした業務をおこなうには「BISのような機関」がふさわしい、と述べている[18]。

いずれにせよ、戦時におけるヤコブソンの立場は、「広域経済圏」の容認か

ら「小国」の評価へと、うつりかわった[19]。この変化は、BIS の『年報』ではどのように語られているか、追跡してみよう。

　1941年度の『年報』では、「結論」の冒頭で「広域経済圏」に好意的とも読める印象的な記述がなされている。「大戦争はふたつの面を持っている。すなわち、一方では敵国との関係断絶、他方では利害関係の一致する諸国間のより密接な結合、これである」。これにつづいて「いかなる国といえども、より広い経済の一分岐であるから、単一の国家では完全に自給自足を行ない得ない」というテーゼが立てられ、しかし「このより広い経済なるものを、世界的基礎の上に立脚させるべきか、あるいはその協力は、はじめに個々の政治的に限定された地域内でこれを達成させ、これとともにより大きな全体として、さらにこれら地域間に交易協定を達成させるべきかについて、概念の相違が存在する」と論じている[20]。これは、上述の1940年段階でのヤコブソンの見通し──ナチスの勝利後における、複数の「巨大な通貨圏」の分立──と一致する。ところが、1943年度の『年報』になると、議論の基調は「小国論」に転換する。この年度の『年報』では、「外国貿易と国内市場の諸条件との間に、密接な関連があることは、一般的には大国におけるよりも小国において、より簡単に認識される」という議論につづけて「しかし、大国であれ小国であれ、いかなる国もコストと価格の間の均衡を回復させる必要性を無視することはできない」という論点が出ている[21]。

　ヤコブソンの言説は、「広域経済圏」の評価では揺れたものの、「価格メカニズム」への称揚について一貫していた。「小国」への着眼も、国際環境に応じて「コストと物価の均衡」を図る、という論点につながっていた。次項では、こうしたヤコブソンの主張が、国際通貨システムをめぐってどのように展開されたのかをみていくこととしよう。

(2)　ブレトンウッズへの視線

　ブレトンウッズ会議──正式には「連合国経済金融会議」──は、1944年7月1日からアメリカ・ニューハンプシャー州のリゾート地であるブレトンウッ

ズで開催され、最終日の7月22日にブレトンウッズ協定を締結して閉幕した。この協定を受けて、1945年12月27日にはIMF協定が各国の批准をおえて締結された。周知のとおり、IMFの制度設計にあたっては、ケインズ案とホワイト案という、ふたつの案が対立していた。一方のケインズ案は、信用創造機能もそなえた国際的な決済機構（「清算同盟」）を設立しようというものであり、他方のホワイト案は、信用機能・決済機構をもたない「基金」を構想していた。資本移動の自由化についてもケインズ案は懐疑的、ホワイト案は楽観的であり、こうした両者の相違には、それぞれの背後にあるイギリスとアメリカの利害の相克が表現されていた。結局、IMF協定では、ホワイト案にやや近いかたちで「基金」が設立された。他方、ブレトンウッズ協定では、IMFにおける「銀行」機能の後退をおぎなうように、国際復興開発銀行（International Bank for Reconstruction and Development、通称世界銀行）には長期信用を供与する機能があたえられた[22]。

　以上の経緯はすでに周知のことに属するが、意外に知られていないのは、このブレトンウッズ会議にさきだって、戦線をこえてBISの代表が訪米していたことである。このBIS代表とは、ほかならぬヤコブソンであった。ヤコブソンは、ケインズ案・ホワイト案が完成されたかたちで公になる前に、水面下でその内容を把握し、スイスに戻ってから、両案をともに批判している。なおかつ、ヤコブソンは、米議会の周辺でくすぶっていたBIS清算論を察知して、これに反対するロビー活動を展開した。さらに問題とされたのが、ヤコブソンがBISに戻ってから、連合国側の戦後構想の感触をライヒスバンク副総裁プール（Emil Puhl）につたえたことである――[23]。以下では、ヤコブソンの訪米前後の言動をてがかりに、ブレトンウッズ協定とその周辺の動きにたいしてBISがどのように対応しようとしていたかを探ることとする[24]。

　ヤコブソンは、1941年12月から1942年2月にかけてアメリカに出張して米国の要人と精力的に面会した。そこでヤコブソンがつかんだのが、アメリカを中心とする連合国側の戦後構想である。これらの戦後構想のなかで、ヤコブソンは、のちに「ケインズ案」に結実することになるケインズの「清算同盟

案」を厳しく批判した。同時に、「長期」と「短期」のちがいに注意をうながし、「短期的には各国で外貨準備が不足する」というみとおしをたてて、各国通貨の安定化を支援する「安定化借款」(stabilization loans) の構想をあきらかにした。他方で、ヤコブソンは、「価格メカニズム」への信頼を強調し、「金本位」を徹底していない「ホワイト案」にも批判の矛先を向けている。ヤコブソンによれば、戦後の「安定化基金」への拠出は、まずはアメリカが、それも金によっておこなうべきだ、ということであった。

　ヤコブソンはまた、為替レートの決定・変更問題にも言及する。のちにブレトンウッズ協定に結実する草案は、為替レートについては、固定為替を採用しつつ変更の余地をみとめる制度を――後代の表現によれば「調整可能な釘付け」を――採用していた。「ケインズ案」「ホワイト案」ともども、この方式を採用し、ヤコブソンもそれ自体は高く評価する。しかし、興味深いのは、ここでヤコブソンが、さきにもふれた「大国」「小国」の非対称性に注目していることである。かれはいう――。アメリカのような「大国」が為替レートを切下げると、世界全体の生産条件にただちに影響をおよぼす。「大国」がみずからの国内景気を調整する目的で為替切下げをおこなっても、世界がすぐに反応するから、その効果はかぎられる。これにたいして、「小国」の為替レートは世界全体には影響をあたえない。したがって、為替切下げ競争は「小国」に有利にはたらく――。ブレトンウッズ会議とのかかわりでは、ヤコブソンは、「調整可能な釘付け」においても、「大国」は、みずからの財政規律をたもち、容易には為替を変更しないことを要求する。これは、ブレトンウッズの理念をこえて、1971年の金・ドル交換停止をはるかに予言するような展望である。

　以上の構想は、さきにもふれた1943年の「小国論」講演でおおやけにされる。ケインズ案が公表されるのは1943年4月、ホワイト案の決定版が公表されるのが1943年7月であるから、両案が出揃ったときには、すでにヤコブソンは両案への批判をまとめていたことになる。ちなみに、このヤコブソン講演は中立国スイスで行われたという事情から、アメリカ側とドイツ側にただちに伝わり――とくにアメリカは、講演内容の翻訳をただちに本国に打電している

――連合国・枢軸国の双方に印象を与えた模様である[25]。

ヤコブソンの「ブレトンウッズ論」は、間接的な表現ながら、同時代のBIS『年報』にも反映されている。1942年度の『年報』――1943年6月に公表――は、ヤコブソン理論の核心たる「コスト・価格構造における真の均衡」を全編にわたって強調し、とりわけ一国におけるコスト調整と為替調整との関係を詳細に論じている。「理論においても、あるいは実践においても、『調整』と『操作』を区別することは、簡単ではない」という印象的な文章をはさみながら、『年報』は、前年度のみずからの主張、すなわち「主要な不均衡を為替レートの変更によって是正すべきであろうという見解」を批判的に回顧する。そして、この1942年度『年報』は為替レートの急激な変更ではなく、「このような措置をコスト・価格の直接的な調整と結びつける」という方策を推奨する[26]。

『年報』に盛られたヤコブソンの主張は、為替レートの調整だけではなく、賃金引き下げなど、一国の「コスト調整」を経て、「価格メカニズム」の再建と自由貿易を推進すべき、という戦後構想につながっていく。このようにヤコブソン理論は、ブレトンウッズ協定にいう「調整可能な釘付け」に関連して、とりわけ「大国」にたいして市場規律を要求する議論を、年来の「コストと価格の均衡」論の線上に展開していたのである[27]。

(3) ケインジアンとの論争――戦時から戦後へ

ヤコブソンは、以上のような「市場」への信頼を、戦時をつうじて一貫して表明してきた。当然のことながらこうした主張は、同時代の支配的な潮流となりつつあったケインズ主義と対立することになる。以下では、ヤコブソン理論の理論的・思想的骨格をうきぼりにするために、ヤコブソンが、ケインズおよびケインジアンと、どの点で、どのように対立したのかをみることにしよう。

ヤコブソンは、さきにみた戦時の訪米の際に、ハンセン（Alvin Hansen）とサムエルソン（Paul Samuelson）に会っている。かれらアメリカ・ケインジアンの若き俊秀たちは、戦後に景気後退がおこることを懸念し、戦後に大々的な

ケインズ政策を実行する計画を温めていた。これにたいしてヤコブソンは、むしろ「戦後ブーム」の到来を予測して、反インフレ政策の必要を力説し、「価格メカニズム」への評価を展開した。このやりとりを、ハンセン、サムエルソンとの会談の模様を記したヤコブソンの日記から再構成してみよう[28]。

ヤコブソンは、1942年2月28日にハンセンの招きで昼食の席についていた。そこには、ハンセンのほか、サムエルソンが招かれていた。サムエルソンはマサチューセッツ工科大学の教授に任ぜられたところで——ヤコブソンの日記によれば「聡明な農家の坊やのよう」「28歳以上にはみえないが、多分35歳だろう」——昼食会は、にぎやかにはじまった。席上、ヤコブソンが合衆国の価格水準を問題にしたところで議論がはじまった。

ヤコブソンは、「アメリカのエコノミストは合衆国の価格が世界市場に追随している、と当然のように受け取っているが、それは必ずしも真理ではない」「1931年以降、アメリカの価格はスターリング圏の影響を受けている」と論じた。当時の文脈では、これはドルが過小評価国になっており、ドル安・ポンド高をつうじてアメリカの輸入物価に上昇圧力が加わっていることを警告した議論であった。これにたいしてハンセンは「世界の価格とはなにか」「それは存在するのか」と問いかけた。ヤコブソンはこれにたいして、自国平価の変更によって物価水準に影響を与える国と与えない国がある、とこたえ、現時点ではアメリカの価格水準はスターリング圏に影響を受けている、と指摘した。これにたいしてサムエルソンは、かりにそうだとして、その影響は、米国の交易条件と経常収支に表現されるのみであり、これらの諸条件が悪化したとしてもアメリカは豊富な金準備によって対処できる、と応じた。ヤコブソンは、これにたいしてオランダ、スイスなど「小国」の事例を紹介して、為替変動は、かならずしも交易条件には反映されず、各国におけるコストと価格の調整がおこなわれた、と論じた。

このやりとりの論点は錯綜しているが、要点は以下のようなことである。ハンセンとサムエルソンは、「世界価格」の存在に懐疑的であり、為替変動は交易条件をつうじて調整可能なものとみていた。それゆえ、各国が景気刺激策を

とろうが、インフレに転じようが、世界市場の均衡は早晩達成される、という見通しを立てていた。これにたいしてヤコブソンは、「世界価格」の存在を重視し、各国が為替をつうじてこの「世界価格」を左右できる程度は──「小国」にとってはいうまでもなく、戦時のアメリカにとっても──限られたものである、とみていた。それゆえ、為替変動は容易には調整されず、各国は、それぞれの国内における均衡──「価格メカニズム」を通じた「コストと価格の均衡」──をはからねばならない。これがアメリカ・ケインジアンと対比した際のヤコブソン理論の骨格であった。これは、さきにふれたBIS『年報』の視点にも通じる論点である。象徴的なのは、以上のやりとりのなかで、サムエルソンが「財が移動したらどうなるか」と質したのにたいして、ヤコブソンが「それ［財の移動］がなくてもよい」「スイス製の機械は、外国で売られる同様の機械価格を参照することなしには売られることはない」とこたえている場面である。ケインジアンは、為替変動や財の移動をつうじて均衡は回復される、とみるのにたいして、ここでヤコブソンは、価格はシグナルとして有効であり、シグナルとして作用する際には、財の移動は無関係である、という論点を強調している。

　1942年のハンセン、サムエルソンとの会見につづいて、欧州に帰ってからのヤコブソンは、景気循環論についても「反ケインジアン」の論陣をはった。1944年にヤコブソンは「戦後恐慌」の可能性について、リヴィングストン（S. Morris Livingston）、カルドア（Nicolas Kaldor）それにミュルダール（Gunnar Myrdal）を相手に論争している。かれら欧米のケインジアンたちは、第一次大戦後の不況の経験にたって、第二次大戦後にも「戦後恐慌」が到来すると予測していた。これにたいしてヤコブソンは恐慌の可能性を否定した。その論拠は「戦時の低金利がボトムであり、戦後は金利上昇しかありえない」「第一次大戦と第二次大戦の相違は、物価統制の有効性の違いにある」というものだった[29]。ここでは、本章の冒頭でふれたヤコブソン戦時経済論の微妙な齟齬──戦時に市場が機能したという(A)'の議論と、戦時統制が有効だったからこそ市場機能が保証されたのであり、戦後には統制を解除すべきだという(B)'の議論、

その矛盾——が表現されている。

　景気循環にかんするかぎり、ヤコブソンの予測は的中し、第二次大戦後の「戦後恐慌」は不発におわった。戦後にはむしろ、各国のインフレと、欧州・アジアにおける「ドル不足」が焦点となる。この経過に自信を深めたヤコブソンは、ケインジアンとの論争からさらにすすんで、ケインズ体系そのものへの批判に向かうことになる。本項の最後に、この点を展望しておこう。

　ケインズとヤコブソンは、実は戦前から親交があった。ヤコブソンは、論文や講演のなかでも、ケインズへの敬意を表して、ケインズ本人とケインジアンとを区別するという論法をとっている[30]。1953年に公刊された論文「ケインズ——コストと統制」のなかで、ヤコブソンは、同時代の国連報告書に盛られたケインジアンの見解について「コストと物価との間のバランスの問題をほとんど完全に無視した実に驚くべき実例」と指弾する一方で、「ケインズ自身は、彼のいだいた目的を達成するために『統制』には頼らなかった」「彼はその全生涯を通じて個人の相違と私企業とが価値ある貢献をなしうるような経済体制の利益を信奉しつづけた人であった」と評価している[31]。

　このケインズ観の延長上に、ヤコブソンが注目するのが、ケインズの遺稿となった1946年の論文「アメリカ合衆国の国際収支」[32]である。このケインズ論文は、英米金融協定の提案を受けて、この協定が前提としていたアメリカの国際収支の見通しを、統計資料をもとに整理したものである。理論的・思想的にとりたてて深い内容のものではなく、ケインズの著作のなかでは時論に数えられるものであろう。ただし、この論文の結論で、ケインズは「アメリカは、前例をみないほど生活水準が高く、また高コストの国になっている」という認識を披瀝しており、その調整のための当面の国際収支対策として、為替調整や輸入管理とともに「古典的な医術」を併用することを勧めている。

　この文脈におけるケインズの力点は「私は古典的な医術がそれだけで機能するとはおもっていない」[33]という点にあり、国際収支対策としてはIMFやアメリカ輸出入銀行（Export-Import Bank of America）の融資を活用することが強調されていた。ところがヤコブソンは、ここでケインズがいう「古典的な医

術」について、ケインズが「この医術という概念の中に通貨政策の通常の手段を含ませたことはいうまでもない」という解釈を下し、この遺稿論文でケインズが最後の思想的転回を示した、と強調する[34]。あまつさえヤコブソンは、この議論を随所で披露して回ることになる。1952年にアメリカで開かれた昼食会スピーチでは、ヤコブソンはこう述べている。ケインズは「1940年に出たパンフレット『戦費調達論』のなかで、それまでとは違った仕方でかれの国を説得し、かれの死後、1946年に発表された最後の論文では、大恐慌の時代にかかげたのとは非常に似つかない政策を主張しています」「私は、ケインズがいま生きていたら、かれはケインジアンではなかったろうと確信しています（笑）」[35]。

　当然のことながら、このヤコブソンの主張にたいして、ケインジアンたちは強く反発することになる。ケインズの高弟ハロッド（Roy Harrod）は、この講演を再録したヤコブソンの著書について書評を執筆し、上述の演説の最後の文言に噛み付いた。「ヤコブソン氏は、ケインジアンとは、過剰投資がインフレを招く危険を顧みずに、いかなるときでも低金利を推奨する輩、とかんがえているようだ」。しかしハロッドは、自分は戦後にインフレ対策として投資への直接規制を唱え、その後インフレ圧力がひとまず遠のいてからは柔軟な金融政策への転換を主張した、という。「このすべてにおいて、私は"ケインジアン"だったと信じている」。ハロッドは、こうしたヤコブソンの「ケインジアン」定義について、「こんなすてきな論争は、経済思想史の教授たちに任せておこう」と切り捨て、さらにヤコブソンのケインズ・ヴィクセル解釈にも疑義を呈して「私には、ヤコブソン氏がケインズ体系を完全に理解したとは思えない」と論難している[36]。

　戦時と戦後のヤコブソンは、ここでみたように「コストと価格の均衡」を金科玉条として、景気循環論についてもケインズとケインジアンを批判しつづけた。本章の冒頭でふれた図式でいえば、ケインズ理論は(A)から(B)へ、という連続性を示すのにたいして、ヤコブソン理論は(A)'から(B)'へ、という一貫性を主張する。かれの強引なケインズ解釈には、ハロッドの論評もふれているような

批判の余地があるとはいえ、この主張は BIS『年報』にも盛り込まれ、国際金融界に独自な影響をおよぼしたといえよう。

次節では、このヤコブソン理論の背景をなす BIS の銀行業務を検証する。

第2節　第二次大戦期の BIS 銀行業務——営業の推移とその背景

前節でみたように、BIS は中央銀行間協力のフォーラムとして、戦時期にも機能しつづけた。とりわけヤコブソンひきいる金融経済局は、戦時における各国の経済情報を集約する貴重な拠点として、連合国・枢軸国の双方から注目されていた。ところで BIS は、株式銀行でもあり、加盟国から金・各国通貨の預金を受け入れて、国債等に運用する銀行業務をおこなっていた[37]。本節では、BIS の銀行としての側面にも着目し、この銀行業務の推移と、前節でみたヤコブソンらの理論活動がどのように関連していたのかをみていくこととする。

以下、本節では、1939 年度（1940 年 3 月 31 日決算）から 1944 年度（1945 年 3 月 31 日決算）までの財務諸表を対象とする。これは BIS の開業から数えて、第十年次から第十五年次に相当する。なお、1945 年 3 月に予定されていた 1944 年度の年次総会は、第二次大戦のため開催が見送られ、利益処分など総会の承認を受けるべき案件が保留されている。

(1) 預金の収集——「金」と「預金」の関係

まず、銀行業務の全体像を貸借対照表から概観しておこう。戦時におけるバランス・シート総額の動向は、4 億スイス金フラン台で一進一退をくりかえすというものだった（表5-1）。1945 年に戦時の動向を総括した BIS『年報』は、1939 年 8 月 1 日から 1945 年 3 月 31 日までのあいだに、同行の資産総額が「10% すなわち 5000 万スイス金フラン強減少した」と報告している。『年報』はまた、この減少は「主として諸中央銀行による自発的預金の引出の結果であった」と分析している。以下にみるとおり『年報』のこの評価は正鵠を射たも

表 5-1　BIS 貸借対照表（1939

年度	払込資本金(万)	積立金				長期預金		短期ならびに一覧払 諸中央銀行の自己勘定	
		法定積立金	配当準備積立金	一般積立金	賠償年金信託勘定	ドイツ政府預金	3カ月以内	一覧払い
1939	12,500	5,117,398.66	6,658,510.75	13,317,021.48	153,050,000	76,525,000	—	31,994,834.22
	26.6%	1.1%	1.4%	2.8%	32.6%	16.3%	—	6.8%
1940	12,500	5,515,507.69	6,671,325.07	13,342,650.13	152,606,250	76,303,125	16,892,863.47	16,984,135.65
	25.2%	1.1%	1.3%	2.7%	30.8%	15.4%	3.4%	3.4%
1941	12,500	5,780,203.15	4,200,538.73	13,342,650.13	152,606,250	76,303,125	3,968,900.00	13,354,565.86
	26.2%	1.2%	0.9%	2.8%	32.0%	16.0%	0.8%	2.8%
1942	12,500	6,039,487.45	1,626,940.33	13,342,650.13	152,606,250	76,303,125	3,698,900.00	11,247,655.36
	25.9%	1.2%	0.3%	2.8%	31.6%	15.8%	0.8%	2.3%
1943	12,500	6,264,935.14	0.00	13,342,650.13	152,606,250	76,303,125	—	7,036,273.18
	26.8%	1.3%	0.0%	2.9%	32.6%	16.3%	—	1.5%
1944	12,500	6,527,630.30	0.00	13,342,650.13	152,606,250	76,303,125	—	7,928,441.87
	27.2%	1.4%	0.0%	2.9%	33.3%	16.6%	—	1.7%

注：1934年の「フランス政府保証基金」には「フランス政府預金（ザール）」を含む。
　　1934年から「その他預金」は2項目に分かれる。
　　1936年以降の「その他預金」は、「3カ月以内」と「一覧払い」を含む。
　　1937年の「諸中央銀行の自己勘定」の「3カ月以内」は「3～6カ月」を含む。
　　1939年の「一覧払い預金（金）」は「3カ月以内」と「一覧払い」を含む。
　　1943年の「剰余金」には、1942年度からの繰越446.53スイス金フランを含む。
出所：『国際決済銀行第十一－十五年次報告』より作成。

のである[38]。

　個々の項目についてみると、「払込資本金」「長期預金」については、増減がほとんどみられない（表5-1）[39]。

　これにたいして「短期ならびに一覧払い預金」は急激に減少している。とくに減少がいちじるしいのが「諸中央銀行の自己勘定（一覧払い)」である。この項目は、戦時をつうじて減少傾向にあったというだけではなく、ひとつの年度内での変動幅もおおきかった。『年報』には「唯一の変動しやすい項目」(1939年度)[40]、「当行負債勘定におけるもっとも重要な変動のいくつか」(1940年度)[41] という表記がならんでおり、1941年度には「急激な変動と、低下」が報告されている[42]。もっとも、BIS はこれらの預金引き出しに際しては、引き出し先市場の通貨で「十分な流動資産」をもっていたので「なんら特別の困難を惹き起さなかった」という[43]。

　ところで、BIS における「預金」は、「金」の動向と独特なかかわりをもっ

～1944 年度）：負債の主要項目

(単位：スイス金フラン、翌暦年3月末決算)

い預金（各種通貨）			短期ならびに一覧払い預金(金)		雑勘定	剰余金	貸方計
諸中央銀行の他人勘定	その他預金						
一覧払い	3カ月以内	一覧払い	3カ月以内	一覧払い			
1,645,497.74	－	1,139,891.47	－	12,946,810.84	34,575,084.76	7,963,180.65	469,932,230.57
0.4%	－	0.2%	－	2.8%	7.3%	1.7%	100.0%
1,678,570.05	24,330.18	1,158,847.30	1,619,836.04	33,934,771.50	38,804,104.69	5,293,909.12	495,828,225.89
0.3%	0.0%	0.2%	0.3%	6.9%	7.8%	1.1%	100.0%
1,267,341.84	24,344.68	4,541,366.73	1,464,753.74	27,579,932.38	42,026,477.22	5,185,685.90	476,646,135.36
0.3%	0.0%	1.0%	0.3%	5.8%	8.8%	1.1%	100.0%
1,270,259.99	24,381.01	1,244,245.17	947,479.37	38,764,050.83	46,488,284.12	4,508,953.89	483,382,662.65
0.3%	0.0%	0.3%	0.2%	8.0%	9.6%	0.9%	100.0%
1,273,478.17	24,421.34	1,550,426.40	251,107.06	29,300,057.25	49,048,624.65	5,254,349.65	467,255,697.97
0.3%	0.0%	0.3%	0.1%	6.3%	10.5%	1.1%	100.0%
1,156,488.36	87,634.09	690,826.60	249,756.32	18,592,020.52	56,240,500.33	－	458,725,323.52
0.3%	0.0%	0.2%	0.1%	4.0%	12.3%	－	100.0%

ていた。BIS は中央銀行などから預金を受け入れるほかに、イヤマークされた金を受託していた。イヤマーク金は、BIS の貸借対照表にはあらわれないので、みかけの預金減少は、BIS 保有金の上昇をともなっていたのである。戦時には、この「預金」と「金」の関係は、以下のような様相を呈することになった。

すなわち、①イヤマーク金は、1939 年度末（1940 年 3 月 31 日）には 7320 万スイス金フランあったが、1940 年度末には 6510 万スイス金フランとなり、これ以降、1944 年度末まで 5000 万スイス金フラン前後で推移する[44]。②これにたいして、さきにみた中央銀行の預金などは引き出しをこうむった。これらの預金を金の重量で表現した指標が「金（重量）表示債務」であり、「金（重量）表示債務」は戦時期をつうじて減少した。③ BIS が保有する金地金とイヤマーク金を合算し、そこから「金（重量）表示債務」を控除したものが「自行勘定金資産」となる。「自行勘定金資産」は、資産項目について以下でみるよ

うに、1941年度から急激に膨張する。

　この動向を、戦時に先立つ1930年代の恐慌期と対比すると、つぎの特徴が指摘できる。恐慌期には、預金の引き出しとイヤマーク金の流入が対応していた。各国中央銀行としては、先行きの不透明な各国通貨を引き出して、金市場で金を購入し、これをBISに預託したのであった。これにたいして、戦時期にはイヤマーク金はほとんど変動せず、預金引き出しだけが際立っていた。さらに戦時期に問題になるのは、にもかかわらずBISの「自行勘定金資産」が増大していたことである。「自行勘定金資産」は、1943年度にはバランス・シート総額のおよそ20％、翌1944年度には21％、9520万スイス金フランという「すべての時代を通じての最高額」に達した[45]。当該金資産は第二次大戦の開戦時には1000万スイス金フランにすぎなかったから、この項目の増大はまさに戦時の所産だったわけである。

　では、イヤマーク金以外の金とは、具体的にはどのような形態のものだったのだろうか。「金（重量）表示債務」の中心は、「金預金」であった。「金預金」には26前後の中央銀行・国際機関が口座をひらいていた（1942年度）[46]。この「金預金」についてBISは、戦時の決済における役割を高く評価している。実際、この預金のほとんどは一覧払いであり、貯蓄としてではなく、貿易決済にもちいられていたとみられる[47]。これら金の受け渡しは、当初ロンドンでおこなわれていたが、戦局の推移とともにニューヨークに集約されるようになった。もっとも、この「金預金」勘定とても、1943年度には年度当初の3970万スイス金フランから年度末の2960万スイス金フランへと急減している[48]。

　イヤマーク金がおおむね一定で、中央銀行預金勘定など「金（重量）表示債務」が減少する。他方で「金預金」が一時は増大するも、1943年度には急減する——。これが戦時期BISにおける「預金」と「金」の動向であった。戦時のBISは、戦線が膠着しているあいだは、金の勘定を媒介にした決済の場として一定の役割を果たしたが、戦局が激しさをましてくると、こうした業務もままならなくなったのである。

(2) 資金の運用——金保有の目的

　戦時の影響は、資金の運用面ではどのようにあらわれただろうか。流動性の高い項目からみると、「現金」「一覧払い利付資金」「再割引されうる手形ならびに諸銀行引受手形」は、たしかに大きく減少している年度もあるが、おおむね横ばいである。これにたいして「財務省証券」は際立って減少している（表5-2）。「財務省証券」が激減している年は、貸方で「諸中央銀行の自己勘定預金」が半減した1940年度と一致しており、その後も預金と「財務省証券」は相関したうごきを示している。預金の引き出しは、財務省証券の売却によって処理されたとみられる。

　他方、「金地金」は戦時に着実に伸びている。表5-2にみられるように、「金地金」は、1941年度まで徐々に伸張したのちに1942年度に急増している。もっとも、ここで表示されている「金地金」は、いわばグロスでの金資産であり、さきにふれたように、ここから（簿外のイヤマーク金を合算してから）「金（重量）表示債務」を引いたものがネットの金保有高となる。この点では、開戦当初の1939年度と1940年度は、金資産はきびしい状況にあった。1939年度の金保有高は「本会計年度の最後の五カ月平均は1500万スイス金フランをかろうじて越える水準」であり、「これは純金5000キログラムより少々すくない額に相当」したという[49]。1940年度末（1941年3月）にはネットの金保有高は「1940年3月31日の1760万スイス金フランから450万スイス金フランに減少した」と報告されている[50]。この時点でBIS保有金の預け先は、75％超がニューヨーク、14％がロンドンになっており、大陸欧州からの金現送がおおむね完了していたことがうかがえる。ところがこのうごきが反転するのが1941年度である。1941年7月末に、それまでBISの金預託先では第三位だったベルンが、やにわにロンドンを抜いて第二位に浮上したのである。さきに預金についてふれたように、ここでの金資産の増大は、BISの自行勘定分の増大——ハンガリー国立銀行に貸付けた融資が金で返済された——によるものであった。これ以降、ベルンにおける金預託は急上昇し、1941年11月末には271

表 5-2　BIS 貸借対照表（1939

年度	現金	金地金	一覧払い貸付	割引手形・引受手形 商業銀行ならびに諸銀行引受手形	各国財務省証券
1939	34,819,882.44	30,564,120.08	16,257,974.69	93,510,934.14	68,412,117.53
	7.4%	6.5%	3.5%	19.9%	14.6%
1940	41,010,608.58	40,070,131.31	16,168,480.64	111,629,548.85	29,621,796.65
	8.3%	8.1%	3.3%	22.5%	6.0%
1941	32,962,453.81	42,082,369.06	16,340,546.99	114,158,585.20	29,886,659.98
	6.9%	8.9%	3.4%	24.0%	6.3%
1942	28,675,281.18	75,136,419.77	15,389,882.95	119,261,524.17	27,975,994.11
	5.9%	15.6%	3.2%	24.7%	5.8%
1943	17,796,309.94	118,272,065.34	6,938,194.28	81,273,767.35	24,065,808.19
	3.8%	25.3%	1.5%	17.4%	5.2%
1944	46,937,326.55	114,042,980.79	13,061,270.56	70,285,466.11	14,033,668.78
	10.2%	24.9%	2.8%	15.3%	3.1%

出所：『国際決済銀行第十一一十五年次報告』より作成。

万 7000 スイス金フランにまで達する[51]。これは当該時点における在英国の BIS 金預託分の 10 倍を超える額であり、BIS の金投資総額の 42% にも相当する。借方における「金地金」も、この年度以降は BIS 自行勘定分の上昇傾向と重なってくる。

なお、1943 年 12 月に金地金が大幅に増加するが——8150 万から 1 億 3710 万スイス金フランへ——これはイタリア市場にて BIS が投資を再割引に出し、その売り上げを金に交換し、のちにハーグ条約第 10 条によりスイスに引渡したものである。この業務との関連で、BIS は「スイスにおいてスイス・フランおよび金で保有している資産が払込資本金の 20% 以上を占めた」ことを特記している[52]。

BIS の資金運用にとっての問題は、ここでの金保有が長期・高収益の投資なのか、それとも流動的な支払準備を目的としたものなのか、という点にあった。さきにみたように、BIS は自行勘定分の金を増やしていく。これは、いいかえれば預金引き出しの請求を受けないで運用できる資産が増える、という

～1944年度）：資産の主要項目

（単位：スイス金フラン、翌暦年3月末決算）

有期貸付		雑手形・投資		その他の資産	借方計
3カ月満期を超え	3カ月か	3カ月以内満期			
ないその他資金	ら6カ月	財務省証券	雑投資		
17,371,232.96	−	84,809,098.43	121,829,515.58	2,357,354.72	469,932,230.57
3.7%		18.0%	25.9%	0.5%	100.0%
21,538,067.42	−	75,752,840.23	157,690,261.32	2,346,490.89	495,828,225.89
4.3%		15.2%	31.8%	0.5%	100.0%
21,068,707.65	−	74,464,835.62	145,497,970.97	183,979.08	476,646,135.36
4.4%		15.6%	30.5%	0.0%	100.0%
20,923,430.24	5,680.95	75,073,006.12	120,818,343.50	123,099.66	483,382,662.65
4.3%	0.0%	15.5%	25.0%	0.0%	100.0%
21,061,634.50	5,680.95	81,441,879.12	116,068,809.19	331,549.11	467,255,697.97
4.5%	0.0%	17.4%	24.8%	0.1%	100.0%
2,748,845.91	−	79,334,391.13	118,201,561.38	79,812.31	458,725,323.52
0.6%		17.3%	25.8%	0.0%	100.0%

ことである。この「金」の運用について、しかしながら『年報』の叙述は微妙に変化していく。1941年度には「投資の平均期限の長期化は、総負債に対する本行自己資金の割合の増加と関係があり、各種市場に投資された金額についての収益を改善せんとしている本行の傾向を若干反映しているのである」[53]という言いまわしで、高収益の投資への意欲を示している。ところが、翌1942年度になると「金および現金保有総額の増加」をはじめ、投資の平均期限の短縮などの要因が、「必然的に本会計年度の利益に影響をあたえている」という否定的な評価にかわる[54]。結局、1944年度には「考慮すべき主要点のひとつは、現実の金を多量に保有することによって、能うかぎり大なる流動性を維持することである」という評価におちついている[55]。戦時のBISは、一時的にはBIS独自の金保有もこころみたが、金現送の途絶や、貿易そのものの縮小によって、ともかくも流動資産をたくわえておく、という運用に追い込まれたといってよいだろう。

戦時期の資金運用を総括した『年報』の報告では、最後に「1939年8月31

日と1945年3月31日のあいだに、金、米ドル、スイス・フランで保有されている米英スイス市場における本銀行流動資産は、総額において1億1700万スイス金フラン以上増加した」との要約をまとめている[56]。ここであげられている開戦の基準時点（1939年8月末）について、預金の為替別のポジションをみると、総額5400万スイス金フランのうち、ドルが2900万、金が1100万、ポンドが600万、スイス・フランが300万、フランス・フランとオランダ・フローリンが100万ずつ、その他100万、となっている。開戦間際のこの時点にいたる3カ月で、フランス・フランは4100万の減少、ドルは3200万の減少をこうむっている[57]。ドルの減少、スイス・フランの相対的な上昇、という傾向は、戦時期をつらぬく特徴となる。

　これにたいして戦後には、この傾向は反転する。1946年12月末の時点では、預金の為替別のポジションは、総額3億3500万スイス金フランのうち、ドルが2億2300万、金が4500万、ポンドが4800万、スイス・フランが1900万、となっている。この1946年末にいたる3カ月で、ポンドは3100万の上昇、ドルが2100万の上昇をそれぞれ示しているのにたいして、スイス・フランは400万の減少をかこっている。部内の営業報告は「新規の預金はポンド・スターリングとドルで受け入れられており、これにたいしてスイス・フランの預金は減少傾向にある」と指摘している[58]。BIS勘定において「有事のスイス・フラン」が戦後に没落するとともに、この時点では金が引きつづき増大していることが注目される。

(3) 損益計算と利益処分——為替損益の処理

　戦時期の利益指標について、まずはバランス・シート総額の動向との対比をみておこう。バランス・シート総額は、1939年8月1日から1945年3月31日をとると、さきにみたように10%の減少を示している。利益指標と対照させるために、公表年次の期間——1939年3月31日から1945年3月31日まで——で対比させると、1945年3月のバランス・シート総額は、1939年3月の97.6%を保っている。これにたいして、同時期の公表総益（粗利益）は63.3%、

公表純利益は 55.6% となっており、利益の縮小が際立っている。非公表指標についても、粗利益が 62.8%、純利益が 59.5% と、ほぼ同様に縮んでいる。

バランス・シートにくらべて利益が縮小した要因は、表 5-3 にみられるように、手数料収入の激減と、経営費の高止まりに求められる。前章でみた恐慌期には、業務全体の縮小にたいして、振替業務などが継続されたため、手数料はむしろ堅調に収受されていた。しかし戦時になると、この収入源も枯れてきた。手数料収入は、公表指標において 1942 年度から急激に減少しており、このうごきは、さきにみた預金・金の動向とも一致する。

つぎに問題になるのが、為替差損・差益の処理である。恐慌期以来、為替差損・差益が発生しているが、BIS では、こうした損益は公表損益計算書には表記せず、すべて非公表帳簿で処理していた。戦時にもこの方針は貫かれているが、注目されるのは「特定準備金からの移転・調整」である。非公式帳簿と特定準備金勘定との出入りを表現するこの項目は、1939 年度に 7 万 7000 スイス金フランのマイナスとなっているが——これは前年度分の償却とみられる——、1941 年度から 43 年度までは巨額のプラス——すなわち準備金のとりくずし——を計上している。とりわけ 1943 年度は 100 万スイス金フランを超えるプラス＝とりくずしとなっており、当年度だけの非公表利益をもってしてはカバーできない減収があったことがうかがえる（表 5-3）。

ここで問題になるのが「隠し準備金」の蓄積である。この点について、かんたんにみておこう。実は、戦前期 BIS の損益計算書には、1930 年代から「裏」帳簿が存在しており、公表された数値と、実際の「裏」数値のあいだには、重要な差額があった。この差額は、BIS 当局自身が「隠し準備金」（hidden reserves）と呼んだ諸勘定にふりわけられていた。戦後になって「隠し準備金」の推移を検証した BIS の内部資料によれば、「隠し準備金」を繰り入れる方針は、「1930 年の取締役会で採用された立場」であった。この内部資料は「隠し準備金」をたくわえることは「すくなくとも諸銀行のあいだでは、現におこなわれている慣行」である、という認識にたち、BIS の定款もこうした慣行をさまたげていない、と述べている[59]。なお、「隠し準備金」をもうける

表5-3　BIS 損益計算

(単位：

【公表数値（「おもて帳簿」）】

年度	純収入	手数料収入	振替料	総益	経営費＝支出	純利益
1939	9,793,039.34	156,644.89	298.55	9,949,982.78	1,987,802.13	7,962,180.65
1940	7,022,432.10	124,819.22	53.00	7,147,304.32	1,853,395.20	5,293,909.12
1941	6,976,870.40	110,305.12	18.28	7,087,193.80	1,901,507.90	5,185,685.90
1942	6,389,808.56	66,000.42	13.67	6,455,822.65	1,946,868.76	4,508,953.89
1943	7,119,389.97	71,406.27	21.33	7,190,817.57	1,936,914.45	5,253,903.12
1944	6,238,892.80	60,851.05	31.00	6,299,774.85	1,870,212.44	4,429,562.41

注：1933年度から「経営費」に「家具什器」等が合算される。

【非公表数値（「裏帳簿」）】

年度	粗利益	預金金利払出	業務費用	純利益	特定準備金からの移転調整	為替損益
1939	13,291,000	441,000	1,988,000	10,862,000	−77,000	−82,000
1940	10,483,000	63,000	2,026,000	8,394,000	0	−73,000
1941	10,022,000	35,000	1,901,000	8,086,000	720,000	43,000
1942	9,086,000	30,000	1,947,000	7,109,000	285,000	65,000
1943	9,201,000	25,000	1,937,000	7,239,000	1,161,000	54,000
1944	8,352,000	18,000	1,870,000	6,464,000	308	227,000

出所：BIS Historical Archives, file 7.5, box 1/2, "Disposal of the surplus on the Profit and Loss

表5-4　BIS 利益処分勘

年度	当期未処分利益	法定積立金（当期未処分利益の5％）	払込資本金に対する年6％配当（万）	配当準備積立金（年6％配当後の20％）	一般積立金（配当準備積立金後の50％）
1939	7,962,180.65	398,109.03	750	12,814.32	25,628.65
1940	5,293,909.12	264,695.46	750	0.00	0.00
1941	5,185,685.90	259,284.30	750	0.00	0.00
1942	4,508,953.89	225,447.69	591	0.00	0.00
1943	5,253,903.12	262,695.16	499	0.00	0.00
1944	4,429,562.41				

注：「フランス政府保証分」には「ザール関連預金」を含む。
　　1933年度の「保留分」は、「フランス政府保証基金」にかんする諸銀行の債務が確定してから執行され
　　1940年度の「払込資本金に対する年6％配当」は、配当充当額の不足分2,470,786.34スイス金フランを
　　1941年度の「払込資本金に対する年6％配当」は、配当充当額の不足分2,573,598.40スイス金フランを
　　1942年度の「払込資本金に対する年6％配当」には、配当準備積立金から1,626,940.33を繰り入れて1
　　1943年度には、1944年5月22日の年次総会への取締役会提案により1株24.95スイス金フランを配
　　1944年度は、年次総会が開催できなかったため、当期未処分利益は特別暫定勘定に繰り入れて、利
出所：『国際決済銀行第十一―十五年次報告』より作成。

第 5 章　戦時 BIS における市場認識と戦後構想　163

書（1939〜1944 年度）

スイス金フラン、非公開計算書は 1000 フラン単位表示のため、公表計算書と端数は一致しない）

未処分利益	「隠し準備金」勘定				公表純利益
	為替損益勘定	為替差損等損失引当	資産再評価	事務勘定	
10,703,000	−82,000	2,673,000	−	150,000	7,962,000
8,321,000	−73,000	3,100,000	−	−	5,294,000
8,849,000	43,000	3,120,000	−	500,000	5,186,000
7,459,000	65,000	2,885,000	−	−	4,509,000
8,454,000	54,000	2,396,000	−	750,000	5,254,000
6,999,000	227,000	2,043,000	−	300,000	4,429,000

Account 1949-50," 28th March 1950;『国際決済銀行第十一―十五年次報告書』より作成。

定（1939〜1944 年度）

(単位：スイス金フラン)

信託協定による配分			(繰越金)
フランス政府保証基金	ドイツ政府無利子預金	債権国政府預金	
1,420.65	8,069.30	16,138.60	
0.00	0.00	0.00	
0.00	0.00	0.00	
0.00	0.00	0.00	446.53
0.00	0.00	0.00	1,654.49

る額。
配当準備金から繰り入れている。
配当準備金から繰り入れている。
株 29.55 スイス金フランの配当をおこなっている。
当。配当原資には前年度繰越金を含む。
益処分を保留した。

目的については、資料は多くを語っていない。1930年度については、世界恐慌の勃発を受けて、為替変動への引当てをおこなったとみるのが妥当であろう。この準備金構築の目的は、配当政策との関係で、年度によってことなる視点からくりかえしとりあげられることになる。

戦時についていえば、BIS は、特定準備金のとりくずしをおこない、非公表の未処分利益をなんとかかさ上げする一方で、「隠し準備金」勘定では、例年どおりの「為替差損等損失引当」を計上している。すぐあとにみるように、1942年度と1943年度には、利益処分に際して「払込資本金に対する年6％配当」が減額されているのだが、これらの年次においてもほぼ順調に損失引当金が積み増され、また「事務勘定」の名目で積立がおこなわれている。いいかえれば、これらの引当・積立を配当に回せば、戦時末期においても、定例の配当はほぼ可能だったのである。この事態は、当該期に「隠し準備金」の運営が、BIS 定款で義務付けられた配当政策をも逸脱していたことをものがたっている。

なお、公開財務諸表のほうでは、配当が減額されるようになってから2年目にあたる1943年度から「但書き」がくわえられるようになる。この「但書き」とは「本貸借対照表作成の以前に公告された配当は定款第53条(b)項に規定された6％累積配当に比し、1株につき○○スイス金フラン、総額にして○○スイス金フラン不足である」というものである。このように BIS『年報』は、公式帳簿においては、定款とおりの配当をおこなえないことを数字で公告するにいたったのである。この点は、戦後になっておおきな問題に発展することになる[60]。

他方、利益処分は公表利益に沿っておこなわれた（表5-4）。公表された当期未処分利益では、法定積立金の確保がせいいっぱいで、配当準備積立金・一般積立金ともに、1940年度から早々と積立を止めている。「払込資本金に対する年6％配当」も、前述のとおり減額されている。「配当準備積立金」は、1943年度に払底するにいたっている。

以上、本項でやや立ち入って検討した BIS 業務の推移は、さきにみたヤコ

ブソン理論とのかかわりではどのような意義を有しているだろうか。貸方・借方それに損益計算をつうじてみられるのは、戦時の初期における業務の一時的好調と、1942年以降における業容の衰退である。とりわけBISにおける「金」のありかたは、当初における「金決済」の時ならぬ盛り上がりと、戦局の推移にともなう「金」取引の縮小によって特徴づけられる。これは、戦時のヤコブソン理論の軌跡――「広域経済圏」への期待から、「小国論」へ――に一致する。

　もっとも、BISは、戦後にいたるまで、イヤマーク金を含めた広義の金保有を増大させていた。利益処分においても、「隠し準備金」を構築するなど、経営体としての存立は維持されていた。BISは、創設以来、「金」保有を重視し、金融経済局の理論活動面においても「金本位」への独特な執着を示してきた。こうした方針は、戦時の営業面にもひきつがれていたといえよう。このしたたかな営業方針によって、BISはつぎにみる戦後の時代に対処していくことになる。

第3節　清算論から復権へ――アメリカからみた戦時・戦後のBIS

　周知のとおり、ブレトンウッズ会議を中心に構築された国際通貨システムは、第二次大戦直後から「キー・カレンシー・アプローチ」へと転換し、マーシャル・プランの発動へと向かっていく。この一連の過程で、急速に存在感を増して、名実ともに戦後世界の盟主となるのがアメリカである。本節では、このアメリカの当局者――具体的には、連邦準備制度理事会とニューヨーク連銀、財務省・国務省、それに議会――が、戦時から戦後にかけてのBISをどうみていたのか、その政策決定と歴史的背景をみることとする。前節までにみたヤコブソン理論やBIS『年報』の議論、またBISの銀行業務は、戦時の欧州を舞台に一定のリアリティを主張しえたが、戦後にこのBISの前途に立ちはだかったのがアメリカであった。以下では、戦時から戦後にかけてのアメリカとBISの関係を、順を追って検討しよう。

(1) 戦時におけるアメリカと BIS ――関係悪化の諸前提

まず、アメリカと BIS の関係を検討する前提として、つぎの二点をおさえておかなければならない。

第一に、BIS におけるアメリカの代表権には特殊な事情がからんでいた、という点である。BIS 設立の際に、各国は「国際決済銀行設立条例」（ハーグ条約）を批准し、創設理事国は定款にうたわれた代表（中央銀行総裁等）を選任・派遣したが、アメリカはこの条約を調印・批准しなかった。また株式銀行である BIS は、創設時に株式を発行し、各国は創設定款で割り振られた株式代り金を納入しているが、アメリカは、これについても連邦準備制度理事会ではなく、モルガンなど民間銀行団の出資、という形をとった。これらの行動の直接の契機は、1929 年に出されたスティムソン（Henry Stimson）国務長官の声明――連邦準備制度の職員が BIS メンバーになることを禁止――であった[61]。スティムソン声明の背景には、欧州の賠償問題へのコミットを避けようとする政治的判断があったとみられる。こうして BIS においてアメリカは、創設理事国でありながら、連邦準備制度理事会からは BIS 取締役会における理事（職権理事・選任理事）を派遣しない、という意思決定上の特異な立場を選択したのである。

第二に、BIS の取締役議長・頭取は、逆にアメリカ出身者が多かったという点である。BIS は、その設立を準備した BIS 設立委員会（Organization Committee of the BIS）の段階から、第一次大戦の賠償問題をめぐって欧州各国間の利害が衝突することが懸念された。そこで調整役として、欧州の外から、アメリカ代表がこの委員会の代表をつとめることが期待されたのである。アメリカ側では、とくに財務省・国務省が難色を示したが、人員の派遣を要求する連銀側と妥協が成立して、①ニューヨーク連銀議長は設立委員会には加わらないものの、②連銀職員の参加はさまたげない、ということになった。こうしてニューヨーク連銀の理事（director）だったレイノルズ（Jackson Reynolds）が BIS 設立委員会委員長に就任した。これ以後は、スティムソン声明の原則は

後退し、ニューヨーク連銀の元・議長のマクガラー（Gates McGarrah）がBIS初代取締役会議長・頭取に、1935年からは、賠償支払事務所監事（counsel）だったアメリカ人フレーザー（Leon Fraser）が第二代のBIS取締役会議長・頭取に、それぞれ就任する。第三代・第四代の頭取にはオランダ人が就くが、第五代頭取には銀行家出身のアメリカ人マッキトリック（Thomas McKittrick）が任ぜられた。マッキトリックは1940年から48年まで在任し、まさに戦時下のBISトップとして活躍することになる。

では、こうした陣容を整えたBISと、対するアメリカは、戦時においてはどのような関係にあったのだろうか。

戦時におけるアメリカとBISの関係は、早くも1940年から悪化していた。アメリカ政府は、1940年4月に「資産凍結指令」（Freezing Order）を発し、在米の銀行等に預託されている資産のうち、ナチス・ドイツ関係の預金などを「敵性資産」と認定して凍結したが、その「敵性資産」の対象にBISの在米預金がふくまれたのである。当時、欧州での戦火の拡大とあいまって、BISは金をニューヨークに現送するなど、アメリカに資産を逃避させていたが、その資産が「敵性」とされ、引き出しや移転には米財務省の許可が必要とされたのである。1940年6月25日に発信されたニューヨーク連銀の暗号電報で事態を知らされたBISは、アメリカ出身の頭取マッキトリックみずからが米財務省に強硬な反論をおこなったが、事態は好転しなかった[62]。この措置にたいして、BISは、戦時においてもBIS資産は没収・徴発されないことを規定した「国際決済銀行設立条例」第10条を根拠に、異議申し立てをおこなうことを検討した。しかし、さきにみたように、そもそも合衆国政府はこの条例をふくむハーグ条約に調印していないという事情から、抗議は断念した[63]。この問題は、戦後の1948年5月13日になって、BISと米財務省のあいだで凍結解除の協定がかわされて決着する[64]。資産凍結の問題では、アメリカ政府、とくに財務省が終始、主導権をにぎり、BISを敵視しつづけたことは、戦後構想の段階でもさまざまに尾を引くことになる。

アメリカとBISの関係が悪化しているさなか、今度はBIS側からの反撃が

あった。戦争の末期、1945年3月22日にひらかれた議会公聴会（下院・銀行通貨委員会）で、BIS取締役会議長・頭取を歴任したフレーザーが証言にたち、当時、批准審議がすすめられていたブレトンウッズ協定を激しく批判したのである[65]。もっとも、この時点でフレーザーは、BISの公職を辞してファースト・ナショナル・バンク・オブ・ニューヨーク（First National Bank of New York）の頭取に転じていた。議会証言もファースト・ナショナルの頭取としての資格でおこなわれており、かれの証言はBISの公式見解とはいえない。しかし、かれはBIS頭取としての経歴にも言及して、その経験を引きながら証言しており、その内容はBISの立場を代弁する証言と受け止められても不自然ではないものだった。またこの証言の時点で、ブレトンウッズ会議で採択されたBIS清算勧告決議は有効であり、フレーザーのブレトンウッズ協定への批判は、BIS擁護論と表裏一体のものであったといえるだろう。

そのフレーザーのブレトンウッズ批判の論旨は、以下のようなものだった。①ブレトンウッズ協定の解釈が英米間でことなっており、その運営の実態はイギリスの利害に偏している、②IMFの意思決定において、米国は世界の諸外国と同様に1名の代表しかもっておらず、クオータで支配的なシェアを占めていても孤立する、③世界銀行は銀行業務の原則に則って運営されるだろうが、IMFはこうした原則を欠き、資金の浪費を食い止められない――。ここでは、フレーザー証言のひとこまだけを引用しておこう。

> ブラウン下院議員：あなたが代表の一員だったら、あなたは［ブレトンウッズ］協定に調印しなかったですか？
> フレーザー頭取：閣下、そうです。私が代表の一員だったら、私は調印しなかったでしょう。
> ブラウン：しかしケインズ卿がそれに調印したのは、それがかれの国の国益になると考えたからですね？
> フレーザー：それが英国の利益にかなうことについて疑問の余地はありません[66]。

ところが、このフレーザー証言の直後に、アメリカとBISの関係に重要な影響をあたえることになる問題が発覚した。いわゆる「略奪金」(Looted Gold) 問題である。次項では、この問題の推移から、戦後におけるBISの清算・復権をめぐる過程をみとおしてみよう。

(2) BIS清算論から復権へ——「欧州の機関」としてのBIS

「略奪金」問題とは、ナチスが欧州各地の占領地で、現地の中央銀行の金準備やユダヤ系の人々の財産を略奪し、没収の事実をかくすために金塊・金棒に偽装していたこと、あまつさえ、その金塊・金棒をBISやスイス国立銀行に預託していたことをめぐる問題である[67]。問題があかるみに出た経緯を整理すると、以下のようになる。

1945年8月に、フランス出身のBIS総支配人オーボワン (Roger Auboin) がパリに出張し、ブレトンウッズ協定の批准交渉などにつき情報を収集した。その過程でオーボワンは、「ベルギー金の事案についての深刻な情報」を入手する。それは、ライヒスバンク副総裁プール——戦時中に、ヤコブソンがブレトンウッズ会議の模様を伝達した、とされる相手方の人物——がアメリカのドイツ占領当局に拘引され、ライヒスバンクの会計帳簿を粉飾した容疑で取調べを受けている、というのである。オーボワンは、BIS頭取マッキトリックへの書簡のなかで、この捜査がプールと「関係のあったすべての人物におよぶ」みとおしを示し、「我々にとって最大限の慎重さが求められる」と述べている[68]。その後オーボワンは、フランス銀行とフランス財務省を拠点に情報を収集し、「略奪金」問題の全容がBIS側にも次第にあきらかになっていく。この時点であきらかになっていた「略奪金」問題の輪郭は、以下のようなものだった——。戦時中にナチス・ドイツが、占領したベルギー国立銀行から「198トンの金」を不法に移送し、「このうち145トンがドイツ領内に運ばれ、そのうち112トンがスイスに転送された。転送は1943年1月1日から1944年2月末までつづいた」。BIS側では、この期間に「スイス国立銀行から1万2000キログラムの金を受け取った」とされており、このなかにどれだけ「略奪金」が

ふくまれているか、が問題の焦点になったのである[69]。最終的に、アメリカ国務省は、BIS が返還すべき略奪金について、ベルギー・オランダ・イタリアについて総計 3738.5 キログラムと算定することになる[70]。

他方、アメリカ側では、捜査をふまえて財務省・国務省から在ベルン合衆国特使に全容解明の指示が飛んだ。1945 年 12 月にバーンズ (James Byrnes) の署名つきの公電で発せられた指令では、問題は以下のように BIS を視野にとらえて把握されていた。「戦時中、ライヒスバンクはスイス国立銀行に巨額の金預金を預託した」「ベルギー国立銀行の所蔵金のうち、1 億 2300 万ドルにのぼる額が鋳潰されてスイス国立銀行に送られた」「その一部は BIS に送られた」。公電は、スイス国立銀行と BIS に専門家を派遣して徹底した捜査をおこなうように指示し、「もしもスイス政府が、BIS 資産は [「国際決済銀行設立条例」の] 第 10 条で保護されているとして異議を唱えたならば、当該条例は略奪資産には適用されない、と回答せよ」という想定問答も詳細に付している[71]。

当該期は、ブレトンウッズ協定で、IMF と世界銀行が設立され、BIS は国際通貨システムの構想から外されたのみか、清算決議まで突きつけられていた時期にあたる。論壇では、さきにみたヤコブソンがケインズやケインジアンを向こうに回してブレトンウッズ協定を批判し、前・頭取のフレーザーも民間人の立場から BIS を援護していた。その矢先に、戦時中の不祥事があかるみに出たのである。理論面でいくら金本位の優位や「コストと価格の均衡」を唱えていても、そもそも BIS が関与してきた金決済や金保有の実績が「略奪金」にもとづいていた、となれば、ことはきわめて重大だった。さきのバーンズ公電の直後に、BIS 頭取のマッキトリックが「家庭の事情」を理由に辞意を内々に漏らしたのも、当該期の組織の動揺を物語っている[72]。

ところが、その後「略奪金」問題は、BIS とのかかわりでは思わぬ方向に進展した。連合国、とりわけアメリカ側がこの問題を厳格に処理して、BIS にたいして被害国への金返還を要求するようになると、BIS からは「金の大部分はアメリカに現送してあるので、返還に応ずるためには、BIS にたいす

る敵性資産の凍結を解除してもらわなければならない」という応答が出てきたのである[73]。資産凍結の解除は、それ以降のBISの活動をみとめることにもつながり、そうなると戦後の国際通貨体制の構想にも少なからぬ影響をもつこととなる。

　この点でアメリカ側の動きがあらわれてくるのは、1948年2月である。アメリカの大統領国際通貨・金融問題諮問委員会の座長・財務長官スナイダー（John Snyder）が、米上院外交委員長ヴァンデンバーグ（Arthur Vandenberg）に書簡を送り、BIS資産の凍結解除を説得したのである。注目すべきは、この書簡が、当時議論されていた欧州復興計画（European Recovery Program）との関連で凍結解除を論じていることである。書簡のなかでスナイダーは、欧州側の民間資本をも復興にふりむけさせるべき、との議論を呈示して、そのためにはスイス資産をはじめとする在米資産の凍結解除が必要だ、と論じている[74]。ついで1948年5月に、戦時BISの「略奪金」問題について、アメリカ、イギリス、フランスの3カ国政府とBISの代表による会議がひらかれた。BISが受け入れたナチス収奪金の額を確定したこの会議の終了を受けて、BIS新頭取のフレール（Maurice Frère）はアメリカのスナイダー財務長官に書簡を送り、会議がBISに課した関連資産の所在等にかかる報告義務に全面的に賛成する旨を表明したうえで、①これらの資産の多くは在米の凍結資産である、②収奪金に該当する資産は、凍結資産から除外して、米国財務省の許可なしには引き出すことのできない特別勘定に移転する、③「同時に、貴国の財務省が、のこりの在米資産については凍結を解除していただく」という点をせまった[75]。BISの資産凍結を、「略奪金」問題とのバーターで処理しようという戦略である。結局、この会議をもって、BIS在米資産の凍結は解除されることになった[76]。

　このように「略奪金」問題の解決とBIS在米資産の凍結解除は、表裏一体をなしていた。では、資産凍結の解除と表裏をなすBIS復権は、どのように推移したのだろうか。本項の最後に、当該期におけるBIS復権の過程を確認しておこう。

1944年7月に採択されたブレトンウッズ決議は、「BISの可及的速やかな清算」を謳っていた。実は、この決議が採択されたときから、妥協ははじまっていた。当初、ノルウェー代表団が提出した決議案には、BISの清算とともに「現在ドイツと交戦中の連合国の政府は、今次大戦中における同行の経営と取引を調査するための調査委員会を立ち上げる」という提案がふくまれていた。ところが原案を検討した小委員会では、オランダの修正案を容れて、後段の調査委員会にかんする文言を削除した[77]。こうしてBISが復権するためのハードルは、ブレトンウッズ決議のときから、すでに一段下げられたのである。

　第二次大戦が終結すると、BISの関係者や各国中央銀行総裁は、清算をくいとめるための巻き返し工作を開始した。工作の中心を担ったのは、各国の中央銀行総裁たちだった。そのひとり、フランス銀行総裁モニック（Emmanuel Monick）の回想によれば、復権工作のひとつの節目をなしたのは1946年のサヴァナ会議であった。この会議に出席したモニックは、当時の米財務長官ヴィンソン（Fred Vinson）、それにIMFの立役者のひとりであったホワイト（Harry White）とも会見し、BISを存続させるとの感触を得た。米財務省は「ニューディーラーの牙城」と目されており、モニックの運動も財務省高官に的をしぼっていたのである。モニックによれば「1946年9月には危機は回避されていた」。BIS存続の決定に際しては、同行が、ブレトンウッズ条約の執行前に、1945年から早々に業務を開始して、国際的な銀行としての既成事実を固めていたことが奏功したという[78]。早くも1947年4月には、BIS本体からも頭取フレールと総支配人オーボワンが、米財務長官スナイダーを訪問している[79]。

　1947年6月5日にはマーシャル・プランが発表され、翌年からはプランによる資金の供給がはじめられることがあきらかになった。BISの清算問題は、まさにマーシャル・プランの発表から実施へと移る、短いタイミングに帰趨が決せられることになる[80]。その経緯は以下のとおりである。

　マーシャル・プランの実施構想の過程で、欧州に供与される資金の配分の方式が問題になり、フランスの提案で、BISがIMFにかわって域内決済の機能

を代行することが議論されはじめた。折しも米国議会ではマーシャル・プランの批准にむけて、波乱が予想される議論がはじまる直前であった。フランスのうごきを察知した米財務省は、1947年12月に、部内のメモで、BIS 清算にかんする財務省の立場を議会審議がはじまる前に決定すべきことを提言している。財務次官補サザード（Frank Southard）に上げられたこのメモは、BIS 清算論を維持するならブレトンウッズ協定の履行を急ぐべきであり、清算論を放棄するならマーシャル・プランに関連してもちあがる論争について準備が必要だ、と論じている[81]。1947年末の時点で、清算論の撤回がすでに選択肢にあげられていることが注目される。

1948年1月には米財務省のカマルク（Andrew Kamarck）が欧州域内決済のありかたをめぐってIMF 当局者らと意見交換した。会談のなかでカマルクは、「決済機構におけるBIS の役割は、たんなる帳簿管理以上のものとなるだろう」「BIS が有能な人材を有し、かれらが業務に習熟するなら、BIS は、各国が決済や支払の協定を運用するうえで助言を求めてくるセンターになりうるだろう」という見通しを示した[82]。

このように、BIS が復権してくる過程では、欧州域内決済の機能をBIS が担う、という構想が決定的な契機となった。

BIS の存続は、さきのカマルクの会談の3カ月後、1948年4月に米国代表がIMF と IBRD の理事会であいついで発表した声明によって正式に確定する。声明は「合衆国政府は、ブレトンウッズ決議第5号の履行を推奨しない」「合衆国政府は、この問題は終結したものとみなす」[83]。これ以降、BIS は、欧州域内決済相殺協定（Intra-European Payments and Compensation Scheme）、さらには欧州決済同盟（European Payments Union）の事務局となり、国際通貨制度のなかで重要な位置を回復していくことになる[84]。

戦時から戦後にかけて、アメリカとBIS の関係は、複雑に推移した。BIS の創設時におけるアメリカとの距離感、戦時の資産凍結をめぐる係争、BIS によるブレトンウッズ協定への批判とブレトンウッズ会議のBIS 清算決議、「略奪金」をめぐるBIS 批判、「略奪金」返還と資産凍結解除、清算撤回・復

権への工作と調整——。事態は錯綜しているが、しかしながら、本章の視点からは、ここにひとすじの文脈を読み取ることができる。すなわち、戦時体制は、国際通貨体制としても、そのままでは戦後につながらなかった、ということである。ヤコブソンがいう「格別戦時的な制度」には、ブレトンウッズ協定もまた数えられる。戦後数年して挫折したブレトンウッズの「一挙安定」の構想は、「キー・カレンシー・アプローチ」と欧州域内決済に取って代わられた。本章冒頭にふれた(B)'命題——「戦後の各国は統制経済としての側面をただちにそぎ落として、市場経済に復帰した」——は、国際体制にも妥当したのである。そしてブレトンウッズ体制の転換とともに、欧州における「市場経済への復帰」を担ったのが BIS であった。

おわりに

　戦時経済の「市場性」を強調する(A)'、戦後の「市場性」を強調する(B)'——ふたつの命題は、理論的には矛盾するようにみえて、歴史の現実のなかで戦時から戦後へと流れる、ひとつの強固な連続性を表現している。その理論的・歴史的な舞台となったのが BIS であった。

　この視点から、戦時から戦後にかけての BIS の歩みをふりかえると、そこにひとつのキーワードが浮かびあがってくる。「金」である。ヤコブソン理論のいわゆる「コストと価格の均衡」の基礎にあるのは「金」であり、のぞましい市場経済の基盤は「金本位」とみなされた。戦時 BIS の経営で重要な位置を占めたのは「金預金」「イヤマーク金」であり、ナチスとの関係を糾されることになった契機も「略奪金」だった。戦後構想では、ブレトンウッズ協定の「金・ドル本位制」にたいして、「金本位」的な発想に立つ BIS が批判をくりひろげた。「略奪金」問題の解決は、在米「金資産」等の凍結解除と表裏をなしており、それはまた BIS の復権にもつながった——。さらに付け加えれば、欧州決済同盟のメカニズムも、その重要な部分が「金」で支えられていた[85]。政府のさじ加減で際限なくふえつづけるドルではなく、強い制約のなかで流通

する貨幣金は、生産性の上昇に裏打ちされた「市場経済」にこそふさわしいニュメレール［貨幣単位（numéraire）］である。

戦時BISの市場認識と、同時代に練られた戦後構想は、このニュメレール＝金を軸として、強固な連続性を示した。それはまた「介入的自由主義」と「管理型市場経済」の、戦時から戦後にかけての内的な連関をも表現しているといえるだろう。

注

1) 本章では、「資本主義経済秩序」について、それを恐慌期から戦時期を経て、戦後にまで連続していくものとして把握する視点を念頭に置いている。この着想は、以下の諸研究に負っている。雨宮昭彦『競争秩序のポリティクス——ドイツ経済政策思想の源流』東京大学出版会、2005年、権上康男『新自由主義と戦後資本主義——欧米における歴史的経験』日本経済評論社、2006年。

2) BIS史の全体像については、Gianni Toniolo, (with the assistance of Piet Clement) *Central Bank Cooperation at the Bank for International Settlements, 1930-1973,* Cambridge University Press, Cambridge/New York, 2005 を参照。戦時のBISについては、ナチス金問題とのかかわりを中心とした Gian Trepp, *Bankgeschäfte mit dem Feind,* Rotpunkt Verlag, Zurich, 1993（駒込雄治・佐藤夕美訳『国際決済銀行の戦争責任』日本経済評論社、2000年）がある。なお、第二次大戦期のBISについて、BIS本体の業務とは無関係ではあるが、日本との関係で重要な史実がある。欧州での戦争が終結し、アジア太平洋戦争が終局をむかえつつあった1945年7月に、BISを舞台に対日終戦工作がおこなわれたのである。この工作は、連合国側がアメリカOSS欧州局長のダレス（Allen Dulles）、日本側が北村孝治郎（横浜正金銀行出身のBIS日本代表理事）、吉村侃（正金出身のBIS外国為替課長）がそれぞれチャネルとなり、両者を仲介したのが金融経済局長ヤコブソンであった。この終戦工作については、竹内修司『幻の終戦工作——ピース・フィーラーズ 1945夏』文春新書、2005年を参照。このほかの資料としては Erin Juker-Fleetwood, *Per Jacobsson Mediation,* Basle, s. d. をあげておく。この文献は、ヤコブソンの長女エリン（Erin Jacobsson）が、当時のヤコブソンの日記・手記などを編集した稿本である。

3) ヤコブソンの理論・学説については、ヤコブソンみずからが編んだ論集 Per Jacobsson, *Some Monetary Problems, International and National,* Basle Centre for Economic and Financial Research, Series B, No. 4, Oxford University Press, 1958（吉野俊彦訳『通貨政策の諸問題』東洋経済新報社、1960年）が包括的である。このほか、娘エリンの手になる評伝 Erin Jacobsson, *A Life for Sound Money, Per Jacobsson, His Biography,* Clarendon Press, Oxford, 1979 も史料的価値が高い。BIS とヤコブソンのかかわりについては、戦後再建期を中心に論じた拙稿「戦後再建期の国際決済銀

行——ペール・ヤコブソンの軌跡から」(秋元英一編著『グローバリゼーションと国民経済の選択』東京大学出版会、2001 年)、およびヴィクセルとヤコブソンの継承関係を検討した Kazuhiko Yago, "Wicksellian Tradition at the Bank for International Settlements: Per Jacobsson on Money and Credit"(『経済学史研究』第 48 巻 2 号、2006 年 12 月)を参照。

4) 本章では、バーゼル大学図書館手稿部(Öffentliche Bibliothek, Universität Basel, Handschriften Abteilung) 所蔵のヤコブソン文書(Nachlass Per Jacobsson)を活用する。

5) BIS の財務諸表について、本章では BIS『年報』(Annual Report) 掲載の公式財務諸表、ならびに BIS 資料室(BIS Historical Archives) 所蔵の BIS 営業局(Banking Department) 資料を活用する。BIS『年報』については、本章では邦訳版(年度によって金融研究会、西村閑也氏等、複数が監訳)を参照し、引用は BIS 開業から起算した営業年次で表記する。なお、戦前の翻訳版からの引用に際しては、字体を改め、訳語も当用のものに変更した。

6) 本章では米国国立文書館(United States National Archives and Record Administration, NARA と略)カレッジ・パーク(College Park)分館所蔵資料、ニューヨーク連邦準備銀行(Federal Reserve Bank of New York, FRBNY と略)資料および IMF 資料を活用する。

7) Nachlass Per Jacobsson, s1/d2, P. J. "Work for the B. I. S. after the Agreement in Munich", 1st October 1938.

8) ヤコブソンは、みずからこのメモの余白に手書きで注釈をくわえ、協定後に必要になる支出として「鉄道新線の敷設」「関税事務所の設置」をあげている。Ibid.

9) 以下、この講演については、Jacobsson, *Some Monetary Problems, op. cit.,* Chapter 6, "Gold and Monetary Problems", pp. 135-152(吉野訳『通貨政策の諸問題』前掲書、第六章「金と通貨の諸問題」)を参照。

10) 『国際決済銀行第十年次報告』12 頁。

11) 『国際決済銀行第十一年次報告』7〜15 頁。この年度の『年報』では、インフレ中立化の手段として、「自発的貯蓄」「減価償却」「外国資産の利用」が列挙されている。

12) 『国際決済銀行第十二年次報告』15〜18 頁。

13) 『国際決済銀行第十三年次報告』21〜22 頁。

14) 『国際決済銀行第十二年次報告』24 頁。ちなみに BIS 当局は、この年度の『年報』が出てから部内で秘密メモを作成し、当該『年報』の執筆担当について、第 1 章から第 3 章がヤコブソン、第 4 章から第 6 章までがコノリー(Frederick Conolly、イングランド銀行出身の BIS 金融経済局員)であったことを明かしている。このメモはまた「筆者はいかなる圧力の下にもおかれていなかった」ことを強調し、叙述の客観性の証左として「ドイツの戦時資金調達の弱さが指摘されている」ことなど 8 項目を列挙している。この年度の『年報』では、ナチス・ドイツにやや好意的とみえる叙述があっただけに、BIS の中立義務をめぐる議論が行内でかわされたことがうかがえる。BIS Historical Archives, Roger Auboin file, series 2, carton 7, folder 24, "Some Notes

on the Annual Report", confidential, 15th October 1942.
15) Nachlass Per Jacobsson, Diaries, 18th February 1941.
16) Charles Kindleberger, *The Life of an Economist, an Autobiography,* Basil Blackwell, Cambridge, Massachusetts, 1991, p. 55.
17) 以下、この講演については、Jacobsson, *Some Monetary Problems, op. cit.,* Chapter 7, "Small Countries and World Economic Reconstruction", pp. 153-174（吉野訳『通貨政策の諸問題』前掲書、第七章「小国と世界経済の復興」）を参照。
18) Nachlass Per Jacobsson, sl/d3, P. J., "Some Monetary Problems and the B. I. S.", 17th October, 1940. この覚書を書いた2週間後に、ヤコブソンはイタリア出身のBIS総務局長ピロッティ（Rafaelle Pilotti）に書簡を送り、覚書の内容について、BISの中立義務に照らしてやや早計だったことを悔いている。しかし書簡では、上述の構想がより立ち入って展開され、金本位制こそが複数の大国による「独占」を掣肘できる、との見解がくりかえされている。Nachlass Per Jacobsson, sl/d3, correspondence, Per Jacobsson to R. Pilotti, 4th November 1940.
19) ここでBISが立場を転回させた契機は、BISの内部資料によれば、日本の真珠湾攻撃と、それにつづくアメリカの第二次大戦参戦であったという。BIS Historical Archives, Roger Auboin file, series 2, carton 7, folder 24, "Post-war Position of the B. I. S.", s. d.
20) 『国際決済銀行第十二年次報告』393～395頁。
21) 『国際決済銀行第十四年次報告』34頁。
22) ブレトンウッズ会議およびブレトンウッズ体制については、おびただしい研究が蓄積されている。ここでは、同時代の英米関係史を詳細に論じたRichard Gardner, *Sterling-dollar diplomacy: Anglo-American collaboration in the reconstruction of multilateral trade,* Clarendon Press, Oxford, 1956（村野孝・加瀬正一訳『国際通貨制成立史——英米の抗争と協力』上・下巻、東洋経済新報社、1973年）、および、現時点においてブレトンウッズ体制を理論的に総括したMichael Bordo and Barry Eichengreen, eds., *A Retrospective on the Bretton Woods System, Lessons for International Monetary Reform,* University of Chicago Press, Chicago and London, 1993をあげるにとどめる。
23) ライヒスバンク総裁シャハト（Hjalmar Schacht）および理事7名は、1939年に、ヒトラーにたいしてライヒスバンク融資への依存をいさめた書簡を送ったが、ヒトラーの逆鱗にふれて解任された。本文でふれたプールは、この事件の際にただひとり解任を免れた理事であり、戦時期をつうじてライヒスバンクとBISの連絡を取り仕切った。戦後、プールはニュルンベルク裁判で「人道に対する罪」に問われ、有罪判決を受けている。トレップ『国際決済銀行の戦争責任』駒込・佐藤訳、前掲訳書、29～30、241頁。
24) ヤコブソンとブレトンウッズ会議とのかかわりについては、ヤコブソンの娘エリンによる論考Erin Juker-Fleetwood, "Per Jacobsson on Bretton Woods", in *The Banker,* September 1970, vol. 120, no. 535, pp. 964-971を参照。以下、とくに断りのな

いかぎり、この主題でのヤコブソンの発言は、このエリン論文に依る。
25) Ibid., p. 965.
26) 『国際決済銀行第十三年次報告』40、69 頁。
27) この主張は、リュエフ (Jacques Rueff) やハイエク (Friedrich von Hayek) が後年に展開することになる新自由主義の貨幣論と一致する。新自由主義の国際通貨・金融システム論については、さしあたり、拙稿「ユーロ・カレンシー市場と国際決済銀行——1950-60 年代の新自由主義と国際金融市場」(権上編著『新自由主義と戦後資本主義』前掲書、所収) を参照。
28) この会談については、Nachlass Per Jacobsson, Diaries, A61, 28th February 1942.
29) リヴィングストンは米商務省の経済予測で、カルドアは『ベヴァリッジ報告』の付録のなかで、そしてミュルダールは 1944 年に公刊した著書で、それぞれに戦後恐慌論を展開していた。これにたいしてヤコブソンは、BIS『年報』の序論で「戦後の諸問題」という節を立てて持論を開陳した。『国際決済銀行第十四年次報告』12～38 頁。論争の経緯については、Erin Jacobsson, *A Life for Sound Money, op. cit.*, pp. 167-168.
30) ケインズとヤコブソンの交流については、さしあたり Yago, "Wicksellian Tradition", *op. cit.* を参照。
31) Jacobsson, *Some Monetary Problems, op. cit.*, Chapter 17, "Keynes —— Costs and Controls", pp. 331-340 (吉野訳『通貨政策の諸問題』前掲書、第十七章「ケインズ——コストと統制」) を参照。
32) John Maynard Keynes, "The Balance of Payments of the United States", in *The Economic Journal*, June 1946, pp. 172-187.
33) Ibid., p. 186. なお、この論文をとりあげて論じている鼎談として、福岡正夫・早坂忠・根岸隆『ケインズと現代』税務経理協会、1983 年を参照。同書によると、ケインズのこの遺稿はケインズ左派からは評価されていないという。
34) Jacobsson, *Some Monetary Problems, op. cit.*, Chapter 17, "Keynes —— Costs and Controls", p. 339 (吉野訳『通貨政策の諸問題』前掲書、第十七章「ケインズ——コストと統制」327 頁)。
35) BIS Historical Archives, H. S. 279, Address by Per Jacobsson on "Credit policy: recent European experience" at a luncheon arranged on 23rd January 1952 by the National Industrial Conference Board, Waldorf-Astoria, New York, N. Y. この講演の原稿は、のちにヤコブソンの論集に再録される。Jacobsson, *Some Monetary Problems, op. cit.*, Chapter 14, "Credit Policy", p. 257 (吉野訳『通貨政策の諸問題』前掲書、第十四章「金融政策——最近のヨーロッパ諸国における経験」)。
36) Roy Harrod, "Keynes, Keynesians, and Mr. Jacobsson: a note", in *Kyklos*, vol. XII, 1959, Fasc. 2, pp. 196-199.
37) BIS の戦時における営業活動の全体像については、Toniolo, *Central Bank Cooperation, op. cit.*, pp. 201-259 を参照。
38) 『国際決済銀行第十五年次報告』248 頁。

39) 長期預金を構成する項目のうち、「フランス政府保証預金」は、ヤング案附録第199条の条項に従って、これを維持する必要がもはやなくなったため1939年9月中に全額が引き出されて、項目が消滅している。また1930年代の貸借対照表に貸記されていた「売却商業手形の保証」は、「アメリカ大陸のある機関」が、「ヨーロッパにおける委託および保有をできるかぎり切り詰めるにいたった」結果、消滅することになった。『国際決済銀行第十年次報告』276～277頁。
40) 『国際決済銀行第十年次報告』274頁。
41) 『国際決済銀行第十一年次報告』249頁。
42) 『国際決済銀行第十二年次報告』386頁。
43) 『国際決済銀行第十五年次報告』248頁。
44) 『国際決済銀行第十一年次報告』248頁、『国際決済銀行第十二年次報告』386頁、『国際決済銀行第十三年次報告』444頁、『国際決済銀行第十四年次報告』428頁、『国際決済銀行第十五年次報告』241頁。
45) 『国際決済銀行第十五年次報告』240頁。
46) 『国際決済銀行第十三年次報告』444頁。
47) BISの1940年度の年報によると「1941年3月31日の金預金総額のうち、160万スイス金フラン以外はすべて一覧払預金」であり、このことからBISは「当行の顧客たちがこれらの特殊な便宜による利益をみとめていることを示している」と評価している。『国際決済銀行第十一年次報告』249頁。
48) 『国際決済銀行第十四年次報告』429頁。
49) 『国際決済銀行第十年次報告』281～282頁。
50) 『国際決済銀行第十一年次報告』250頁。
51) BIS Historical Archives, Rapport sur les opérations de la Banque du 1er au 31 mars 1941, p. 3.
52) 『国際決済銀行第十四年次報告』430～433頁。
53) 『国際決済銀行第十二年次報告』389頁。
54) 『国際決済銀行第十三年次報告』449頁。
55) 『国際決済銀行第十五年次報告』244頁。
56) 『国際決済銀行第十五年次報告』249頁。
57) BIS Historical Archives, Rapport sur les opérations de la Banque du 1er juillet au 30 septembre 1939, annexe 95/D (1), p. 4
58) BIS Historical Archives, Rapport sur les opérations de la Banque pendant le mois de décembre 1949, annexe 121/C, p. 3.
59) BIS Historical Archives, file 7.5, 1/8a, Note for the use of the President, "A Few Remarks on the Desirability of Hidden Reserves", 6th February 1960.
60) この問題の経緯については、BIS Historical Archives, file 7.5, box1/3a, "Observations concernant la note qui figure au bas du bilan annuel de la B. R. I. et qui se rapporte au dividende cumulatif", texte annulé, 6 mars 1954.
61) FRBNY, Research memorandum, from M. A. Kritz to Mr. Knoke, "Federal

Reserve Participation in the Bank for International Settlements", May 12, 1950.
62) BIS Historical Archives, Roger Auboin file, series 2, carton 7, folder 24, Copy of telegram (decode), from Federal Reserve Bank of New York, New York, to Bank for International Settlements, Basle, dated 25. 6. 1940; Copy of telegram (dispatched in Code), from Bank for International Settlements, Basle, to Federal Reserve Bank of New York, New York, dated 19.7. 1940, etc.
63) BIS Historical Archives, file 2/7, vol. 1, Extract from Minutes of the 119th Meeting of the Board of Directors held in Basle on 14th November 1949, "Dollar assets deposited by the Bank of Japan with the Bank for International Settlements".
64) なお、このとき BIS 勘定のなかで凍結されていた日本の勘定は「合衆国財務省が特定した政府・国籍の他の勘定」とともに、解除からは外された。BIS Historical Archives, file 2/7, vol. 1, "Chronological summary of events relating to two dollar accounts of the Bank of Japan", 21st March 1951.
65) *Testimony of Leon Fraser on the Bretton Woods Agreements Act,* Thursday, March 22, 1945, House of Representatives, Committee on Banking and Currency (Printed for the First National Bank, New York).
66) *Ibid.*, p. 15.
67) この疑念は、まず第二次大戦直後に、アメリカ議会の追及によってその一部があかるみに出たが、近年、ユダヤ系団体や BIS の資料編纂当局の活動をつうじてその全貌が解明され、BIS の謝罪によって結末をみた。以上の経過については、Piet Clement, "The Bank for International Settlements during the Second World War", conference paper submitted to the Nazi Gold, the London Conference, 2-4 December 1997, Foreign Commonwealth Office, London; m. a., "«The touchstone of German credit»: Nazi Germany and the service of the Dawes and Young Loans", in Financial History review, vol. 11, no. 1, 2004, pp. 35-50; Trepp, *Bankgeschäfte mit dem Feind, op. cit.*（駒込・佐藤訳『国際決済銀行の戦争責任』前掲訳書）を参照。「略奪金」問題については、これらの先行研究ですでに詳細があきらかになっているので、本章ではこの問題の全体像には立ち入らず、BIS の清算・復権の過程とのかかわりを中心に、若干の新資料を提示するにとどめる。
68) BIS Historical Archives, Roger Auboin file, series 2, carton 7, folder 11, correspondence, Auboin à McKittrick, le 14 août 1945.
69) BIS Historical Archives, Roger Auboin file, series 2, carton 7, folder 11, correspondence, Auboin à McKittrick, le 19 octobre 1945.
70) NARA, 450.81.12.01, box 169, "Looted Gold", correspondence, Elting Arnold to Frank Southard, May 11, 1948.
71) BIS Historical Archives, Roger Auboin file, series 2, carton 7, folder 11, Résumé d'un télégramme de l'U.S. Trésorerie et du Département d'Etat à la Légation des E.U. à Berne, décembre 1945.

第 5 章　戦時 BIS における市場認識と戦後構想　181

72) BIS Historical Archives, Roger Auboin file, series 2, carton 7, folder 11, correspondence, McKittrick à Auboin, 22 January 1946.
73) BIS Historical Archives, 7.18 (6), AUB 1, Avoirs BRI aux E. U., correspondence, de Roger Auboin à Maurice Frere, le 27 octobre 1947.
74) BIS Historical Archives, 7.18 (6), AUB 1, Avoirs BRI aux E. U., correspondence, Snyder to Arthur H. Vandenberg, Chairman, Senate Foreign Relations Committee, February 2, 1948. 本来はスナイダーからヴァンデンバーグに宛てた私信であるはずのこの書簡は、BIS 総支配人のオーボワンをつうじて BIS 頭取のフレールにわたっており、こうした議会工作も BIS と連携しながらすすめられていたことがうかがえる。
75) BIS Historical Archives, 7.18 (6), AUB 1, Avoirs BRI aux E. U., correspondence, Maurice Frère, Chairman of the BIS, to Snyder, Secretary of Treasury, May 13, 1948.
76) スイス国立銀行は、BIS による「略奪金」返還の決定に反対した。また、このとき返還されることになった「略奪金」は、各地の中央銀行準備にかかわる金であり、いわゆる「死者の金」（ホロコースト被害者の所持金等）は含まれていなかった。この問題が解決するのは 1990 年代になってからである。Trepp, *Bankgeschäfte mit dem Feind, op. cit.* (駒込・佐藤訳『国際決済銀行の戦争責任』前掲訳書) 226〜232 頁。
77) IMF Archives, Documents issued by United Nations Monetary and Financial Conference, July 1-22, 1944, Arranged by Document Number, vol. II, Documents 170-280 inclusive, Report Submitted to Commission III by the Agenda Committee Appointed to Receive and Consider Proposals Submitted for Consideration in Commission III (to be presented at meeting of Commission III, July 10), Bretton Woods, July 10, 1944; IMF Archives, Documents issued by United Nations Monetary and Financial Conference, July 1-22, 1944, Arranged by Document Number, vol. V, Documents 481-547 inclusive, Report Submitted to Commission III by Committee 2 on Enemy Assets, Looted Property, and Related Matters (to be presented at the meeting of Commission III July 20, 1944.
78) Bank for International Settlements, *Personal Recollections and Opinions*, [*Témoignages et points de vue*] published on the occasion of the fiftieth anniversary, *1930-1980*, Basle, 1980, pp. 44-46. モニックは、1944 年から 1949 年までフランス銀行総裁をつとめた。なお当時のイングランド銀行総裁コボルドは、1979 年におこなわれたインタビューにこたえて「率直にいって決定的だったのは、[ヴィンソンの後任の米財務長官] スナイダーにたいするイギリス政府の影響だった」と証言している。このコボルド総裁の証言にしたがうなら、BIS の清算が回避されるには、財務長官がスナイダーに交代してからの局面が重要だったことになる。*Ibid.*, pp. 61-62.
79) この経緯については、BIS Historical Archives, 7/18 (6), AUB1/5, correspondence, Maurice Frère to John Snyder, Secretary of the Treasury, 16th February 1948.
80) マーシャル・プランの立案から実施にいたる外交・政治過程については、紀平英作『パクス・アメリカーナへの道──胎動する戦後世界秩序』山川出版社、1996 年、

246〜260 頁を参照。
81) NARA, 450.81.12.01, box 169, "Liquidation", Office memorandum, from J. S. Friedman, to Frank A. Southard, December 10, 1947.
82) NARA, 450.81.12.01, box 169, "Liquidation", Andrew M. Kamarck, Memorandum for the files, January 8, 1948.
83) BIS Historical Archives, 7.18 (6), AUB 1, Avoirs BRI aux E. U., Statement of Mr. A. N. Overby, U. S. Executive Director, to the Executive Board Meeting of the International Monetary Fund on April 22, 1948; Statement of Mr. John S. Hooker, U. S. Alternate Executive Director, to the Executive Board Meeting of the International Bank for Reconstruction and Development on April 28, 1948.
84) この主題については、前掲拙稿「戦後再建期の国際決済銀行」(秋元編著『グローバリゼーションと国民経済の選択』前掲書、所収) を参照。
85) 欧州決済同盟については、James Kaplan and Günter Schleiminger, *The European Payments Union, Financial Diplomacy in the 1950s,* Clarendon Press, Oxford, 1989. を参照。

第6章

戦前・戦時日本の統制的経済体制とナチス的方式の受容
―― 経済機構再編成の構想

柳澤　治

はじめに

　本章は戦前・戦時日本における国家的な経済統制体制の形成に際して、同時代のナチス・ドイツ的な経済機構の再編政策とその思想がいかなる影響を与え、またいかに受容されたかを考察する。

　「管理された市場経済」は、経済過程への国家的介入と不可分の関係にある。経済活動への国家的な介入と規制は、周知のように、戦前・戦時の日本にのみ限られず、形態や程度のちがいはあれ、第一次大戦期以降の各国資本主義に共通してみられる現象であった。自由主義の祖国イギリスにおいてJ.M.ケインズが自由放任主義を批判し、その終焉と政府の積極的な役割を指摘したのは1924年であった。そのケインズの『自由放任主義の終焉』(The End of Laissez-faire, 1926) はイギリスだけでなく、ドイツや日本でも注目された[1]。国家的な経済介入は1929年世界恐慌以降、アメリカ合衆国のニューディール政策 (1933年開始) をはじめとして、各国において拡大され、さらに再軍備と総力戦・総動員の準備体制 (Wehrwirtschaft, Preparedness, 国防経済＝準戦経済)、第二次大戦の勃発 (1939年) と戦争経済体制・総動員体制への本格的移行の中で全面的に強化された。国家的な経済統制は今や戦時統制経済として展開する。

　戦前・戦時の国家的な経済統制は、このように第一次大戦後の資本主義の一般的傾向としての国家的経済介入という側面と、1930年代中頃以後の総力戦準備＝国防体制及び総力戦と一体となった特殊的な戦時統制経済という二つの局面を有し、その重なり合いとして理解することができる。本章が考察する日

中戦争勃発前後の時期の日本は、後者の局面が中心となるのであるが、しかし同時代人が「歴史的課題」と「時局的課題」として論じたように、上の二つの局面はその中で分かちがたく関連し合っていた[2]。

　国家的な経済規則は、貿易・通貨・金融・流通・生産・労働・消費等、経済のさまざまな分野で部分的あるいは全面的に実施された。国家的統制は、多くの場合、資本主義的な営利活動に対する何らかの規制を伴っていた。自由放任主義的な市場経済は、一方では巨大企業におけるカルテル・トラスト等の資本集中と独占をもたらし、他方、中小経営の間に過当競争と経営的危機の状況をつくり出した。国家はそのような放任主義的な市場経済と企業の営利活動に対して何らかの制限を加える必要に迫られた。

　企業活動への国家的介入は、その場合、直接的ないし間接的な形態をとって実施された。国家は顕著な公益性あるいは国家性のある分野については国営的国策的な企業を設立し、自らが経済活動を担当した。イギリスにおける電力業への介入と管理はその事例である。しかしこのような直接的な介入は一部の経済分野に限られ、それ以外の経済活動は資本主義的・私的企業を前提とし、それらに対する「上から」・「外から」の統制という間接的な形態をとるのが普通であった。

　後者の場合国家は、規制的政策の現実化のために、しばしばそれに対応した企業側の組織ないし機構を必要とした。経済統制の具体的な指示や命令がそれに向けられ、個別企業にそれが伝達される企業側の中間的組織がそれである。それは国家的指令を受け止め、それに対応し、個別の企業にそれを媒介するとともに、企業の利害を代表し、またそれを調整しつつ政府に伝達・反映させる役割をもっている。経済統制の第二局面、戦時経済＝総動員体制の構築期には、それは経済活動の担い手としての企業家の協力を国家的に確保し、官民協働の体制を実現させる機構としてとりわけ重要な意味をもつことになる。こうして民間企業の集団化と全国的統合、いわゆる民間経済機構の整備ないし再編が最重要課題となるのである[3]。

　それは巨大企業のカルテル的組織や中小資本の組合的結合など「下から」の

組織化の動向と重なりまた交錯する。国家が経済統制を自由放任主義的な営利追求とその帰結たる独占体や中小経営の過当競争状態への規制と関連させる場合、国家的統制と「下から」の組織化の両局面は対立と結合の複雑な関係をつくり出すことになる。「管理された市場経済」はこのような独自な経済機構を通じて具体化されるのである。

この統制的経済体制は国によって異なっていた。社会主義的なソ連型は別として、資本主義国の場合、それは大きく分けて二つの型に区分される。一つは民主主義的体制を土台とする「自由主義的」な英米型と、民主制を排除した「全体主義的」ないし「ファッショ的」な独伊型であり、日本は後者に属した[4]。本論文はこの「全体主義的」な型に含まれる日本の統制的経済機構が全体主義の典型国、ナチス・ドイツの統制経済体制をモデルにしていかに構想されたかを検討するものである。

ヒトラー・ナチスは、1933年政権掌握とほとんど軌を一にして、経済団体・企業者団体の改組と再編、全国的な機構化に着手した。1934年の2月のドイツ経済有機的構成準備法と同年11月の同法施行法及び1934年8月の商工会議所令がそれである。とくに経済有機的構成準備法・同施行法による経済諸部門の専門別・業種別組織化＝グルッペ（集団・団体）編成は、カルテル的組織と重なり合いつつ、ナチス的経済体制の土台を構成し、さらに戦時経済体制の機構として重要な役割を果たした。労働組合の解体とドイツ労働戦線（Deutsche Arbeitsfront, DAF）の結成と併行して強行されたこの改造は、単に経済機構上の編成替えに止まらず、投機的取引を含めた営利至上主義・貨幣追求主義に対する「公益は私益に優先する」（Gemeinnutz geht vor Eigennutz）の「世界観」＝イデオロギーと、民主的な多数決原則を排除する指導者原理（Führerprinzip）の全体主義的原則と密接に結合していた。その目的は、何よりもワイマール共和制時代の経済機構とマルクス主義・民主主義の理念の解体、そのナチス的編成替にあったのである[5]。

日本における経済機構の編成替は、日中戦争（1937年勃発）と戦時経済体制の構築と不可分に結びつきながら「経済新体制」として構想された。それは

1940年12月の経済新体制確立要綱の閣議決定及び1941年8月の重要産業団体令と統制会の発足として具体化した[6]。「経済新体制」の構想はドイツのナチス的「新体制」とその経済思想から大きな影響を受けており[7]、その柱をなす経済機構の再編成、すなわち民間企業の組織化＝団体編成の方式も、ナチス・ドイツをモデルにし、それを修正しつつ計画された。

1941年以降の統制団体に関して通商産業省編『商工政策史』第11巻（1964年、編纂担当者前田靖幸）は次のように記している[8]。「重要産業における統制団体は、統制会と統制組合に分かれる。前者は全国的産業の統制組織であり、後者は地方的基盤をもつ中小企業の組織である。このうちとくに重要なのはナチスのヴィルトシャフツ・グルッペにならった統制会であり、その主たる事業は当該産業における生産・配給等に関する政府の計画に対する参画、および当該産業における生産・配給・事業に関する統制指導等である」（傍点は引用者）。

近衛内閣期の革新官僚の経済新体制論が「経済統治のドイツ的システム」によって刺激されたと見るレームブルフ（Gerhard Lehmbruch）も、1941年の重要産業団体令が「ナチス・ドイツの効率的な経済組織化のモデルから強く影響を受けた」こと、統制会はドイツの「ライヒスグルッペ」にならったものである、と指摘する[9]。

しかし先行研究の叙述はこの程度の指摘に止まり、それを裏付ける実証にまで立入ることはなかった。経済組織の問題だけではなく、そもそもこれまでの歴史研究はナチス的な経済思想や政策の同時代日本への影響という問題自体を十分に分析しないできたように思われる[10]。それはナチズムやナチス的政策の特質に関するこれまでの理解の一面性とも無関係ではなかった。

たとえば「経済新体制」と統制会との関連を分析した柴垣和夫氏は、安藤良雄氏らの先行的理解と同様に、新体制における公益優先的思想と指導者原理などの「ファシズム・イデオロギー」・「国家社会主義」の規定性に注目する。このことは適切な認識であった。だが氏は新体制を構想した革新官僚のその「国家社会主義」の要素を、「資本主義体制の根本をなす営業の自由と、それを基礎とした資本の利潤原理を否定」しようとするものとして理解した[11]。「国家

社会主義」はNationalsozialismusを意味しており、氏のこの認識はドイツ・ナチズムのそれと考えてよいだろう。この理解は、新体制の指導理念である「公益優先」の観念を利潤原理の否定として捉える最近の日本経済史研究の一般的な解釈と重なることになる[12]。

だがナチズムは私的所有を是認し、それを土台とする営利活動を認めた。投機的な取引や独占的な高利潤をめざす無制限な営利追求は抑制されたが、利潤原理そのものは決して否定されず、経営的な観点と結合してむしろ奨励されさえした。ナチスの至上命令である「公益は私益に優先する」は「私益」を前提にしており、それ故にまた「公益」が強調されねばならなかったのであって、「私益」の排除では決してなかった。そしてナチス的な「反資本主義」とされる利子隷属制（Zinsknechtschaft）打破の主張はスローガンに止まり、ヒトラーの政権掌握後は実行に移されず、もっぱらユダヤ人資本の排除に歪曲されていった。当時のナチス研究者はもとより、政策作成に関わった企画院・革新官僚、さらにそれに対する批判者たる経済界の主導的部分もそのことを認識していた。それは当時の日本の一般的なナチス理解でもあったとさえいえよう。ナチスの「公益は私益に優先する」の原則を受容した経済新体制の理念＝公益優先原則も、現代の歴史家が解釈するような利潤原理の否定を意味していなかったのである。

経済新体制における民間経済機構の再編成は、公益優先原則や指導者原理の理念と結びつけられつつ、ナチス・ドイツの「グルッペ」（集団ないし団体）の編成方式にもとづき構想された。その背景には日中戦争の長期化に対応した戦時経済体制の構築という国家的要請が存在した。戦時的経済動員のためには経済活動の担い手としての民間企業の「協力」は不可欠であり、その場合、企業活動を支える営利原則を排除することは不可能である。国家的な動員＝統制体制は、私的営利企業を前提にして、しかも無制限な営利活動を抑制しなければならない。それは国家的な経済動員に企業活動を結合させる「官民協力」体制として構築されねばならない。そのためには国家と企業を結びつけ、企業の営利活動と国家的統制を媒介し、結合する機構が必要となる。民間企業の組織

化=団体編成はこうして計画された。民間経済機構の編成は、経済新体制の中心的問題となり、その中で公益優先原則と指導者原理は機構を動かす推進的な理念として位置づけられた。その構想のモデルとなったのがナチス・ドイツの有機的な経済編成であったのである。

われわれは日中戦争勃発前後の時期にこのような経済機構の編成の計画がいかにして生まれ、それが経済新体制確立要綱の中にどのように集約されていったか、その過程でナチス的な経済統制の原理がいかに認識され、受容されていったかを考察することにしよう。

第1節 電力国家管理と「全体主義的」イデオロギー
——国営方式とナチス的方式

(1) 電力国家管理を「全体主義的」とする見解

経済過程への国家的介入は、日本においては1936（昭和11）年頃から急速に進展する。1936年に広田内閣の下で内閣調査局が構想した電力の国家的管理は、企業活動への国家の直接的介入の計画として大きな反響を呼び、重大な政治問題となった。革新官僚奥村喜和男らによって提起され、逓相頼母木桂吉によって法案化された電力国家管理は、財界の反対論を抑えて1938年に電力管理法・日本発送電株式会社法として立法化した。

いわゆる「民有国営」の方式に立つこの電力国家管理法は、安藤良雄氏によって「ファシズム的経済統制イデオロギー」の背景に関連づけられていたが[13]、最近の研究はその関係をより直接的なものと理解している。電力業史研究の第一人者橘川武郎氏は指摘する[14]。「それでは、このように経済的にみて非合理な側面をもつ電力国家管理が実行に移されたのは、なぜなのだろうか。／その基本的な理由は、さきに紹介した出弟二郎の言動からも明らかなように、国家主義的、全体主義的イデオロギーの台頭という、経済外的要因が大きく作用したことに求めることができよう。電力国家管理問題は、単なる経済問題の枠を超越して、『庶政一新を具現する一つの政治問題』となったのである」。

橘川氏は電力国家管理をこのように「国家主義的、全体主義的イデオロギーの台頭」と密接に結びつけた。この時代の日本における全体主義的ないしファシズム的イデオロギーの広がりは事実であり、電力国家管理の提唱者奥村喜和男らがドイツ・イタリアの「全体主義」に強い親近感を抱いたこと、また彼らが日本の電力問題の処理を「ファシズム」と一定の関連の中でづけて捉えたことも現実であった。それでは日本の電力国家管理の構想と立法は、その「全体主義」の典型であるナチス・ドイツの国家的経済統制やその「イデオロギー」といかなる関係にあったのだろうか。われわれはまずこの問題から検討していくこととしたい[15]。

(2) 電力国家管理のイギリス型とナチス・ドイツ型

電気照明の一般化、動力機としての電動モーターの普及、化学工業や鉄鋼業（電気炉など）への適用、等々、電気の普及は、電気革命とか第二次産業革命と呼称されるほど、経済発展と人々の日常生活のあり方に大きな変化をもたらした。今や各国において電気の利用は、国民経済の発展と国民の生活一般を支え、規定する基本的条件となった。だが電力の生産と供給は自然的独占に結びつく傾向を有しており、第一次大戦後は電力のもつ公共性と経済的重要性の観点に立って、電力生産（発電）・供給（配電）に関わる企業活動を国家的に規制しようとする動きが各国で生じた。電力の国家規制は日本だけの問題ではなく、世界の主要各国に多かれ少なかれ共通する課題となっていた。

それでは「全体主義的イデオロギー」を代表するナチス・ドイツではどのような国家的統制が実施されたか。電力・ガスを中心とするエネルギー産業は、まず1934年のドイツ経済有機的構成準備法と同施行令により、経済集団（グルッペ）電力供給業（Wirtschaftsgruppe Elektrizitätsversorgung）として全国的・地域的に組織された。電力供給関連企業は、経済集団への加入が強制されたが、企業としての存続と活動は従来通り確保された。経済集団は当該産業の利害を代表する組織となり、その活動の「自治」が承認された。

1935年12月には動力業法（エネルギー産業法、Engergiewirtschaftsgesetz）

が制定され、電力・ガスの供給はライヒ（中央政府）の監督下に置かれた。しかしその方式は決して官僚的行政的な管理方式＝国営方式ではなかった。むしろライヒ経済大臣は、動力業のライヒ経済集団（グルッペ）の指導者に決定・命令権を委任し、企業側がその任務を自力で解決するようにした。ライヒ経済大臣は「経済が自らの任務を制御しえない場合」にのみ干渉するに止まったのである[16]。

ナチス・ドイツのこの方式は同時代の日本でも注目された。当時の有力な経済評論家・小島精一は指摘する[17]。

「現にドイツのナチスの最近の動力経済法に於いても、明白に表現せられてゐるやうに、統制経済は飽く迄も官僚的企業管理を排斥するものであり、営利と公益との適当な調節を眼目とするものである」。

小島はさらに次のようにも述べる[18]。「ナチスでは基本産業の国営などは全く問題としてゐないし、殊に電力事業でも民営を立派に承認してゐるのである。［中略］。ナチスは飽く迄民間企業の自発的諸効力を尊重しており、或程度迄営利心を利用して、之を国家公共の福祉のために役立たせやうと考へてゐるからである」。

これに対して自由主義的なイギリスの電力国家管理方式はより直接的であった。米独に比して電力業の発展が遅れたイギリスは、1926年の法律によって電力生産に関与する中央電力局（Central Electoricity Board）を設置した。中央電力局は、電気の生産＝発電の整理・統合、有力発電所への電力生産の集中と、高圧送電網の構築及び既存の地域的システムの全国的統合を計画した。同局はそれを通じて特定企業に対して電力の大口販売（卸売）を実施した（小口販売は特定企業者が担当）。これがいわゆるグリッド・システム（National Grid System）と呼ばれる方式であった。つまりそれは部分的な国有（送電網）を伴う民有国営方式であった[19]。

イギリスのグリッド・システムも日本で紹介された。1937年に社団法人電気協会はJ. ルグウ（Legoux）の書物の邦訳『英吉利に於ける電力の国家統制』を刊行すると共に、その内容を『電気協会雑誌』に連載した[20]。

電力の国家管理の仕方は以上のようにドイツとイギリスでは大きく異なっていた。全体主義的なドイツでは、電力企業の従来通りの存続と活動が承認され、その組織＝集団は、電力産業の利益を代表する団体として、その「自治」が認められ、国家的管理は企業集団を通じて間接的に実施されるに止まった。これに対して自由主義的なイギリスの方式＝ナショナル・グリッド方式は、国家の電力業への直接的な介入の形態をとり、部分的な国有化を伴う国営方式であったのである。

(3) 革新官僚の電力国家管理論における世界認識

日本の電力国家管理を企画した奥村喜和男らもこのような世界的状況を看過することはなかった。否、むしろそれを著しく重視した。奥村は論文「電力国策の目標と理念」(1936年11月)で先ず最初に「列国の電力政策」を取り上げる。その中で彼が最も注目したのがイギリスのグリッド・システムであった。奥村は指摘する[21]。

「我国でこそ電力政策は、政府の一部局で処理されて居るに過ぎないが、欧州大戦後世界の列強は産業上にも国防上にも電力問題を国家的最要事項として、国を挙げてこれが解決に当たつたのである。かの自由主義経済政策の祖国ともいふべき英国に於てすら、1926年所謂グリツド・システムを採用して、送電線の国有と重要発電所の国家管理とを断行した。英国に於て、しかも10年前、かかる強力政策が遂行せられた所以は大戦中電力飢饉に悩んで、軍需工業動員に重大な支障を生じた苦き経験に鑑みたのと、動力原価の低下を図つて英国産業の復活を策せんとした国防上及び産業上の要求に基くものである。英国はこの電力国家管理方策により、従来の小発電単位孤立的供電組織の不合理不経済より離脱し得て、ある程度の電力確保と原価低下に成功を収めたのである」。

彼はイギリスに続いて米・独・北欧・ソ連の状況を概観した後、結論としてこう述べる[22]。「斯様に世界の列強は皆、国を挙げて電力問題の根本的解決方策に邁進しつつあるとき、我国ひとり晏如として私営事業の自主的発展のままに委して顧みないといふことがあらうか。[中略]。現下我国の国是たる国防の

充実、産業の発展、国民生活の安定の基礎を為す電力事業の時代適応的匡革方策こそ、正に断行すべき国策中の国策であると確信する」。

電力管理の頼母木案の作成者頼母木桂吉も、電力国家管理を「世界的電気時代」の視点から捉え、イギリスの事例を最初に掲げて、「英国は既に10年前に送電線の国営を実行してゐる国である」と述べてその経緯に注目した[23]。

また橘川氏が重視した出弟二郎も民有民営の「衰微」の「世界的傾向」を指摘し、イギリスのグリッド・システムに大きな関心を示した[24]。「自由主義の本家である英国に於て、既に卸売り事業が国営であり、配電事業の統制に、国家の強制条項を設けんとすることは、如何に電気事業が特種の性質を持つて居るものであるか、と云ふことを示すものであります」。

以上からわかるように電力の国家統制とその「民有国営」を計画した奥村らは、電力国家管理を主要国の世界的な傾向として認識していた。彼らは諸外国の中からとりわけ自由主義の国イギリスとそのグリッド・システムに注目して、それを彼らの構想の基本としたのである。

こうした世界的認識を前提にして彼らは、国家統制の根拠を説明する。電気の国民生活上（照明等）・産業上・国防上の一般的必要性と公共性、電力事業の自然的独占性の特質、国家的管理による合理性と公益性などがそれである。彼らはこれを日本の具体的な現実に関連づけた。電力を不可欠とする軍需工業を含めた各種工業の発展、また日本経済を支える中小企業（電動モーター使用）での必要性、さらに農村工業・地方工業の促進、などである。電力国家管理は決して単純な「イデオロギー」ではなく、それなりの一般的な論拠を背景にもっていたのである。勿論それらと並んで、またそれらとの関連の中で重視されたのが、「国防上」の理由であった。これもまた多かれ少なかれ各国に共通してはいたが、日本の場合、それが戦争準備の生産力的基礎の強化・拡大により直接的に関係づけられた点に特徴があるといえるだろう。その背景に日中戦争の勃発があった。

(4) 国営方式とナチス・ドイツ方式

　日本の電力国家管理は、上述のように、企業の経済団体への編成と経済団体の自律性を土台とした間接的な国家的監督というナチス・ドイツ方式ではなく、イギリスのグリッド・システムに近い民有国営というより直接的な介入の形態をとった。日本発送電株式会社は、既存会社の送電設備と火力発電設備とを強制的に出資させてつくられた国策会社であり、このような経済機構への直接的な国家介入は、日本の統制的経済体制の一つの形態をなすものであった[25]。公益性・国家性の観点に立ったこのような直接的国家介入は、しかし、イギリスをはじめ資本主義各国に多かれ少なかれ見られる現象でもあった。したがって日本の電力国家管理をこれまでのように全体主義的イデオロギーに一面的に関連づけることは適当ではないのである。

　電力国家管理の構想と立法化に対しては経済界を中心に激しい反対の声が挙った。先の小島精一はその代表的なイデオローグであった。この反対論が重要な論拠としたのが企業の自主性を重視し、間接的な国家的介入方式をとるナチス・ドイツの統制様式であった[26]。電力業界の有力な反対論者である松永安左ェ門もまたヒトラー・ナチスの方法に注目した[27]。統制経済のナチス的方式の特質は、逆説的ながら電力国家管理反対論者によって指摘され、そして支持されたのである。

　もちろん革新官僚もナチス・ドイツの統制経済に注意を怠らなかった。奥村は、ファシズムの「思想の諸要素」と「我国の国柄」との共通性に注目していたし、出弟二郎もドイツの動力経済の「軍事化」に大きな関心を注いだ。しかし出は「独逸の如きファシズムの徹底した国」ではそのような間接的方式で目的を達することができても、その条件のない日本にその仕方を適用することは困難であり、したがって「電気事業の組織を根本的に改組」しなければならないと説いた[28]。ファシズム体制の遅れが国家的介入の強化を必要とする、という認識がここに示されている。電力管理の国営的方式の採用はそのような事例の一つであったのである。

第2節　ナチス・ドイツの民間経済再編成への注目
―― 日満財政経済研究会と昭和研究会

(1)　日満財政経済研究会とナチス的機構再編方式

　日中戦争前後から経済新体制にいたる時期における生産力拡充・経済動員計画の策定にあたって、その構想の重要な原型を提供したのは、陸軍・石原莞爾により結成され、満鉄の宮崎正義により主宰された日満財政経済研究会（以下日満財経研と略す）であった[29]。

　同会は1936年から37年にかけて、総力戦を想定した重要産業拡充計画を作成するが、同会代表宮崎正義の著書『東亜連盟論』(1938年) は、その経緯と計画作成の基本的観点を知る上で重要な資料である。それによると宮崎は、この時期に会が作成した日満重要産業拡充五ヵ年計画を重視して、それを戦争準備的な段階＝「準戦体制」・「国防体制」における国家による計画的な「経済指導」の「方法論」の開拓として位置づけた[30]。

　その「方法論」における計画策定の基本的な観点はおおよそこうであった。総力戦準備段階としての準戦経済において必要なのは、経済諸部門の計画化である。その方法としては、ソ連型と独・伊・英・仏型があるが、日本の場合、「企業の国営を伴ふ」ソ連型の計画経済は採用さるべきではない[31]。宮崎らはこの国の「経済機構の計画的再編成」の方式としてまず「国営主義」を排除した。

　これに対して彼らが採用した方式は、ブルジョア経済機構を前提にした後者の型であり、中でもナチス・ドイツの様式であった。宮崎はわざわざヒトラーの演説の文言を引用して説明する。「国家は単に国家政策的に必要な方向に経済を導くことを自らに要求するだけであつて、他方では国家は個々の経済方針の遂行と経済的イニシアテイヴを個人の自由な判断力と自由な私経済に一任してゐるのである」。

　国営や特殊会社は――宮崎によれば――満州においては適当な形態であるが、

日本の場合は「私経済」を認め、これに対して「計画的な経済指導」を行う方式が必要である。宮崎の重視する「経済指導」なる用語は、まさにナチス的なWirtschaftslenkungに相応する訳語であった。

宮崎は次のように主張する[32]。「差当り我国に於ては、国民経済の重要なる形態としては依然として私経済の存続を認め、国家が之に対し計画的な経済指導を与ふることが、準戦経済形態として最も適してゐることを認めざるを得ない。国営又は特殊会社経営形態は、新しい経済建設に於てはより多く採用し易い形態であるから、今後の新建設に於ては、満州国の経済建設方針が踏襲されることは望ましい。これらの点、識者間には既に意見の一致あるものと見て宜いであらう。斯くして国民経済に対する目的意識的な、計画的な、国家の経済指導が、我国現下の国防経済の本質的な構成部分であると言ひ得る。即ち私経済諸企業の運営は能率的な企業者の自発的努力に委ねるが、経済機構の全領域に亘つて強力なる国家権力によつて計画性を附与し、一個の有機体としての経済体制の機能を、戦争目的遂行のために最高限に発揮させることを目標とするのである。これが我現下の国防経済の形態である」。

しかしブルジョア的経済機構を前提とし、民間企業に対して国家的な指導を遂行するためには、経済機構の再編成と組織化が不可欠であった。宮崎らはその際にナチス・ドイツの1934年の経済有機的構成準備法に注目した。

宮崎は述べる。「我国防経済の組織に於ては、例へば独逸の一般法たる『独逸経済有機的構成準備法』（Gesetz zur Vorbereitung des organischen Aufbaues der deutschen Wirtschaft. 34. 2. 27）の趣旨は相当取入れられてよいと考へる」。

この法律は上述のように、ドイツの企業を経済部門・業種別に「集団」（グルッペ）に組織したもので、宮崎は次の点に注目していた。①農業を除く国民経済の部門ごとの編成にもとづく経済団体の形成。それにより経済団体が当該部門の唯一の代表者となったこと。②組織成員の活動については指導者原則が基本原理とされ、各部門で主導的な企業家が指導者（フューラー）として任命されるにいたったこと。③企業家・企業の経済的要求が原則的に保証されたこと、である。

日満財経研は1937年2月に「国策要綱」を作成したが、そこでは「全国産業の団体化・組織化」が提唱され、各産業分野における部門別組合の結成と、地域ごとのピラミッド型連繋、そして中央での全国組合総連合会の形成が計画された[33]。宮崎の上の指摘を考慮すると、その検討過程でナチスの経済編成替がモデルとして利用された事情が推測される。

　その背景にはナチス・ドイツの経済機構の転換に対する日満財経研の分析の深まりがあった。なかでもW. Hoche (Hrsg.), Die Gesetzgebung des Kabinetts Hitler, Berlin 1933-39. から経済関係の法律を抜粋し、それを日本語へ訳出した活動はとくに重要であった。それは同会での「研究」に使われたばかりでなく、「各方面」からの求めに応じて書物『ナチス経済法』として刊行された[34]。ドイツ経済有機的構成準備法は、この訳書の冒頭におかれ、「原子的な階級国家」から「有機的な団体国家」(Ständestaat) への転換という「ナチス統制経済の基本思想」を現実化した、最も根本的な組織法として位置づけられた[35]。そこにおいて「経済領域の団体的自治制」とそれらに対する政府の「指導管理」がナチス的方式の特質として認識された。この構想は企画院等に伝えられ、経済新体制の企画の中に継承されていったものと推定される。

(2)　昭和研究会の民間経済機構改革案——ナチス的方式の批判的検討

1．民間経済中枢機関の構想

　日本経済の機構の組織化に関する具体的な構想を最も早く作成したのは、1936年に正式に発足した昭和研究会であった。新進の学者・評論家・官僚からなるこの会の活動は、よく知られているように、近衛内閣（第二次）における経済新体制構想に大きな影響を与えた。この会に設置された産業部会は、経済政策の樹立と運営のために「官民の緊密な連絡を提携」が必要と考え、「民間経済等」の「綜合組織」となる「機関」の創設を計画し、1937年12月に『民間経済中枢機関試案』（以下『試案』と略す）を作成した[36]。

　民間経済中枢機関（日本産業連盟〔仮称〕）は——『試案』によると——産業別利益の代表から成り、産業界の創意と自治に基づく組織で、法律によってつ

くられる。それは既存の経済団体を利用しながら、(i)法人企業・経済団体を強制加入させ、それを業種別・産業別に統合する。(ii)地方産業の発展のために地方産業統合機関を新設し、本中枢機関へ強制加入させ、地方的利害と国民経済的利害との連繋と調整をはかる（なお労資関係団体と農林関係団体は含まれない）。

その機能は(a)産業界の見解代表、政府の国策樹立・運用への協力（政府への諮問・建議等）、(b)主要産業相互の連絡・協調（紛争の自治的裁定等）、(c)対外的な日本経済界代表、などである。カルテルには関与しない（したがってカルテルは存続する）。

同会産業部会は『試案』作成に際して、英・米・独の類似組織を調査し、それを「参考資料」として本文に付した。英・米・独のうち同会が自案作成の基準としたのがナチス・ドイツの方式であった。『試案』本文の最後に付せられた下記の文章は、同会がナチス・ドイツ方式を比較の対象としていかに重視していたかを表現している。

「ドイツ経済有機的構成法により組織された独逸商工業の統合組織は、表面的には自治機関であるが、その実質に於ては、ナチスが此の組織を通じて独逸全産業に号令し、ナチスの産業政策を全産業に浸透せしめんとする目的の下に、所謂ナチス・イデオロギーたる『下への強権上への責任』を至上命令とする指導者原則に基き、上から全産業を組織化せるものである。従つて、この組織の性質は、民間の産業団体と云ふよりは、寧ろ国家機関の延長と見らるべきものである。／之に反して、本会の組織は、我国重要産業をそれ自らの力によって、自治的に下から組織せんとするものである。従つて本会は国家機関とは全く独立し、その機能に於ても、行政官庁とは相補ひ、相輔くる関係に立つものである」。

研究会はナチスの指導者原理を「下への強権上への責任」という全体主義的な原理として捉え、それにもとづくドイツの経済団体再編を民間の「自治」を排除するものと考えた。同会『試案』は、このような指導者原理を否定し、「自治的に下から組織」する立場を採用した。『試案』は明らかにナチス的なそ

れと区別さるべき観点に立っていた。だがそれは英米型の方式の採用を意味しなかった。『試案』における経済部門・専門的業種にもとづく全体的な団体編成、地域的会議所（＝経済会議所）の併存、組織への会員の加入強制、さらに団体組織とカルテルとの両立、などの方式は、会がナチス・ドイツの企業編成の仕方を取り入れたことを示していた[37]。

2．「日本経済再編成試案」（昭和研究会事務局）と経済新体制問題

昭和研究会事務局は、1940年8月12日付で「日本経済再編成試案――建設期経済体制編成のために」（以下「再編成試案」と略す）を作成した。49頁（枚）のこの文書は、革新官僚美濃部洋次に関係する「国策研究会文書」の中にも残されている。各所に傍線が書き込まれたこの資料は、美濃部ら企画院官僚が経済新体制構想の検討に際して、それを詳細に参照した事情をうかがわせるものであり、昭和研究会と企画院・官僚とを関連づける史料として重要である[38]。

「再編成試案」の内容は5項目に分けられているが、その中心は「改革案要綱」にある[39]。改革案の内容は大きく二つに分けられる。一つは企業経営の内部機構の改革であり、もう一つは諸企業の国民経済的編成＝統制機構の創出である。具体的に見てみよう。

A．企業の内部機構の改革

①改革案は「生産経済」の基礎的単位として、企業経営における「経営」の側面を重視する。その「経営」とは「現存の企業経営」のそれであり、改革は私的企業の存続を前提として構想された。これに対して国家が企業活動に直接関与する「国有化」や「半官半民社」の方式は排除された。経営機能の発揮は「単に資本の私的所有を否定したものではありえない」のである[40]。「再編成試案」の第一の特徴は、資本主義的・私的企業を土台とした改革にあった。

②だが、現代的な企業形態（＝株式会社）は矛盾をそのうちに有している。すなわちこうである。企業は私的利益の追求をめざす資本所有の機能と、経営活動がもつ「公的（社会的）機能」という二重の性質を有している。前者は資

本所有・資本所有者＝出資者・株主の観点に対応し、後者は企業の経営機能＝経営担当者の活動と結びついている。そして両者は分離し、矛盾している。今日必要なことは、前者における私的利益の「専恣的な追求」を「統制」し、後者の経営機能を十分に発揮させることである。それはいかにして可能か。

③「再編成試案」は、経営機能の「自力発揮」のためには新しい要因が必要であると考えた。昭和研究会は、まずこの「新な動因」に関連させて、ナチスの指導者原理に注目した。それは民族社会主義の「精神」と不可分の関係にあり、ドイツではそれを備えた「産業指導者」による「ナチス的原理」にもとづく経営指導が、経営機能の発現の「新な動因」を形づくっている。「再編成試案」はこのように指導者原理を、ナチス的経済指導者によるナチス的世界観・ナチス的理念の実現、それを支える本質的な原理として認識し、それがナチス・ドイツの経営的発展を推進する要因となっているとみなした。だが「再編成試案」は、ナチス的なこの指導者原理を日本には適用不可能と判断し、「わが国情に即した新な方式」の必要性を説くのである[41]。

「ナチスはかかる動因として指導者原理を取り入れてゐる。ナチ的精神を体得した産業指導者がナチス的原理に準拠して経営機能を指導し、その機能を発揮せしめんとする体制である。併し、この指導者体制を採用することは我国では不可能であり、又決して適当でもない。我々はわが国情に即した新な方式を工夫すべきであり、またかかる方式を創造することも出来ないではないのである」。

指導者原理にかわる日本的方式として考えられたのが、広義の「給料方式」であった。すなわち企業の経営機能の担当者に公的人格を賦与し、職能的活動に対応した給料制度を設けることである。具体的には、会社の社長・常務取締役の公共人化、資本所有者に対する「統制利潤」の確保と生産的経営の向上、経営者の能力と創意とその競争、国家的責任の下での協調、全従業員の職能化・公共的立場の自覚、技術の解放、などが計画されなければならない。

B. 統制機構の創出

　経済活動の基礎的単位としての企業経営の内的機構に関する上記の改革構想は、諸企業が構成する国民経済全体の再編成の考えと一体となっていた。産業別・職業別の企業グループ化・シンジケート化とそれらに対する国家的監督という共同経済的構想がそれであり、それが「再編成試案」の改革案の後半部分をなす「統制機構」の内容であった。

　「統制機構」の単位団体は、産業部門別につくられた部門所属企業の代表者からなる「全体組合」であり、その上部に各「全体組合」の代表が構成する「最高経済会議」が置かれ、国民経済計画の編成や物価統制を企画する。各「全体組合」は「最高経済会議」と個々の企業との間を媒介的に結びつける。「組合」は統制会社として当該部門の生産力水準の向上、適正価格の決定、統一的配給などの活動を行う。

　「全体組合」は「最高経済会議」での計画数値の編成への協力、計画に対応する生産・配給の共同引受、各企業に対する分担量の決定、原料資材等の共同購入、生産品の統一的配給、企業・経営の分離・統合、統制価格の決定などの仕事を行う。

　組合の形態は、産業部門によって、カルテル形態（紡績業等）、シンジケート形態（石炭業等）、トラスト形態（機械工業等）とする。

　「全体組合」は、国防経済の強化と生産増強の観点から、「準備的」にキー産業から創設する。キー産業とは鉱業・基礎原料工業・主要生産手段工業・輸出工業・基本的生活必需品工業である。

　昭和研究会の経済機構再編成案は、以上のように、企業の内的機構に関わる改革と諸企業の組織化と国民経済的編成に関する改革との二つの柱からなっていた。そのうち後者は、1936年の『民間経済中枢機関試案』を部分的に修正した内容となっている。だが前者の企業の内部機構に関する改革案は、1936年の『試案』にない新たな構想である。1940年の「再編成試案」は、「日本経済」の国民経済的な「再編成」のために、企業それ自体の内部機構改革を不可欠とみなしたのである。

1936年の『試案』は、上述のように、民間企業の組織化と中枢機関の構想に際してナチス・ドイツの有機的経済編成に注目し、それを基準としたが、しかし全体主義的な特質と結びつく指導者原理は採用せず、これを批判し排除した。1940年の「再編成試案」も同じようにドイツ方式に注目していた。ナチス的な世界観や原理とそれを現実化する指導者原理は、企業の内部機構を支える要因として、すなわち企業経営における経営機能を発現させ推進する要因として捉えられた。しかし昭和研究会は、1940年においても企業経営の機構改革の構想からこのナチス的方式を排除した。所有・経営分離論を前提にした経営担当者の公共人化とその創意の発現、それによる経営機能の展開という理念は、ナチス的指導者原理に対置される「日本的」な方式として構想された。こうしてナチス的指導者原則は1936年の『試案』においてばかりでなく、1940年の「再編成試案」においても否定された。昭和研究会の構想はナチス的方式とこの点で明確に異なる立場に立っていた。

　しかし昭和研究会は、ナチス・ドイツの機構再編の様式から、いくつかの重要な要素を吸収した。私的所有と現行の企業活動の是認、国有化の排除、それを前提とした上での私的利益の「専恣的な追求」の「統制」、その方法として株式配当制限、また国民経済の編成に関する産業部門別の企業組織化と全国的統合の方式、などである。それらの構想に当って研究会が英米型ではなく、ナチス・ドイツ方式を基準にしたことは間違いないといってよいだろう。

　「日本経済再編成試案」の内容は、先行研究が指摘したように、1939年に刊行され大きな反響を呼んだ、研究会の有力メンバー笠信太郎の書物『日本経済の再編成』（中央公論社）の論旨と全面的に重なる。そして企画院における経済新体制の構想はそれらから大きな影響を受けた。「経済再編成試案」の二つの柱は、内容的に修正されはしたが、「経済新体制確立要綱」における「企業体制」と「経済団体」の二つの構成となって継承された。

　昭和研究会案から大きな影響を受けて作成された当初の企画院の経済新体制構想は、周知のように、経済界の激しい反撥に直面した。反対論の最大の論点が、企画院案におけるいわゆる所有と経営の分離論と、それに基づく企業機構

の改革案であったことは研究史の指摘する所である。それは研究会の「再編成案」の第一の柱に対応する企業経営の機構改革の方式に他ならなかった。経営的機能の「発揮」のためにナチス的な指導者原理に代わる日本的な「動因」として構想された資本・経営分離論は、財界によって、あたかも利潤否定、資本主義否定として受け止められた。それではこの資本・経営分離論はそもそも思想史上いかなる性格をもつものであったか。

　最近の研究は、所有・経営分離論と経営者公共人化の構想を、あたかもソ連型の計画経済に著しく接近したものと理解している[42]。しかし上の構想は、本来、財界が考えたように「社会主義的」でも、最近の研究者が解釈するように「ソ連型」でもなかった。その原型は笠信太郎も執筆している『日本統制経済全集』（全10巻、改造社、1933/34年）の第一巻向井鹿松『統制経済原理』における統制経済体制構想の中で明確に展開されていた。著者向井は慶応義塾大学教授で政府の臨時産業合理局（1930年発足）の統制委員会の委員として、また内閣調査局（1935年設置）の専門委員として活躍した有力な経営学者であった。その向井があるべき統制経済の姿として構想したのが、この資本・経営分離論であった。その際彼が自論の根拠としたのは、ドイツの電気工業コンツェルン、AEGのW. ラーテナウ（Walter Rathenau）の考えであった。株式会社の機構とその転換を重視したラーテナウの「自律的企業」・「事業としての事業」、株主なき株式会社論こそ、向井の統制経済体制論の中核をなす「超株式会社論」の基礎を形成するものであった。所有・経営分離論的に立脚して経営者とその専門的な機能を重視する昭和研究会やその有力メンバー笠信太郎の構想は、このような修正資本主義的な思想史的系譜の中で理解されねばならないのである[43]。ナチスはそのラーテナウの考えを排撃した。しかしナチスも企業経営における経営的側面を重視し、株式会社法（株式法）の改正にあたって株主総会に対する取締役会の権限を強化するとともに、他方において株主への配当を制限する措置を行っていた。昭和研究会や笠信太郎の改革構想はこのような背景を有していたのである。

第3節　企画院における経済機構再編成の構想とナチズム

　日中戦争勃発から3年、1940年6月に第二次近衛内閣が発足し、美濃部洋次・毛里英於菟・迫水久常ら革新官僚を中心にして、いわゆる経済新体制が企画された。それは日中戦争の長期化に対応し、さらに総力戦を準備する戦時経済＝国防経済体制の確立をめざして構想された。しかしそれは戦時的ないし時局的な状況に対する一時的な対応としてばかりでなく、同時に世界恐慌・ブロック経済・再軍備という世界経済的な転換、また自由主義的な資本主義経済の行き詰りと国家的経済統制への移行という段階的ないし世界史的な認識を背景に有していた。

　経済新体制問題の経過は、上述のように中村隆英・原朗両氏のすぐれた研究[44]によって詳細に解明されている。両氏の論文が分析したように、その経緯は日本経済の再編成を構想する企画院・革新官僚と軍部、それに対する財界の反撥、そして両者の妥協、経済新体制確立要綱の閣議決定（1940年12月）をもって要約される。こうして計画された体制は1年後の1941年12月に勃発した太平洋戦争の総力戦経済体制へと連続していく。

(1) 経済機構改革としての経済新体制構想
　　　——「経済機構整備要綱（案）」（1940年夏）

　政府・企画院における経済新体制の企画は、1940年の夏に着手された。企画院（第一部）作成の「経済機構整備要綱（案）」（1940年8月8日）はその最初の成果であった[45]。つまり経済新体制構想は何よりも「経済機構の整備」として始まったのである。経済機構の編成は、日満支を根幹とする「大東亜協同圏」の建設のための国防国家体制＝高度国防経済の確立の条件であるとみなされ、この観点は最後まで変わることはなかった。その目標は、1．個人主義・自由主義の克服と「国民一体国家奉仕」の自立的経済体制の樹立〔すなわち全体主義的国家主義的アウタルキー経済〕、2．「利潤本位」から「生産本位」へ

の移行、3.「官民一体」の「協力体制」の確立、にあった。

　企業の組織原理の特徴は次の通りであった。①大規模産業では企業の「自律性」が確認され（「国営」・「国策会社」方式ではない）、「その指導者」（＝企業経営者）に公的人格を与える。「指導者」は「創意」と「責任」に基づいて国家的見地により生産活動を推進する（指導者原理の採用）。

　②中小産業は全業者を包摂する系統的組織＝物資別協同組織を行政区画により組織し、農村では部落共同体に基づく農村協同化と農業報国運動が進められる。

　③企業経営においては「指導者」（＝企業経営者）と「労務者」とを一体とした経済協同体の原理を確立し、職能に応じた産業報国運動を展開させる。

　企業の組織原理は以上の通りである。それを土台にして諸企業・諸協同組合の産業部門ごとの統制団体の組織化＝系統的統制機構が構想された。統制団体は地域的にも編成され、さらに全産業を統括する最高産業団体が設けられる。それらはいずれも産業行政の一部を分担する。

　産業団体は公法人とし、それへの加入が強制される。首脳部は政府による選任またはその認可にもとづく。その事業は生産・配給・消費・貿易に関する統制連絡、産業の指導施設、産業関連の仲介・調停、労働者福利施設、産業報国運動等に関与する。また最高経済会議（経済協議会）には官公吏だけでなく各界代表も参加し、経済計画について調査し審議する。

　なお経済機構の整備の順序として、重工業・化学工業・農業・生活必需品産業について重点的に着手し、また鉄・石炭等の基本物資の場合は企業の合併等を行い、統制化を完成させる。

　以上のように企画院の「経済機構整備要綱（案）」が、その内容と方向の基本線において、日満財経研や昭和研究会などの戦時経済体制の構築に関する諸構想の流れの中に位置づけられることは明らかである。

　まずそこでは国有化や国策会社化を基本とする方式は除かれ、私的所有に基づく現行の企業体制が前提とされている。その上で「国家的目的達成」の「見地」＝「計画経済の遂行」が設定とされ、「利潤本位」から「生産本位」への転

換が求められる。「官民一体」の「協力体制」が要請される所以である。「利潤本位」から「生産本位」への転換の主張は、笠信太郎ら昭和研究会の構想を受容したものと考えられるが、しかしそれは利潤原理の否定ではなく、自由放任主義的な営利至上主義の排斥を意味した[46]。営利原則を前提にし、民間企業の「協力」を土台として、しかも国家的な「見地」を実現するその「機構」が問題なのである。既存の日本資本主義の部分的な修正であるとしても「既存の経済システムの根本的改革」を主張するものでは決してなかった。

ナチス的思想の影響は、個人主義・自由主義の克服（＝全体主義）と自律的経済（アウタルキー）の目標や「利潤本位」（＝自由放任主義的営利追求）の排除の主張に先ず看取される。企業組織における指導者の創意と責任、企業経営者（指導者）と労働者（労務者）との一体化、すなわち経営共同体の観念は、まさにナチス的な指導者原理と経営共同体観の適用であるといえる。これらは、全体主義的な指導者原理を終始否定した昭和研究会の機構改革構想の立場と基本的に異なる特質をなしている。

後者の経営共同体の理念は、企業家と労働者の関係を階級的対立関係とする社会観を否定し、信頼に基づく共同的な関係として捉えようとする観点で、それはナチス・ドイツの労働立法の根幹をなす「民族労働秩序法」（1934年1月）の基本理念と一致する。経営共同体の観念は、この後勤労新体制の構想の中に継承され、1940年11月8日に閣議決定された勤労新体制確立要綱に採用された。そしてこの観点は、経済新体制確立要綱の冒頭において、企業を「資本、経営、労務の有機的一体」とする規定の中に吸収されることになる[47]。

また「整備要綱（案）」の国民経済的統制機構の考えは、産業部門を軸とした団体編成を原理としていた。それはドイツの経済有機的構成法によるナチス的な経済編成の原理と共通していた（ただしドイツは商工会議所による地域経済の全国的な組織化を併行して進めていた）。

(2) 経済新体制確立要綱（1940 年 12 月）へ

1．1940 年秋の構想

　上記の中村・原論文は、1940 年 9 月の 2 つの「経済新体制確立要綱」を詳しく紹介し分析している。企画院の構想は「経済機構整備」の名称に代って「経済新体制」が用いられるようになったが、企画の中心問題が経済機構の再編、すなわち企業体制と企業の国民的編成とにあった点は変わりがなかった。

　上記論文によれば「『新体制』熱が頂点に達した時期」の 9 月 28 日案は「内容、表現ともにもっと激越」であった[48]。それではそれはナチス的思想とどのような関係にあったか。

　機構整備の第一の柱である企業体制の改革は「自由主義企業体制」の改革、すなわち「私益の追求」＝営利至上主義の排斥と「投機的及独占的利潤」の防止、「適正利潤」の確保、「配当の統制」、などで、この観点は、ナチス・ドイツの経済政策思想とぴったり一致する。企業経営における経営重視もドイツの場合と同じである。ナチスの場合には上述したように株式（会社）法の改正による取締役会の権限の拡大という形をとったが、この要綱ではより抽象的・原理的に「資本の支配」からの離脱や企業経営の「公共性」の強調、「企業担当者」への「公的性格」の賦与、などと表現されている点が独自的である。笠信太郎や昭和研究会の影響の強さをそこに見ることができる。

　機構編成の第二の柱である企業の組織化＝団体化と国民的統合＝「国民経済組織」は、詳細かつ具体的で、この部分が経済新体制問題の基本的な内容であることを示している。産業部門・業種（物資）別の「経済団体」の強制的設立、その全国的・地域的組織化、全産業を統括する「最高経済団体」、「最高経済団体」に対する政府の監督、「経済団体」における指導者原理等は、ナチス・ドイツの経済有機的構成法の方式と一致している。

　9 月 28 日案の注目すべき特徴は、上の企業体制・経済団体編成の機構改革と並べて、「経済精神」をもう一つの柱として構想したことである。すなわち機構を支える国民とその個別的経済の「精神」の重要性が認識され、「国防国

家」の完成のための「公益的地位」・「公益的責任」が強調された点である。この観念は12月の経済新体制確立要綱では公益優先・職分奉公の原則として表現されることになるが、そのような「国防国家」と結びつく「公益」の「精神」の強調も、ナチス的であった。

　ナチスは、民族社会主義の「世界観」を決定的に重視し、「精神」や「倫理」の強調はナチズムの本質的要素をなしていた。ナチス党は綱領第24条で世界観の変革を謳い、その中でマルクス主義と唯物論を排斥し、また営利至上主義を「ユダヤ的」として攻撃した。それに対置して強調されたのが、民族共同体の理念であり、「公益は私益に優先する」の原則は、それを端的に表現する標語として至上命令の位置を与えられた。経済団体と企業経営を特徴づける指導者原理は、指導者にこのナチス的世界観の信奉を条件づけており、その活動はナチズムの世界観＝「精神」によって支えられ、推進されねばならなかった。

　昭和研究会はこのことを的確に認識し、その上でそのような全体主義的・精神主義的な指導者原理の採用を拒否した。所有・経営分離論と経営者公人化による企業形態の機構的改革は、それに代置される研究会の独自な構想であった。これに対して企画院の1940年秋の構想は、指導者原理を根幹にすえており、この点で昭和研究会の観点と大きく異なっていた。企画院のこの計画は、経済機構を支える指導的主体の「精神」、「経済精神」の役割を不可欠とみなし、国民とその経済活動に対する「皇国」・「国防国家」のための公益的精神の信奉を構想の第一の柱として組み入れたのである。企画院官僚は昭和研究会とは逆の意味でナチス的な方式における「世界観」の重要性を的確に理解していたといえよう。

2．経済新体制確立要綱と経済機構再編成——ナチス的経済思想との関連

　経済新体制に関する企画院の構想は、経済界の激しい反対に直面した。財界は改革的な資本・経営分離論を営利原則の否定として解釈した。1940年12月7日に閣議決定された経済新体制確立要綱（以下「確立要綱」と略す）は、先行研究が強調したように、企画院・革新官僚と財界主脳部との「妥協」の産物と

して理解することができる。企画院当初案にあった経営機能の資本支配からの自立、経営担当者の公人化の考えは除かれ、企業の「民営」・「自主的経営」と「適正なる企業利潤」が確認された。しかし国防・戦時経済体制の構築は、日本の場合ソ連と異なり、資本主義的私的企業体制を土台にしてはじめて可能となる。それは企画院の構想の前提にある認識であった。そして上の企業の「民営」・「自主的経営」と「適正な利潤」は、財界の主張に止まらず、もともと企画院の構想の根底にある原則でもあった。両者はこの点においては共通していたのである。

　経済的総動員体制の確立のために政府は、資本主義的な企業家団体、つまり財界・経済界の体制への協力を必要としていた。そして「確立要綱」の決定を通じて、政府と、国家的経済統制の強化にこれまで抵抗してきた財界とはともかくも「妥協」に到達した。その「妥協」は、確に革新官僚の当初の構想の後退を物語るとしても、他方では財界側の立場の抵抗から協力への転換という政府にとって積極的な側面を含んでいた。経済界主導のいわゆる「自治統制」と官僚的な「官治統制」とは、両者の妥協としての「協力統制」・「協働統制」へと移行したのである。その意味で政府・軍部にとって戦時体制の最も基本的な条件は確保された。「妥協」は積極的な意義を有していたのである。

　このことを留意しつつ経済新体制確立要綱の特徴を見ることにしよう。①まず官民協力体制が確認された。日満支・大東亜の自給自足的共栄圏の確立（＝アウタルキー体制）と国防国家体制の完成のために「官民協力」によって綜合的計画経済を遂行する。そのために、②「企業体制」の確立と、③「公益優先・職分奉公」の趣旨による国民経済の国家的「指導」と「経済団体の編成」、国民経済の有機的編成の必要性、が強調された。そして②と③は、「確立要綱」の中心的な内容を構成する。

　②の「企業体制」は、(a)「民営」を本位とし、国営・国策会社は特別必要とされる場合に限定された。(b)企業は「資本」・「経営」・「労務」（労働）の「有機的一体」（＝経営共同体）として編成される。国家的計画・国家的目的のために「企業担当者」は「創意」と「責任」により「自主的経営」を推進し、「生

産力」の「増強」に努める。国家的統制は企業への直接的な介入ではなく、「適当なる指導統制」の形をとる。(c)しかし国は一定の条件の下で企業の設立の制限、分離や結合の促進を行う権限を留保した。(d)営利活動については投機的利潤・独占的利潤は排斥され、適正な企業利潤が認められた。しかし国家的な生産増強に結びつく利潤の増大は承認された。(e)企業利益の配分（＝配当）は「適当なる制限」が加えられた。

　③の「経済団体」の組織化は、上の「企業体制」と共に、「確立要綱」の核心部分をなしていた。この企業の団体的編成は、高度国防のための国家的な「指導」に緊密に結びつけられる。経済団体は個々の企業と国家との間に介在し、前者の「自主的経営」と後者による指導的統制とを関連づける組織となるべきものであった。それは「政府の協力機関」として、一方では企業者的立場に立って政府の政策立案に協力するとともに、他方ではその実施計画立案と計画実行を担当し、下部団体と所属企業を指導するという任務を与えられた。

　経済団体の運営は「自主的」であり、国の「指導監督」は大綱に止められた。しかし経済団体は「理事者指導」の下におかれ、「理事者」は業者の推薦にもとづき政府が認可することとした。「経済団体」に対する国の「指導監督」→「経済団体」における「理事者」の指導的運営→「経済団体」による下部団体・企業の「指導」という上から下への指導的体制が示されている。新体制を特徴づけるいわゆる指導者原理がこれである。そして「重要産業部門」の「経済団体」は、企業・組合を単位として、業種別・物資別に組織される。その他の産業も同様の形をとり、必要に応じて業種別又は地域別に編成された。

　②の「企業体制」を特徴づける経営重視、経営共同体的観点、また配当制限や投機的独占的利潤の否定など自由放任的な営利主義の排除と「適正な利潤」の原則、国家的目的と合致した場合の高利潤の承認は、先に見たようにナチス的経済思想と全面的に共通し、また③の「経済団体」における部門別・業種別編成方式と国家――経済団体――企業の指導・監督の組織原理は、指導者原則にもとづくナチス・ドイツの経済有機的構成法の編成原理とぴったり一致していた。

「確立要綱」における機構面でのこの改革は、同時に国民に対する精神的ないし経済倫理的な国家的強要と一体となっていた。公益優先の原理とそれに対応した職分奉公の観念がそれである。それはナチズムにおける「世界観」重視の立場に対応した。そしてナチス的「世界観」における最重要原則は「公益は私益に優先する」(Gemeinnutz geht vor Eigennutz) であった。「確立要綱」の中で「国民経済」に対する国家的な指導理念として提示された「公益優先」はまさにナチス的な原理の模倣に他ならなかった[49]。

　木下半治編の『新体制辞典』（朝日新聞社、1941年）はこの用語をこう説明する。「ナチス綱領24条より出づ。唯物的利己主義に対して民族共同体を強調するナチズムの一原則。近来日本の新体制に関する指導原則にも同じ言葉が用ひられている。」（同上、56頁）。

　経済新体制確立要綱の作成過程において、確かに資本・経営の分離と資本（株主）の企業支配の排除など、企画院・革新官僚の主張は否定された。しかし「確立要綱」における経済機構再編成の内容とその原理の基本線は、企画院の当初案以来、新体制構想の重要な部分を構成し続けてきたものであった。「確立要綱」の決定を通じて政府・企画院は、当初の経済機構再編構想のこの部分を確定し、戦時経済＝動員体制にとって不可欠な企業家層の「協力」とそれを具体化する機構を確保することに成功した。

　この経済機構の再編の基本的な方向性は、それに先立ってすでに日満財政経済研究会において準備されており、また昭和研究会や笠信太郎はそれを別の形をもって公にしていたものである。それらの先行的な展開の中で機構改革のモデルないし基準として常に最も重要な位置を占めたのがナチス・ドイツの事例であった。経済新体制確立要綱はこのようなナチス的経済再編成方式の受容過程の帰結点をなすのである。

おわりに

　われわれは、日中戦争勃発前後から近衛内閣（第二次）の経済新体制にいた

る時期における日本経済の機構再編に関する政策構想の展開過程を考察し、その中でナチス・ドイツの政策や経済思想がいかに重要な役割を果たしたかを見てきた。

　生産力拡充と経済総動員体制の準備（＝国防経済体制）ないし戦時経済体制の構築と結合した経済機構の有機的編成は、経済過程に対する国家的な統制の拡大を意味した。それは企業の営利活動への規制を伴っていた。このような行政的統制の強化（＝「官治統制」）の方向に対して、カルテル的・組合的な結合にもとづく企業側の「自治統制」の立場をとってきた経済界は激しく抵抗した。それでは経済界は機構改革の構想の重要なモデルとなったナチス的方式をどのように捉えていたのだろうか。財界が「自治統制」の観点を残しつつ、しかも経済新体制の「官民協力」体制へと立場を転換させたその背景には、財界なりの状況認識が存在したが、それはそのようなナチス認識と何らかの関係があったのではないだろうか[50]。

　経済界のリーダーは、「社会主義」と「労働者」の名称を党名に有し、利子隷属制打破・不労所得否定などの「反資本主義的」な主張を綱領に含むナチス党（「民族社会主義ドイツ労働者党」）に対して、当初から強い警戒心を抱いていた。しかし、彼らは権力掌握後のヒトラーと党の具体的な政策とそこにおける「反資本主義的」主張の後退が明確になる中で自らのナチス観をも変化させていった。

　ナチス体制への経済界の積極的な関心は、本論でみたように、電力国家管理問題における経済人松永安左ェ門や財界イデオローグ小島精一のヒトラー・ナチス認識の中に現われていた。彼らは、ナチスが企業の営利活動を認め、経済団体の「自治」を重視して、国家の介入を経済への指導・監督に限定したことに注目し、それを積極的に評価するとともに、政府の電力国営論に対置した。

　財界のナチス観は、1940年春以降重大な転換を迎える。それは経済界の主導的地位にあった日本経済連盟会の別働隊・重要産業統制団体懇談会の「民間経済新体制要綱（参考案）」（1940年9月13日。以下「要綱（参考案）」と記す）にはっきりと表明された[51]。日本経済連盟会は1940年6月に「産業統制機構」

に関する意見書を作成し、総理大臣・商工大臣等関係大臣・企画院総裁・両院議員に対して、国民経済の全領域をカバーする「民間経済中枢機関」を建議していた。上記の「要綱（参考案）」は、それを受けて産業別・業種別団体の組織化と諸経済団体の全国組織（「全日本産業連盟」）を計画したものであった。それは集団（グルッペ）組織を軸とするナチス・ドイツ経済機構に酷似していた。すなわち「要綱（参考案）」は、民間団体の「創意と責任」を強調しながら、経済統制における政府の指導と監督の役割を認め、さらに営利偏重主義をも批判して、「公益優先の原則」に立つ「官民一体」の「精神」を求め、また経済団体の編成についても「指導者原理」の採用を提案した。「要綱（参考案）」は、企画院に先だってナチス的な公益優先原則を提示し、指導者原理を軸とするナチス的機構改造の方式を受容していたのである。

　日本経済連盟はじめ日本の財界7団体は、経済新体制問題が大詰めを迎えた1940年12月初めに、「経済新体制に関する意見書」を作成し、近衛首相に建議した。その中でもナチス・ドイツは「国家的目的に合致する範囲内」における「営利心」を是認する積極的な事例として特別に引き合いに出された。営利原則を土台とし、「私的イニシャチヴ」を重視したナチス的統制方式に関心を向けたのは企画院官僚だけではなかった。資本主義的企業家たちも同様であったのである[52]。

　このように企画院官僚も経済界リーダーもともにナチス・ドイツの経済機構改造に注目していた。経済新体制の中心問題としての日本経済の機構再編において、企業組織化計画に関しては、企画院と財界の考えは対立というよりむしろ多くの点で一致した。われわれはその背景にナチス・ドイツ的な統制経済様式に対する両者の上のような積極的な関心と評価があったことを重視したい。

　それは単に集団化・組織化の方式に関してだけでなかった。企画院官僚も財界首脳部も、ナチスの経済機構がそれを担う指導的な経済人とそのナチス的世界観によって支えられていること、その基礎に全体主義的な組織原理＝指導者原理が存在することに注目した。営利原理を認めつつ、しかし民族的利益を優先し、自由放任主義的な営利追求を抑制する世界観がそれである。それは「公

益は私益に優先する」という言葉に集約的に表現されている。この「経済精神」を体現する有力な経済人とそれによる上から下への指令的な組織運営の原理（すなわち指導者原理）が、ナチス的統制経済の本質をなすという認識である。日本経済の機構改革は、それ故、単なる機構上の改革に止まるのではなく、「精神」の転換を重要な要素として含めなければならなかった。企業経営の営利活動を認める限りそれは一層強調されねばならない。こうして「公益優先」と「指導者原理」は、経済新体制確立要綱の中心的な指導原理として編み込まれた。

ナチス・ドイツの経済機構と、そのナチス的方式を受容した日本の経済再編成とは重要な特質を共有することになった。一方での民間企業の経済活動の承認と他方での自由放任主義的営利至上主義（投機的独占的利潤追求）の規制、それを前提にした関連企業の強制的加入による部門別・業種別の団体的組織化と、企業と団体・集団の自主的活動の容認、団体運営における多数決主義の排除と指導者原理、この組織原理を支柱とする国家→団体→企業の指導・監督体制がそれである。そして指導者原理を軸とする上から下への指導的組織原理と公益優先の世界観・経済倫理の強要とは、両国の統制的機構に全体主義的な特質を賦与した。戦前・戦時の日本とドイツの統制的経済体制は、何よりもこのような「世界観」・「経済精神」の強調（＝精神主義）と指導者原理という点において、英米型のそれと決定的に異なる全体主義的な型を構成する。

もとより日本の経済新体制＝経済再編は、いくつかの点でナチス・ドイツとは異なる特徴を示した。ドイツでは企業経営は全経済部門で集団化され、その頂点に全国的な統合的組織＝ライヒ経済会議所が設置された。日本の場合、経済の組織化は、重要産業部門に限られ、また最高経済会議所も計画はされたが具体化しなかった。しかし両国の最大の相違は次の点にあった。ドイツでは総統（Führer）ヒトラーとナチス党による強力な独裁的体制が存在し、広範なナチス党員や親ナチス的経済人が経済組織の中枢部を掌握した。経済団体を通じて彼らは、ナチス的世界観と指導者原理にもとづいて、国家的な政策を企業活動に結びつけようとした。日本はヒトラー・ナチス党のような「下から」の運

動に支えられた権力手段を欠如していた。それは指導者と指導体制の弱さを意味していた。革新官僚は日独のこの違いを適確に認識していた。しかし彼らはそれに代替する日本的な原理を知っていた。それが「ナポレオン」的観念に似た天皇制的イデオロギーであり、伝統的な家族主義の観点であった。それは日本の財界の考えと一致する。経済新体制のあるべき姿として経済界の「意見書」が最も重視したのが、まさに「日本精神」であり、日本的な家族主義の「経済道」「美風」であったのである[53]。

日本で経済新体制が大きく問題化する1940年の前年に、ドイツはポーランドに侵略し、ヨーロッパでは第二次大戦が勃発した。ドイツでは1940年に軍備・軍需省 (Reichsministerium für Bewaffung und Munition, 1943年にReichsministerium für Rüstung und Kriegsproduktionとなる) が設けられ、F. トット (Fritz Todt)、トットの急死後はその後任、A. シュペーア (Albert Speer) の下でライヒ工業集団 (グルッペ) が再編成され、生産集団制＝リンク制が導入されるとともに、軍需発注の計画・配分・実施を統括する特別委員会がつくられた (最終加工部門21の委員会、部品確保のためのリンクは12)。シュペーアの権限集中と「上から」の統制体制の再編は、企業や工業のイニシャチヴを重視する「工業の自己責任制」＝生産責任制と結合していた。軍需関連部門におけるこのリンク制・委員会制と企業の生産責任体制は、「シュペーア期」の総力戦経済体制を特徴づけ、それを通じてナチス政権掌握直後の1934年に経済有機的構成法によってつくり出されたドイツ経済の団体 (グルッペ) 的機構はここで新たな形で再編成されることになった[54]。

日本では1934年時のナチス・ドイツの経済編成方式が、1940年の経済新体制確立要綱の中に取り入れられ、1941年重要産業団体令 (さらに1943年商工組合法・商工経済会法) によって日本的な形態で具体化した[55]。こうして統制経済体制の機構的土台が遅ればせながら準備された。しかし1941年12月の太平洋戦争の勃発は、軍需生産の一層の拡大・強化を不可避とし、本格的な総力戦体制に対応した新たな機構再編が求められた。1943年に軍需省が発足するとともに、軍需会社法によって企業集団制が導入され、企業 (軍需会社) の生産

責任制が採用された[56]。それは、企業の積極的な経営活動を重視しつつ、軍需生産力拡充の国家的な要請を現実化しようとする点で、ドイツのシュペーア方式と共通した。生産責任制は、あたかもシュペーアの Selbstverantwortung 制に対応し、企業集団化は、いわば日本的なリンク制ということもできた。しかし、企業の「国家性」や「国家的責任」の強調、国家的介入の度合いの大きさは日本の戦時企業体制をドイツのシュペーア方式とは異なるものにしていた。それは営団や金庫という独特の企業形態とともに日本的な経済介入の特色をなすものであった。

1945年5月にドイツ、同8月に日本が降伏し、両国の全体主義的経済体制は解体する。その解体は戦勝国・連合国の占領政策として、戦後改革として実施された。それは総力戦体制としての軍事的な戦時経済統制の解体であると同時に、その全体主義的な統制体制の解体という二重の「解体」を意味した。だが戦前に始まった経済過程への国家的介入と自由放任主義的な市場原理への規制の一般的過程は、そのような断絶面にも拘らず継続し、戦後改革を経て新たな局面を展開させることになる[57]。

注
1) 日本での反響については、拙著『戦前・戦時日本の経済思想とナチズム』岩波書店、2008年、I章参照。
2) 同時代の認識としては、たとえば実方正雄著『統制機構と企業形態』ダイヤモンド社、1944年。また、前掲拙著、参照。日本経済史研究においては、安藤良雄「戦時経済統制の系譜」同編『日本経済政策史』下巻、東京大学出版会、1976年、ほか。したがって戦時経済の終結は、国家的経済規制の終了を意味しない。戦前・戦時・戦後の連続と断絶が問題となる所以である。
3) 企業家・営業者の組織化は、第一次大戦前からさまざまな形で展開していた。椎名重明編『団体主義——その組織と原理』東京大学出版会、1985年。またその全国的な団体化も進んだ。権上康男・廣田明・大森弘喜編『20世紀資本主義の生成・自由と組織化』東京大学出版会、1996年、とくに「はじめに」(権上康男)および第2章「フランスにおける経済社会の組織化とコルポラティスム」(同)、を参照。同じ頃アメリカでは大統領ローズベルトのニューディール政策との関連で、とくにその一環としての全国産業復興法(NIRA)により「産業の組織化」が促進された(ただし同法は1935年違憲判決)。W. Grant/J. Nekkers/F. van Waaden (ed.), *Organising Business*

for War. Corporatist Economic Organization during the Second World War, New York/Oxford, 1991.
4) 長守善著『ファッショ的統制経済』日本評論社、1934年。
5) たとえば同時代の文献としてはA. B. Krause, *Organisation von Arbeit und Wirtschaft*, Berlin (1935).また戦後の研究としては、W. Sörgel, Die Neuordnung des industriellen Organisationswesens 1933/35, in: H.J. Varain (Hrsg.), *Interessenverbände in Deutschland*, Köln 1973. を見よ。日本の研究としては、栗原優「ナチス経済社会体制の成立」『神戸大学文学部紀要』第5号、1975年、塚本健著『ナチス経済』東京大学出版会、1964年、292頁以下、拙稿「ナチス期ドイツにおける社会的総資本の組織化——全国工業集団・経済集団」明治大学『政経論叢』第77巻第1・2号、2008年11月。なお、商工会議所の再編については、拙稿「ナチス・ドイツにおける商工会議所の改造」同上第75巻5・6号、2007年3月。
6) 中村隆英・原朗「『経済新体制』」『年報政治学1972年・「近衛新体制」の研究』岩波書店、1973年、近代日本研究会『年報近代日本研究9・戦時経済』山川出版社、1987年、ほか参照。
7) 詳しくは前掲拙著、IV～VI各章、参照。
8) 通商産業省編『商工政策史』第11巻、商工政策史刊行会、1964年、465頁。安藤良雄著『現代日本経済史入門』日本評論社、1963年、1980年（12刷）、255頁ほかも参照。
9) Gerhard Lehmbruch, The institutional embedding of market economies: The German "model" und its impact on Japan, in: Wolfgang Streeck/Kozo Yamamura (ed.), *The Origins of Nonliberal Capitalism. Germany and Japan in Comparison*, Ithaca/London, 2001, pp. 74-76. なお彼の見解はBai Gao, *Economic Ideology and Japanese Industrial Policy*, Cambridge, 1997. に依拠している。
10) その状況については前掲拙著、V章、参照。そのような中で経済新体制のモデルをナチスとの関連に立入ることなく、もっぱらソ連型計画経済に結びつける理解も登場してきている。たとえば、小林英夫著『「日本株式会社」を創った男・宮崎正義の生涯』小学館、1995年、「はじめに」。また岡崎哲二氏もそれに近い考えをとっている。岡崎哲二「戦時計画経済と企業」東京大学社会科学研究所編『現代日本社会4』東京大学出版会、1991年、378頁以下。
11) 柴垣和夫「『経済新体制』と統制会」東京大学社会科学研究所編『ファシズム期の国家と社会2（戦時日本経済）』東京大学出版会、1979年、302頁。
12) たとえば岡崎哲二「戦時計画経済と価格統制」前掲『年報近代日本研究』（193頁）は指摘する。「政府において有力化した『経済新体制』論は既存の経済システムの根本的改革を主張するものであった。そこで構想されたのは、利潤ではなく『公益』＝生産を目的とする企業を下層、企業の利害調整機関ではなく『国家代行機関』としての産業団体を中層、政府を上層とする三階層の組織構造を持ち、価格ではなく上層から下層に向って流される数量的指令によって運行する新しい経済システムであり、重要産業団体令・統制会設立によって、この構想の制度的な面は実現された」。

13) 安藤、前掲書、220 頁。
14) 橘川武郎著『日本電力業の発展と松永安左ェ門』名古屋大学出版会、1995 年、387 頁。また同著『日本電力業発展のダイナミズム』同、2004 年、198 頁。
15) ナチス的電力統制の問題は、本書所収の田野慶子氏の論考において詳細に分析されているので、ここではその特徴のみを取上げる。
16) 日満財政経済研究会編『ナチス経済法』日本評論社、1937 年、67 頁以下、同法「理由」。
17) 小島精一「電力国営に於ける奥村氏の思想的背景を駁す」『経済情報』昭和 11 年 7 月 21 日、22 頁。
18) 同上雑誌、昭和 11 年 8 月 1 日、22 頁。1937 年には上記『ナチス経済法』で関連立法が邦訳され、また電力供給業経済団体については逓信省電気局技術課員だった大来佐武郎の紹介が発表されている。同「独逸電気供給業経済団体の構成並びに使命」『電気協会雑誌』第 191 号、1937 年。
19) D.H. Aldcroft, *The Inter-War Economy: Britain, 1919-1939*, London, 1970, pp. 171; L. Hannah, *Electricity before Nationalisation*, 1979, 4；坂本悼志「イギリス電力産業の組織化」権上康男ほか編、前掲書、所収。なお、大沢真理「両大戦間イギリスにおける『独占』・『団結』と産業『計画化』」廣田功・奥田央・大沢真理編『転換期の国家・資本・労働』東京大学出版会、1988 年、参照。第二次大戦後、イギリスでは 1945 年から 51 年にかけて、電力の国有化だけでなく、中央銀行・航空・石炭・運輸・ガス・鉄鋼等が国有化された。国有化は資本主義国における独占規制政策の一つなのである。
20) 原本は J. Legoux, *L'etat et l'industrie electrique en Grande-Bretagne*, Paris 1936. 訳者は大西忠雄で、同協会『電気事業資料』第 43 号として出版された。また訳文が連載された『電気協会雑誌』は第 188 号/189 号、1937 年。
21) 奥村喜和男「電力国策の目標と理念」(1936 年 5 月付) 同著『変革期日本の政治経済』ささき書房、1940 年、14 頁以下。彼は電力国家管理案を構想する際に、G.D.H. コール著『今後十年間の英国の産業』を熟読したという。吉田啓著『電力管理案の側面史』交通経済社出版部、1938 年、44 頁以下、田村謙次郎著『戦時経済と電力国策』東亜政経社、1941 年、350 頁。堀真清「電力国家管理の思想と政策」(早稲田大学社会科学研究所ファシズム研究部会編『日本ファシズムⅢ』早稲田大学出版部、1978 年) は、この書物が *Next Ten Years in British Social and Economic Policy*, 1929. であることを明らかにしている。この書物は、清水元壽訳『経済国家統制』千倉書房、1931 年、として邦訳されている。奥村の思想にコールのようなギルド社会主義の要素が含まれているとしたら興味深いことである。
22) 奥村、前掲論文。もとより独伊の「フアツショ思想」への奥村の傾斜を否定するものではない。但し以下の文章にみられるように「フアツショ思想」の意味はかなり広くとられている。「私は、今度、ヨーロッパから米国へかけて、一通り世界各国の統制経済の状況を見て廻つて来た。その見て廻つた所の感想を一言にして言ふならば、今後の人類の政治と文明の指導精神は、フアツショ思想であるといふ確信である。フア

ツショ思想の骨子は全体的国家観に立脚する公益尊重の世界観であるが、経済部面に於ては所謂自由主義に対して統制主義経済である。而して統制経済の傾向は『民有国営』の方向にあると思ふ」(同、前掲書、55頁参照)。

23) 頼母木桂吉「電力国営断行の機」天野富太郎編『諸政一新と電力国営』電力国営期成同盟会、1936年、3頁以下。

24) 出弟二郎「電力統制の強化策に就て」大和田悌二・出弟二郎・高橋三郎著『電力国営の目標』電界情報社、1936年、69頁以下。橘川氏も出がグリッド・システムをモデルにした事実を指摘するのであるが(同、前掲書、385頁)、その意味に立入ることなしに、彼を「国家主義的、全体主義的イデオロギー」に結びつけている。

25) 国策的な特殊会社だけでなく、営団や金庫などの企業形態もこの系列に含まれるのではないだろうか。実方、前掲書、参照。

26) 前出注17、18のほかに、小島精一「電力国営の批判と統制私案の提唱」『商工経済』第2巻1号、1936年7月。

27) 橘川『日本電力業発展のダイナミズム』380頁。また松永安左ェ門「電気問題と我が邦統制の性格」東洋経済新報社『経済倶楽部講演』第4輯、1941年、28頁以下。

28) 出弟二郎「戦争と電力動員」『科学主義工業』1937年10月。

29) 日本近代史料研究会編『日満財政経済研究会資料』第1~3巻、1970年。中村隆英・原朗「解題」、同上、また山崎志郎「生産力拡充計画の展開過程」前掲『年報近代日本研究9』、同『生産力拡充計画資料』原朗・山崎志郎『戦時経済総動員関係資料集・解説と目録』現代史料出版、2002年。

30) 宮崎正義著『東亜連盟論』改造社、1938年、93頁以下、101頁。なお前掲拙著、IV章参照。

31) 小林英夫氏は、宮崎の考えをソ連型の計画経済のモデルに結びつけているが、適当といえない。小林、前掲『「日本株式会社」を創った男」「はじめに」。同様の見方を岡崎哲二氏も採用しているように思われる。岡崎、前掲「戦時計画経済と企業」378頁以下。

32) 宮崎、前掲書、102頁以下。

33) 上記『日満財政経済研究会資料』第1巻、318頁以下。

34) 上出『ナチス経済法』「例言」。前掲拙著も参照。

35) 同『ナチス経済法』「序説」および25頁の解説。

36) 昭和研究会『民間経済中枢機関試案』(昭和12年12月)、「例言」。この印刷物は本文 (22頁)、参考資料(附録)一・二(56頁)、同三統計資料(1)~(9)から構成されている。なお、同会の経済問題の取組みについては、松島春海「経済『国策』の構想とその展開過程——『昭和研究会』を中心に」逆井孝仁・保志恂・関口尚志・石井寛治編『日本資本主義・展開と論理』東京大学出版会、1978年、また上記『試案』の特質に関しては、W. M. Fletcher III, *The Search for a New Order. Intellectuals and Fascism in Prewar Japan*, North Calorina, 1982, pp. 121. この『試案』は発表直後色々な分野で注目された。たとえば『商工経済』第5巻2号(1938年2月)「経済統制中枢機関問題」とくに188頁、195頁以下。

37) 「戦時体制の発展と商工会議所の機構改革（下）」『エコノミスト』第16巻32号、1938年11月11日、38頁。またFletscher, op. cit.『試案』の附録「参考資料」におけるドイツに関する説明は詳細である。その中に明示された文献は次の通りである。東京商工会議所「各国統制経済に関する調査～第三巻独逸商工経済の団体機構統制」（『商工調査』第65号・第三巻、1936年9月。調査担当者は東京商工会議所調査課小穴毅）、長守善著『ファッショ的統制経済』、美濃部亮吉著『独裁下のドイツ経済』（福田書房、1935年）、エフ・エルマート著『ナチス準戦時国家体制』（F. Ermath, *The New Germany. National Socialist Government in theory and practice*, Washington D.C. 1936、具島兼三郎訳、千倉書房、1937年）および日満財政経済研究会編『ナチス経済法』など、当時第一級のナチス経済関係文献であった。ドイツ経済有機的構成準備法と同施行令の全文も上記『ナチス経済法』から転載されている。

38) 酒井三郎著『昭和研究会』（ティビーエス・ブリタニカ、1979年）所収「資料」に全文が収められている。「国策研究会文書」（マイクロフィルム）では同目録6209。中村・原、前掲「『経済新体制』」は、この文書が1939年8月頃に作成されたと推測した上で、次のように指摘している（同84頁以下）。「……ひとしく書生論と片づけてしまうのは容易である。しかし、この書生論の原型の上にのちの『経済新体制』論が構築されたこともまたいなめない事実であった」。

39) 「国策研究会文書」（マイクロフィルム）の資料のこの部分には各所に傍線やチェック印が残されている。なお、この項目の前に「建設期経済体制編成の必要」・「現行経済統制の根本的欠陥」があり、その後に「農業の再編成」・「本案に対する若干の注意事項」が叙述されている。

40) 「半官半民」方式は久原房之助の名前と結びつけられている。久原房之助「日本産業革新論」『科学主義工業』（1940年1月）の「半官半民出資に依る民営主義」がそれに該当するものと思われる。久原は資本主義の根本的な欠陥として「分配問題」を掲げ、その是正の仕方としてソ連式の共産主義に対置して政府による半額出資、経営は民間株主、という方式を提唱した。

41) 昭和研究会事務局「日本経済再編成試案」（1940年8月10日）、16頁。

42) たとえば中村隆英著『昭和史Ⅰ』東洋経済新報社、1993年、294頁；Nakamura Takafusa, The Japanese war economy as a "planned economy", in: Erich Pauer (ed.), *Japan's War Economy*, London/New York, 1999, p. 16.

43) 詳しくは前掲拙著、Ⅰ、Ⅱ章参照。ラーテナウは右翼に暗殺された。またラーテナウの考えを排斥したナチスは、1937年の株式法によって経営機能を重視するラーテナウ的な観点を事実上導入して、株主総会に対する取締役会の権限を拡大し、それを指導者原理に結びつけた。

44) 中村・原、前掲論文。

45) 前掲「国策研究会文書」6196。中村・原、前掲論文によると、この文書はすでに7月19日に作成されていた。その内容については、同上、88頁以下。

46) これをあたかも利潤の否定、「資本主義とは原理的に異なる経済システム」と理解するとしたら、それは誤解である。たとえば岡崎「戦時計画経済と価格統制」193頁、

197頁、大石嘉一郎著『日本資本主義の構造と展開』東京大学出版会、1998年、28頁。
47) 前掲拙著、V章。
48) 中村・原、前掲論文、91頁。
49) 公益優先原理が利潤原則を否定するものではないことについてはすでに繰り返し説明し、この概念についての先行研究の誤解を指摘してきた。むしろ利潤原理を認めるからこそ、利潤至上主義に結びつくことがないように「公益」が強調されねばならなかったのである。上の誤解が問題なのはそれが経済新体制の性格全体の理解に関わるからである。経済新体制は資本主義的原理を否定する「計画経済」ではなかった。それはナチス的体制と同様に自由放任主義的な資本主義に対する単なる修正でしかなかったのである。
50) 前掲拙著、V章、拙稿「ナチス政策思想と『経済新体制』——日本経済界の受容」工藤章・田嶋信雄編著『日独関係史』III、東京大学出版会、2008年。
51) 財界の新しい動向に関しては、長島修著『日本戦時鉄鋼統制成立史』法律文化社、1986年、第6章2節ほかを参照。
52) 前掲拙稿参照。
53) 日本経済連盟会ほか8経済団体「経済新体制実施に関する意見書」(1940年1月28日)『経済連盟』第11巻2号、1941年4月をも参照。
54) シュペーア体制については、大野英二「『第三帝国』におけるテクノクラートの役割」『歴史と社会』第3号、1983年11月、工藤章著『20世紀ドイツ資本主義』東京大学出版会、1999年、328頁以下；D. Eichholz, *Geschichte der deutschen Kriegswirtschaft 1939-1945*, Bd. II, T. 1, Berlin 1985, München 2003; H.-E. Volkmann, *Ökonomie und Expansion. Grundzüge der NS-Wirtschaftspolitik*, hrsg. von B. Chiari, München 2003, S. 75ff.
55) 商工会議所の機構改革については、須永徳武「商工会議所の機構改革と商工経済会の活動」柳沢遊・木村健二編著『戦時下アジアの日本経済団体』日本経済評論社、2004年。ドイツの商工会議所のナチス化については、前掲拙稿「ナチス・ドイツにおける商工会議所の改造」参照。
56) 中村・原、前掲論文、121頁。企業に対する国家管理を強調する中村・原論文に対して、岡崎哲二「戦時計画経済と企業」(392頁以下)は経営者の「フリーハンド」の確保の側面を重視している。なお、戦時期の経済再編の全体的な動向については、原朗・山崎志郎編著『戦時日本の経済再編成』日本経済評論社、2006年、特に序(原・山崎)と第一章(山崎)参照。
57) cf. F. v. Waaden, Wartime economic mobilisation and state-business relations: A comparison of nine countries, in: Grant/Nekkers/Waaden, *op. cit*., pp. 296. ウォーデンらの考察はもっぱら「戦時動員」に集中し、それ以前から問題となっていた国家－企業関係の特質については分析していない。また彼らの観点は制度や組織のみにあり、それらを支える経済思想や理念の役割を考察していない。難点といえよう。

第7章

戦時日本における金融市場のリスク管理
——戦時金融金庫の事例

山崎 志郎

はじめに

　周知のように広田内閣の1937年度予算案発表を機に投機的輸入が急増すると、高橋財政期以来実施されてきた為替管理政策は、37年初頭から急速に強化された。同年6月の第1次近衛内閣の賀屋興宣の蔵相就任によって金融市場を広範に統制する「資金統制法」構想が推進され、日中戦争勃発を機に、9月に臨時資金調整法として公布された。これによって企業の株式・社債発行、内部資金等による設備拡張計画や定款変更、また銀行の長期資金貸出、社債引受が広汎に統制された。こうした金融市場における資金配分の統制は、宇佐美誠次郎[1]や原朗らの研究によって、主として「自治的」統制方式であったにも拘わらず有効に機能していたことが明らかにされている[2]。
　その後拙稿[3]では、資金配分政策が単なる強制的資金割当ではなく、金融機関による競争や、寡占的安定構造の流動化を回避しリスクを分散管理する協調融資など、一定の市場的・競争的環境を利用して機能していたことを指摘した。そうした金融市場の統制・計画化と市場メカニズムの関係を明らかにする視点は、伊牟田敏充らの共同研究でも重視された[4]。
　本章では戦時の金融市場におけるもっともリスクの高い領域をカバーし、投資、融資、株価安定操作の面で戦時総動員体制を支えた戦時金融金庫の機能を明らかにする。戦時金融金庫については従来ほとんど研究がなく、伊牟田の分析[5]が唯一と言ってよい。伊牟田は戦時金融体制の全体構造をリスクの迂回構造として捉え、特殊金融機関である日本興業銀行にハイリスク融資を集中させ

て金融市場の安定を図ったこと、そして、そのリスク管理能力を超える特殊領域が拡大するにつれて、戦時金融金庫構想が具体化したことを指摘した。さらに主要企業の取引銀行データなどから戦時金融金庫の役割の拡大を指摘し、敗戦間際の株価安定操作や、終戦時の融資先データから戦時の金融市場における独自のリスク負担業務を検討した。

しかし戦時金融金庫の経営内部資料の発掘が進まなかったため、伊牟田の研究では設立構想を巡るマスコミや関係者の言説や敗戦後の閉鎖時に明らかにされた資産状況の検討にとどまり、日常業務については状況資料の積み重ねや僅かな新聞記事に依存し、詳細な分析は困難だった。本章では、戦時の特殊機関等の処理に当った閉鎖機関整理委員会に移管され、その後旧大蔵省が長く所蔵してきた内部資料を利用して、戦時金融金庫の発足から敗戦までの業務を明らかにする。これを通じて、戦時経済総動員体制の中で、軍需関連産業の資金調達やリスク管理が、どのように戦時金融金庫によって確保されていたのかを検討する。

第1節　戦時金融金庫法の制定と設立

戦時金融金庫の業務は[6]、①軍需産業、生産力拡充産業、代替品産業などの国家緊要産業を営む者、②政府の方針に基き未動有休設備を保有する者、③重要物資を貯蔵する者、④事業の整備をなす者に対する、出資、融資、債務引受または保証、社債応募または引受のほか、日本協同証券株式会社の業務を引き継いだ市価安定のための証券売買などであった。その際、資金供与を出資とするか、融資とするかの判断は、市況にもよるため需要者の判断に任されたが、当初から融資が中心になるだろうと見込まれていた。

また緊要産業を対象とするとはいえ、鉱山業に対する帝国鉱業開発や植民地投資会社、南方開発金庫のような専門の投融資機関との競合は避けるよう設計されていた。一方、兵器製造業者には同時に構想されていた兵器等製造事業法によって設備貸与、買上を前提とした設備新設・拡充命令などの助成措置があ

り、拡充命令を受けた企業の資金調達に戦時金融金庫が積極的に関与することが期待された[7]。こうしてハイリスク戦略事業の資金繰り全般が種々の特殊機関によってカバーされるよう制度設計がなされた。

　金庫の必要資金は膨大なものとなるので、金融債の発行を予定した。発行限度は、当初の3年間で資金供給が30億円程度に達すると予測したことから、資本金3億円の10倍と規定した。一般金融機関では融資が困難なリスクの高い資金を供給するため、金庫の損失は政府が全額補償し、民間出資分に対しては、年5％の配当を保証する補給金を交付することになった。金庫の融資金利は、銀行等資金運用令（40年10月）などによる命令融資制度と同じ水準とした。命令融資制度[8]自体は、基本的には戦時金融金庫に役割を譲ることになっていたが、金庫の資金力の制約や興銀等との取引関係から融資を継続すべき場合は、命令融資も存続することとした。なお、融資に当たっては、一応、担保や個人保証等の債権保全策を取るが、これは法的な要件ではなく、無担保・無保証でも融資は可能とした。

　しかし、損失の発生が明らかであり、到底民間企業の責任では設備の新設・拡張が困難な場合には、通常それを民間事業者に命ずることはできず、戦時金融金庫でも融資対象とはしなかった。国会委員会説明では、「何時まで経っても赤字でどうにも仕様がないと云うやうな、事業者自らの計算に於て経営せしめることが全然問題にならない場合」には、産業設備営団が事業者に代わって設備を建設し、設備の運営を委託する官設民営の形をとるとしていた。そして「今はちょっと見透しが付かないけれども、何とか事業として成り立つかも知れない。事業者としては自らやって行かうと考へるのだが、唯普通の金融機関としては危険で金が貸せない。かう云う場合に此の戦時金融金庫が発動して資金を供給する」という分業が想定されていた。企業側の責任で行う事業である以上、産業設備営団よりは設計・設備計画の弾力性や迅速な経営判断が可能であるというメリットもあった[9]。商工省所管の産業設備営団と大蔵省所管の戦時金融金庫が相次いで構想されたことについては、議会審議の際にも、相互の連絡・調整を巡って種々懸念が出され、両省の「セクショナリズム」への批判

もあった。結局、両機関の役割分担は、事業リスクに応じた企業側の経営判断によることになった。また産業設備営団との関係では、未動遊休設備の処理もリスクに応じて役割を分担していた。営団は、企業整備政策に沿って廃棄すべき設備を買上げ、スクラップ化し、維持すべき未動遊休設備を買上げて保有した。一方、将来を見据えて未動遊休設備を企業が自ら保有する場合もある。その際、融資対象が稼働設備ではないことから、一般金融機関からの借入が困難になる場合もあるので、戦時金融金庫がこうした運転資金も融資することになった。この点に関しては、「『スクラップ』ニサレテハ堪ラヌト云フ風ナコトニナッテ、政府ガ命令スル前ニヤッテ来テ、ドウゾ金ヲ貸シテ下サイト云ッテ」、金庫の融資が産業設備営団による買取や企業整備を忌避する手段となるという危惧もあった[10]。

1942年3月1日の戦時金融金庫法施行から、金庫設置の経過は次のとおりである。3月14日、日本協同証券株式会社臨時株主総会で金庫への吸収が決議され、24日には戦時金融金庫設立委員長（大蔵大臣賀屋興宣）及び設立委員35名が任命（事務局大蔵省内）された。31日には政府出資・協同証券出資を控除した資本分の公募を開始し、4月6日に政府出資の引受があり、8日には株式募集を終了した。これを受けて、同日中に設立の認可がおり、第1回払込請求をし、15日には払込が完了し、18日には総裁、副総裁、理事8名、監事2名が任命され、戦時金融金庫が発足した[11]。

戦時金融金庫の組織は、東京の本店の他には支店を持たなかった。そのため少額の融資、とりわけ東京以外での機帆船海運業者の木造船買入資金や木造船業者等の設備・運転資金については、日本興業銀行（大阪・京都・愛知・富山・静岡・宮城・兵庫）、北海道拓殖銀行（北海道）、日本勧業銀行（前期府県以外）が代理店となり、10万円未満は代理店専決、それ以上は金庫への稟議に基づいて融資した。外地・国外での融資については台湾銀行、朝鮮殖産銀行、朝鮮銀行（関東州所管）、満州興業銀行が代理店となり、500万円未満については審査、貸付、回収、監査を委任し、金庫への稟議の下で実施させた。500万円以上は全て本所で扱った。1942年度末の代理店は国内49店のほか、朝鮮、満州、

台湾を含め52カ所となった。代理所による融資資金は、代理所からの回送依頼を受けて金庫の代理所勘定で送金し、代理所よりの融資実行の通知を受けて、これを金庫の手形貸付勘定または証書貸付勘定に振り替えた[12]。

内部組織は、融資部、投資部、証券部、総務部からなり、融資部は新規融資の審査と貸出、投資部は、総動員業務上の重要事業への投資を担当し、原則的に当該株の売却はしなかった。証券部は、日本協同証券の事業を継承したもので、株式市場の安定化のための株売買を担当し、総務部は戦時金融金庫債の発行等を担当した。

第2節　設立当初の事業見通し

設立時に立てられた当面3年間の投融資見通しは、表7-1のとおりである[13]。緊要産業への融資対象は、法人を本則としつつも個人向けも可能とし、初年度は3.3億円余、3年間では22億円と見込んだ。投融資総額34億円の3分の2は融資が占めるとした。これは、1941年度に興銀が実施した命令融資11億5000万円を基準にしており、今後は興銀に代わって高リスク融資の中心となり、毎年10億円程度の融資があるものと見込んだものだった。そのうち初年度に融資承認額の4割、2年目に4割、3年目に残りの2割が実行されると想定した。償還期間は最長10年とし、事情により適宜延長を認めた。また特別

表7-1　設立後3年間の新規投資・融資（当初見通し）

(単位：百万円)

	1942年度	1943年度	1944年度	計
国家緊要産業に対する投資	140	180	180	500
国家緊要産業に対する融資	330	780	1,090	2,200
未働遊休設備保有者に対する投資・融資	200	200	—	400
その他　企業整備に伴う投資・融資	50	50	—	100
重要物資貯蔵のための融資	150	50	—	200
有価証券市価安定のための融資	市場に応じて3億円から6億円			
計	870	1,260	1,270	3,400

出所：会社部経理統制課「戦時金融金庫事業計画概要」1942年4月7日。

な事情がある場合は、担保を徴さないことや債権の放棄も認めていた。

　投資対象は株式会社・有限会社・合資会社・特殊法人の区分を問わないこととし、初年度1.4億円、3年間で5億円が見込まれた。この見通しの算出については、1941年度生産力拡充計画の担当企業のうち、対日資産凍結によって株式市況が最も落ち込んだ7月26日時点で、株価が払込金を下回り、長期資金の調達が困難になった企業を想定し、必要額を算出した。これらの企業の増資払込予定1億1600万円の6割、社債発行予定1億5000万円の7割を金庫が引き受けるとして、初年度は1億4000万円、その後も増資で毎年7000万円、社債発行で毎年1億1000万円が必要と計算した。もっとも、太平洋戦争の戦果が伝えられるとともに、株価が上昇に転じた結果、1942年初頭の金庫発足時点では、実際にはこれほどの投資額は必要ないと予想していた[14]。なお、社債は担保付きを本則としつつも、無担保社債も可能とし、必要な場合は元本、利子の放棄も認めていた。

　未働有休設備保有者への融資は、企業整備事業の一環として、予想される遊休設備6億4100万円、未働設備7億4700万円を自社で保有し続けようとする企業への所要資金の融資であり、1942、43年度に各2億円を予定した。企業整備に関連した投融資では、企業整備の際発生する転活用可能な未働設備6200万円、遊休設備2億円の転活用資金の融資も必要であり、このうち金庫は1億円分について担当することとし、1942、43年度に各5000万円を予定した。重要物資管理営団による戦略物資の保管業務に関しては、42年度でほぼ完了するものと見て、同営団に対して42年度1.5億円、43年度5000万円の融資を見込んだ。また、株価安定のための買入は、日本協同証券に対する興銀の融資命令額（41年8月）3億円を参考に、今後市況に応じて3億円から6億円の範囲で行うとしていた。

　貸付や償還方法は、興銀に対する命令融資に倣い、貸出期間は原則5年（延長可）とした。長期貸付は年利4.8％、遊休設備保有者の融資などは3.4％の低利とし、運転資金は年利4.3％とした。

　収益見通しの基礎になる投融資の各年平均残高の見込みと利回りは、表7-2

表7-2 投融資平均残高に関する当初見込み

(単位：百万円)

	1942年度	1943年度	1944年度	1945年度	1946年度	運用利回り(％)
国家緊要産業に対する投資　株式	28	92	161	188	172	5
同　　　　　　　　　　　　社債	42	138	242	282	275	4.40
国家緊要産業に対する融資　設備	132	575	1,327	2,000	2,253	4.80
同　　　　　　　　　　　　運転	33	145	328	500	564	4.30
未働遊休設備保有者に対する　融資	87	260	350	350	332	3.40
同　　　　　　　　　　　　投資	17	37	50	50	45	4.50
その他　企業整備に伴う投資・融資	25	75	100	100	95	4.80
重要物資貯蔵のための融資	75	50	17	—	—	4.30
当座預金	11	15	15	20	20	3.65
計	450	1,387	2,590	3,490	3,756	

注：資金調達利率は、戦時金融金庫長期債券4.26％、同短期債券3.5％、短期借入3.5％を見込む。
出所：前掲「戦時金融金庫事業計画概要」。

のとおりである。緊要産業への投資と融資が比重を急速に高め、1944年からは運用残高の2分の1以上を占めている。その利回りは、高リスク投資であるにも拘わらず、民間銀行保有株式の6.24％、上場企業で額面割れを起こしている35社の平均配当6.14％よりも低い5％を想定した。社債利回りは三流社債同等の4.4％と想定し、3年目からは元本の1割ずつの回収を見込んだ。

融資では、長期設備資金が概ね8割を占め、融資利率は、日本興行銀行に対する命令融資並みの4.8％、回収は5年目から毎年2割と見込んだ。短期運転資金利率は4.3％とした。未動遊休設備保有者は、概ね平和産業であり、無配会社も多いことが見込まれたが、融資は3.4％の特別低利を設定した。融資の回収は、5年目から毎年2割、投資分の回収は5年目から毎年4割を見込んだ。企業整備関係の投融資は3年目にピークになるとし、5年目からは2割ずつ回収するとした。また重要物資管理営団向けの融資は初年度に集中し、翌年には回収する見込みだった。運用の多くは長期資金であり、その調達は長期金融債券4.26％を中心とし、短期資金は、割引短期債3.5％を利用することとした。この結果、1946年度までの損益見通しは表7-3のように、初年度だけ僅かの政府補給金を必要とするものの、以後は堅実経営が可能であるとし、44年度

表 7-3　1942～46 年度損益見通し

(単位：千円)

		1942年度	1943年度	1944年度	1945年度	1946年度
国家緊要産業に対する投資	株式	1,283	4,600	8,050	9,400	8,600
同	社債	1,694	6,072	10,648	12,408	11,308
国家緊要産業に対する融資	設備	5,808	27,600	63,696	96,000	108,144
同	運転	1,300	6,235	14,104	21,500	24,252
未働遊休設備保有者に対する	融資	3,124	8,840	11,900	11,900	11,288
同	投資	701	1,665	2,250	2,250	2,250
その他　企業整備に伴う投資・融資		1,100	3,600	4,800	4,800	4,560
重要物資貯蔵のための融資		2,956	2,150	731	0	0
当座預金		33	54	54	73	73
収入計		17,999	60,816	116,233	158,331	*170,250
資金コスト		12,053	49,041	95,911	132,903	142,725
諸経費		2,500	3,000	3,000	3,000	3,000
計		14,553	52,041	98,911	135,903	145,725
剰余金		3,446	8,775	17,322	22,428	24,525
税金		1,200	3,100	5,800	7,000	7,400
退職基金		50	50	50	50	50
政府以外への配当		2,291	3,750	5,000	5,000	5,000
補給金		△ 95	95	0	0	0
政府配当		0	0	3,000	5,000	6,037
積立金		0	1,780	3,236	5,189	6,037

注：1)　積立金は剰余金から税金、退職基金、政府以外配当を控除した分の2分の1と、政府配当後の残余の合計。
　　2)　＊印の収入合計は一致しないが原資料のまま。補給金は翌年度に返戻金としている。
出所：前掲「戦時金融金庫事業計画概要」。

からは政府配当も実施する見通しだった。

　表 7-1 の 3 カ年の事業見通しを立ててから 1 カ月後、事業計画は一部拡張された。5 月 22 日の評議員会[15]に示された 1942 年度資金計画は、国家緊要産業への融資見通しが 3.3 億円から 5 億円に引き上げられた。それは、主に他銀行融資の肩代りと見られる「借入金返済資金その他の所要資金」1.1 億円が新たに計上されたためで、総資金計画は、8.7 億円から 11.5 億円になった。この結果、資金調達計画も、自己資金 1.5 億円のほか、長期債券 6 億円、短期債券 4 億円となった[16]。

第3節　各年度の事業計画と実績

戦時金融金庫では毎年年度当初に事業進捗見通しが検討され、年間事業計画が策定された。以下では投融資を中心に、各年度の資金計画とその実績を見ておこう。

表 7-4　各年度資金計画

(単位：百万円)

	1942 年度	1943 年度	1944 年度
国家緊要産業に対する投資	140	400	400
国家緊要産業に対する融資	500	1,000	1,800
重要物資貯蔵等のための融資	510	100	0
計	1,150	1,500	2,200
債券発行	1,000	1,000	1,700
自己資金および借入金	150	500	500

注：1943 年の企業整備資金の計画は見通し難のため除外してある。
出所：「第一事業年度（昭和十七年度）資金計画」、「第二事業年度（昭和十八年度）資金計画」、「昭和十九年度第三回事業年度資金計画」（総務 32〜34）。

表 7-5　投融資の承認・実施・残高

(単位：千円)

	1942 年度		1943 年度		1944 年度		累計	
融資申込額	84	856,326	294	1,734,473				
融資承認額	72	814,237	259	1,456,312	*61	*2,274,590		
融資実施額	65	368,730	200	832,409	*58	*1,471,620		
回収額	5	62,701	14	139,278	*1	*3,000		
融資残高	60	306,029	246	999,159		2,903,236		
投資申込額	8	104,000	47	294,758	53	206,468	111	605,226
投資承認額	7	97,625	44	293,910	55	202,790	107	594,325
投資実施額	7	34,220	41	158,095	56	155,769	104	348,084
投資残額	7	34,220	48	192,320	103	327,484		

注：1944 年度融資の＊印は、45 年 2 月末時点の実績をもとにした年度予想。（経理部「昭和十九年度損益予想ノ件」1944 年 3 月 1 日経理 121）、1945 年 3 月末の投資額 3 億 3 千万円に対して BS の株式保有額は 8 億 5 千万円、5 億円は証券部による株価対策による買入残高となる。
出所：「昭和十八年度第二回事業年度業務報告書」（経理 208）、戦時金融金庫投資部「投資状況」1945 年 3 月 31 日現在（経理 104）。

(1) 1942年度

表7-4は各年度の当初に戦時金融金庫によって策定された資金計画をまとめたものである。1942年度の事業計画は緊要産業への投資1.4億円、融資5億円、未動遊休設備関連投融資2億円、企業整備・重要物資貯蔵投融資2億円など11.5億円を予定していたが、実際には大幅に予定を下回った。金庫への出資申し込みは、「一般ニ馴染マレナイ」こともあって、表7-5のように、1億400万円、承諾額は9700万円にとどまり、実際投資額は3400万円だった。また、融資については、申し入れ額8億5600万円、承諾額8億1400万円となった。融資実施額は6月に最初の融資が実施されて本格化したが、3億6873万円にとどまった。うち国家緊要産業への融資が2億5555万円、重要物資貯蔵・企業整備等のための融資が1億1319万円であり、企業整備事業の遅れを反映していた。投融資先は、兵器、航空機および同部品、軽金属、機械器具が中心だった。

株価安定のための操作もさほど積極的ではなかった。1942年の株式市場は、戦果の喧伝と軍需関連企業の高収益と増資、これに転廃業資金の株式運用もあって堅調に推移し、43年に入ると増資新株に対する配当制限措置を加えて、株価騰貴を抑制するほどであった。このため、証券部の買い入れ機会は多くなかった。買入実績は表7-6のように、34万株1123万円の買入と、8000株124万円の売却を行い、保有残高は145万株9000万円になった。これに関しては、「情勢ニ応ジ適切ニ売買ノ出動ヲ致シ夫々実効ヲ収メタ」という。

資金調達では、当初、戦時金融債の長期債6億円、短期債4億円の発行を予定していたが、結局長期債2億9000万円、短期債2000万円を13回に渡って発行したにとどまった。このうち1億1000

表7-6 株式市場安定のための出動

(単位：千株、千円)

	1942年度		1943年度	
	株数	金額	株数	金額
買付	342	11,230	2,931	226,561
売却	8	1,244	9	1,449
年度末残高	1,451	90,498	4,236	297,626

出所：戦時金融金庫「昭和十八年度第二回事業年度業務報告書」（経理208）。

万円は大蔵省預金部など官庁筋の消化、2億円は全国金融統制会による会員金融機関への割当によって消化した[17]。

これについて、金庫側の説明[18]は「昨年ハ金庫開設匆々デアリ、其ノ活動ガ本格的トナリ実行ニ移リマシタノハ秋頃カラノコトデアリマスルシ、又現ニ投融資ニ付キ相当多額ノ内談ヲ受ケテ居ルモノモア」ると、今後の拡大見通しを述べている。また、「未動遊休設備及企業整備ノ資金ハ何レモ出ス迄ニ至リマセンデシタ」と、当初予定していた企業整備政策の遅れも指摘していた。金融債の発行は計画を大きく下回ったが、一方で緊急の資金需要に対応するため、預金部、日銀、銀行共同融資団からの借入の道も用意することになった[19]。

なお年度末になって、石炭配給制限に伴う金融危機の回避として戦時金融金庫から緊急融資を実施する構想も打ち出された。これは石炭配給規制の強化によって低操業を強いられる企業に対する救済的融資だった。

石炭生産は1940年度をピークに、41年度、42年度と逓減していたが、一方軍需と軍需関連需要は拡大したため、年末になって一般産業向けは、著しく抑制されることになった。1943年1月7日の閣議決定「昭和十七年度第四、四半期石炭配当著減ニ伴フ措置ノ件」によって、不要不急部門の縮小方針も強化され、1月13日の臨時生産増強委員会も、「海上輸送力ノ著減ニモ拘ラズ戦争遂行上物的国力ノ維持増強」を図るため、「物的生産力ヲ体系的ニ集約［傍点筆者］」し、徹底的な企業整備を目指す「綜合戦力増強計画策定ニ関スル件」[20]を決定した。

石炭配給の抑制によって操業を継続できなくなる企業が出ることが予想されたため、大蔵省銀行局は「石炭配当著減ニ因ル操業休止企業等ニ対スル資金対策ニ関スル件」を決定し、全国金融統制会を中心にパニック回避策を取ることを通知した。その内容は、①石炭配当の停止した企業への貸出回収を自制すること、②先行不安から重点企業に対する貸出を回収したり、新規融資を引き締めることを自制すること、③貸出回収を図る場合は全国金融統制会に連絡し、協議すること、④協議に当たって全国金融統制会は、政府と連絡しつつ回収の適否を判断すること、⑤貸出継続が適当であるにも拘わらず当該金融機関の融

資が困難な場合は、戦時金融金庫（場合によって日本興行銀行、日本勧業銀行）の肩替りまたは融資保証を講ずること、⑥一連の手続きを迅速にするため、全国金融統制会の審査にあらかじめ戦時金融金庫等を参加させることと、⑦利率等は現行のままとし、回収自制は当面6カ月間、必要に応じてさらに6カ月間延長し、それでもなお決済できない場合は、戦時金融金庫に肩替りさせるというもので、資金回収の自制を求めた上で、最終的な処理を戦時金融金庫に負わせて、動揺を回避しようというものだった。新規融資についても、肩替りが必要な場合は同様の手続きを取ることになった。

これに伴い、戦時金融金庫に対しては、敏速な金融債発行、日銀貸出の簡素化、対戦時金融金庫クレジットの増額などが検討された[21]。残された資料からは、こうした石炭事情を主な融資理由とした事例は確認することができないが、こうした広範な稼働率の低下ないし設備休止という事態となり、回収見通しが困難となるケースでも、総動員計画の円滑な運行のため、戦時金融金庫に犠牲を強いて、パニックを回避しようと構想していたことは、金庫の役割を見る上で重要であろう。

(2) 1943年度

1943年4月に策定された43年度事業計画は、表7-4のように国家緊要産業への投資4億円、同融資10億円、重要物資貯蔵等の融資1億円等の計15億円であった。資金調達は債券発行10億円と自己資金・借入金で5億円を見込んだ。初年度の実績が計画を下回っていたにも拘わらず、43年度は設立時に策定した「3カ年見通し」（表7-1）の43年度計画の12億円余を上回るものであった。2年目に入って計画が急激に拡張した背景について、評議員会では、「現ニ投融資ニ付キ相当多額ノ内談ヲ受ケテ居ルモノモアリ、ソレニ本年度ニ於ケル諸事業ノ進捗ハ昨年度ニ比シ相当ニ増加スルモノト思ハレマスノデ、彼此思ヒ合セマスト十八年度ノ金庫ノ所要資金ハ、昨年度ノ実績ニ比シ可成リ増加スルモノト思ハレルノデアリマス」と説明された。また未動遊休設備資金や企業整備に要する資金の融資については、「相当ノ額ニ上ルノデハナイカト予

想致サレマスガ、之モ只今ノ処デハ金庫トシテ其ノ見込額ヲ立テ得ル迄ニハ至ッテ居リマセヌノデ、右十五億円ノ資金計画ノ数字ニハ計上シテアリマセヌ。然シ此種資金モ必要ニ応ジ十億円ノ債券代リ金ノ内ヨリモ使用致ス積リデアリマス」と説明していた。また債券発行については、一部で一般公募等を検討するものの、前年度同様、「主トシテ官庁及全国金融統制会ノ御斡旋ニ依ル同会員ノ方ノ分割引取リ」に依存するとしていた。

実際1943年度の融資事業は、飛躍的に拡大し、融資承認額は14億5600万円に上った。融資実施額も8億3200万円と事業計画に近いものになり、融資残高は9億9900万円になった。一方投資承認額は2億9300万円、実施額1億5800万円と、計画の4億円には及ばず、残高では1億9200万円であった。とはいえ前年の不調に比してその事業は急速に拡大し、表7-7のように累計の投資承認額は3億9000万円、投資残高は1億9232万円となった。融資を含めた投融資先の中心は、表7-8のように、航空機関連と兵器工業であり、特に航空機関連事業は劇的に拡大した。それは、「企業整備進捗に伴ふ遊休施設の買収資金並に傘下工場等に対する投資資金が目立って増加し之等の融資が一時又は急速に繰り上げ実行され

表7-7 1943年度業種別投資状況

(単位：千円)

	件数	承諾額	実行額
機械器具工業	27	106,022	66,857
兵器及び同部分品製造業	7	37,560	22,560
造船及び同部分品製造業	8	16,000	10,100
車輌及び同部分品製造業	2	2,600	2,600
航空機及び同部分品製造業	1	3,000	1,500
その他	9	46,862	30,097
金属工業	9	198,990	60,115
製鉄業	4	15,500	11,500
鋳物業	2	13,490	6,115
軽金属工業	3	170,000	42,500
探鉱業	3	6,900	6,615
窯業	1	1,000	1,000
化学工業	3	30,500	15,500
交通業	4	24,021	19,721
その他	4	23,099	22,509
計	51	390,535	192,320

出所：戦時金融金庫投資部「投資一覧表」1944年3月31年現在（総務47）。

表7-8 投融資実績
(1943年度末)

(単位：%)

	残高	承認
航空機・同部品	18	31
兵器	18	14
金属	13	11

出所：「第参回戦時金融金庫評議員会速記録」1944年4月27日（総務34）。

た」結果であった。また投資が特に顕著に増加したのは「此業務が前年度中は産業界に十分浸透せざる憾みがあった」が、「当年度に入り漸次各方面の認識を深め」たという面もあった[22]。保有株価格が1000万円以上となった企業は、東洋工業、第一神鋼金属、神戸製鋼所、大阪港運、朝鮮住友軽金属、朝鮮電工、帝国水産統制、鐘淵燃料工業であるが、多くはリスクの高い新規事業への進出や新設企業であったため株式公募が困難なケースであった[23]。

株式市場は1943年度もしばらくは堅調に推移したが、7月末のムッソリーニ失脚を機に下期には、総合で7％、機械工業8％などの株価下落が見られた。この結果、株価安定のための買い出動は11回、293万株2億円以上となった。保有残高も3億円近くになるなど、戦時金融金庫は、その機能を本格的に発揮することになった。証券部が買入価格で1000万円以上を保有することになった企業は、鐘淵工業、日本鉱業、日立製作所、東京芝浦電気、昭和電工であり、これに東洋紡績、帝国人造絹糸、三菱重工業、川崎重工業、日本鋼管、神戸製鋼所、不二越鋼材が続き、航空機関連工業などの軍需工業や生産力拡充産業の主要企業、さらに軍需工業への転換を進めている大手繊維企業などは、ことごとく買い支えの対象となった[24]。

今期の投融資に要する資金は、期中の債券発行7億4000万円（うち長期債7億1700万円）、借入金2億7100万円と手元資金でまかなった。債券の消化先は、一部を一般販売としたものの、預金部等による2億5000万円の特別引受、全国金融統制会の斡旋による4億9000万円の引受が中心であった。

また借入金は、前年度同様、預金部、日銀と、共同融資団によったが、植民地では金庫融資と当地の金融機関の融資を連携させる方法も採用した。

(3) 1944年度以降

1944年度資金計画は、国家緊要産業に対する融資18億円、投資計画4億円、計22億円を見込んだ。資金調達は社債発行17億円、自己資金および借入金5億円によるとした。証券価格の安定対策資金は、前年度同様、特に計画化はせずに、この資金の中からまかなうこととした。しかし、43年度末には債券発

行額が 10 億 5000 万円に達していたため、既払込高 1 億 5000 万円の 10 倍である発行限度の 15 億円に対して、発行余力は 4 億 5000 万円に過ぎなくなっていた。このため 44 年 6 月までに、未払込資本金 1 億 5000 万円を増徴することを決定した[25]。

融資制度面では、1944 年度に入ると工作機械企業に対する前受金整理資金融資が始まった。これは、航空機の飛躍的増産を実現するため、工作機械製造工業を航空機部品工業に転換させるという大胆な発注調整措置を取ったことによる。この結果、受注企業が受け取っていた機械代金前受金の返済が必要となり、戦時金融金庫に融資を求めたのであるが、このための融資規模は 1 億円余となった。一般の軍需融資も急増し、結局貸出残高は対前年 19 億円増の 29 億円となった。もっともこれには年度末の 1 カ月に急増した分が多く含まれている。45 年 2 月末までの実績をもとにした融資見通しは 14 億 7000 万円余に過ぎず、残高見通しは 25 億円に満たないものであった。この見通しを狂わせ、1 カ月で 4 億円の融資増となったのは、3 月の首都圏への空襲であった。既に融資承諾をしていた翌年度予定分の融資が復興資金需要などによって一挙に実施されることになった。

1944 年度の投資部は、50 件を超える新投資を行い、前年を上回ったが、投資実績は前年並みの 1 億 5000 万円程度と、計画を下回った。

株式市場では、1944 年に入ると新株の配当制限の緩和などの株価維持措置が取られ、8 月末には大蔵省から全国金融統制会に対して株式担保の払込資金融通の促進が要請された。同月には日本興業銀行からの融資を受けた取引員統制組合による 5000 万円程度の買い支えもあったが、44 年 2 月の決戦非常措置要綱、南方戦線の一層の悪化、そして東条内閣退陣と続く悪材料に、7〜8 月にかけて機械工業で年初水準から 15% 程度下落するなど、時局株は低迷した。その一方民需産業株、特に繊維工業は、資産再評価の可能性などから下期に上昇を始めるなど、株式市場は早くも終戦を睨んだ展開になった[26]。この間、特に 45 年 3 月の東京空襲後の混乱時に、証券部は取引員統制組合と共同して積極的に買い出動し、戦時金融金庫の 44 年度末の株式保有額は 8 億 5000 万円余

りに達した。このうち投資部の保有は3億2748万円であるから[27]、証券部の年間買い増し額は3億3000万円に上ったことになる。この結果、44年度には金庫債の発行額は30億円、借入金も6億円近くに達した。

1945年度に入ると、軍需企業への復興・疎開資金が拡大したことなどから融資は急膨張した。株式市場では、中島飛行機・川西航空機の軍需工廠化による資産保全が講じられたが、軍需株の低迷は続き、さらに1億円程度の買い支えをしたことが推測される。新規投資は少なかったが、株式市場の安定化対策の資金を調達するため、半年間で借入金は9億円近く増加し、金融債発行残高は8億円近く増加した。

敗戦時の融資状況は表7-9のとおりである。総融資額37億円のうち、31億円余は航空機関連工業、金属工業など一般軍需融資であり、1942年2月の兵器等製造事業特別助成法による指定設備融資は3億円に上った。同法に基づく兵器製造事業者への融資は、完成後、政府による買上を前提に設備拡充を命じられた企業への融資であった。当該企業の借入金返済義務は政府が負うことから、同表では他産業から分離されているが、業種別に区分すれば、兵器・航空機関係事業が中心と見られる。機帆船

表7-9　敗戦時融資状況（1945年9月27日）

（単位：円）

融資区分	金額
一般軍需融資（設備・運転）	3,169,296,033
命令融資	
重要工場疎開資金	46,418,310
工場経理（生活資金）	30,137,000
災害復旧資金	4,037,800
債務決済資金	3,450,000
兵器製造助成法による設備資金	306,869,735
工作機械前受金返還資金	10,178,000
木造船譲渡資金	125,367,737
木造船建造資金	11,154,006
計	3,706,908,621

出所：閉鎖機関整理委員会『閉鎖機関とその特殊清算』1954年。

表7-10　代理所融資実績（1945年9月末）

（単位：円）

代理所	融資残額	主な融資部門
朝鮮殖産銀行	26,510,000	鉱山業
台湾銀行	150,000	精錬業
内地分	39,232,506	造船業27％、輸送業72％、機械器具1％

注：内地の代理所は日本勧業銀行、日本興業銀行、北海道拓殖銀行。
出所：「代理店ニツイテ」『閉鎖時諸勘定内訳表及其他調査資料』（経理119）。

輸送力増強のための海運・造船業融資は1件当たりの融資額は少額であるが、1億3652万円となった。

このうち代理所を通じた融資は表7-10のとおりであり、朝鮮の鉱山融資と、内地での機帆船運航会社融資が多くを占めていた。満州興銀を通じた満州での融資は実際には実施されなかった。

第4節　収益構造

戦時金融金庫の収益性についてみよう。表7-11の損益計算書では、初年度の収入の中心は株式投資の配当金506万円であり、これが収入の38％を占めた。このうち505万円が日本協同証券を継承した証券部保有株式の配当であり、投資部保有株式の配当は6000円余に過ぎなかった。次いで余資の運用と見られる国債等の有価証券利息が収入の33％を占めた。資金運用面で中心となるべき貸出金からの利息は、まだ17％であった[28]。

一方、損失の中心は債券利息401万円、債券割引料16万円、債券発行費用27万円などの債券コストの445万円が最大だった。次いで配当・利子所得に対する所得税等116万円、法人税21万円、営業税27万円などの税負担が166万円となった。

融資・投資ともに当初の想定規模には達しなかったが、初年度剰余金は277万円となり、これは民間出資者への配当に回された。

表7-12のように、1943年度以降、貸出が運用総額に占める比重は58％となり、収入に占める比重も60％となった。しかし、発行金融債の利息が急増した結果、損失は収入を上回ることになり、政府補給金289万円がなければ、民間に保証した5％の配当ができない収支構造になっていた。

1944年度には、さらに赤字が拡大し、民間配当分を大きく上回る政府補給金1211万円によって支えられる体質になっていた。

巨額の投融資活動を支えていたのは、1944年度末まで圧倒的に戦時金融金庫債であったが、45年度に入って急速に借入金依存が高まった。借入のほと

表 7-11　損益計算書

(単位：円)

	1942 年度	1943 年度	1944 年度	備考
貸出金利息	2,308,308	23,002,118	67,259,226	
有価証券利息	4,403,800	1,727,065	3,604,422	国債利息
受入雑利息	503,893	417,924	586,944	預け金利息
配当金	5,060,038	8,997,896	22,640,957	保有株式の配当金
債権益	—	—	441	
有価証券益	732,807	508,416	724,540	国債売却経過利息と株売却益
受入手数料	10,065	1,106	70	
雑益	318,507	359,687	702,345	
未払利息ほか戻入れ益	—	2,921,214	7,320,349	
諸税引当金戻し入れ益	—	644,820	216,117	
小計	13,337,418	38,580,245	103,055,410	
政府補給金	0	2,895,011	12,115,998	
合計	13,337,418	41,475,257	115,171,408	
債券利息	4,016,572	28,319,395	87,941,090	金庫債利息
借入金利息	1,841,550	5,640,192	12,000,107	
預託金利息	—	—	711,525	
支払雑利息	5,365	7,532	6,457	
債券割引料	157,575	402,984	1,475,475	割引金庫債割引料
有価証券損	1,514,213	53,665	1,735	国債買入経過利息
支払手数料	47,017	764,523	996,974	株券委託売買手数料
債券費	274,586	526,006	1,102,270	戦金債手数料
税金	1,657,151	1,543,595	4,266,665	配当利子所得に対する所得税等
給料	443,153	660,887	803,134	
旅費	20,211	37,322	36,085	
営繕費	30,720	11,366	8,248	
事務費	344,285	472,570	600,588	
債券費繰替金償却	—	100,000	417,000	前年度繰延した債券費の当年度償却分
動産不動産価額償却	7,566	22,892	22,892	
雑損	178,905	206,311	301,656	
未経過割引料その他	20,165	206,016	48,000	手形貸付利息の未経過分
小計	10,559,036	38,975,257	110,739,901	
当年度剰余金	2,778,382	2,500,000	4,431,507	主に民間出資者への配当（5％）

出所：『決算附属書類』（経理3）、『財産目録、貸借対照表、剰余金処分』（経理4）、『諸勘定内訳表及調査資料』（経理119）。

表7-12 戦時金融金庫貸借対照表

(単位:円)

	1943年3月	1944年3月	1945年3月	1945年9月30日
未払込資本金	150,000,000	150,000,000	0	0
社債元利前渡金	0	8,485,132	35,846,083	93,972,333
割引社債	144,375	4,026,386	3,456,761	2,578,331
社債発行費	0	4,070,000	11,573,000	11,573,000
証書貸付	8,531,900	9,945,000	28,760,423	39,637,823
手形貸付	297,497,526	989,214,473	2,874,476,069	3,667,270,798
国債	73,010,000	30,872,548	130,698,548	130,698,548
株式	122,367,118	485,040,300	853,791,156	932,580,159
出資証券	0	688,456	1,027,156	1,047,076
外国証券	2,356,422	4,217,787	9,940,857	62,261,922
現金	7,965	5,730	1,111,326	144,404
預金	15,321,422	12,997,852	16,182,541	17,671,160
代理所勘定	0	1,150,850	2,904,500	10,041,510
家具什器	40,841	101,638	78,747	78,747
仮払い金	1,113,722	1,538,162	7,467,049	696,632,436
政府補償	0	2,895,011	12,115,997	0
損失金	0	0	0	43,354,297
計	670,391,291	1,705,249,326	3,989,430,212	5,709,542,543
資本金	300,000,000	300,000,000	300,000,000	300,000,000
準備金	250,000	0	0	0
社債	310,000,000	1,050,052,000	2,998,938,000	3,773,938,000
社債利息	7,644	8,433,132	35,658,083	90,992,182
借入金	53,754,691	325,059,000	591,000,000	1,488,000,000
特別借入金(封鎖預金)	0	11,003,015	25,643,343	41,165,798
借入金利息	0	9,890	157,779	439,584
前受金元利	1,233	36,230	5,608,387	6,598,688
税	8,328	24,473	21,414	39,416
その他利息	2,921,214	7,320,349	15,953,441	1,809,124
未経過割引料	20,165	206,016	48,000	0
納税準備金	475,000	216,117	0	0
借受金	174,635	389,103	615,312	6,559,752
前受金	0	0	11,354,946	0
利益金	2,778,382	2,500,000	4,431,507	0

出所:閉鎖機関整理委員会『閉鎖機関とその特殊清算』1954年。

表 7-13　敗戦時借入金内訳
（1945 年 9 月 29 日）

(単位：千円)

借入先	借入金
日本銀行	539,000
大蔵省預金部	300,000
朝鮮銀行	20,000
台湾銀行	30,000
北海道拓殖銀行	10,000
資金統合銀行	443,000
帝国銀行	27,392
三菱銀行	25,180
日本興業銀行	10,130
安田銀行	19,206
日本勧業銀行	9,990
住友銀行	14,914
三和銀行	14,914
野村銀行	8,630
東海銀行	8,630
神戸銀行	7,014
計	1,488,000

注：利率は日銀日歩1銭、預金部日歩0.95銭、資金統合銀行年利4.2％、その他は日歩1.1銭。帝国銀行以下10行の融資は共同融資。
出所：「借入金内訳表」『閉鎖時諸勘定内訳表及其他調査資料』（経理119）。

表 7-14　資金調達コスト

(単位：千円、％)

	1942 年度		1943 年度	
	平均残高	利率	平均残高	利率
債券発行	101,630	4.377	619,769	4.263
借入金（含特殊借入）	43,380	4.243	141,706	3.980
払込資本金	143,013	1.666	150,000	1.666
その他	4,976	0	2,903	0
平均調達額・コスト率	292,999	3.3679	914,378	3.953

出所：『決算附属書類』（経理3、経理5）。

表 7-15　調達コスト運用利益比較表

(単位：千円)

	1942 年度	1943 年度	1944 年度
融資平均残高	80,109	580,109	1,686,839
同利益額	2,284	22,793	65,931
利回り（％）	2.781	3.929	3.908
同費用負担	2,765	22,831	66,876
差損益	−481	−38	−945
投資平均残高	2,809	95,626	275,057
同利益額	2	1,126	5,862
利回り（％）	0.071	1.177	2.131
同費用負担	95	3,763	10,903
差損益	−97	−2,637	−5,041
証券部平均残高	78,477	158,533	389,352
同利益額	4,460	5,961	13,773
利回り（％）	5.683	3.760	3.537
同費用負担	2,643	6,240	15,433
差損益	1,817	−279	−1,660
余裕金平均残高	129,604	80,110	139,476
同利益額	3,521	2,568	3,750
利回り（％）	2.716	3.205	2.688
同費用負担	4,365	3,153	5,520
差損益	−844	−585	−1,778
合計平均残高	292,999	914,378	2,490,724
同利益額	10,263	32,448	89,316
利回り（％）	3.502	3.936	3.585
同費用負担	9,868	35,987	98,757
差損益	395	−3,539	−9,441

出所：『財産目録、貸借対照表、剰余金処分』（経理4）、『決算書類』（経理174）。

んどは3カ月未満の約束手形による日本銀行借入であったと思われる。1945年9月末時点の未決済分は、7月振出の第60、61回手形の計8000万円、8月は第62回手形の2000万円、9月は借入が集中して第67〜71回の計4億3900万円で、合計5億3900万円だった。表7-13から敗戦時の借入先を見ると、日銀の5億3900万円を筆頭に、預金部3億円、地方銀行の遊資運用のために設立されたばかりの資金統合銀行から4億4300万円、都市銀行共同融資1億4600万円となっている。特に日銀借入は全面的に資金統合銀行に借り換える予定だったようで、日銀差し出し担保も全て書き換えることになっていた[29]。したがって敗戦前後の借入金急増は、主に資金統合銀行と預金部からのものと見られる。

　損失が拡大し続ける収益構造の要因を、資金調達コストと部門別の運用利益から見よう。表7-14のように払込資本金の比重が下がるにつれて、調達コストは上がり、1943年度には4％に接近している。一方運用部局ごとに収入と資金調達コストを比較して収益構造を見た表7-15を見ると、融資利回りは3.9％程度、証券部利回りも3％台を低迷し、投資利回りはさらに低かった。これは金庫の投資企業の多くが低配当ないし無配状態であったためである。当初4％以上を予定していた貸出・投資利回りは実現できず、1943年度以降、融資・投資・余裕金運用のいずれの部門も赤字となった。

おわりに——政策金融機関とリスク管理

　研究史は、戦時金融金庫の誕生について、ハイリスク融資を避けようとする金融界、とりわけ日本興業銀行の命令融資の累増に対する敬遠と、円滑な軍需融資機関の創設を急いだ大蔵省との調整の結果としていた。本章の国会審議等の検討では、産業設備営団を設立した商工省による金融行政への介入と、大蔵省独自の金融動員構想の対抗関係も影響していたことがうかがえた。そして、もっともリスクの高い軍需関連施設の代理建設を担当した産業設備営団と、僅かながら借り入れ側の自己責任性を残した戦時金融金庫は、それぞれハイリス

クの資金調達の領域で適宜棲み分けをしながら事業を拡大した。最もリスクの高い事業領域は、金融市場の外側で産業設備営団が処理し、ハイリスク投融資は戦時金融金庫、次いで日本興業銀行など特殊金融機関や国策投融資機関が担当して、金融市場の安全性と安定性を確保していたと見ることができる。

かつて筆者は日本興業銀行や民間の都市銀行、あるいは全国金融統制会傘下の業態別統制会を中心とする協調体制が、金融市場の計画性と安定性を創出し、戦時経済総動員を金融面で支えていたことを強調したが[30]、民間金融機関の協調体制では処理できない領域における特殊機関の役割も看過し得ないことも補足してしておきたい。

これらの2つの特殊機関の重点分野等の違いを見ておこう。産業設備営団による設備建設は、表7-16の造船所関係6億円余のほか、諸工業については表7-17のように16億円余があった。これに対して、戦時金融金庫は、表7-9のように1945年9月末までの融資実績は37億円であり、融資残額は30億円であった。また株式を中心とした有価証券保有額は表7-12のように、10億円である。営団には船舶の一元的発注・支払による運転資金供給業務があるので単純な比較はできないが、長期資金の供給規模では戦時金融金庫が約2.5倍であった。業種別では1943年度末までの実績を示す表7-7と比べ、機械器具と航空機は戦時金融金庫が多く、化学、燃料、鉄工な

表7-16 産業設備営団の造船所建設状況
(単位：千円)

	契約	引取	契約金額	支払金額
鋼造船所	15	8	720,207	439,414
木造船所	35	31	208,913	174,887
計	50	39	930,120	614,301

出所：閉鎖機関整理委員会『閉鎖機関とその特殊清算』1954年、549頁。

表7-17 産業設備営団の設備建設状況
(単位：千円)

	工場数	契約金額	支払金額
機械工業	16(2)	166,924	95,841
化学工業	71(11)	706,212	509,819
燃料工業	31(7)	649,076	447,291
鉱業	12(2)	35,853	26,947
非鉄金属工業	5(2)	98,426	77,858
鉄工業	23(10)	215,048	160,775
航空機工業	24(0)	477,897	265,416
その他	9(1)	62,105	30,568
計	191(35)	2,411,542	1,614,514

注：工場数の（ ）内は外地工場で内数。終戦時にすでに引き取られた工場は内地56工場、外地2工場。
出所：閉鎖機関整理委員会『閉鎖機関とその特殊清算』1954年、549頁。

ど素材部門と木造船所を除く造船所建設では産業設備営団が積極的に活動していた。残念ながら、産業設備営団に関する閉鎖機関清算関係資料は失われているようなので、両機関の間でいかなる業務上の調整があったのかは、これ以上確認できない。

表7-18 融資残額と回収状況

(単位：千円)

閉鎖機関（3 口）	83,502
特別経理会社（296 口）	2,756,679
非特別経理団体個人（126 口）	234,267
計	3,074,448
切り捨て負担	534,533
回収	1,780,232
特殊法人関係閉鎖機関特殊清算人引き継ぎ	759,684

出所：閉鎖機関整理委員会『閉鎖機関とその特殊清算』1954年。

企業整備政策への関与についてもまとめておこう。民需関係の中小商工業の統廃合、業務・取引慣行の整理と合理化を推進した企業整備政策は、主に国民更生金庫が担当し、紡績業その他の大企業業種の統廃合、設備整理は産業設備営団が担っていた[31]。これらに比べ、結局戦時金融金庫の関与は少なかったが、地域ごとの木造船所の集約や、港湾ごとの回漕業・機帆船業者の統合に関しては、中心的な役割を演じていたと見られる。

戦後、戦時金融金庫は1945年9月30日のSCAPIN 74「外地ならびに外国銀行および特別戦時機関の閉鎖に関する覚書」の指令に基づき、即日閉鎖措置が取られた。その後総司令部の管理下に置かれ、10月26日、大蔵・外務・内務・司法省第1号に基づき、閉鎖機関指定を受け、閉鎖機関整理委員会による特殊清算が行われた。51年度末に特殊法人関係閉鎖機関特殊清算人に引き継がれるまでの融資回収状況は表7-18のとおりである。融資残額のうち回収済みは18億円弱、切り捨てが決定されたのは5億円余であった。本来的に高リスクの融資であり、空襲や敗戦後の事業転換、軍事補償打ち切りなど、経営環境の劇的変化の中で、切り捨て資産が17％に過ぎないのは、インフレの影響によるところが大きかったのは言うまでもない。またこの間、1億余りの保有国債は法定評価額で処分し、15億円余の保有株式については13億円余を処分し2億5687万円の利益を出している。什器類についても同様に売却益が出るなど、戦後インフレは閉鎖金融機関の資産処理には有利に働き、清算処理を容

易にした。

注
1) 日本銀行『満州事変以後の財政金融史』1948 年、大蔵省『昭和財政史』第 11 巻（ともに宇佐美誠次郎執筆）。
2) 原朗「資金統制と産業金融」『土地制度史学』第 34 号、1966 年、拙稿「日本銀行と金融統制」伊牟田敏充編『戦時体制下の金融構造』日本評論社、1991 年所収、岡崎哲二「第 2 次大戦期の金融制度改革と金融システムの変化」原朗編『日本の戦時経済』東京大学出版会、1995 年所収。ただし、長期資金統制を通じて経済統制の根幹としようとした当初構想は、重要物資の需給計画が本格化すると、原材料資材配給面からの規制と一体となって機能することになった。
3) 拙稿「戦時金融統制と金融市場」『土地制度史学』第 112 号、1986 年、同「協調金融体制の展開」前掲『戦時体制下の金融構造』所収。
4) 伊牟田敏充「第二次大戦期の金融構造」同編『戦時体制下の金融構造』1992 年、序章。
5) 伊牟田敏充「日本興業銀行と戦時金融金庫」前掲『戦時体制下の金融構造』所収。
6) 田中豊『戦時金融金庫解説』新経済社、1942 年、106〜125 頁。
7) 衆議院日本銀行法案外二件委員会第 5 回委員会での田中政府委員発言（戦時金融金庫「第七十九回帝国議会戦時金融金庫法関係議事輯録」1942 年 7 月、42 頁）。資金需要の増大に対応する銀行融資の拡大とその限界など、戦時金融金庫が必要となる背景や、具体的融資事例は、拙稿「産業金融と銀行の役割」柴孝夫・岡崎哲二編『講座日本経営史』第 4 巻、ミネルヴァ書房、近刊所収、を参照のこと。
8) 1941 年 12 月末時点の興銀の命令融資は、融資命令 15 億 7700 万円、証券引受命令（軍需手形）7 億円であり、残高は融資命令 7 億 1339 万円、軍需手形 3 億 2687 万円であった。その後興銀は、経営基盤が不安定と見なした高リスク事業への命令融資の拡大に慎重な姿勢をとり、軍需手形残高は敗戦時でも 3 億 3991 万円だった。しかし、融資先事業のリスクが高まったため、44 年から 45 年にかけて中島飛行機融資のうち 15 億 3030 万円を、融資自由度はないが損失補償のある命令融資に移管するなどの措置をとっている。この結果、最終的な融資命令は 49 億 4733 万円、敗戦時の融資残高は 39 億 310 万円に増加し、戦時金融金庫の融資残高に匹敵することになった。大蔵省会社部「第七十九回帝国議会用戦時金融金庫法案ニ関スル想定質疑応答」（総務 42）国立公文書館つくば分館所蔵財務省「閉鎖機関清算関係」資料（以下、内部文書類は同館所蔵）、『日本興行銀行五十年史』1957 年、598〜604 頁。
9) 法案上の明記はないが、大蔵省会社部の上記「想定質疑応答」では、「既ニ他ノ金融機関ノ行ヒタル投資融資等ヲ進ンデ肩替セントスルモノニ非ズ。但シ既存ノ金融機関ノ保有スルコトヲ得ザルニ至リタル投資融資等ニ付肩替リノ要求アリタル場合ニ於テハ肩替リヲ考慮スル」とし、他行のリスクを分担する可能性を想定していた。実際 1942 年 10 月から実施された金鉱山等の廃鉱・整理措置にあたっては、金融機関の資

金引き上げ問題への対処として、大蔵省は「政府ノ方針ニ基ク今回ノ措置ニ依リ回収困難トナリタリト認ムルモノニ付テハ……戦時金融金庫等ニ依ル肩替リノ措置ヲ講スル」としている。臨時金融課「金鉱業ノ整備ニ伴フ金融措置ニ関スル件実施要領」1943 年 4 月『臨時金融課関係諸綴（金鉱業）』（貸付金 2133）。
10) 衆議院前記委員会第 5 回委員会での、喜多委員発言（前掲議事輯録 54、55 頁）。
11) 「戦時金融金庫設立経過報告書」『戦時金融金庫第一回評議員会一件綴』（総務 32）所収。
12) 戦時金融金庫「昭和十七年度業務報告書」、「第貳回戦時金融金庫評議員会速記録」1943 年 4 月 27 日（総務 32）、「代理所ニツイテ」1946 年 4 月 23 日『閉鎖時諸勘定内訳表及其他調査資料』（経理 119）。
13) 会社部経理統制課「戦時金融金庫事業計画概要」1942 年 4 月 7 日『設立経過概要諸規程』（総務 46）所収、「戦時金融金庫業務方法書」前掲『戦時金融金庫第一回評議員会一件綴』所収。
14) 前掲「戦時金融金庫事業計画概要」。
15) 評議員会は総裁の諮問機関であり、評議員は定款の変更、出資・払込、業務方法の設定、債券の発行・償還、剰余金処分等の諮問に応じるとあるが（定款第 20 条）、開催は、資金計画、利益金処分を承認するために年 1 回開かれる程度である。構成は大蔵省から次官以下 3 部長、陸海軍からそれぞれ 2 局長、商工省から次官・総務局長、日銀・興銀総裁、普銀・地銀・貯蓄銀・信託・生保統制会長、産組中央金庫理事長、日経連会長、日商会頭、産業設備営団会長、鉄鋼・産業機械・造船・金属工業・精密機械統制会長、紡連会長などであった。
16) 「第一事業年度（昭和十七年度）資金計画」前掲『戦時金融金庫第一回評議員会一件綴』所収。
17) 第 2 回評議員会での小倉正恆総裁説明「第貳回戦時金融金庫評議員会速記録」1943 年 4 月 27 日（総務 33）。
18) 「諮問第一号説明」1943 年 4 月 27 日『第二回評議員委員会一件綴』所収。
19) 戦時金融金庫「昭和十七年度業務報告書」（経理 3）。
20) 『美濃部洋次文書』Aa-7 所収。
21) 大蔵省銀行局「石炭配当者減ニ因ル操業休止企業等ニ対スル資金対策ニ関スル件」1943 年 1 月 16 日『第一回評議委員会一件関係書類』（総務 47）。
22) 「第参回戦時金融金庫評議員会速記録」1944 年 4 月 27 日『第三回評議員委員会一件綴』（総務 34）所収。
23) 戦時金融金庫「昭和十八年度第二回事業年度財産目録調書」（経理 208）。
24) 前掲「昭和十八年度第二回事業年度財産目録調書」。
25) 「昭和十九年度第三回事業年度資金計画」前掲『第三回評議員委員会一件綴』所収。
26) 株価推移は、朝日新聞社『朝日経済年史』昭和 19 年版、20～21 年版、日本銀行「戦時中金融統計要覧」1947 年による。
27) 投資部「投資状況」1945 年 3 月 31 日現在（経理 104）。
28) 「評議員へ諮問ノ昭和十七年度剰余金処分ニ関スル資料」1943 年 4 月 27 日『第二回

評議員委員会一件綴』(総務33) 所収。
29)　「日銀差入担保ニツイテ」『閉鎖時諸勘定内訳表及其他調査資料』(経理119)。
30)　注3参照。
31)　この点については、原朗・山崎志郎編『戦時日本の経済再編成』日本経済評論社、2006年を参照。

第8章

戦後ドイツ経済制度における連続性の再建
——社会的生産システムと経済政策

ヴェルナー・アーベルスハウザー

はじめに——「経済の奇跡」の神話

　第二次世界大戦後の経済史の教訓に立ち戻るという作業は、ドイツ経済政策の修辞学的なレパートリーに属しており、すでに繰り返し行われてきた常套手段である。過去の成功したモデルに照らして、現在の実際の、あるいは見かけ上の誤った発展を測定し、可能であれば治療を施すということが有効であった場合には、とりわけあの「経済の奇跡（Wirtschaftswunder）」の神話が繰り返し呼び起こされたのであった。このことが起こったのは、「長い50年代」[1]に比べて成長率が明らかに後退した1970年代であり（図8-1）、東西ドイツの再統一が経済問題を投げかけた1990年代であった。そして、もし新しいドイツ連邦首相メルケルが、経済成長の弱さに関する誤解に基づいて第二の「創設時代」を演出しようとし、それによって第二次世界大戦後の西ドイツ経済の再興を考えているとしたら、今日もまた「経済の奇跡」が呼び起こされるのである。本来ならば、政策のこのような歴史的追憶は、経済史家を満足の念で満たさなければならないであろう。ただし、その場合には、一方における［客観的な］研究成果と、他方における戦後の政治的世論を作り出した歴史像との間にある大きな陥穽が繰り返し拡がらないことが重要である。

　1945年の崩壊からの西ドイツ経済の驚異的な復興に関する一般的に承認された説明モデルは、1970年代の初めまでは、経済史の研究と完全に一致していた。現代史に取り組んだ少数の経済史家は、「経済の奇跡」の説明において、同じ仮説に依拠した。1950年代に、それは西ドイツ経済の復興を考察するド

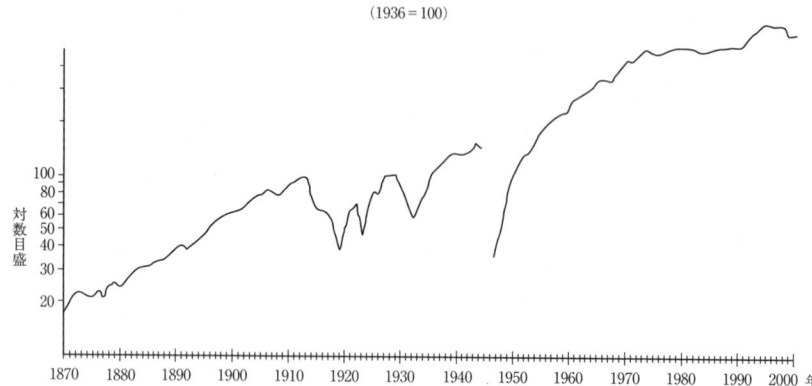

図8-1 ドイツ帝国とドイツ連邦共和国における工業純生産高の成長 1870－2000 年

(1936＝100)

資料：Rolf Wagenführ, *Die deutsche Industriewirtschaft*, Berlin 1933, S. 64; Dietmar Petzina u. a. *Materialen zur Statistik des Deutschen Reiches 1914-1945*, München 1978, S. 61; Stat. B.A., *Lange Reihen zur Wirtschaftsenwicklung*.

イツと外国のたいていの研究者によって真実としてただちに受け入れられた。それによれば、この急速な経済再建の歩調は、とりわけ次の3つの源泉に由来したとされる。

第一はマーシャルプランであり、それは西ドイツに対して1948年から52年の期間、新しい開始のために必要な融資をおこなったとする。

第二は通貨改革であり、それは1948年6月20日に市場経済の再導入を可能にし、日ごとに西ドイツ経済を活気づけたとする。

第三は社会的市場経済（Soziale Marktwirtschaft）の政策であり、それは社会主義計画経済とネオリベラルな「猛獣資本主義（Raubtierkapitalismus）」との間の第三の道として、ドイツの情況に適した進路をとったのであり、経済成長を志向する秩序政策の枠組みを創出したとする。

これら三つの相互に密接に結びついた説明方法の説得力はあまりに大きかったために、実際に、西ドイツのあらゆる政治勢力は、社会民主党のように本来はこの進路に反対であったような勢力もふくめて、この説明モデルを受け入れ、社会民主党が1966年より自ら政府に入ったときには、彼ら自身の政策に、「社会的市場経済」なるレッテルを貼りつけた。再統一した新しい連邦諸州のため

の正しい経済政策が問題となった 1990 年においてさえも、西側のすべての政党は、依然として次のように確信していた。すなわち、第二の「経済の奇跡」を引き起こすためには、この経済成長モデルを旧ドイツ民主共和国（DDR）にも移植しなければならない、と。このマーシャルプラン、通貨改革、社会的市場経済の 3 つの部分からなる説明モデルは、政治家の頭の中にあまりにしっかりと根を下ろしていたために、この間に、この元々の 3 和音からはるかに遠ざかってしまった経済史研究の成果を承知しておくことが必要であるとは、ドイツ連邦政府・連邦議会の誰もがほとんど考えなかったのである。したがって、ドイツ再統一の局面における経済政策の歴史は、経済史研究の栄光と悲惨が示されるよい事例である。ここで栄光というのは、経済史研究がきわめて長い間にわたって「経済の奇跡」の現実的イメージを描くことができ、そのイメージは、再統一の過程に受け継がれつつ、ドイツの経済政策がいっそう厳しい敗北を被ることを回避させるものであったからである。悲惨というのは、経済史研究がその研究成果によって、1950・60 年代以降、西ドイツの戦後経済史を覆ってきたイデオロギーのベールを引き裂くことに失敗したからである。しかし、また、こうした栄光と悲惨という矛盾したイメージは、経済発展の解釈それ自体にも適応することができる。まさにドイツの輝かしい戦後経済発展こそが思考と行動においていくらかの時代錯誤を招くことになり、それが 1980 年代以降、ドイツ経済の新しい試練への適応を困難にしたのである。皮肉なことに、「経済の奇跡」の期間における工業ルネサンスの印象のもとで、まさに 19 世紀末における非物質的生産の先駆者であるドイツには、グローバルな競争と生産の科学化［生産過程の科学的方法・理論へのいっそうの依存］をともなったこの積極的な経験をもう一度踏まえることは難しかったのである。

第 1 節　二種類の再建

　経済成長率の後退を背景にして、1970 年代に経済史研究は、まず、「経済の奇跡」の物質的原因に取り組んだ。ここでの問いは、成長が弱いといわれた西

ドイツ経済の、その弱さの原因が、社会的市場経済の純粋学説からの離反にあるのかどうか、あるいは戦後期の特殊条件はもはや再生産されえないものであるのだから、「経済の奇跡」は、経済政策の成功例のための基準としては適切ではないのではないか、といったものであった。それから20年後になってようやく、新制度経済学の影響のもとで、制度的な問題設定も前面に現れた。それが密接に結びついていた問題とは、ドイツ経済の制度、すなわち団体調整的市場経済（die korporative Marktwirtschaft）の制度がグローバリゼーションの試練に耐えるほどになお時代に適合したものであるのかどうか、というものであった。結局、明らかになったことは、1945年以後、2種類の再建があったということである。すなわち、成長のダイナミズムの再建と制度的枠組みの再建である。

(1) 成長のダイナミズム

70年代に前面に出てきたのは、もはや古い説明モデルへの固執を承認しないようないくつもの事実と関連であった。私はここでは、このかつての研究成果にごく簡単に立ち入っておきたい。それは1983年以降、日本語でも公にされている[2]。

アメリカの資料から再構成されるのは、マーシャルプランの物質的作用は、1949年以前には西ドイツにまで到達しなかったのであり、その作用が及んだのは、1947・48年に起こった経済再建の起爆よりもずっと後であったということである。さらに、援助の規模は、ドイツの自己資源と比較してわずかなものであり、したがって西ドイツ経済の復興にとって重要なものではなかった。

ドイツの資料から証明されることは、生産を再び始動させたのは通貨改革ではないということであった。多くのことが要求される市場経済の形態に立ち戻るためには、通貨改革は確かに必要ではあったが、ドイツの「経済の奇跡」の開始とダイナミズムを説明するためには十分ではなかった。

さらに示されたことは、社会的市場経済は、戦後期の産物では決してなく、1930年代初期における世界経済恐慌の破局への反動として生まれたというこ

とであった。西ドイツの経済政策の現実にそれを導入することは、1945年以後、長い間、待たされていたのである。1950年代の終わりごろになって初めて、いくつかのきわめて重要な原理が——しかも修正された形態で——定着した。こうして、「競争制限禁止法（Gesetz gegen Wettbewerbsbeschränkungen）」が制定された。それは、社会的市場経済の憲章として賞賛されたカルテル法であって、1958年に初めて発効した。社会的市場経済について、各人は、各々が望むものを思い描いてよいのであって、「経済の奇跡」の因果的説明にはあまり役に立たないのである。今日では、その政治的価値評価には逆説的な変化が起こっている。すなわち、自由主義者は、ますますそれから離れていくが、それはいっそう急進的でネオリベラルな改革を訴えるためである。それに反して、社会的市場経済は、以前はその敵に属していたドイツ経済政策の、どちらかというとプラグマティックな諸勢力にますます好評を得ている。

　この慣れ親しんできた政治的説明モデルに代わって、同時に経済史研究は、別のよりいっそう強固に経済的に理由づけられた諸関係を重視することになった。

　第一に、経済史研究は次のような想定を破棄した。すなわち、戦争はドイツ経済を破壊し、経済発展における「零時（Stunde Null）」を導入したとの想定である。実際、西ドイツ経済の資本ストックが、1945年から48年の時期のように規模が大きく、新しく、そして性能がいいということは、それ以前には決してなかった。

　他にも、それまで世間の意識のなかで認識されていなかった事実がある。1945年以降西ドイツには、戦前よりも1000万人以上も多くの人々が住んでいた。これらドイツ東部からの被追放民は、ドイツ民主共和国（DDR）からの合計300万人に達した難民が常に流入したこととあわせて、何年もの間、西ドイツ経済に、およそ汲み尽くすことのできないほどの熟練労働力のプールとして利用されることになった。

　西ドイツ経済の復興の時機も、新たに規定されなければならなかった。すでに1947年の初めに、ワシントンでは次の決定が下されていた。すなわち、こ

れ以上西ドイツ経済の負担で西ヨーロッパの復興を促すことをやめ、まったく逆にドイツ経済の潜在力を西ヨーロッパの再建に利用すると決定されたのである。この同じ決定が共産主義革命の脅威に対抗した西ヨーロッパの安定化のためにマーシャルプランをも生み出すことになったが、この決定はドイツ経済の復興にとっては、その援助プログラム自体よりも、比較にならないほど重要であった。結果的には、アメリカ占領政府は、ドイツが有した高度な工業力を手をつけることなく維持しておき、西側占領地区における経済発展の隘路をドイツの資源投入のもとで除去し、そして稼動していないドイツの潜在的生産力を始動させるために大変な努力を費やした。

朝鮮半島危機と世界経済ブームにおけるその生産の克服は、ドイツの「経済の奇跡」のためにさらなる前提条件を創出した。それは、西ドイツ経済に、世界恐慌以降ドイツ経済に閉ざされたままとなっていた世界市場への復帰を許した。この世界市場からのドイツの締め出しという事態には、モーゲンソウ構想の最終的な課題が反映しており、この構想は大英帝国とアメリカ合衆国に有利なように、ドイツを世界市場から大幅に排除することを意図していた。上記のような戦後の物質的・政治的に有利な条件のもとで、西ドイツ経済は、急速にかつての成長経路を再建し、最終的には高水準でその成長を継続することに成功したのであった（図8-1）。1960年代の初めに、西ドイツ経済はその成長のダイナミックな連続性を再建したのである。

(2) 制度的枠組み

朝鮮戦争と、西ドイツが今や「自由世界の防衛（Verteidigung der freien Welt）」において果たすべきとされた新しい役割は、アメリカ合衆国によるドイツ政策の進路をさらに別の観点でも変更させた。占領国アメリカがそれまで試みてきたのが、ドイツにおいて受け継がれてきた社会的生産システム（表8-1）を根本的に変化させることであったとするならば、今や、とりわけ効率性の視点が前面に現れるようになった。アメリカ合衆国が試みたのは、1945年における経済の特殊ドイツ的な組織形態の最も重要な諸要素を長期的に無効に

表 8-1 団体調整的市場経済の制度的枠組み

社会的生産システム	生産様式	法秩序	社会保障	研究環境
金融制度： 金融市場資本主義 (1870年代/1934年/ 1952年以降)	多様化高品質生産 (DQP)：(19世 紀末以降)	コーポレートガバ ナンス： 株式法 (1884年/ 1897年/1931年/ 1937年/1965年以 降)	疾病保険： (1883年以降)	大学での研究 (18世 紀/1810年/1969年以 降)
経済的利益政策：経済 の優位 (1879年/1897 年以降)；政治の優位 (1931年/1933年/1949 年以降)	非物質的価値創造 の比率の増大 (20 世紀)	競争秩序 (1897 年/1923年/1958 年以降) [1945-1951年]	傷害保険： (1884年以降)	大学の研究義務/研究 と教育の統一性 (1810 年以降)
ブランチシステム： 「団体調整」(1879年/ 1918年/1934年/1936 年/1949年/1951年以 降)	DQPと標準化さ れた大量生産との 二元性： [1933/1941〜1970 年代まで]	商法： (1897年以降)	老齢保険： (1889年/1911 年/1948年/ 1957年/1972 年/1992年以 降)	応用研究/職業専門大 学 (19世紀以降)；フ ラウンホファー協会 (1949年以降)
労使関係：共同決定 (1890年/1905年/1916 年/1920年/1951年/ 1952年/1976年以降) [1933-1947年]	標準化された大量 生産の危機： [1970年代]	民法： (1900年以降)	失業保険： (1927年以降)	産業研究 (19世紀末 以降)
職業資格制度： 二元的職業教育 (1897 年/1938年/1969年以 降) [1945-1951年]	有力な非物質的価 値創造を伴う DQP：(1970年 代以降)	社会国家の公準： 社会的留保条件の 付いた契約の自 由：(1919/1949 年以降)	介護保険 (1995年以降)	トップクラスの研究 (カイザー・ヴィルヘ ルム協会1911年/1920 年以降、マックス・プ ランク協会1946/48年 以降)

凡例：表は垂直下方へと年代順に配置。( ) 内の数字は、その年の制度変化とそれ以降の連続性を示し、[ ] 内の数字は連続性の途切れを示す。
資料：© Werner Abelshauser.

することであった。なぜなら、アメリカ合衆国は独裁と戦争の責任をそれら諸要素に負わせたからである。それに該当したのは、とくに大銀行によって支配された金融システム、カルテル化したブランチ（産業部門）システム、[学校教育と実習教育による]二元的な職業教育システム、そして団体の利害政策システムにおける団体の支配である。それとならんで、アメリカ合衆国が努めたの

は、コーポレートガバナンスの根本的な変化と社会保険のビスマルク的システムの解体であった。だが、遅くても1952年には、朝鮮半島危機を背景にして、これら全ての変更は再び撤回されたか、あるいはさらに変化を実現しようとの意図は放棄された。したがって、1950年代の初めには、ドイツ連邦共和国は、かつての社会的生産システムを利用するようになった。ただし、それは強力にスリム化し脱官僚制化した類型となり、19世紀末に成立した生産体制よりもいっそう効率的なものとなった。連続性の再建は制度の領域でも完了したのである。

第2節　経済政策の時代錯誤

(1)　旧い工業モデルへの指向

しかし、ある決定的な点で、すなわちドイツ経済政策の模範としての新産業の台頭という点で、再び戦前のダイナミズムに結びつくことには成功しなかった。逆に、再建期の間——20世紀においては二度目のことであるが——旧い工業が、再び何年もの間、前面に現れたのである。そのような産業は、すでに第一次世界大戦前に、ドイツでは後退していたのであり、それは——19世紀末以降新産業の中に具体化された——ポスト工業的・非物質的で科学に基づいた生産に席を譲って脇に退くためであった。国家の経済政策のコンセプトをこうした時代錯誤的な産業発展の志向性から解放することには成功しなかったのであり、それが長期的には悪影響を与えたのである。成功しなかったのは、適切な時期に、経済行為のより確固とした制度的基盤を求めるポスト工業的需要に適った、生産秩序を構築する政策に経済を方向づけることであった。そのような政策が20世紀の実践の中でモデルをもたないわけではなかったが[1]、これらの経験には、工業社会の過去の深部から繰り返し浮かび上がってくる［旧い工業像に偏重した］特徴的なメンタリティーが覆いかぶさっていた[2]。このことが——全く根本的に見るならば——、1970年代末以降ドイツ経済の癌とな

った大量失業の責任を負っているのである。それは、一方では国家と民間の経済政策が工業社会モデルに指向し続けていることと、他方では生産過程が新たな非物質的な性格を有していることとの間の矛盾が増大した結果として解釈されうる。経済エリートも世論も、次のような現実をはっきりと自覚していなかった。すなわち、ドイツ経済研究所 (Deutsches Institut für Wirtschaftsforschung) の推計によれば、すでに就業人口の75%以上が、また経済全体の純生産高の同程度の高い比率が、非物質的・ポスト工業的な生産に基づいているということである。経済政策上の指向性の意味づけがこのように停滞していることは、ドイツではとりわけはっきりと表れており、それは部分的には今日でもなお続いている。その原因は長期的な経済発展における大きな歪みにあり、それはドイツの20世紀にとって典型的な危機と再建との間の政治経済的交替の結果であった（図8-1）。ドイツ経済の内部時計は、長い20世紀[3]の開始以来、ポスト工業的、非物質的生産過程を指向する諸力に従って時を刻んだが、経済活動の目に見える指標は、ワイマール共和国、第三帝国、第二次世界大戦後の再建期を通じて、工業分野に止まり続けたのであり、それは戦争と不況の後に続くその都度のキャッチアップの過程を反映するものであった。経済政策はこの矛盾から長い間解放され得なかったのである。

　再建期が終わっても、こうした経済政策的なパラダイムの時代錯誤はなおも決して克服されなかった。むしろ「長い50年代」の終了後も、ドイツの経済政策は工業経済の発展の必要性という誤った考えへと幾度も指向したのであり、ポスト工業的発展の先端へとドイツが復帰することをさらに遅らせるような決定をした。その具体例を見出すのは容易である。こうした前提のもとで行われ、長期にわたって最も多様な結果を生み出した方向転換に属するのが、外国人労働者の大量募集であり、それは60年代に労働市場への不熟練労働力の供給を保証するためであった。経済の再建期に、よく教育された人間の労働力の蓄積を利用できたことは、国際比較の中で見ると、西ドイツ経済の大きなメリットであった。もちろん、1961年以降になると新たな労働移民の労働力の質は、それまで西ドイツに流入した中部・東部ドイツの労働力とは、彼らの実際の熟

練度構成においても、新しい職業への彼らの将来の適応可能性においても異なっていた。そのような適応可能性は、出生など彼らの人口動態が変化した場合でも、社会的・文化的要因によってかつても今も厳しく制約されるのである。60・70年代の「ガストアルバイター（外国人労働者）」は、どちらかと言えば、ドイツ経済が有した、かつてのポスト工業分野におけるトップの位置の再建を促進することよりも、工業的大量生産による単純資格労働者の需要を充足することを期待させるものであった。むしろ推測されうるのは、民間経済の視点から見て相対的に安い労働力の一見無制限のようなプールを利用できたことは、ドイツ経済の全部門における生産過程の合理化のための高価な非物質的生産要素の投入を遅らせたのである。この指摘の有効性はとりわけ次のような競争相手との比較の中に示される。すなわち、彼らは、日本のように、外国人労働者を国内に呼び寄せる可能性を全く利用しなかったか、あるいはアメリカのように、非常に狙いを定めて一定の有資格者を求めたのであった。ドイツ経済の非物質的セクターへの「頭脳流出」の組織化は、工業労働者の移住が生み出した法的・社会的・文化的諸問題によって、不可能ではなかったとしても、いっそう困難にされたのである。

　60年代以降、外国人労働者のために労働市場を開放したことが、部分的には、旧い産業を維持する助成金のように作用したならば、ドイツの――ちなみに二つの、すなわちドイツ連邦共和国とドイツ民主共和国の、と付け加えておこう――経済政策は、彼らの産業モデルの幻想のもとに、多くの場合直接的にも、公的補助による不採算部門の維持を決定したのである。炭鉱はそのためのまさに古典的な事例を提供している。60年代における建て直しは、鉱山の競争力のある部分を経済全体の利害において維持し、公的財政の負担を中期的に軽減し、ライン・ルール地方に経済的な構造変化の可能性を拓くための時間を与える意図をもつものであった。それによって、かなりの政治的・財政的努力のもとで、鉱山業をはるかに超えてポスト工業経済への道を保証しうる、側面から公的に保護された構造転換の方法と方向のためのモデルを見出したように思われた。だが、1973年と79年の石油価格の危機は、はやくもこの計画を

反故にさせた。なぜなら石油価格の高騰は、鉱山業に固執した勢力によって、経済政策の目標予定値を修正するための好都合なきっかけとして受け止められたからである。この同じ誤った方向を指し示しているのが次の事実である。すなわち、ハイテク国家であるドイツでは80年代に入るまで、情報的テクノロジーの拡張ではなく、石炭技術の振興による伝統的なエネルギー供給の確保がドイツの研究・技術政策の議題に高く掲げられていたことである。明らかに、ドイツの経済政策にとっては、いかなる教義を信奉しようと、新しい方向を設定し、立場を規定することは、他のヨーロッパ諸国と比べてもとりわけ難しくなった。

そうであっても、経済政策・社会政策も、また民間経済も、社会的生産システムの重要な領域においては新しい指針を設定することに成功した。1967年には協調的な利害政策の実践は再び活発になり、制度化され、69年には、職業教育の二元的システムが改良された。そして、1972年と76年には経営組織法が改正・補完され、共同決定が拡充され、70年代に大量生産の危機が克服された。どの場合にも、当事者は、過去にその信頼性が実証済みのモデルに依拠した。すなわち、それは、多様化した高品質生産と信頼性を築く社会性に関する能力である。

(2) 労働市場と生産構造の懸隔

西ドイツ経済がとりわけ外国との経済関係において収めることができた全ての成功は、増大していく大量失業の影のなかにあり、それは30年代初期の破局に関するトラウマを伴う記憶を呼び起こした。70年代以降は、好況も、膨張していく失業構造の絶えざる拡大を阻止できなかった。失業者の数は、70年代初めの旧ドイツ連邦共和国では好況時でも15万人（1970年）を数え、1980年までに80万人に上昇し、1991年には短期的に170万人を維持し、その挙げ句に、21世紀初め頃には250万人の失業者（2001年）を数えて一時的にその頂点に達した。したがって、たとえ小さな植物のようなか弱い景気の高揚が好況に転じたとしても、われわれは300万人もの執拗な失業を見込まなけれ

ばならないし、それは、［国内総生産の上昇を阻害して］経済成長を達成させないであろう。この大量失業は70年代末以降、拡大し、労働市場へのあらゆる伝統的な処方箋をすり抜けている。したがって、景気指標が良くなったからという理由で、この問題を払いのけてしまうことは最悪であろう。この失業の原因はいっそう深いところにある。

　一見すると、次のような疑念が生じる。すなわち、大量失業は団体調整的市場経済のドイツモデルの敗北の明白な徴候であって、このモデルは、グローバルな競争圧力のもとで、あまりにも柔軟性を欠き高くつきすぎることが示された、と。［しかし］その反対が正しい。より詳細に観察するならば、その原因は労働と社会国家のためのコストがあまりにも高いからではなく、「システムとは異質の」歴史的に膨張した無資格労働力の過剰にあるということがわかる。物質的生産から非物質的生産へという就業状況の変化における長期的傾向は、ドイツでは百年以上の歴史をもち、特別な様相を見せている。ドイツの最も重要な輸出部門は、機械製造、化学、乗り物、電気技術であるが、その純付加価値生産の大部分は、科学化された生産に由来している。この間に、この［科学化された］生産様式は、ほとんど経済全体に及んでいる。したがって、今日では、就業者の3分の2以上は、専門工から最高経営者に至るまで、熟練あるいは高度熟練技能を行使しており、そのため、たいていは非物質的労働に従事している。世界市場におけるドイツ経済のこの部門の競争力は異論の余地なく高い。

　もちろん、これは労働市場参入者の3分の1弱がつねに低資格（あるいは無資格）であることをも示している。その労働力は、大量生産時代が終了した後にはほとんど需要がなくなり、その結果、このグループは、単純資格向けの労働市場でのグローバルな競争には耐えられなくなったのである。高い成長率さえもこの点をほとんど変えられなかった。それは、失業者の数を減らすというよりも、むしろすでに明らかになった熟練労働力不足をさらに強めるものであろう。

　熟練資格別失業率の比較はこれを明らかにしている。1975年から2002年の

期間に、旧西ドイツ諸州（カッコ内は1991年から2002年までの新連邦諸州）と西ベルリンにおいて平均失業率は8.3％（18.5％）であるのに対して、大学生と専門学校生の失業率は3.3％（5.5％）に過ぎなかった。これに対して、職業教育修了資格をもたない男性と女性の失業率は19.8％（49.1％）であった。明らかに、この生産様式と労働市場に関する資格特性の間の格差の背後に、大量失業の核心的原因が隠されている。

　労働市場と生産構造がこれほどまでに相互に隔たるという事態にいかにして立ち至ってしまったのか。この惨状に対する責任は経済政策の誤った舵取りにあり、その出発点はかなり以前に遡る。「経済の奇跡」は、第二次世界大戦以降の再建期において、物質的生産の時代錯誤を促し、そして標準化された大量生産をドイツで初めて市場能力あるものにした。したがって、1960・70年代の「ガストアルバイター（外国人労働者）」は、とくに単純非熟練労働に対する工業大量生産の需要に対応しており、それはドイツでは伝統的に不足するものであった。しかし、ドイツ人労働者もまた次第に専門職業教育に不利な、そしてフォード主義的な工場での相対的に支払いのよい労働を好んで選択するようになった。こうしてかの3分の1の非熟練労働力、すなわち今日世界的競争において職を見出すチャンスを持たない部分が蓄積されたのである。大量失業と闘うために、ドイツにおいて低賃金セクターを強化しようとする方策の多くは、効果がないばかりではない。それは、ドイツ経済のその他の3分の2が就業する高品質生産の成功の基盤をも危険にさらすことになるのである。

　ドイツは、その経済の根本的な組織モデルを放棄するという選択肢をもたない。ドイツの大多数は、高度に専門化された高品質生産向けの市場によって生活している。その団体調整的市場経済のほとんど全てのゲームの規則は、そうした製品の競争力を目指している。その努力目標は、ドイツの輸出がグローバルな競争において卓越して持ちこたえうることである。したがって、改革は、既存の社会的生産システムにそくして開始し、その強みをさらに拡大するものでなければならない。その社会的生産システムを廃棄することは、赤子を湯とともに流すことである。

第3節　1970年代以後の改革の停滞

(1) グローバリゼーションの回帰

　1970年代は、世界のたいていの国家を、きわめて厳しい経済的試練に直面させた。このことはとくにドイツ連邦共和国にあてはまる。ブレトンウッズの世界通貨秩序が1973年に最終的に崩壊した後に、ドイツマルクの対ドル価値は2倍以上に上昇した。それによって実現した輸入価格の引き下げは、最初の石油価格危機の影響を西ドイツに対して耐えやすいものにするのに貢献した。とくに、インフレ率は比較的低位に止まった。それに反して、輸出価格の高騰は産業構造の厳しい歪みを引き起こした。なぜなら、旧い工業の重要部門はもはや競争力がないことが明らかになったからである。1960年代における炭鉱危機の後に、今や、よりひどく劣悪な基礎条件のもとで、繊維産業、造船、鉄鋼業が打撃を受けることになった。長く苦しい収縮過程が始まり、それは、労働市場が受け入れることのできない過剰な労働力を解雇した。1979年の第二の石油価格危機は問題をさらに先鋭化した。その終わりには、ドイツの輸入業者は、同じ量の石油に対して、8年前の15倍の金額を支払わなければならなかった。

　ドイツ政治のメンタル・マップの上にグローバリゼーションが回帰したことは、国内における経済政策の自律性に対する苦痛に満ちた制約を伴った。[1973年の変動相場制への移行に伴う、資本移動の自由な] 開放経済への転換後は、景気の舵取りと成長政策の重要な操縦桿は、その実効性を失った。国民国家的な手段によって経済発展の成長と安定、ならびに社会国家の継続的拡大を計画し、それを景気循環のマクロ経済的舵取りを通じて実現するという美しい夢は、もはや見込みがなくなった。ケインズ主義の庇護のもとで顕著な経済的・社会的実績が達成されてきただけに、その目覚めはいっそうつらいものとなった。これが該当したのは、第一に、公的インフラストラクチャー——地方自治体の

プールから大学の建物までを含む――であり、それらはたいてい景気政策的に誘導された、公的財政の追加経費から利益を得てきた。第二に、この時期には、国際的に匹敵するものがないほどの社会保障のネットが成立した。ブラント政権［1969~74］が始まった1969年には[3]、社会経費、すなわち社会保障、戦争に起因する被害や賠償のための経費は、250億DM（ドイツマルク）に達した。石油価格危機の初年である1974年までにそれは、380億DMへと膨張した。社会民主党（SPD）・自由民主党（FDP）連立政権の終わりの時期には、社会経費は830億DMを下らなかった。したがって、それは世界経済の危機の時期にも、否まさにその時期に、劇的に増加したのである。1974年には国家の財政経費総額に占める社会経費の比率は28％に、1981年には36％にもなった。国民総生産に占める社会経費の比率は、1970年から1981年までに、16％から24％に上昇した。しかし、同時に国民総生産に占める投資の比率は連続的に26.5％から21％へと下降していく一方で、失業者の数は60万人（1974年）から110万人へとほぼ倍増した。増加していく国家の負債にさらに高価な雇用創出計画が新たに加重されたが、それはグローバルな経済的強制の限界に突き当たった。70年代末以降、新任の大蔵大臣ハンス・マットヘーファー（Hans Matthöfer）に明らかになったのは、失業は、――「構造的に」発生したものであるために――「需要管理によっては減らしえない」ということであった。失業の世界経済的原因に対して国民国家的な処方では太刀打ちできなかったのである。

　そのため、西ドイツの経済政策は、解決不可能なディレンマに直面した。一方では、政府は労働組合と社会民主党を配慮しなければならなかった。彼らは、新しい世界経済危機についての［シュミット］首相［1974~82］の指摘には揺り動かされることはなく、国内改革コースの継続を強く主張した。［社会民主党党首］ヴィリー・ブラント（Willy Brandt）は、社民党・自民党連立政権が倒れる直前の社民党幹部会において闘争方針を次のように描いた。社民党は、「社会改良的に影響を与えようとするその独自な作業、その独自な意図を誹謗してはならないであろう」、と。他方で、シュミット首相は、小規模な連立パート

ナーである自民党の支援に依拠した。自民党は、雇用創出プログラムを断固として拒否しただけでなく、さらに財政を整理するために、社会政策的ネットへの深い切開を要求した。首相が断固として適切な経済政策を行うための余地はわずかしかなかった。彼の解決のための公式は解決不可能な問題というに等しかった。つまり、「社会的ネットは、それが負担可能であり続けるように、保証されなければならない。その過剰なあるいは高くつきすぎる贅沢な負担を軽減しなければならない」ということであった。1982年秋に、改革をめぐる連立政党間の経済政策上の闘争は、そのクライマックスに近づいた。景気後退の終わりは予測できず、景気転換の診断は繰り返し時期尚早であることが明らかになった。

(2) 早い診断──遅い治療

事態がさらに先鋭化したとき、シュミット首相は、[立場を]明確にすることが必要と見なし、9月初め、自民党のグラーフ・ラムプスドルフ（Graf Lambsdorff）経済大臣に、彼の立場を書面で記すことを要請した。同時に、彼は、自己の政党、社会民主党に所属する大蔵大臣ラーンシュタイン（Lahnstein）に、状況の判断と自己の政策行動の可能性に関する書類作成を依頼した。9月9日、ラムプスドルフは「成長の弱さの克服と失業との闘いのための政策に関する構想（Konzept für eine Politik zur Überwindung der Wachstumsschwäche und zur Bekämpfung der Arbeitslosigkeit）」のタイトルで彼の文書を公刊し、そのなかで連立内部の立場の不一致を公にするとともに、シュミットに間接的に、彼と残りの自民党閣僚の罷免を迫った。今や、議会の建設的不信任投票への道が開かれ、議会は10月1日付けで政権交代をもたらした。そのため、ラーンシュタインの報告書は、何ら劇的な結果を引き出すことはなかった。だが、それは──自民党のラムプスドルフ文書が彼なりのやり方で示したのと同様に──ドイツ経済の諸問題への洞察の水準を示したものであり、今日に至るまで乗り越えられてはいないのである。

1982年にシュミット政権がそこから発展させた次のようなアジェンダは、

古くから定評のある戦略を、しかしまたシステムの修正をも含んでいた。その必要性については「社会民主党幹部の広い部分」には周知のことであったが、彼らはそれをあえてオープンな形では発言しなかった。

1．強力な国際的構成要素［を考慮する］。なぜなら、顕著なリスクは国際的発展から発生したものであり、ドイツ連邦共和国はこの時期も世界貿易に大きく依存していたからである。
2．契約賃金の実質的停滞を労働者に中期的に甘受してもらい、投資活動の向上から資本が形成されることを彼らに認識してもらうことである。限界企業においては賃金コストと賃金付随コストが職場（と職業教育の場所）を破壊しているという認識は、雇用政策的戦略の出発点となる。
3．社会的賦課の上昇を最終的に十分効果的に阻止するために社会保障システムを修正すること。
4．健康保険制度では、もはや「自己責任の強化」すなわち医療コストの負担に患者自身が関与することなしにはうまくいかない。医者は、売上と利益の最大化という原則に従ってはもはや行動しえないと想定された。保健サービスの全ての提供者は、競争・コスト圧力の下に置かれていることが望ましい。
5．失業保険はいっそう強く社会的困窮度に従って区分され、［失業者への］貸付金の構成要素を熟慮し、公共職業安定所の活動がいっそう効果的になることが望まれる。
6．国家負債が制御不可能なほど過度な水準に達することに対する危惧が──それは根拠づけられているわけではないが──拡がっており、それに対しては、中期的に設定された説得力のある「整理統合戦略（Konsolidierungsstrategie）」による対応が企図された。国家予算の信用による資金調達を抑制するために、中央銀行の収益をいっそう利用されることが望ましいとされた。
7．消費購買力を投資可能なリスク資本へと転換するために、公的財産を売

却することが望まれる。
8．再建のための信用機関である国営銀行は、中小企業における技術革新のための金利補助プログラムを設置することが望まれる。
9．IT 分野の振興。
10．若者の失業と闘うために、職業教育に関わる企業に対しては、［徒弟への報酬、職業教育規則、ブロック授業など］現行規準からの例外を承認することが望まれる。

　これらの10項目を実施することは——連邦参議院における多数派の構成を考えると——大政党のもとでの合意を前提とした。政府が意識していたことであるが、そのために回避できないことは、タブーを打破し、既存の給付法令に深く介入することであった。これもまた、実際の大連立によってのみ実現されえたのであり、それは、1948年以来、社会政策上の問題で実行されてきたことである。さらに、タブーの打破と給付カットは、次のような妥協を可能にする一連の全体的な政策へと束ねられねばならなかった。すなわち、それは、確実に雇用政策と若者の失業対策という目標に役だち、そして「経済活動が減速化したときでも社会的公正を保障する」という要求を新たに行うことを可能にするような政策である。
　社会民主党の大蔵大臣の報告書は、あらゆる細部にわたってではなくても、多くの原則的な立場において、自由党の経済大臣の要望リストと重なっていた。後者の本質は、市場経済的政策、中期的な財政整理統合、民間投資と公共投資の強化と並んで、とりわけ社会保障システムの資金調達可能性、そして自己の生活へのいっそう自立的な事前配慮を含んでいた。この自由主義者の文書は、キリスト教系諸政党と自民党の連立政権［82年以降のキリスト教民主同盟・社会同盟 CDU/CSU、自民党 FDP の連立内閣］に対する要望書として役だてるつもりで作成されたものではなかった。その著者は次の点を知っていた。新しい連立パートナー［CDU/CSU］のことは言うまでもなく、「私自身が所属する政党［FDP］さえも、おそらく、内部対立を乗り越えてそれを決断することはでき

なかったであろう」、と。しかし、両文書は、学習過程の到達水準を示すものであった。80年代初めに到達したその水準は、それ以降、ほとんど発展してはいない。1982年秋の政治的激変の最中に作成されたこのアジェンダは、まったくわずかな定式上の変更をして、シュレーダー政権のアジェンダ2010の根拠づけと説明のために用いられた。この20年の間に、改革の停滞を克服するために、ほとんど何もなされなかったことは明らかである。

第4節　東西ドイツの再統一——起こらなかった二度目の「経済の奇跡」

　二つのドイツ国家の再統一という国民的な慶事は、その後2、3年の間、ドイツの経済問題を「救いの神（deus ex machina）」のように解決するのではないかと思われていた。東でも西でも、ほとんど全ての政治家は、この再統一に第二の「経済の奇跡」を期待したのである。二つのドイツ国家の通貨・経済・社会同盟ほどに、経済政策を担った者の歴史的認識から強い影響を受けたドイツ経済政策の重要な決定は、おそらく他にはほとんど例がないであろう。西ドイツの政治家は、意識的あるいは無意識的に、西ドイツの「経済の奇跡」の原因についての自らの歴史像に影響されており、自分たちの眼には西ドイツをかつて経済的に治癒し、その驚くべき効果を及ぼしたと映った、その同じ処方箋を新たに東ドイツに対して施したのである。また、このことは、とくに当時の連邦首相やその他の連邦議会の著名な議員の議論のなかにも立証される。例えば、ヘルムート・コール（Helmut Kohl）は、1990年6月21日の論争において、「ドイツ人の国民的試練」を喚起した後、次のように明言した。「われわれは、40年以上も前に、自分たちの破壊された都市や景観の瓦礫からドイツ連邦共和国を建設したのであるが、その能力を自覚するならば、［再統一という］この事業を成し遂げることができるであろう」、と。社会民主党連邦議会議員団の財政政策代表であるイングリット・マットイス＝マイヤー（Ingrid Mattäus-Maier）は、同様の歴史的追憶を示唆して、次のように述べた。「ドイツ・マルク（DM）の導入がドイツ民主共和国（DDR）における『経済の奇

跡』のためのスタートの合図の号砲になるであろうと私は断固として確信している」。1990年4月27日、自民党議長、オットー・グラーフ・ラムプスドルフも、「われわれが1948年に行ったことを、DDRも1990年に行うのである」、と確信していた。

　旧DDRの西側への経済的適応の経験は、西ドイツの経済史家の間で長年にわたってくすぶってきた論争に、事実という権威によって、裁定を下す機会を与えた。この論争は、啓発的な国家介入の必要性を基本的には疑わない多数派の研究者とその新自由主義的な敵対者との間で交わされていたが、実際のところ、5つの新連邦諸州の市場経済への道は、この論争に新たな光を当てたのである。

　ベルリンの壁が崩れたとき、新しい研究成果は、経済史家以外になお十分に参照されてはいなかった。例えば、ボンの経済学者と政治顧問は、1992年2月に、確かに、あまりに単純に市場経済の導入を類推することに対しては懐疑を述べていたが、この転換過程では市場の力を大幅に信頼するように助言していた。二つのドイツ国家の統一は、1989年11月に行われ、すでに1990年7月1日に通貨・経済・社会同盟によって事実上誕生していたのであるが、もちろん歴史的な成功の処方箋を褒めちぎることは断念しなければならない。むしろ問題は、それが間違っていたという点にあった。重要なことは、とくに「西ヨーロッパの戦後経験」によって根拠づけられて、西ドイツの経済学者の間でも、「ある種の第2の『経済の奇跡』」が統合から発生するであろうとの「合意」が「全く一般的に」成立していたことである。1948年6月20日が西ドイツの人々にとって自分たちの連邦共和国の本来の創立記念日として想起されるように、今ではたいていのDDR市民の意識には、1990年10月2日の統一祭ではなく、西側との通貨・経済同盟の日付が新しい時代の出発点となった。ボンの連邦政府は、そしてまた西ドイツの広範な世論もこうした見方を強めた。彼らは、しばしば1948年の通貨改革と経済改革をほのめかしながら、皮相で物質的な見方を超えて、ドイツ人の統一についての合意を作り出すべき接着剤を、ドイツマルクと社会的市場経済のなかに求めたのであった。そのため、彼

らが驚くばかりの徹底性をもって従ったのは、ルートヴィヒ・エアハルト (Ludwig Erhard) がすでに1953年に再統一を経済的に実行するために与えていた「演出指令 (Regieanweisungen)」であった。不安をかき消すためには、生活水準の耐え難い低下が、統合と「それに続いて必要となる大きな経済的な努力に結びつけられることになろう」と述べ、エアハルトは自らの改革のモデル的な性格を喚起し、ドイツ再統一が「政治的、経済的、人間的関係において、(中略) 諸力、つまり経済プランナーの机上の知識では夢想だにしなかったその強さと力を解放する」であろう、と確信していた[4]。

　1948年の神話は、経済史研究の成果に動揺することなく、1990年のドイツ統一の前哨戦においても経済上の決定に影響を及ぼすほどに十分に強力であった。通貨改革は20世紀のドイツ史においては1923-24年と1948年に続いて今や三度目になったが、逆説的なことに、この通貨改革の神秘化は、ドイツマルクに対する東独マルクの為替レートを、経済的にではなく政治的に規定することに貢献した。そのレートは、専門家の判断によれば、経済的な道理をはるかに超えた水準で固定されたのであり、それはその後に起こった［東ドイツの］経済的な適応にかかわる諸問題に対して相当程度に責任があるのである。貨幣供給量の急激な変動も、単に10%であれば適切であったかもしれないが、15%のそれは、ドイツ連邦銀行の評価においてさえも、「長期的に見て安定調和的であると思われるよりも高い数値」となった。これとは反対に、占領国によって押しつけられた1948年の貨幣供給量の削減は、貨幣総量の93.5%を消滅させたのであり、それはドイツの戦後工業が有していた、なお相当に大きかった経済実体の、過大評価にというよりも、むしろ過小評価に寄与することになったのである。なおいっそう問題をはらんだ、そして長期にわたって政治的に大きな影響をもった事柄は、コール首相が西ドイツ戦後史を美化して回顧し、そこから、通貨・経済同盟の結果は誰をも貧しくすることなく、多くの人々を豊かにするだろうという約束を導いたことである。秩序政策的に誘導された好景気は、自由主義的・保守的政治家たちの歴史像のなかでは1948年の通貨・経済改革に直接に続くものであったが、この秩序政策的な好景気の誘導に対す

る信念があってこそ、その種の目論見の表明が誠実に (bona fide) 行われえたのである。実際に、この信念は不屈であるように思われる。なぜなら、「経済の奇跡」の原因をめぐる「経済史家論争 (Wirtschaftshistorikerstreit)」は、ヒトラーの犯罪の唯一無比の性格をめぐる「歴史家論争 (Historikerstreit)」ほどには、まだ世間の注目を喚起していないからと言えよう。また、かつてのドイツ連邦銀行総裁ヘルムート・シュレージンガー (Helmut Schlesinger) のような経済政策担当者たち自身が「経済史家論争」の当事者であり、その人たちが自らの最新の経済史についての誤った評価に捕らわれているからであるとも言えよう。ドイツ連邦共和国のプラグマティックな初代首相コンラート・アーデナウアー (Konrad Adenauer) のみは、再統一の経済的な帰結を現実的に評価していたように思われる。1955年、彼は英・米・仏の外務大臣に、彼らを安堵させる意図で次のように述べていた。「自分の得た情報によれば、[東ドイツの] 農業と工業は劣悪の状態にあり、多くの建物の保存状態も非常に悪い状態である。こうした分野での再統一後の作業は、新たな入植事業に等しくなる。それによって、ドイツ連邦共和国の経済力は、数年以上にわたって奪われるであろう。したがって、驚かせるように響くかもしれないが、再統一によってドイツの潜在能力は向上せずに、減少する、と述べるのが正しいのである」。

そのように言うことで、アーデナウアーは、確かに西側陣営の外務大臣たちに経済の講義を行おうとしたわけではなく、単に再統一されたドイツの経済力への彼らの警戒心を弱めようとしたにすぎなかった。他方で、首相は、彼の政治的後裔とは異なって、エアハルトの新自由主義的な熱情に決して揺り動かされなかったのであって、その点で彼は正しかった。東西ドイツの経済史が教えるのは、市場経済の導入にのみ救いを求めるのは間違っているということである。その目ざましい成功は、戦後期のきわめて良好な物質的・制度的な基礎条件に基づいていたのであり、それは1990年には東ドイツにも中東欧にもなかったものであった。確かに、通貨・経済改革は旧東側の経済的浮揚のための必要な条件ではある。しかし、歴史的経験から見ると、それだけでは、経済的浮

揚のためには十分ではないし、今日ではそれが戦後期と同様の急速な発展を保証するわけでもないのである。

今日の新連邦諸州がなお抱えている問題はより深刻である。第一に、DDRにおいては企業家層は体系的に疎んじられ、最終的にはほぼ完全に排除された。すたれたのは、社会的な形姿としての「企業家」だけではない。さらに、企業家の機能も——それが社会主義の経済システムにおいては時代錯誤のものであるとの理由からであるにせよ、DDRの社会的生産システムにおいては財やサービス供給に障害があったために、その機能が実際にもほとんど出発点を見いだせなかったからであるにせよ——脇に退けられたのであった。

伝統的タイプの社会主義経済を採用するという基本的決定がもたらした極めて広範な影響を生み出すことになる第二の帰結は、伝統的な社会的生産システムの容赦ない破壊にあった。1950年代初めに、ドイツの西側地区では信頼されてきた生産体制が欠点を改めてさらに洗練された形態で再建されえたが、それとは異なって、DDRの経済は、何十年もの間定評のある組織形態と袂を分かたなければならなかった。とくに、慣れ親しんでいた思考・行動様式の多くは、もはや必要とされることはなく、むしろ反対に政治的に拒否されさえした。DDRの経営と労働者層は、少なくとも彼らの行動においては、広範に及ぶ新しい、しかし常に明確というわけではない慣行に従わなければならなかった。制度は確かに短期間で破壊されうるが、その再建には長い時間がかかるのである。

したがって、1948年の西ドイツとは全く反対に、今日、東ドイツは、確かに、西側からの資財移転のために比較的豊かではあるが、その生産力においては低開発の状態にある。このことは、とくに社会的生産システムにおける制度の状況についてあてはまる。この40年間に荒廃したものは、短期間で花が咲きほこる庭に戻すことはできない。したがって、すでに存在する諸力を市場経済のやり方で解放するだけでは不十分なのである。そうした諸力はできるかぎり速やかに新たに発展させなければならない。たしかに、東ドイツが——複数の容器を底で連結した連通管システムのように——長期的には西側の生産水準

に到達することは大いにありうるだろう。しかし、ケインズの言葉をいいかえて次のように問いこともできるのである。すなわち、われわれは、長期的にみれば、いずれにせよ、みなが死んでいるわけではない、と言えるのかどうか、と。

おわりに——連続性の終わりか？

　もし、ドイツにおける戦後経済の特質が連続性の再建であるとするならば、それに続いて、その連続性への固執はいまだに時代に適しているのであろうかという問いが生じてくる。したがって、ドイツの政治が現在必要とする最も重要な事柄は、ドイツ経済が有する資産の明確な像である。この経済には何ができて、何ができないのか——これは、政治（あるいは経済エリート）の決定以上に、歴史的に蓄積された市場や組織に関する経験に依存しており、そうした経験が企業文化や経済文化として、企業や経済政策において成功を約束する戦略の選択可能な範囲を確定しているのである。企業研究からわれわれが知っていることは、比較的弱い市場においてよりうまく成功するために、蓄積された資産に由来する独自な企業文化に逆らって軌道を離脱しようとする試みは失敗しうるのであり、過去にはしばしばかなりの挫折を経験しているということである。したがって、1990年代以降、たいていのコンツェルンは、その強みを最適に利用できるように、その中核事業に集中している。力強い経済文化をもつドイチュラント・アーゲー（Deutschland AG、直訳は「ドイツ株式会社」）[4]にもこのことは推奨されるであろう。長期的に蓄積された制度は、確かに急速に解体されるが、経済の新しい慣行と組織形態は緩慢にしか構築されないのである。加えて、そのような徹底的な手術が成功するかどうかも不確かなままであろう。

　したがって、社会的生産システムが決定的に機能不全にならない限りで、それを数十年の間に積み重なった老廃物や負荷から解放し、新しい発展、とくに人口統計学上の発展にふさわしいように維持する試みとは別の有意義な選択肢

が提供されることはないのである。この点を踏まえれば、改革者の注意は、まず70年代の誤った決定に向けられるべきであろう。その決定は「経済の奇跡の時代」の時代錯誤的な産業世界像を指向したものであった。遅くなったとはいえ、少なくとも今の時点で、すでに20～30年前に行われるはずであった、ポスト工業的諸関係への経済政策・社会政策の新たな方向づけの遅れを取り戻さなければならない。

　ドイツ経済が多様化高品質生産の製品向け市場における比較制度的なコストの利点を維持し、それによってその強みを主張しさらにそれを拡大する機会を維持しようとするのであれば、そのアクターの次のような意志と能力が重要となる。すなわち、この規則と協調関係と信頼からなる複雑で歴史的に成長したネットワークを有効に利用し、それを競争上の優位として理解するという意志と能力である。そのための原動力は市場から来なければならないし、その経済的論理から強制された社会的生産システムとして構成される行動様式を生み出さなければならない。この経済的基礎条件は明らかになお依然として存在しており、国際比較の中で見たドイツ経済の競争力はほとんど疑いようもない。むしろ、問題はドイチュラント・アーゲーに包含されようとはせずに、彼らの考え方からそれを理由づけているような特殊諸利害の強化にある[5]。

　しかし、ライン資本主義はその魅力をただ次の場合のみ主張するであろう。すなわち、まずそのアクターが、システムが機能するためには自分がいかに行動しなければならないかを、そしてそれをいかになそうとするのかをを知っていることである。しかし、それだけではない。さらにそれを可能にするためには、全ての前提条件が満たされてもいなければならないのである。改革の二重戦略がここで設定されなければならない。生産的秩序政策（produktive Ordnungspolitik）[5] を、衰退しつつある工業経済の時代錯誤から解放するとともに、経済の制度的枠組みをますますポスト工業的発展の要求に適応させていかなければならない。そのために必要な事柄は、1970年代終わりから明白になっていた。当時、グローバリゼーションの回帰が構造転換を加速し、大量失業との闘いの中で経済政策の新旧の処方箋がともに同じように機能不全になっ

たのであった。1982年以降、ドイツ経済の改革がドイツ政治のアジェンダにのぼり、そのために一般に受け入れられる構想が提示された。それにもかかわらず、改革の過程が始動するまでに20年間が過ぎた。それはいまだに結着がついてはいないのである。

注

1) ドイツでは、ポスト工業的な需要を指向した生産的秩序政策（produktive Ordnungspolitik）はとくに1880年代から1914年まで存在した。ここでは、とくに多数の研究機関（カイザー・ヴィルヘルム協会［Kaiser-Wilhelm-Gesellschaft］など）の設立が念頭に置かれている。それらは、とくに新産業の需要を考慮して、銀行、新産業、国家によって助成された。したがって、例えば、物理学・テクノロジー・化学・金属研究その他の基礎研究に関するカイザー・ヴィルヘルム協会が、科学を基盤にした産業の成功にとって重要であった。このことは大学についても、その他の政策分野についても該当する。後者の例としては、通貨政策（金本位制）があり、それは新産業の世界市場志向に役立つものであった。

2) ここで「特徴的なメンタリティー」という言葉で意味しているのは（農業、原料産業の）伝統的心性であって、それは二つの世界大戦以後の再建過程と軍備拡張の時期に、時代錯誤的にも、非物質的な生産様式のさらなる発展に適切な程度を超えて、重視されたのである。

3) 政治的事象に関わる「長い19世紀」（[フランス革命から] 1914～18年まで）という時期区分とは異なり、私は、1880年代に時代の転換期を見ている。この時期にはドイツ経済の制度的枠組み全体が新たに形づくられ（Abelshauser, *Kulturkampf*, Berlin 2003, Abbildung 2, S. 26, 参照）、経済の新しい時代が開始されたのである。それはドイツに限ったことではない。ダグラス・ノース（Douglass C. North）は、この時代の転換期を第二次経済革命（the Second Economic Revolution）と呼んでいる。それに従えば、20世紀は1880年代から現在まで延長するのである。成長経路の連続性は、確かに20世紀には、戦争と危機によって繰り返し中断されるが、しかし19世紀末に構成された内的な経済連関は中断されていないのである。

4) エアハルトは、社会的市場経済を拡大し、1948年の彼の改革（通貨改革及び原則法［Leitsätzegesetz、正確には「通貨改革後の経済活動と価格政策の諸原則に関する法令」］、すなわち消費財価格の自由化）をソ連占領地区に適用することによって、そこでドイツ連邦共和国と同様の好ましい発展が生まれるだろうと確信していた。1953年6月17日の［東ドイツにおける］蜂起後、ドイツ再統一は考えられうるものとなったが、しかしその再統一が西ドイツの負担になりうるという恐れがあったために、彼はこのことを述べたのである。

5) ここで念頭に置かれているのは、資本市場のルールに完全に屈服し、自らの目的を利回りの短期的増殖においているような企業である。そうした企業は、利益政策にお

いてであれ、テクノロジー政策においてであれ、その企業が属する産業部門内部の協力には関心をもたない。それらの企業のいくつか（BASF、ベルテルスマン株式会社 [Bertelsmann AG]、F. ポルシェ株式会社 [F. Porsche AG], BMW）は、この間に、方向転換を果たし、再びライン資本主義のルールに従い、それを強化している。その他（ダイムラー・クライスラー、ドイツ銀行、ドイツ取引所 [Deutsche Börse]）は、正しい道をめぐる文化闘争のただ中にある。

訳注

＊本章は、Werner Abelshauser, "Die Rekonstruktion der Kontinuität. Glanz und Elend der deutschen Wirtschaftsgeschichte seit 1945", の邦訳である。その内容は、2006年3月17日の東京大学大学院経済学研究科・経済史研究会国際セミナーで報告され、「連続性の再建」のタイトルで、『公共研究』第3巻第1号（2006年）に掲載された。本書への収録にあたっては、21世紀COEプログラム「持続可能な福祉社会に向けた公共研究拠点」（千葉大学大学院人文社会科学研究科）より許可を得た。

[1] 戦後高度成長である経済再建過程が最初の景気後退によって終了する、1940年代末から1960年代半ばまでの期間を意味する。

[2] 詳しくは、W. Abelshauser, *Wirtschaftsgeschichte der Bundesrepublik Deutschland (1945-1980)*, Frankfurt am Main 1983.（酒井昌美訳『現代ドイツ経済論――1945-80年代にいたる経済史的構造分析』朝日出版社、1994年）。

[3] 以下での議論の参考として、第1〜4次アーデナウアー（CDU）内閣（1949〜63、連立政党：CDU/CSU、FDP他）、第1〜2次エアハルト（CDU）内閣（1963〜66、CDU/CSU、FDP）、キージンガー（CDU）内閣（1966〜69、CDU/CSU、SPD）、第1〜2次ブラント（SPD）内閣（1969〜74、SPD、FDP）、第1〜3次シュミット（SPD）内閣（1974〜82、SPD、FDP）、第1〜5次コール（CDU）内閣（1982〜98、CDU/CSU、FDP）、第1〜2次シュレーダー（SPD）内閣（1998〜2005、SPD、緑の党）、メルケル（CDU）内閣（2005〜、CDU/CSU、SPD）。

[4] とくに、第二次世界大戦後の時期にドイツで成長した、国内投資家、銀行、産業コンツェルンからなるネットワークであり、一般に「ライン資本主義」とも呼ばれるドイツ経済の独自な構成を指す。

[5] W. Abelshauser, *Kulturkampf* の英訳（*The Dynamics of German Industry. Germany's Path toward the New Economy and the American Challenge*, Berghahn Books: New York/Oxford, 2005）では、production-related design of the organization and rules of the economy (p. 114), (the State's) production-related design of the social and economic system (p. 115, 134) と訳している。本章、注1を参照。

雨宮昭彦／浅田進史 [訳]

第9章

現代ドイツにおける規制の体系と規制改革

加藤 浩平

はじめに

　現在のドイツでは、趨勢的な経済成長の停滞、人口動態の変容、ドイツ統一による財政負担の増大などを背景として、財政危機、社会保障制度の危機、失業問題が顕在化し、官民を挙げて、改革論争が行われている。シュレーダー政権の下（1998～2005年）では、「ハルツ委員会」（労働市場改革）、「リュールップ委員会」（社会保障改革）などが立ち上げられ、「アジェンダ2010」に示された諸改革が実施に移されつつある。H. ジーベルト（Horst Siebert）、H.W. ジン（Hans-Werner Sinn）などドイツを代表するエコノミストによれば、「ドイツの経済はマーケット・メカニズムから乖離し、ドイツ経済のダイナミズムが失われている」、「制度的な枠組みに欠陥がある。この制度は、現状肯定的、経路依存的であって、改革を停滞させている」といった診断が下されている[1]。こうした状態を改革しなければならないということが社会的コンセンサスとなっているといえよう。改革の方向としては、こうした論者の影響力の下で、市場の自由化、弾力化、民営化、規制改革が志向されているのは周知のこととといえよう。とはいえ、改革がスムーズに進展しないというのが実情ではないだろうか。

　制度的枠組みとは何か。規制とは何であるのか。それらは国家による市場経済への介入を端的に示すものであろう。戦後西ドイツの競争政策と規制とは、どのような関連に立つのだろうか。世界貿易において輸出額第二位を占める現代ドイツは、開かれた国民経済であり、その輸出依存度はGDPの3分1とき

わめて高い。この開放性のために、ドイツ経済は強く競争を志向する。競争志向は、第二次大戦以来の西ドイツの国是である「社会的市場経済」の根本原則である。それと同時に、ドイツは「社会国家」を標榜し、国家が市場に介入し、競争が排除される領域が少なくない。国民の福利厚生、公共財の安定確保、中小経営の支援、労働者の権利擁護などのために国家が規制をかけることには社会的コンセンサスがある。こうした対照的な二つの根本的特徴をドイツ経済は持っているといえよう。

現在、国家による規制のため競争が排除される領域は広範囲に渡っているが、それらは1957年制定の「競争制限禁止法」(カルテル法)において、同法の適用を受けない「例外分野」に指定された業種と重なり合う。同法の「例外分野」とは、農業、石炭鉄鋼業、銀行・保険、空港・港湾施設、運輸、通信、郵便、電気・ガス・水道の供給、住宅建設、許認可を必要とする職業などであった。制度的枠組みとしての市場規制はもっと大きな問題である。それは、社会保障制度や金融制度、労働制度などにおける公的介入、競争の排除などを指している。例えば金融市場について見れば、ドイツでは民間の商業銀行(ユニバーサルバンク)と並んで公的金融機関(貯蓄金庫、州銀行)や信用金庫の活動領域が広く(「3本柱システム」と呼ばれる)、こうした金融機関の融資には公的保護が与えられている。労働市場では、労使間での団体交渉による「協約賃金制度」が確立しており、個別企業の収益に関わりなく産業ごとに統一的賃金が決定される。さらに言えば、「学籍振り分けセンター」(ZVS)による大学の入学決定に見られように、教育を受ける個人の権利に対する国家介入も強い。ドイツ人の思考様式の一般的特徴として、問題解決のための調停の役割を国家(の規制)に委ねる傾向があることもしばしば指摘されている。

ところで、最近のドイツ近現代史研究の動向として、ナチス期の経済体制と戦後西ドイツのそれとの連続性に注目する研究が見られるが、その代表的研究者の一人であるA.リッチュル(Albrecht Ritschl)は、戦後西ドイツの規制の多くがナチス期に導入されたものであることに注意を喚起している[2]。アメリカ軍によるドイツ占領政策下で、ナチス期の経済体制からの断絶が強調され、

競争促進政策の立法化が促されたとはいえ、周知の如く、「競争制限禁止法」の制定、実現には経済界の抵抗が強く、長期の議論を要した上に、広範な「例外分野」を残したため、その政策は不徹底であったといわれる。「競争制限禁止法」の適用を受けない「例外分野」は、リッチュルの指摘の如く、戦争経済下において、競争を制限されていた分野であったが、さらに言えばそれらは、1929年「大恐慌」に対する政策対応であった。もちろん、電気、ガス、郵便、通信、交通等のネットワーク産業は「自然独占」の産業であり、そこでの競争の排除（独占の容認）ないし国家による価格規制は、なにも西ドイツに限ったことではなかった。いずれにせよ、こうした分野での市場規制が、エアハルトの戦後改革により一部は廃止されつつも、存続し、「規制が規制を呼ぶ」といった事態が生じてきたのである。

1980年代末、コール政権の下で、規制改革の議論が本格化する。「規制緩和委員会」(Deregulierungskommission) が立ち上げられ、規制の見直しに向けた動きが始まるのである。ところで一般に「規制緩和」というと、すべての経済領域を市場原理で隈なく覆いつくすことと理解されるかもしれないが、決してそうではない。規制の緩和はマーケットの拡大を意味するが、同時に独占禁止法の適用の範囲が広がるのである。したがって、政府の規制が見直されるのと、独占禁止法規制が強化されることがセットにならざるをえない[3]。こうして規制改革をめぐる動きは、政府の役割は何かという、古くて新しい問題を改めて提起しているように思われる。特に現在のドイツの場合、競争政策の権限がEU委員会に移譲されているため、規制の見直し、またその後の反カルテル政策をめぐり、国家政府とEU行政機関とが激しく対立するという新たな局面を迎えている。

本章では、こうした規制の概要を示し、近年における規制改革の動向の一端を検討することによって、現代ドイツにおける「介入的自由主義」と「管理された市場経済」の特徴を解明してみたい。

第1節　規制の広がりと規制改革への取り組み

(1) サービス市場での規制

　戦後西ドイツで規制が拡大したのはサービス経済の進展と軌を一にしている。サービス市場の規制の方が、生産物市場の規制より強いからである。サービス市場は多様であり、したがって規制も多様な形態をとった。例えば次のようなものである。

　医者、獣医、薬剤師、弁護士、建築家、エンジニア、会計監査人などは「自由業」と称され、その報酬額は詳細に規定されている。とくに報酬の上限は厳格に設定されていて、報酬の不当な引き上げを防いでいる。医者は、不公正競争防止の観点から、宣伝行為が禁止されていて、表示が許可されるのはせいぜい休暇期間のお知らせくらいである。顧客保護の観点が貫かれているわけであるが、現在ではEU条約（第81条）の競争自由条項に抵触するおそれもある。また、国民の生命、安全を守る観点から、新薬の開発、認可やバイオテクノロジーに対し、厳格な規制がかけられてきた。原子力発電に対しても将来の廃止が予定されている。製薬会社は、研究所を規制の少ない海外に移転する場合が多く、ドイツ化学産業の競争力低下が心配されるほどである。

　借家人を保護するため、住宅家賃の上限が定められている。家主側からの解約のためには、厳格な条件が要求される。また低所得層向けの「社会住宅」の建設を援助する政策がとられている。低所得者には住宅手当が支給され、生活保護世帯には自治体が家賃を肩代わりする。持ち家促進の手当もある。他方、借家人保護の規制があまり強いため、中産層が老後の現金収入を当て込んで、住宅（アパート）投資をする事例が落ち込んでしまったという問題も起きている。開発、建築を許可する行政手続きには長い時間がかかってしまう[4]。

　運輸、通信、郵便は事実上国営であり、規制も強い。鉄道、船舶、航空等の営業、料金設定は許可制である。高速道路（アウトバーン）の料金は無料であ

り、遠距離通勤には手当てが支給される。電力、ガスは、安定的供給を確保するため、一部の大手企業に独占的経営が保障されてきた。またテレビなどメディアについては、世論形成を担うその公共性が重視され、放送局の44％は公共機関が占める。民放は寡占状態であり、政府により周波数の割り当てが行われる。

　ところで、西ドイツのサービス市場の後れの原因として、最も議論を呼んだのは小売業での営業時間規制（閉店法）であろう。また、雇用やEU市場開放の妨げになっているとして、伝統的なマイスター制度の見直しも焦点となっている。以下この2点について敷衍しておこう[5]。

(1)　1956年閉店法は、商店の営業時間を月曜から金曜まで、例外なく、7時半より18時半、土曜日は14時までと定めた。これは、閉店法という名称からも分かるとうり、商店従業員のための労働時間規制ではなく、非労働時間、つまり余暇の時間の確保を強く意識した法律であった。この規制の目的は、①従業員の労働保護、②中小店舗（個人営業ないし家族経営）と大規模店舗（外部労働の雇用）の競争条件の平等化であったとされる。商店経営者の利潤追求と消費者の便利さへの配慮は欠けていた。労働保護が目的であっても、保護されるのは当然インサイダーであって、フレキシブルな労働時間での雇用を希望するアウトサイダーの労働者は保護の対象にはなりえない。その後、自由時間が増え、消費生活が豊かになるにつれ、営業時間を規制することの弊害が一般に認識されるようになった。閉店法の規制の対象とならないのはガソリンスタンド、鉄道駅、飛行場の売店であるが、人々は早朝、深夜、休日にこうした売店に出向いて、高い値段にもかかわらず買い物をしていたのである。特に需要の多いパン屋が週末の早朝に閉店していることに人々は不満を募らせた。しかし、営業時間を延長することに対して、小売店連合（経営者側）と労働組合の双方がともに反対していた。両者は大型チェーン店や新規参入企業との競争に脅威を抱いていたのである。

(2) ドイツの手工業には完全な「営業の自由」は備わっていない。戦後西ドイツでは1953年の手工業条例により、手工業で営業するには親方試験で合格することが義務付けられた（「親方強制」）。これは13世紀のツンフト制度以来の伝統である。親方試験を受けることができるのは数年間の見習い活動を経て、見習い試験に合格した者である。親方試験に合格したものだけが手工業原簿に登録され、開業できる。この合格者は、さらに徒弟を修業させる権利を得る。開業権と徒弟受け入れ権は「大資格証明」(Grosse Befähigungsnachweis) と呼ばれ、1935年に導入された。戦後米占領地域では、事実上無制限の「営業の自由」命令が出されたが、1953年に、ナチス期の「大資格証明」の制度が手工業条例において復活した。顧客にとり誰が質の高い技術をもっているか事前には判断できない。自由競争にすれば料金の安さだけが判断基準にされ、サービスの質が下がってしまう。「大資格証明」は、質の高いサービスを顧客に提供し、手工業を過当競争から守るために再導入されたのである。さらに後継者を確保するためにもそれは正当化された。こうして、7グループに分けた全125職種の手工業がリストアップされ、その中で94職種について「親方強制」が義務付けられた。営業できるのは一人一職種に限定されたので、類似の職種、例えば電子技師と電子機械工またパン職人と菓子職人等が如何に関連していてもそれらは兼業できないとされた。西ドイツで1980年代以降、失業が高まり、雇用を緊急に増大させる必要が生じた際、中小規模のサービス産業の開業を増やすことに注目が集まった。手工業の74％は10人以下の小経営であったため、ここに雇用創出の大きなポテンシャルがあったからである。しかし手工業の開業を増やすには「大資格証明」がネックになっていたため、手工業での「規制緩和」が議論されるようになった。さらに、EUの市場統合が進むと、ドイツの手工業条例は、EU内での労働移動と開業の障害となってくることが問題視されてきた。

(2) 規制改革への取り組み

　規制には、その導入の際、当然に正当な根拠があった。例えば、食品の衛生基準、生産物の品質保証、生産工程・生産技術の承認、建築許可などは顧客の保護、サービスの質の維持、その安定的確保をめざしたものである。また、ミクロ経済学では、「自然独占」の状態にある産業（電気、電信・電話、鉄道などのネットワーク産業が典型）について、競争による生産の非効率を避けるため、参入規制を行い、独占企業に対してはその弊害を除去するために価格規制を行うことに正当性が与えられる[6]。したがって、規制を全面的に撤廃すべきという主張は非現実的である。しかし、この間の飛躍的技術革新の結果、例えば、衛星通信を利用した移動式電話の普及により固定電話のための従来のネット回線が必ずしも必要ではなくなると、「自然独占」が成立する条件に変化が生じる。さまざまな規制の中には、現状が法律制定時とは明らかに変化し、もはやその根拠が正当化できないもの、特定団体の既得権の擁護にしかなっていないものも出てきた[7]。

　米国のデレギュレーションや英サッチャー改革での民営化の推進を見つつ、さらに、ガット・ウルグアイラウンドでのサービス貿易自由化の圧力を受けて、コール政権（1982～98年）は、市場規制の再検討に着手した。1987年12月に、ケルン大学のJ.B.ドンゲス（Jürgen B. Donges）教授を委員長とする、中立的なメンバーによる「規制緩和委員会」が発足し、従来の慣行を再検討したのである。実は、こうした取り組みを西ドイツ政府に余儀なくさせた最大の誘引は、EC指令であった。ECの域内市場統合を完成させるためには、国境を越えたサービス市場、企業活動の自由化が不可避となり、EC委員会は各国にそのための改善を促したのである。「規制緩和委員会」は、1991年に規制改革に向けた報告書を提出する[8]。しかし、この委員会の提言は即座に実行に移されることはなかった[9]。

　ところで、戦後西ドイツには、戦前から引き継がれた、主としてエネルギー、鉱山の分野での連邦所有企業が存続していた。また、「基本法」第87条は、鉄

道、郵便、電信・電話、河川交通を連邦の特別財産と規定し、国家により運営されることを定めている。これらを民営化する試みは、実はコール政権の成立以来既に始まっていたのであるが、その進捗もおもわしいものではなかった。ここには多数の人々が雇用され、民営化による失業の発生は大きな社会問題になりかねなかったのである。民営化に反対する労働組合の勢力も旺盛であった。また、公営企業を経営する自治体は、この経営からの収益に多少なりとも依存していたのである。

(3) 連邦所有企業の民営化

戦後西ドイツの公的大経営は、旧ドイツ帝国および旧プロイセン州の遺産の中で、戦災と東部ドイツでの財産剥奪、戦後賠償を免れ、連邦の工業財産として戦後の西ドイツに継承された企業体である[10]。経営の重点は石炭鉱山、鉄鋼、アルミニウム、化学、装置組み立て、工作機械などであり、その立地はシュレスウイッヒ＝ホルシュタイン、バイエルン、ザールなど辺境州、ザルツギッター、ヴォルフスブルクなど東部ドイツに隣接する国境地域に集中していた。連邦財産の代表的企業（コンツェルン）は以下の6経営体である。① VEBA (Vereinigte Elektrizitäts- und Bergwerks-AG)、②フォルクスワーゲン、③ザルツギッター、④ VIAG (Vereinigte Industrie-Unterneh-mungen AG)、⑤ザールベルクヴェルケ、⑥工業管理会社 (Industrieverwaltungs-gesellshaft mbH)。これらは元来、国家目標としてのエネルギー供給、原材料の確保、新技術の開発、特殊任務の遂行のための活動をしていたのであった。

以上の連邦所有企業は株式会社形態をとり、政府が大株主（「多数株所有」Mehrheitsbeteiligung の場合が多い）となっていた。戦後の「社会的市場経済」のもとで、国民株主化政策の一環として、政府所有株式の売却が段階的に試みられてきた。他方、そうした連邦の工業財産に比べ自治体（市町村、州）所有の、清掃、保養施設、住宅、電気、ガス、教育、技術訓練、道路行政などの公益事業は、2倍の財政規模をもっているが、これら公益事業は地域経済政策の重要な役割を担っており、自治体にとって民営化することは思いもよらなかっ

た。またこうした公益事業に融資する公的金融機関、とりわけ12のレンダーバンク（州立銀行）の民営化も問題にされることはなかった。民営化の第1弾は1959年のプロイスザーグ（Preussag、プロイセン鉱山精錬所）、1961年のフォルクスワーゲン社、1965年のVEBAの株式の初売却であった。しかしこの売却は思うように進まず失敗に終わった。この失敗の経験は後々まで響き、その後政府が民営化に積極的に踏み出せない原因となった。連邦所有企業は、戦後復興の過程に少なからぬ貢献をし（混合経済）、経営は順調であった。この当時、株式を放出してその譲渡益により経営の方向転換をはかる必要性は存在していなかった。民営化第1弾の目的はむしろ国民に「大衆株」を取得する契機を与えることにあったが、ドイツ国民は危険資産を回避し、安全資産を選好する傾向が強く、この目的は実現しなかった。

1970年代を通じて、連邦所有企業はその規模を拡大した。これらは、鉄鋼、石炭、造船など後発国の追い上げにより国際競争に晒される斜陽産業の分野に特化していたため、活動分野を広げようとして、この分野に関連する産業の株式買いを実施したためであった。この結果、連邦政府が25％以上の持ち株を有する企業の数は1970年の697社から、1982年には958社に増大している。1978年には、西ドイツの巨大カンパニー269社の売り上げの中で、連邦所有企業の占めるシェアは13.7％に達し、全企業の売り上げに占める同企業のシェアでは3.9％であった。しかし西ドイツのこの数値は、オーストリア、フランス、イギリス、イタリアなど公企業の比重の高いヨーロッパ隣国に比べると、かなり低い。

1982年にコール政権が発足すると、民営化プログラムが公表される。しかし、コール政権が民営化に向かう姿勢を見せたのは、自由化を望む勢力や連立を組むFDP党の圧力を受けたためであって、現実には民営化のための差し迫った経済的理由は（財政赤字の解消を除けば）存在しなかった。また、コール政権の民営化宣言は、前政権（SPD党）との相違を強調するシンボル的意味しか持たなかったとも見られている。西ドイツにとって戦略的に重要な輸出産業は既に民間企業で占められていたし、公的所有企業は増加したとはいえ、ヨーロ

ッパの隣国に比較すれば取るに足らないものであったからである。もちろん、輸出主導の民間企業中心社会を支える社会的基盤としての郵便、テレコミュニケーション、鉄道、航空、銀行、リサーチ機関などの公的セクターを民営化する意義は十分認識されていた。民営化プログラムは当初実行されなかったが、民営化推進勢力への懐柔策として、経営的には何の問題もなかったVEBAの政府持ち株の放出（48％から30％へ）が決定された。しかしここでも一般国民の株式保有を拡大するには至らなかった。

1985年に、連邦財務相は民営化の候補として連邦所有企業13社を提示した。しかも、その際、多数株（51％）ないし、議決権保持（25.1％）を失わない慎ましい規模の株式放出を提案した。それにも拘らず政府内からも反対が出たため、結局当面の民営化対象企業を5社（VIAG、フォルクスワーゲン、プラクラ＝ザイスモス、ドイツ抵当証券庁、ドイツ州レンテンバンク）に削減した。その後も、民営化の進捗は平坦ではなかった。1988年に政府は、提示した計画に基づき、フォルクスワーゲンとVIAGの株式を売却したが、両社の株を所有する二つの州が連邦政府に同調しなかった。フォルクスワーゲン株20％を所有するニーダー・ザクセン州とバイエルンヴェルクAGを通じてVIAG株15％を所有するバイエルン州である。州政府は、地域産業政策上、これら地元企業の株式を手放したくなかったのである。鉄鋼不況が解消すると政府のザルツギッター株が売却されたが、この時バイエルン州は逆に、直前に破産を宣告していたマックス・ヒュッテ社の株を買い増した。

航空のルフトハンザ株の売却をめぐっては、連邦政府とバイエルン州が対立した。当初の連邦政府の売却案（政府持ち株分を79.9％から55％に縮小）は国防上の理由から、バイエルン州によって反対された。ルフトハンザは法律により、緊急時には同社の飛行機を軍用機に転用することを義務付けられていたのであり、戦略的に重要な企業の民営化は国家の安全保障を危険にさらすと危惧されたのである。バイエルン州の反対には、国防上の理由だけでなく、同州の産業政策上の理由も関係していた。バイエルン州には、メッサー＝シュミット＝ベルコム＝ブローム社（その後、ダイムラー＝ベンツの子会社であるドイツ＝アエロ

スペース社に統合される）やエアバス社などの航空機産業が集中している。バイエルン州は、ルフトハンザが民営化されるなら、これまで同州が州政府調達を通じて築いてきたこれら航空三社との緊密な関係が崩されてしまうことを恐れたのである。この件をめぐっては、政権党内部（FDP党）からもバイエルン州（CSU党）の「国家資本主義」的行動に対し批判が出たが、最終的には政府株は売却されずに維持された。こうして1985年の民営化計画もまた部分的な実行に留められた。（その後しかし、連邦政府は1987年のルフトハンザ社の増資の際に不参加を決めることによって、相対的な持ち株のシェアを65％まで落とした。1988年と1994年の増資にも不参加であった。1997年に政府はすべてのルフトハンザ株を手放すが、その前年に株式を政府系銀行の「復興信用銀行」に譲渡している。）

　西ドイツにおいて民営化が進展しなかった理由として、以上に付け加えれば、地方自治権が拡大して、国家の意思決定の主体が拡散してしまったこと、そのため、民営化のような重要な案件では不可欠な中央での強力な政策決定ができず、民営化に対する国民的合意が取り付けられなかった点が指摘されよう。

第2節　郵政民営化

　西ドイツでの民営化や「規制緩和」の試みが全体として停滞していた中にあって、いち早く改革の動きがみられたのが郵便サービスと通信（テレコミュニケーション）の分野であった[11]。「ドイツ連邦郵便」（Deutsche Bundespost）は、郵便サービスの他に、電信・電話、金融の業務を兼営し、連邦の特別財産として（「基本法」第87条）、国営により運営されてきた。通信ネットワークが「自然独占」であることは言うまでもないが、郵便サービスの場合も、全国的に配置された郵便局網や、集配システム、郵便番号制度などの制度インフラを備え、ネットワーク産業として「自然独占」の条件を満たすものであった。改革の直接のきっかけは、1988年に出されたEC指令であった。ECは各国に対し、この分野での独占の解体と民営化を促したのである。情報通信産業の将来の飛躍

的成長が認識されていたからであり、技術革新のためこの産業での「自然独占」の条件が満たされなくなっていたからである。ECの方針には、1970年代の米国、カナダでの成功の事例も影響していた。

(1) 郵政民営化への第一次改革

1989年6月8日に「郵便・電話制度およびドイツ連邦郵便の新構造法」(Gesetz zur Neustrukturierung des Post- und Fernmeldewesens und der Deutschen Bundespost) が制定された。これにより、「ドイツ連邦郵便」は、その57万6000人の従業員とともに、「ドイツ連邦郵便」、「ドイツテレコム」、「ポストバンク」に三分割され、それぞれが独立の「公社」となった。分割の目的はそれぞれの事業の独立採算制にあったが、この時点ではまだ民営化されたわけではなく、三業務間の「内部相互補助」も維持されたままであった。郵便サービスとテレコミュニケーションの監視と規制は、一括して連邦郵政通信省に移管された。つまり、事業目的の確定、全国一律に実施されるべきサービスの内容の取り決め、料金設定などに対し、依然として政府の強い規制がかかった。市場の自由化も進んだわけではない。通信業務では政府は競争の導入に意欲的であったというが、競争が実現したのは端末機器の市場だけであった。固定電話と回線ネットワークは依然「ドイツテレコム」の独占であった。郵便サービスでは唯一、速達便での独占が解除されたが、封書の集配は「ドイツ連邦郵便」が独占したままであった。このように、郵政の第一次改革は、組織改革以上に出るものではなく、自由化が不十分なことは明白であった。

(2) 第二次郵政改革

1994年夏に第二次郵政改革が実施される。「基本法」第87条を修正して、三事業を連邦財産から切り離し、政府100％所有の株式会社に組織替えしたのである。職員（公務員）はそのまま新株式会社に雇用された。短期間での引き続く改革の実施には、資本調達上の問題があったと言われている[12]。「ドイツテレコム」（株式会社、以下同じ）は旧東ドイツ地域へのインフラ配備のために

膨大な資本投下が必要となっていた。そのため「ドイツテレコム」は、民営化によって自己資本を充実させるとともに、投資実行により国際競争力を高める必要性があった。「ドイツ連邦郵便」は「ドイツポスト」（株式会社、以下同じ）になったが、同時に「ポストバンク」を吸収した。株式は100%政府所有であり、株式公開は2000年まで待たねばならなかった。政府持ち株を管理するために、公法上のホールディング会社、「連邦ポスト・テレコミュニケーション機関」が設立され、郵便、通信二業務が一括してコントロールされることになった。テレコム株は1996年に株式公開され、空前の株式買いキャンペーンが展開された。ホールディング会社はマスコミを動員して一般大衆にテレコム株を煽り、伝統的にリスクキャピタルを回避する傾向の強いドイツの一般市民、中小投資家の獲得をねらった。この機会にテレコム株を購入した多くの人々にとって、株式購入（議決権のない「大衆株」）は生涯初めての経験であったと言われている[13]。ポスト株は2000年に上場されたが、株式放出は、第三者による経営への議決権取得を排除するため全体の25％以下に抑えられた。

　第二次郵政改革は、規制を緩和し、競争を促進することには程遠かったと評価されている[14]。郵便と通信の二業種を専門に監視する規制官庁が新設されたのであるが、このことは、この改革が「規制緩和」ではなく、規制改革であったことを端的に示すであろう。連邦郵政通信省の内部に、連邦議会および各州からのそれぞれ代表16名から構成される規制委員会が設置され、政府が下すあらゆる制度変更にはこの委員会の同意が必要となり、ライセンス（営業のための免許）の付与や、独占業務での料金の認可にはこの委員会が関与することになった。この規制委員会は「Reg TP」（「Regulierungsbehörde für Telekommunikation und Post」）と呼ばれ、本部をボンに置き、1998年1月2日より活動を開始した。

　「ドイツポスト」は、「ドイツ連邦郵便」の封書集配の独占を引き継いだ。固定電話と回線網の独占も、「ドイツテレコム」に引き継がれた。とはいえ、例えば郵便サービスについて、独占の一部が緩和されたことも事実である。もちろん新規参入企業はライセンスを取得する必要がある。まず、小包の取り扱い

に競争が認められた。さらに250グラム以上の大量送付の印刷物（例えば通信販売のカタログのようなもので、「インフォポスト」と呼ばれた）の集配に「ドイツポスト」以外の業者にライセンスが認められるようになった（1995年1月1日より）。この重量制限は、1年後に100グラムに引き下げられている。「ドイツテレコム」では、固定電話の回線網を使用する権利を拡張する措置がとられてもいる。ネットワーク産業において、ネットワークインフラを所有しない競争企業に、適度の料金でのネットワーク使用を認めることは、「自然独占」を突き崩す最も重要な要因である。しかし、多くの改革措置にも拘らず、封書について、「ドイツポスト」に独占的免許が付与され続けていることが、郵便サービスでの自由化が進捗しない最大の障害と見なされた[15]。

(3) 第三次郵政改革

　改革を進展させるため、1997年末に新郵便法が制定され、翌年1月より施行される（第三次郵政改革）が、封書の独占的免許は踏襲される。自由化を僅かなりとも進めつつ、独占的免許が付与され続けるのは、全国一律の「一般的郵便サービス」を手頃な料金で国民に提供することが担保されなければならないからであった。全国一律の一般的サービスとは何か、手頃な料金とはどれほどか。これは連邦参議院の同意を必要とする「一般サービス提供命令」により規定されるのだが、現実には、従来の給付水準を落とさないことが目指された。競争を進めつつ、このサービス水準が維持されればよいが、さもなければ市場支配的企業にその維持を委ねざるを得ない。その判断をするのが、「RegTP」であった。「ドイツポスト」への独占的免許の付与は、この独占会社にそうしたサービスを義務付けることの見返りであった。さらに、「ドイツポスト」は、全国一律のサービス業務からの収益に対し付加価値税を支払うことを免除された。また、独占的免許を付与された期間内は、「内部相互補助」を行うことも許された。つまり、独占的免許の領域で得た高い利得を、競争領域で被った損失の補填に充てることができた。

　新郵便法は、EU指令の影響もあり、たびたび修正されたが、市場の開放度

はその後も低いままである[16]。2002～03 年の「独占委員会報告」によれば競争企業の市場シェアは、封書市場全体の 4％（2000 年には 1.6％）に過ぎず、「ドイツポスト」の市場支配的地位は明白である。ただし、独占免許の及ばない、開かれた封書市場に限れば、同年の競争相手のシェアは 12～13％ である（2000 年は 5.2％）[17]。競争が増加傾向にあることは間違いない。

　新郵便法はまた、「ドイツポスト」に対し、競争相手が、既存の郵便番号制度と住所変更の登録システムを利用できることを認めるよう義務付けた。住所変更者にとり、すべての郵便サービス業者に住所変更の届けをその都度提出することはかなりの負担となるからである。これは、ネットワークの所有者に、新規企業のネットアクセスを容易、可能にせしめる措置であった。さらに、ドイツの郵便料金は EU 他国に比し高額であったため、EU 指令はその引き下げ、ないし、国内での料金一律化（任意）を勧告していた。しかしドイツの当局はこれを受け入れなかった。料金一律化の便宜より、価格差別化の効果を重視したのである。

(4) 市場参入への障害

　2002 年 1 月と 4 月に、新郵便法の改定と再改定が行われ、独占免許の対象となる封書の重量制限の引き下げと、独占免許の 5 年間延長（2007 年末まで）がセットで決定された。延長の理由は、EU 隣国での自由化がドイツに比べ遅れているというものであり、相互主義の原則から独占免許の据え置きが認められた[18]。その据え置き期間においては、「ドイツポスト」に対し、「一般サービス提供命令」に即した同サービスの全国一律での遂行が義務付けられた。競争企業の市場参入はこれによりさらに停滞したが、停滞には別の要因もあった。

　まず、「高価値サービス」の提供をめぐる「ドイツポスト」と規制官庁「Reg TP」の対立である。全国一律の「一般サービス」については「ドイツポスト」に独占免許が付与されたが、これと区別される「高価値サービス」については、新規参入企業にも営業ライセンスが付与されたので、双方の競争が激化した。したがって、何が「高価値サービス」であるか、また何が「一般サー

ビス」でないかによって、「ドイツポスト」の活動領域が大きな影響を受けたのである。規制官庁による「高価値サービス」の基準[19]への不満から、「ドイツポスト」はしばしば裁判に訴えた[20]。被告の対象は、営業ライセンスを受けたライバル企業にも及んだ。こうした場合、判決の如何を問わず(実際は「ドイツポスト」の訴えは却下された)、競争企業に出資しようとする銀行は融資に慎重になってしまった。

次に、小包の市場であるが、「ドイツポスト」は、自社と契約することを条件に、大口の発送業者に対し、「現金引換え券による割り引き」(Treuerabatte) を与えていた。新郵便法によれば、大口発送業者にこうした特典を付与する場合には、規制官庁の承認が必要であった。競争企業からの批判を受けて、「Reg TP」は 2000 年夏に「ドイツポスト」に対し、こうした割り引きつき小包のサービス契約を禁止した。しかし「Reg TP」はそれ以上の踏み込んだ対応がとれず、禁止措置の実効性は薄かった。この規制官庁には、連邦カルテル庁に匹敵するような、実効性のある措置を取るための裏づけとなる調査能力、証拠収集能力が備わっていないのである。この件とは別に、通信販売の小包サービスに対する「ドイツポスト」の「現金引換え券による割り引き」は、「ユーナイテッド・パーセル・サービス」社の告発を受け、EU 委員会により市場支配力の濫用と見なされた (2001 年 3 月)。問題とされたのは、この種の割り引きと、さらに、競争排除のための不当廉価の料金であった[21]。

規制官庁の上位機関としての連邦政府が、同時に「ドイツポスト」と「ドイツテレコム」の多数株式の所有者であることから、政府にとり利害相反が起こり、競争が歪められていることも問題であろう。独占的免許の対象となる封書の料金設定には規制官庁による「事前規制」(プライスキャップ制) がかけられるが、認可すべき料金の設定に際し、「Reg　TP」と連邦財務省の間にしばしば対立が生じている。「Reg TP」は「ドイツポスト」の経営の効率化の程度に応じ、引き下げを主張するのに対し、連邦財務省は、料金引き下げを可能な限り抑えたい意向であるという[22]。政府はポスト株の多数を所有しているが、ポスト株の株価は資本市場で低迷していた。政府は、ポスト株の漸次放出を公

約していたが、封書料金の引き下げが「ドイツポスト」の業績を落とし、株価の一層の低迷につながり、政府収入を減らしてしまうことを憂慮したと見られている。政府は株主としての利害から、規制強化の方針を示したのである。政府は、料金を高く設定すれば（規制を強化すれば）株価は上昇すると判断したのであるが、それは確実ではなく、短期的にはむしろ、たとえ独占企業の収益が上昇したとしても、資本市場の評価は下がってしまう可能性もある[23]。市場は、利潤の源泉が規制にあるのであって、独占企業の本来の収益力に拠るのではないと見抜くからである。国内の競争では規制が助けとなっても、とりわけ今後の収益源になることが確実な国際市場での競争では、それは期待できないことは明らかなのだ。

　株価の低迷もあって、現在に至るまで「ドイツテレコム」と「ドイツポスト」の多数株は連邦政府の所有である（2005年1月時点で、政府はテレコム株の22.7％、ポスト株の7.3％を所有）。政府金融機関である「再建信用銀行」(Kreditanstalt für Wiederaufbau) の持分（テレコム株15.3％、ポスト株48.8％）を含めれば、両株式会社の株式のほぼ50％はいまだ政府所有のままである[24]。連邦政府は、財政赤字を補填するため株式の多くを「再建信用銀行」に譲渡したと主張している。しかし現実には、株式の一挙の放出が資本市場での値崩れを招くことを恐れ、ポスト株を同じ政府機関である「再建信用銀行」に移管し、今後の株式公開を小出しにして、長期的に放出することに備えたと見られる。ポスト株の株価は株式公開以来低迷している。政府としては当然、将来の株価上昇時期を捉えてポスト株の売却を見込んでいるのであろうが、それが「ドイツポスト」に対する政府の規制政策のあり方をゆがめてしまっているのだ。

第3節　鉄道改革

　戦後西ドイツにおいて鉄道は連邦の特別財産であり、運輸大臣の監督下に置かれ、「共同経済上の義務」の遂行、即ち、営業、輸送サービスの提供、料金の徴収、定時刻の運行を義務付けられていた。これを担ったのが国有企業とし

ての「ドイツ連邦鉄道」であった。義務の履行によって生じた損失に対して、「ドイツ連邦鉄道」は国家に対してその清算を要求することができた。路線の拡張や廃止、料金設定には運輸大臣の認可が必要とされた。こうした規制の法的根拠は、「一般鉄道法」(1951年)、「連邦鉄道法」(1951年)、「鉄道交通条例」(1938年)、「基本法」第87条 (1949年) であった[25]。

鉄道改革は、膨大な財政赤字を清算するためには避けて通れない改革として、多くの国が取り組み、日本やスウェーデンにおいて民営化が行われ、成功していた。ドイツの場合も、鉄道改革の目的はまず膨大な財政負担を解消することであった[26]。さらに、ドイツの特殊事情として、ドイツ統一後、東の旧国営鉄道(「ドイツ帝国鉄道」)を、西の「ドイツ連邦鉄道」に合併させる必要があった。さらに環境対策上、交通手段としての道路交通から軌道交通へとその重点を移動させる目的があった。財政赤字の体質から脱出するための方策は鉄道分野に競争を導入することであった。他の交通手段との競争において、鉄道が生産シェアを高めるためにも、鉄道を使った輸送サービス産業の内部競争が活性化されなければならない。EC は 1991 年に競争の促進と官僚制の削減を指示した鉄道の自由化指令を出してくる。EC 自由化指令は、具体的には鉄道インフラたる路線ネットワークを管理する主体と輸送サービスを提供する主体を切り離し、ネットワークの利用を競争企業(特に EC 他国の輸送会社)にも開放することを求めたのである。

(1) 軌道交通の特性

鉄道インフラとは何か。鉄道による輸送サービスを提供するためには、まず全国に張り巡らせた軌道(線路)、駅、ターミナル、操車場などのインフラが建設され、整備され、適当に管理、運営されなければならない。鉄道インフラとはまずこうした膨大なネットワークを指す。この固定費用を賄うために初期投資は膨大となる。したがって「規模の経済」のメリットが得られなければ、新規参入企業の投資は「埋没コスト」になってしまう。このため鉄道インフラは「自然独占」の状態にあり、需要が増えれば増えるほど、平均コストが下が

る。ここには競争の余地がない。鉄道は軌道交通としての特殊性から、さらに、車両走行の監視システムを独立させて一括運営する必要がある。輸送キャパシティーのマネージメント、路線の利用コントロール、車両の運行表や信号の調整などが安全な輸送サービスを提供するためには不可欠となる。これらも鉄道インフラである。最後に、原動力である電気の管理、送電設備、そして、緊急事故に即座に対応する援助チームなども不可欠であり、鉄道インフラとなる。

他方、一般に、交通手段そのものである機関車、車両（ワゴン）は「回転する資材」(Rollmaterial) と呼ばれ、必ずしも不可欠のインフラではない。輸送サービス会社によるその取得は「埋没コスト」にはならないのである。これらは、リースなり、中古品の形で「回転」しうるからである。こうして、輸送サービスを提供する活動には競争の余地が生じる。とりわけ、他の交通手段との競争は熾烈になっている。ただし、「回転する資材」のリース市場、中古車市場がドイツでは未整備であるため、新規参入した輸送会社は、当面の経過措置として、既存の会社の機関車、ワゴン車を譲り受けなければならない状況である。

鉄道が産業として価値を創造するためには、鉄道インフラを建設し、保守・点検し、その利用を管理するネット管理と、旅客と貨物を輸送する輸送サービスの提供を結びつけなければならない。輸送サービスでの価値創造のためには、ネットワークの利用が不可欠の前提となる。コストの面でも、輸送サービスにとりネット管理企業の提供するインフラの質が重要となる。輸送サービス提供の全コストに占めるインフラのコストは30〜40％に達すると見られている[27]。以上から、輸送サービス企業のネット管理企業に対する依存関係が生じる。もちろんネット管理企業は、需要の程度、輸送サービス企業の支払い能力を無視して、経営を続けるわけにはいかない。したがって、ネット管理と輸送サービスの提供を結合して一つの経営が行う（これを「垂直統合」という）誘引が当然働くであろう。鉄道改革以前の「ドイツ連邦鉄道」は、統合された国有企業であり、「垂直統合」の形態をとっていた。

「垂直統合」のメリットは、まず、部署の統廃合により管理部門での経費が節約されること、特定資源が共同利用されれば経費削減になることである。諸

種の「取引コスト」の節約も可能となるだろう。また情報交換がスムーズになり、意思疎通も容易になる。金融部門、R&D活動など先端部門の中枢機能が共同で利用されたり、インフラと車両の的確なマッチングなども期待できる。他方しかし、結合されたこの経営に属する輸送サービス部門が、自社の鉄道インフラの利用に関して、外部の同業他社と例えば路線の割り当てやネットの利用料金などで競争になった場合には、ネット管理部門は自社の輸送サービス部門を優遇する措置をとるに違いない。ネット接続に際して、外部の輸送業者に対して差別的措置が取られれば（「垂直統合」の場合はその可能性が高い）、競争が阻害されるのは明らかである。「ドイツ連邦鉄道」の下では競争が阻害され、とりわけ貨物輸送の分野では、他の交通手段に比し、イノベーションが著しく立ち遅れていたようである[28]。「規制緩和委員会」の報告書（1991年）は、鉄道路線を「ドイツ連邦鉄道」以外の競争企業に対しても同一の条件で利用できるよう開放すること、「ドイツ連邦鉄道」は国家から独立し、経営に自己責任をもつこと、料金認可制を廃止すべきこと、事業に入札制度を導入し、補助金を減らすことなどを提言していた[29]。「政府鉄道委員会」も、同じ1991年に、路線ネットの管理と輸送サービスの提供を法律上、組織上分離させることを勧告していた[30]。

(2) 鉄道改革の展開

鉄道改革の第1段階は1994年に始まった。これは「鉄道構造改革」（Bahnstrukturreform）と呼ばれている。まず、東西ドイツの二つの国有鉄道が合併し、次にその大部分が「ドイツ鉄道」（株式会社、以下同じ）と呼ばれる私法上の株式会社（ホールディング）に組織替えされた。ただし、ホールディングの株式は100%連邦所有であり、公開はされなかった。同時に二つの旧国有鉄道の累積債務（最終的に合計670億マルク）は、連邦の特別財産として残された「連邦鉄道財産」に移管されたので、新会社はその負担から解放されることになった。この新会社は、その傘下に鉄道のすべての業務を内包し、それらをコントロールする管理持ち株会社（マネージメント・ホールディング）であった。

当面しかし、それを五部門に分割し、それぞれを形の上で1999年までに独立させて新会社（株式会社）に移行させることを目指した。分割された業務は、①鉄道インフラの管理（Netz）、②近距離の旅客輸送（Regio）、③遠距離の旅客輸送（Reise & Touristik）、④貨物輸送（Cago）、⑤駅運営（Station & Service）の五部門であった。分割の狙いは、五部門での営業の自己責任を高め、独立採算を達成し（したがって、「内部相互補助」を認めない）、成果の透明性を高めることであった。それはまた、国内、外国を問わず他の公的、私的な輸送会社が、平等な条件でドイツの路線ネットに参入できるという「一般鉄道法」第14条の規定を担保するためであった。これが実現するならば、ECや「規制緩和委員会」などが強く求めていたネット管理と輸送サービス提供の分割が達成されるはずであった[31]。

　鉄道業務全体が分割されるとしても、ホールディング会社である「ドイツ鉄道」を今後どうするか。それを解消するか、系列会社に組み入れるか、とりわけ、ネット管理会社（株式会社 Netz）との関係をどうするかについては未定のままとなった。

　ところで五部門の分割、株式会社化は1999年に実現した。しかしこの年の11月に着任したホールディング会社の最高経営責任者のイニシアチブにより、このホールディングと新たに分割されて誕生した五つの系列会社の相互の関係のあり方に重大な変更が加えられてしまった。まず、旅客輸送の遠距離、近距離の二部門（Regio と Reise & Touristik）が再度合体されて統一された。さらにこの旅客輸送会社と他の二会社、株式会社 Netz と株式会社 Cago の経営責任者はホールディング会社の取締役が兼務することになった。この再編成によりホールディングと系列会社との間に指揮命令関係、利潤の再分配関係が出来上がったという指摘がなされている[32]。「ドイツ鉄道」は緊密に結束された一大コンツェルンのようなもので、系列下の輸送サービス部門の活動に介入し大きな影響力を及ぼしているというのである。しかし、競争政策上問題となるネット管理部門とはどのような関係になっているのか。法律上、ネット管理と輸送サービス部門での「内部相互補助」は認められないとはいえ、情報が公開さ

れていないので双方での資金のやり取りは確認できないようである。

　株式会社 Netz の取締役が同時にホールディングの取締役でもあることは上述したが、同社の枢要な部署には系列（ホールディング）会社の同様の地位の職員を配置しているとされている[33]。規制官庁の一つである「鉄道連邦庁」(Eisenbahn-Bundesamt, EBA)[34]が、株式会社 Netz に対し、ネットへの参入条件に関わる重要な案件についてはホールディングの法務部門の専門家からの指示を受けてはならないという規制をかけてきたとき、同社はこれを不服として裁判所に提訴しているが、裁判所はこの異議申し立てを却下している。EU 指令実現のために改定された法律（2005 年）でも、「ドイツ鉄道」に対して、ネット管理会社がネット参入条件の決定を自立的に行うようなコーポレートガバナンスの組織化を要請している。要するに、ホールディングとその系列下の輸送サービス会社がネット管理に介入していることが疑われているのである。また、株式会社 Netz は、親会社であるホールディングの許可なしには路線区参入料金（Trassenpreisen）の構成や資金の流れついて公表することを禁止されているが、このことからも同社の政策決定が自立的になされていないことが指摘されている[35]。このように、鉄道改革は法律上、会計帳簿上では「ドイツ鉄道」の分割、民営化を果たしといえるが、同社の「垂直統合」は残っていて、それが競争を阻害していると見なされている。

(3) 路線ネットへの参入規制

　路線ネットへの競争企業の参入に際して、路線区参入料金や参入条件に関して、何が不当な差別であったのだろうか。

　まず路線区参入の料金について。一般にネットワークインフラを利用してサービスを提供する事業（公益事業が多い）の費用構造は、インフラコストを回収する固定費用部分と、サービスの生産に応じて生じる変動費用部分の二つからなる。したがって料金体系も一定額の基本料金と使用量に応じて変動する利用料金の「2 重価格制度」（Zweistufentariffen）をとるのが通例である。固定費用はサービスの生産に比例するわけではないので、問題は、サービスの売り

上げ収益からどれだけを基本料金として徴収し、固定費用の回収に充てるかにある。「ラムゼー価格」に従えば、「ネットワーク固定費の負担を異なるサービスの利用者の間に『受忍限度に応じて』分配するのが最適」となる[36]。つまり、基本料金の設定は多分に恣意的になる可能性がある。もし、ネット管理会社が、既存の大口利用企業を優遇し、競争企業を排除しようと思えば、基本料金を高く設定し、サービスの生産に比例する利用料金を低く設定するであろう。1998年から2001年に適用された路線区参入料金のシステムはそうした構成のネット参入料金体系であった。基本料金は低くても、路線区の最低利用距離が長く設定されていたり、利用料金もサービス生産の増大に対し上昇が逓減的となっていたので、ホールディングの系列企業（既存企業）にとって有利であり、他の競争企業は利用キロメートル当たりの平均コストがより高くついたのである。そもそもドイツの路線区参入料金（とりわけ旅客輸送の場合）はEU内で最も高いランクに属する。それは法律上、路線区参入料金が総括原価主義（適正な原価に適正な利潤を加えたもの）に立って算定されるからである。これはコストを積み上げていく方式であり、競争がなければコスト削減へのインセンティブが働かない[37]。

　また以前の料金体系では、ホールディング系列下の輸送サービス企業に対してのみ、ネット利用が増大するにつれて路線区参入料金と使用電力料金について、「数量割り引き」（Mengenrabatte）が与えられていた。鉄道用電力もホールディング系列企業により供給されている。競争相手は「数量割り引き」が差別的であるとして、連邦カルテル庁に提訴した。連邦カルテル庁によれば、近距離旅客輸送に際して、ホールディング系列の株式会社Regioには競争相手より平均25％安い路線ネット利用料金が適用されていたという。2000年夏には、連邦カルテル庁から、「数量割り引き」慣行に対して中止命令が出された。価格の差別化が輸送サービスの質の高さや緊急性を反映したものであるならば排除するべきではないが、規制官庁にはそうしたことを判断するための企業の費用構造や需要の状況のデータが与えられていない。

　競争企業によるクレームは他に数多くあった。それは以下のようなものであ

る。系列の運送会社が使用しなくなった路線は、ネット管理会社による保全、修理、点検が疎かにされているという。訴えによれば、系列会社の撤退に合わせて、管理作業が中止されてしまった。そうした路線区間に競争企業が参入する場合、安全確認のため徐行運転を余儀なくされ、サービスの低下から競争力を落として、撤退に追い込まれることもあるという。こうした場合、規制官庁(「鉄道連邦庁」)の業務改善命令が出されることになる。また、路線区間の割り当てに際して、「親族権」(Grossvaterrecht) を考慮して系列の輸送会社に優先権が与えられていたり、運行表の作成の際に国内、国外の支配的な輸送会社の希望が優先されてしまう。ネットインフラの仕様やそれに合わせた車両の装備のレベルが系列会社によって一方的に取り決められてしまう。中古の機関車やワゴン車を「ドイツ鉄道」は他の輸送会社に売却しない。競争企業が多く運行している路線の駅の使用料金は非常に高額である。等々であった。競争企業の以上の不満は、規制官庁や裁判所が不当と判断すれば改善命令が出されたとはいえ、こうした不満のために、競争企業が市場に参入する前に撤退してしまうこともありえたであろう。

(4) 改革の成果

OECDの推計によれば、1990年代の後半に、労働投入1単位当たりの貨物と旅客の輸送のトンキロ、人キロで測った生産性は100%超伸びている[38]。他のEU諸国と比較して著しい伸びである。しかしこれは、人員削減と不採算路線の廃止の結果であった。国家の補助金は僅かながら減少したが、しかし、輸送サービス生産高に占めるドイツの補助金のシェアは、依然フランスなどEU諸国に

表9-1 輸送サービスの生産シェア

(単位:人キロ、トンキロの%)

年	旅客		貨物	
	「ドイツ鉄道」	競争企業	「ドイツ鉄道」	競争企業
2001	96.8	3.2	97.1	2.9
2002	96.1	3.9	95.2	4.8
2003	95.7	4.3	93.1	6.9
2004	94.4	5.6	90.4	9.6
2005	94.3	5.7	85.9	14.1
2006	93.3	6.7	83.6	16.4

出典:OECD, *Wirtschaftsberichte Deutschland* 2008, S. 148.

比べ高い。他の交通手段と比べた鉄道セクターの生産シェアはドイツでも上がっているが（特に貨物の場合）、EU全体の中では、スウェーデン、イギリスといった競争がより激しく、ネット管理と輸送サービスの分離が進展している国ほどではない[39]。競争企業の参入はどの程度あったか。表9-1に見るように、貨物では競争企業のシェアが上昇しているが、旅客では停滞したままである。旅客での競争企業シェアは1割に満たない。とりわけ、遠距離旅客は「ドイツ鉄道」の独壇場であり、新規参入は実際不可能の状態にある。

多くの競争企業にライセンスが出されているが、競争は活性化されているとはいえない。そうした中、近距離旅客では競争企業の参入が活発化している。近距離輸送の市場では、改革の一環として行政責任や財政管理が連邦から州に移管していた。そのためこの市場にはコスト原理が強く働くようになった。州政府は補助金支出を抑えるため、交通サービスの発注にあたり、入札制度を取り入れ始めている。2008年のOECD報告によれば、州政府発注の案件では、41%が新規参入の競争企業により受注されたという[40]。これにより、従来の「ドイツ鉄道」への直接の発注に比べ、20〜40%のコスト節約効果があった[41]。

ただし、近距離旅客全体の発注に占める入札発注件数はいまだ20%（2004年）に過ぎない。多くの州は、「ドイツ鉄道」と長期（10〜12年）の直接契約を締結している。しかも、収益性の高い優良路線で直接契約がなされ、入札は不採算路線で行われている。入札制度がさらに拡大すれば、応募企業の業務能力も正確に把握できるようになるだろう。

鉄道の収益性が低く、赤字の削減が進まないため、鉄道株の民間放出は時期尚早として見送られ続けている。ポスト株の場合も同様であるが、鉄道株の株式公開にとって最大の障害は、職員に対する年金の支払い問題である[42]。職員は旧公務員であり、全員が後継会社に引き取られて民間人になったにも拘らず、退職後、公務員年金が約束されている。公務員年金は税金により賄われるため、国家が旧職員の年金を負担しなければならない。100%所有の株主である国家は重い財政負担を強いられる。政府としては鉄道株の評価が上がらなければ、鉄道株を放出できないであろう。

鉄道株の民間売却は、ネット管理と輸送サービスの分離の問題とも関係している。現在は二つの業務が両方ともにホールディング会社の下に系列下されているため、実質的に分離していない。ホールディングの株式は100％国家所有であるから、二つの業務を分離するか否かは、政府の一存で決定しうる。鉄道では後述する電力産業のようにネットインフラが民間所有ではないため、所有権の侵害問題が発生せずに分離を強行できるからである。ホールディングの下に統合されている全業務を一括して民営化するか（完全民営化）、それともネット管理は国家所有の下に置き続け、それ以外の輸送サービス全般を民営化するか（部分民営化）の選択をめぐって、ドイツ政府はこの間論争を続けてきた。完全民営化は旧独占企業を排除し、競争を活性化するので望ましい。しかし、完全民営化すれば、国家の安全保障にとり極めて重要な戦略的意味をもつ産業に外国資本が参入するというリスクが発生する。ドイツ政府としては完全民営化に踏み出せないのである。他方しかし、そもそも鉄道業務全般の株式を規制者としての国家が所有していることは、利害相反である。国家は鉄道株の値上がり（会社の収益改善）に利害をもち、投資のための補助金の削減に利害をもち、輸送サービスの規制者であり、その購入者でもある。こうした錯綜する利害を調整するためには、路線ネットの所有権を国家に留めておくことが不可欠であると考えられている。ドイツの議論では鉄道ネットを国家が所有し、輸送サービスやその他のロジスティックの株式は民間に放出するという部分民営化を想定しているようである。

2008年4月に、連邦政府は同年中にも鉄道株式を上場する方針を公表した[43]。「ドイツ鉄道」の自己資本を強化し、路線ネットの拡張投資をし、連邦財政を改善するために株式売却益が必要なのである。しかし株式会社Netzの株は100％政府が所有し続ける方針であるという。輸送サービスやその他ロジスティクの株式も放出の上限を24.9％とし、経営の決定権のない「国民株」に留める意向であるようだ[44]。これにより、ホールディング系列のネット管理と輸送サービスは分離されず、結合関係が維持されることになった。

第4節　電力市場の自由化と規制

(1)　電力産業の特徴

　電力は、①発電され、②送電され（遠隔地、高圧電流）、③卸売り市場で販売され、④配電され（近距離、低・中電圧）、⑤最終顧客に小売販売される。費用構成は、発電45％、送電10％、配電45％程度と見積もられている[45]。電力はストックできないことから、自家発電を除けば、②、④のネットワーク網が不可欠である。この部分は「自然独占」の性質を有する。送電網が「自然独占」を形成する基盤は、その莫大な資本コストと規模の利益に止まらず、電力の需給、ネットへの入力と出力を中央でシステム管理する機能に基づいている。これに対し、配電は、取り入れ口より送電電力を受け取り、ローカルの狭い地域内で最終ユーザーに、中、低電圧で伝送する。ネットの川上と川下の産業（①、③、⑤）では競争が可能であるが、ネットへの接続（ネット使用）が可能であることが競争の大前提となる。発電会社は、自ら送電・配電網を所有している場合（こうした企業を「結合経営」Verbundunternehmungと呼ぶ）を除けば、送電・配電網を所有し、運営するネット管理会社（Netzbetreiber）との間にネット使用契約を結ばなければならない。ネット使用料金の高さは発電会社の競争条件に大きな影響を与える（「結合経営」はネット管理会社を兼ねている）。

　発電では、電力需要の特性から、季節、時間帯による需要の変動が大きく、商品がストックできないことから、電力負荷の高中低に合わせ全体として生産量を調整する必要がある。電力生産には必ずしもスケールメリットが働くわけではなく、稼働率を容易に上げ下げしうる小規模発電にも十分競争の余地がある。他方、電力という商品は需要の価格弾力性が低く（代替財がない）、特にピーク負荷期に典型であるように供給の価格弾力性も低いことから、電力生産は「水平統合」される傾向が強い。そうした場合、電力の卸売り市場では、独占企業による価格操作の余地が大きくなる。家計は節約以外に料金値上げに対抗

する手段がない。したがって価格が市場に委ねられると、独占の弊害が表面化しやすい。ここに価格規制の根拠がある。

ネット管理会社は、カルテル法の適用を免れる代わりに、連邦カルテル庁による価格監視に服すことが義務付けられてきた。それは、独占的につり上げられたネット使用料金による市場支配力の濫用を排除することであったが、同時に、ネットを維持し、電力の安定供給を果たさせるため、十分な利益を管理会社に保障することでもあった。

ドイツの電力企業は、歴史的に、①「結合経営」、②地域経営（Regionalunternehmen）、③地方経営（lokale Unternehmen）の三類型より構成されてきた。「結合経営」は、発電と送・配電の三分野を垂直統合している巨大事業体である。それは国内8社の寡占体制であり、規模の順に示せば、RWE、VEBA（プロイセン・エレクトラ［Preussen-Elektra］のホールディング）、VIAG（バイエルンヴェルク［Bayernwerk］のホールディング）、VEW、EVS、バーデンヴェルク（Badenwerk）、HEW、BEWAGである。1994年まで東部ドイツで事業展開していたVEAGを含めれば9社となる。上位3社の発電シェアが極めて高い（1994年には60％）。「結合経営」はドイツ国内の広い範囲に送電網を張って、相互に競合する部分もあったが、それぞれが自らのネットゾーンを基にしたテリトリーを割り当てられていた。ただし、バーデンヴェルクは南ドイツを、HEWはハンブルクを、BEWAGはベルリンをそれぞれ基盤とする特定地域に集中した「結合経営」である。「結合経営」のもとでの電力供給の垂直統合は極めてドイツ的な特徴である。「結合経営」は、発電と送電では国内シェアの80％を占める。電力の卸売り市場はもちろん、最終ユーザーへの小売市場でも「結合経営」は50％のシェアを占めている[46]。

次に地域経営は、発電能力は極めて僅かであり、電力の再販売がその主要な活動である。つまりこの事業体では、「結合経営」から電力を購入して、主に地方の市・町・村の最終ユーザーにまた売りする。そのために、高、中、低電圧の配電網を所有し、これを運営しているネット管理会社である。この地域経営には、「結合経営」の子会社になっている事業体もあるが、それを除けば、

配電で 20% のシェアを占めている。

　最後に、上記 2 経営から、さらに電力を購入して、最終ユーザーに再販売するのが地方経営である。これは自治体の公益企業（「都市事業体」Stadtwerk）としての形態をとる。その数は非常に多く（900 社程度）、事業規模も都市によりまちまちである。「都市事業体」は、管轄する地域住民に対する、ガス、水道、遠隔暖房の提供、都市交通機関の運営等に携わっており、その一環として、都市住民に対する電力供給を担っているわけである。若干の「都市事業体」は自己の発電能力ももっている。このようにドイツの電力産業は自由化直前の時点（1998 年）で、総数 1000 社程度と過密な構成であった。

(2) 「エネルギー経済法」(1998 年) の実施

　EU の「電力のための域内市場指針」(1997 年 2 月 19 日) は、電力市場での競争を促進すること、そのために、ネットワークの所有権とその利用権を明確に区別することを求めた。これを受けて、ドイツでは 1998 年 4 月末に「エネルギー経済法の新規定のための法律」（Gesetz zur Neuregelung des Energiewirtschaftsrecht）（以下、「エネルギー経済法」と略記）が施行された。その内容は、①エネルギー供給産業（電力とガス）が「競争制限禁止法」においてカルテル規制を受けない例外産業として取り扱われている状況を廃止すること[47]、②競争企業によるネット利用の構成要件を設定したことである。これまでは認められていたが、今後カルテル法に抵触するため禁じられる行為は、「地域割り当て契約」（Demarkationsverträge）による業者間の「縄張り」協定と「営業認可契約」（Konzessionsverträge）による地域独占である。（「営業認可」とは、自治体が特定の事業主に対し電力供給のネット敷設のために排他的に道路の使用権を供与することであり、その結果この事業主が当該地域へのエネルギー供給を独占することが可能になる。）この規定により、最終ユーザーは今後、電力の購入先を自由に選択することが可能となった。

　さらに、「結合経営」ないしネット管理会社によるネット運営は、無差別、平等であることが義務付けられた。これを担保するため、「結合経営」に対し

て、発電とネット管理の業務を会計上分離することを義務付けた。ただし、価格規制（ネット利用料金の設定も含む）については規制官庁の「事前規制」をかけるのではなく、当事者団体による自由意志の交渉（ネゴシエーション）によって調整されるとされた。「エネルギー経済法」においては、規制官庁による「事前」ないし「事後」の価格規制を想定せず、政策当局（連邦経済省、連邦カルテル庁）はこの時、市場適合的な政策を優先したのであり、当事者間の自主的調整によりネット参入が円滑に進むならば、特別の規制官庁は不要となることを期待したのである。「規制の罠」（規制官庁と事業者の癒着）に陥るリスクは当然回避されなければならないからである。当事者団体（業界）としても、国家が規制官庁を作ってしまう前に先手を打つという意図が働いたと思われる。交渉に加わる当事者団体とは、まず発電会社の団体、次に民間の電力供給事業体の団体（ネット管理会社の団体）、そして大口ユーザーとしての電力消費産業界の団体であった。

　「エネルギー経済法」の施行後、3回の「団体協定」が締結され[48]、その都度内容の改善が図られてきた。「団体協定」を通じ、ネット利用料金はしばしば修正されたにもかかわらず、依然として高水準に維持された。「団体協定」は、ネット利用料金の積算基準やその原則（コスト積み上げ方式）を示しはしたが、具体的な料金の提示をしてはいない。そのため、ネット管理会社による恣意的な価格設定の余地が残されてしまったのである。第3回の「2プラス団体協定」は2003年末まで効力を保ったが、その失効とともに「団体協定」方式によるネット参入条件の決定は打ち止めとされてしまった。この方式ではネット参入における競争企業への差別的条件を取り除くことができなかったのである。

(3) 自由化と集中過程

　「エネルギー経済法」によるドイツ電力市場の自由化以後、瞬く間に、関連企業の集中化が始まった[49]。しかし、「結合経営」の集中化は、実は1990年代の初めより始まっていたのである。まず、東ドイツで唯一の「結合経営」であ

ったVEAGがバラバラにされて西側グループに吸収され、消滅した（1996年）。VEAGの生産シェアの25％ずつが、西側の上位3社に譲渡され、残り25％が他の西側5社に均分に譲渡された。比較的小規模のバーデンヴェルクとEVSは1996年に合併して、EnBW（Energieversorgung Baden-Württemberg）となった。「エネルギー経済法」の施行を経て、「結合経営」グループのかつての8社寡占体制は、一挙に4社寡占体制に移行するが（「水平統合」の深化）、その経緯は以下のようなものであった。2000年央に、8社中の1位（RWE）が5位（VEW）を吸収して拡大RWEが誕生した。同時に、これに対抗するかのように2位（VEBA）と3位（VIAG）が合併してE. ONが誕生する。ドイツ電力市場は現在、事実上、この2社の複占体制といえる。「結合経営」どうしの「水平統合」により巨大経営グループが出現した。当然のことながら、電力卸売り市場と最終ユーザーへの販売市場での2社の価格支配力の強化がカルテル規制機関にとり大いに懸念されるところとなった。しかし、政府としても、国内大手どうしの「水平統合」を進め、寡占体制を強化することは、国外の巨大企業との競争上、承認せざるを得ないことであった。VEAG株の単独購入者となったスウェーデンのヴァッテンファル（Vattenfall）はさらにベルリン基盤のBEWAGとハンブルク基盤のHEWを吸収して第3位の「結合経営」グループとして台頭して来る。すでに1996年に合併で誕生していたEnBWを加え、ここに4「結合経営」グループによる寡占体制が成立したのである。こうした「水平統合」の進展により、とりわけ電力の卸売り市場において競争環境が悪化することになった。

　電力の再販売を手がける地域経営においても、自由化以後、経営数が40社程度へと半減した[50]。「結合経営」グループ、とりわけE. ONとRWEが地域経営を吸収し、自らの傘下に加えていったのである。「結合経営」は、株式取得により既に系列化していた幾つかの地域経営相互の間での統合を進めており、さらに別の地域経営に対しても多数株取得の攻勢を強化しているのである。

　「結合経営」グループはさらに、「都市事業体」に対しても、直接にかあるいは傘下にある地域経営子会社を通じた株式取得により、その系列化を推し進め

ている。「独占委員会報告」(2002／2003年)によれば、2000年1月以後の3年間に、結合経営による「都市事業体」に対する10％超の(新規)株式取得の件数が82例報告されているが、そのうち70件はRWEとE. ONによるものであった。両グループは、自己のネット敷設ゾーン内部にある「都市事業体」を次々と系列化している。しかも株式持分は20％未満（少数持株 Minderheitsbeteiligung）に巧妙に抑えられている。少数株持であれば、連邦カルテル庁の慣行上、「競争制限禁止法」第37条の合併の構成要件を満たさないので、同法による取締りの対象にならないのである。かくして4つの「結合経営」グループは、株式取得を通じて、全体で300を超える地域経営ないし「都市事業体」を自己の系列に収めている。約900社ある「都市事業体」のうち、194社はE. ONないしRWEからの資本参加（少数持株）を受けており、そのうちE. ON単独の資本参加は135社である[51]。こうした「結合経営」グループによる「都市事業体」への影響力の拡大（「垂直統合」）により、末端レベルでの販路も寡占グループによって押さえられてしまい、競争相手の参入が困難になるという危惧を抱かせる[52]。自由化によりエンドユーザーに対し、電力の購入先を自由に選べる道が開かれたにもかかわらず、家庭と小規模産業関連では、取引先の変更がほとんど生じていないが、それはこのことを裏付けるものであろう。

(4) 市場競争の展開

自由化後、一時的ではあったが、ドイツの電力市場へ多数の競争企業が参入した。中でも外国資本の進出は顕著であった。フランス電力（Electricite de France）、スウェーデンのヴァッテンファル、ベルギーのエレクトラベル（Electrabel）、オランダのエッセント（Essent）などがドイツ電力会社の株式を取得した。エネルギー商社のエンロンも参入してきた。経営の新設も活発化した。もちろん、既存の電力大手による子会社の立ち上げも多かった。外国資本は、ブローカーとして、あるいは自らリスクをとって、電力売買に携わってきた。既存のドイツの電力経営の側でも、これまでのシェアの確保に止まらず、この機会を利用して供給を全国的に伸ばす動きに出た。かくて内外の競争の激

化が期待されたが、新規参入企業にとり地盤を固めることは容易ではなかったようである。かなりの数の新規参入の電力商社は短期間の内に撤退してしまう[53]。連邦カルテル庁の調査によれば、2000年以後の数年間で、家庭と小規模産業関連のエンドユーザー向けの電力販売市場に参入した新規企業（50社程度）のうち、倒産が10社、活動停止が20社であった。残りの20社が活動を続行しているが、その多くは、ネット管理会社の系列企業である[54]。

電気料金はどう動いたのだろうか。まず、自由化直後2年間にエンドユーザー向け料金は急激に低下した。とりわけ大口需要家である工業向けの低下が大きく、平均で27.3％の低下であった。これに対し、家庭向けは8.5％の低下に止まった。しかし家庭向け料金は工業向けに比べ電気税の負担が多く、この負担分を除けば、料金低下は20％程度となり、工業向けに近づくのである。この動きは、2000年半ば以後、反転する[55]。値上げの原因は、環境税の影響（1999年4月に環境税が導入され、電力使用に対して、1キロワット時間当たり2.05セント課税される）や、「蓄電式エネルギー」と「電力・暖房併用発電」を助成するための追加負担分の影響もあるが、電力卸売り価格が急騰したことが大きい。エンドユーザーの料金の中で大きな割合を占めるネット利用料金は高水準ではあったが、その推移は安定していた。さらに、「結合経営」グループは、過剰発電設備を停止することで、供給量を調整し、価格の高値維持をはかっているとみられる[56]。EUレベルの比較でも、ドイツの電力料金はトップクラスである。その大きな要因は、ネットの利用料金が他国に比べ高水準であることだ。

ネット管理会社が「結合経営」であった場合、ネット参入条件を操作することにより、自社の電力生産部門を他の電力生産者、取引業者との競争において、より優遇することへの誘引は非常に大きい。たとえ摘発されても現行のネット参入条件（利用料金）が市場支配力の濫用であるという判断を当局が下すことが困難である。ドイツに特有の「垂直統合」（「結合経営」）のもとでは、ネット部門での独占力が発電部門、電力販売部門での競争上の優位に結びつくのである。例えば、発電や販売での固定費用と変動費用の一部をネット利用料金に組

み入れてネット利用者から徴収し、発電、販売部門でのライバルとの競争を有利に展開する（「内部相互補助」）ことがありえるだろう。カルテル法に基づいて、違法な価格引き上げを立証し（カルテル法では挙証責任は原告側にある）、禁止措置を下すには、連邦カルテル庁の権限は不十分である[57]。

(5) EU 方針との対立

2005年7月7日に「エネルギー経済法の新規定のための第2法律」が施行される。これはEUの電力指令2003／54／ECとガス指令2003／55／EC（2003年6月26日）を受けて、国内法としたもので、1998年の「エネルギー経済法」の修正である。業界団体による自主的調整能力に見切りをつけ、この分野に独自の規制官庁を設けた。この規制官庁はポストとテレコミュニケーションの規制官庁であった「Reg TP」と一体化されて「REGTP」と呼ばれた。「REGTP」は2006年以降、鉄道の監視も受け持つことになり、ここに、ネットワーク産業五分野の競争条件を監視する「連邦ネット監視庁」（Bundesnetzagentur）が成立した。規制機関を1つに集中したことは、所管官庁の権限争いや、「規制の罠」に陥るリスクを回避する意図があっただろう。これによりネット利用料金には規制官庁による「事前規制」（プライス・キャップ）がかけられるようになった。さらに、「連邦ネット監視庁」には、ネット管理会社の経営内容に関する情報収集のための権限が強化され、職員が増員された。紛争になった場合、裁判での挙証責任はネット管理会社に求められることになった。電力産業に対する規制は、環境問題への対策という側面もある。京都議定書の目標達成のため、再生可能エネルギーの利用、効率的エネルギー利用を促進するため、税制上のインセンティブ（電力に対し環境税）が使われている。

　以上の動向にも拘らず、EU委員会はヨーロッパでの電力市場の自由化が未だ不十分であると不満を抱いている[58]。ドイツでは「結合経営」のような電力大手が、発電とネット管理の分離を徹底していないというのだ。ネット管理部門の会計上、法律上の独立は、これまでの法律改正により実現をみている。しかし、両業務を実質的に切り離すためには、電力大手企業がネット管理部門に

携われないように強制する必要があるとEU委員会は判断した。そのため、EU委員会は2007年9月に、ネット管理業務の「所有権分離」(Ownership Unbundling)にまで踏み込んだ政策を各国に発した。EUのこの政策方針は、イギリス、オランダ、スウェーデン、デンマークでは受け入れられたが、特にドイツとフランス、その他6カ国の激しい反発を引き起こした。EU委員会は、電力大手がそのネット管理業務をネット管理専門の他企業か非エネルギー企業に売却することを想定したが、ドイツ、フランス政府にとり、「所有権分離」は認めがたいことであった。両政府は電力業界と政府間の調整により競争条件は十分確保できると主張している。また、ネット管理部門が電力生産経営の中に留まっていたほうが電力の安定的供給にとり効果的であると考えている。また政府の産業政策としては、電力大手企業の利害を当然考慮する必要もあり、ドイツ政府は、こうした方針が「結合経営」の意を汲んだものと見ていた。

　ところが2008年に予想外の新たな動きが出てきた。同年2月にE. ONがその電力ネット網を「自主的に」売却する方針を表明したのである。実は、E. ONはガス生産も行っていたが、フランスガス (Gaz de France) との間で市場分割協定（それぞれが相手国に進出しない協定）を結んでいたとして、カルテル法違反のかどでEU委員会に告発され、EU司法裁判所で係争中であった。判決が出れば多額の罰金を課せられることは目に見えていたので、E. ONは先手を打って、電力の分野でのEUの「所有権分離」の要求を受け入れ、その代わりにガスの分野での罰金支払いを免れようとしたのである。EU委員会はこの司法取引に応じ、ガスでの告発を取り下げた。(EU委員会のこの司法取引には、カルテル法上重大な疑義が伴い、反発を招いている。) さらに、同年5月には、他のカルテル法違反で係争中であったRWEが、同様に自らのガスネット網の売却を表明した。（この場合にはあからさまな司法取引は行われなかった。）また電力大手3位のヴァッテンファルも7月、電力ネット網の売却を宣言した。同社はカルテル法上の紛争を抱えていたわけではなかったが、EU委員会の「所有権分離」の強制措置を受け入れたわけである。こうした電力大手のあまりにも唐突な政策判断が、果たして電力市場の自由化を長期的に保障することになる

かどうか疑問がもたれるのは当然であろう。以上の動きが実現すれば、ドイツで電力ネットの管理会社として残るのは大手ではRWEとEnBNのみとなる。ただしEnBNもEU委員会の圧力を受けて、そのネット網をバーデン・ヴュルテンベルク州の州立銀行に売却することを考慮中であるとされる。ドイツの電力大手企業のこうした突然の方針転換はドイツ政府の面子をつぶすことになった。EU委員会の方針が実現し、発電とネット管理が別々の経営主体に委ねられるならば、政府が有効と考えている自らの調整機能を果たす余地が狭められてしまう。

EU委員会と各国政府の以上の対立は、「ヨーロッパ石炭鉄鋼共同体条約」と「ヨーロッパ原子力共同体条約」の失効（2002年7月23日）以来、エネルギー政策の決定権限がどこにあるのか不明瞭であることから生じているとも言えよう。EU競争法では、競争政策の権限は確かにEU委員会に属する。しかし、エネルギー市場でのネット運営についてEU委員会とドイツ、フランスを始め各国との間に抜き差しならない対立が生じている時、連邦制原理に立つEUにおいて各国一律の政策を強制することが果たして妥当かどうか、ドイツでは議論が起こっている。ドイツ政府にとって、「所有権分離」の方策が競争をより促進するとは想定できないのである。ドイツのEUに対する異議申し立ては、自国のエネルギー市場の構造がEU他国と異なることが背景にある。発電とネット管理の分離はイギリスとスカンジナビア諸国で既に以前より実現しているが、それ以外の諸国ではいまだ実現していない。また多くの諸国では電力生産が一社独占体制にあるが、ドイツではいまだ中小の電力企業が多く残存している。ドイツは地理的にEUの中心に位置することから、国境を越えた電力販売競争に晒されやすい。補完性原則からもEUの決定に疑義が持たれている。

おわりに

ドイツ社会には国民の生活に関わる部分について多様の規制が残っていた。それは労働者保護であったり、消費者保護であって、決して産業保護ではなか

った。借家人保護のための解約規制は産業用の不動産賃貸には及ばなかったのである。こうした分野での多様な規制を指して、ドイツを「規制国家」と特徴付けられるのだろうか。例えば、我が国もその意味では「規制にがんじがらめにされた国」と言われ、日米構造協議の場で多くの「日本的慣行」が問題となった。一国の規制の度合いを測る一つの指標は、国家の統制が及ぶ価格がどの程度あるかその規模であろう。H. ジーベルトによれば、ドイツの価格の30％は何らかの規制価格であるという[59]。これは確かに相当の規模といってよいだろう。OECD によれば、生産物市場での規制の撤廃、競争の促進が技術革新のスピードを速め、生産性の上昇に結びつくとされ、その意味でドイツの規制改革の進展に注意が払われている。EU は、単一通貨市場として為替レートによる競争力の調整機能を欠いている以上、各国が規制の撤廃を進めることが、生産力を上げ、競争力を高める重要な手段となるとしている[60]。

しかし、本章で示された状況は、改革が競争を活性化させたというには程遠い姿である。郵政では、自由化を進めつつも、全国一律サービスを如何にして担保するかという問題が解決されず、封書独占を続けざるを得なくなっていた。政府が全株式の所有者である限り、民営化は名目に過ぎず、株価対策を取れば、政府として利害相反になる状況にある。鉄道では、ネット管理と輸送サービスがホールディングの系列の下に統合され、競争企業の新規参入を困難にしている。ネット部門は政府が全額株式所有しているため、路線ネットの管理は事実上政府が行っていることになる。戦略的観点からも外部資本を受け入れにくい事情があった。電力では、4大「結合経営」が発電とネット管理を「垂直統合」して、電力価格を高水準に維持させている。三分野ではいずれも、（国有と民間所有の違いこそあれ）ネットの所有、運営と生産ないしサービスの提供が分かちがたく結合し、競争が阻害されている状況が示された。

戦後西ドイツの規制政策（ないし補助金政策）は競争政策と代替関係にあったと言われる。規制分野は、カルテル法の適用を免れたとしても、連邦カルテル庁の「事後的規制」としての価格監視（市場支配力の濫用防止）がかけられた。したがって従来の規制が廃止された時、一般的規制機関としての連邦カル

テル庁に代わる、その分野に固有の規制官庁（「連邦ネット監視庁」）が創設され、「事前規制」がかけられた。したがってこの間の動きは、「規制緩和」ではなく、規制改革であったと言わねばならない。ネットワーク産業への規制の場合、「事前規制」の方が有効であると言われている。競争企業とネットとのインターフェースに規制をかけることでネット管理企業の恣意性を排除するのである。政府の役割は規制をかけることそれ自体にあるのではなく、競争を活性化するためのフレームワークを整えることにある。政府は、規制官庁の介入による調整こそ、錯綜する利害を解きほぐすのに不可欠と考えている。ドイツ電力産業に対して EU 委員会がネット管理の所有権分離という荒療治を求めた時、ドイツ政府がこれに激しく反発しているのは、ドイツが規制のあり方として如何なる方策を想定しているかを良く示しているのではないだろうか。

注

1) Horst Siebert, *Jenseits des Sozialen Marktes*, 2005; Hans-Werner Sinn, *Ist Deutschland noch zu retten ?* 2005.
2) Albrecht Ritschl, Der späte Flucht des Dritten Reichs: Pfadabhängigkeiten in der Entstehung der bundesdeutschen Wirtschaftsordnung, in: *Perspektiven der Wirtschaftspolitik*, 2005/6 (2).
3) 鶴田俊正『規制緩和－市場の活性化と独禁法』筑摩書房、1997 年、15 頁以下を参照。また、松井彰彦「経済論壇から」『日本経済新聞』（2007 年 10 月 28 日）を参照。
4) そもそもドイツは、例えばフランスと比較した場合、人口密度が高く、経済圏と生活圏の接触が多く、さらに住民の環境意識も高いため、開発計画への反対が強い。飛行場の新設や鉄道の新路線の建設はフランスよりはるかに困難であるといわれる。
5) 閉店法については、Monopolkommission, *Wettbewerbspolitik vor neuen Herausforderungen (Hauptgutachen 1988/1989)*, 1990, S. 21-23; Monopolkommission, *Wettbewerbspolitik in Zeiten des Umbruchs (Hauptgutachten 1994/1995)*, 1996, S. 41-43; Uwe Christine Täger (Hg.), *Die deutsche Ladenschlussgesetz auf dem Prüfstand*, Berlin 1995 参照。手工業については、Monopolkommission, *Marktöffnung umfassend verwirklichen (Hauptgutachten 1996/1997)*, 1998, S. 49-59; Monopolkommission, *Wettbewerbspolitik im Schatten "Nationaler Champions" (Hauptgutachten 2002/2003)*, S. 119-124 参照。
6) ドイツでの「競争制限禁止法」の適用を受けない例外分野を「自然独占」の観点から説明した研究として以下を参照。Norbert Eickhof, Zur Legitimation ordnungspolitischer Ausnahmeregelungen, : *ORDO*, 44, 1993, S. 203-222.

7) Siebert, H., *a.a.O.*, S. 267f. また米国を事例にした林敏彦「規制緩和で揺れる『伝送産業』」『エコノミスト』1984年12月25日号を参照。
8) Deregulierungskommission, *Marktöffung und Wettbewerb*, 1991. この委員会が規制改革を提言した分野は、保険、交通（鉄道、道路交通、バス、タクシー、河川航行、海上航行、航空）、電気、技術鑑定、専門鑑定、法律・経済専門家（弁護士、公証人、税理士、会計士）、手工業、労働市場である。
9) 閉店法の修正は、1989年10月の「サービスの夕べ」の導入により始まった。一週間のうち一日（木曜日）のみ試験的に20時半までの営業延長を認めたのである。この僅かの営業時間延長でさえドイツ人にとっては革新的であったと言われる。ただし国民のコンセンサスが簡単に得られたわけではない。営業時間の「規制緩和」は、小売業での競争を促進し、消費を高め、経済の活性化に繋がることが期待されたが、同時に多くの弊害への懸念が出された。それは、労働時間の延長、特に個人営業主の自己犠牲的な過重労働を招く、全体としての売り上げは上昇せず、売り上げ時刻が変動するだけ、コスト上昇分が一方的に消費者に転嫁される、大型店に顧客が集中するといった懸念であった。しかし諸外国での成功例を確認しつつ、90年代以降、営業時間の規制は急速に緩和されてきた。1996年には、営業時間が月曜から金曜には20時まで、土曜は16時まで延長された。2003年には、土曜も20時までの営業が認められた。

　手工業条例は1994年、1998年、2003年に修正の試みがなされた。2003年の修正は、開業の際に「親方証書」の取得が義務付けられる職種を41職種にまで引き下げた。（与党のSPDと「緑党」は当初、よりドラスティックに29業種まで引き下げようとしたが、本来は自由化に賛成の立場に立つ、CDUとFDPの反対にあい、妥協をした。）「親方強制」に服する職種を健康や安全に重大な影響を及ぼしうる一部の職種に限定することによって、それ以外のより多くの手工業での開業を容易にしたのである。さらにこの41職種についても、一部の例外（煙突清掃人、光学機器工、補聴器工、矯正用具製造工、義足製造工、歯科技師）を除き、「親方証書」を持っていなくても、徒弟試験に合格し、「親方証書」を持つ手工業者の下で6年の勤務経験を有するものは、開業できることとされた。
10) ここでの記述はKnaus, F., Unternehmen in der Industrie, in: Brede, H., Loesch, A. v. (Hg.), *Die Unternehmen der öffentlichen Wirtschaft in der Bundesrepublik Deutschland*, 1986 および Esser, J., Germany: Symbolic Privatizations in a Social Market Economy, in: Wright, V. (ed.), *Privatization in Western Europe*, 1994 を参考にした。
11) 郵政改革については主として、Monopolkommission, *Netzwettbewerb durch Regulierung (Hauptgutachgten 2000/2001)*, 2002, S. 55-58 を参考にした。その他、Monopolkommission *(Hauptgutachten 1996-1997)*, S. 41-48; Monopolkommission *(Hauptgutachten 2002/2003)*, S. 94-97; Alfred Boss, Claus-Friedrich Laaser, Klaus-Werner Schatz et al., *Deregulierung in Deutschland*, 1996, S. 182-222 参照。その他、すべての改革分野で、OECD, *Wirtschaftsberichte Deutschland*（各年版）を参照した。
12) Boss, A., et al., *a.a.O.*, S. 185.

13) Siebert, H., a.a.O., S. 276.
14) Siebert, H., *ebenda*, Boss, A. et al., *a.a.O.*, S. 186.
15) Monopolkommission *(Hauptgutachten 2000/2001)*, S. 56, 94.
16) 郵便法の修正により、独占的免許の適用される封書の重量制限が、1995年には250グラム以下に、1998年には200グラム以下に、さらに2003年には100グラム以下に、2006年には50グラム以下に引き下げられた。また、独占免許の有効期限を2002年12月末までとした。しかし、重量制限について言えば、大半の封書は100グラム以下のカテゴリーであり、2003年の修正によっても、事実上の市場開放度は10～20％程度であるといわれ、2006年の修正でも、市場開放度は20～30％程度であると見なされている。(Siebert, H., *a.a.O.*, 276).
17) Monopolkommission *(Hauptgutachten 2002/2003)*, S. 95.
18) 「ドイツポスト」に対する独占免許を延長する決定は、実は同会社の株式公開（2000年）と軌を一にしている。政府（株式100％所有）には、同会社への優遇措置をとることによって、低迷する株価を引き上げようとする意図があった。
19) 規制官庁「Reg TP」が示した「高価値サービス」に含まれるものは、①時間指定ないし呼び出しによる封書の収集、②時間指定の配達、投函日当日の配達、前日17時以降から当日（ウイークデーに限る）正午までの収集物の当日配達、③後日の清算、などであった。
20) 2001年のOECD報告によれば、訴訟は600件を越えたという。OECD, *Wirtschaftsberichte Deutschland 2000-2001*, S. 90.
21) EU委員会の調査によれば、「ドイツポスト」は、廉価料金については過去5年間、割り引きについては国営時代にまで遡って（1974年から）、大口の通信販売業者に対し、契約締結を条件にそうした恩典を与えていた。EUは「ドイツポスト」に対し、2400万ユーロの罰金を課した。Monopolkommission *(Hauptgutachten 2000/2001)*, S. 57.
22) 2000/2001年の「独占委員会報告」によれば、「Reg TP」は認可すべき料金の6セント程の引き下げを主張したのに対し、連邦財務省は1セントの引き下げを主張した。Monopolkommission *(Hauptgutachten 2000/2001)*, S. 57.
23) *Ebenda*, S. 58.
24) Siebert, H., *a.a.O.*, S. 277.
25) Deregulierungskommission, *a.a.O.*, S. 35.
26) 鉄道改革については主として、Monopolkommission *(Hauptgutachten 2000/2001)*, S. 380-386を参考にした。その他、Boss, A. et al., *a.a.O.*, S. 4-47; OECD *Wirtschaftsberichte Deutschland*（各年版）参照。
27) Monopolkommission *(Hauptgutachten 2000/2001)*, S. 381.
28) *Ebenda*.
29) Deregulierungskommission, *a.a.O.*, S. 43ff.
30) Monopolkommission, *a.a.O.*, S. 382.
31) 以上の改革と並んで、「料金徴収法」（1993年）が制定され、輸送料金の国家規制が

廃止された（近距離の旅客は除く）。また、1996年以降、近距離の旅客輸送業務の行政責任（とりわけ財政責任）が法律上は連邦から地方（州）に、さらに詳細については の調整は郡ないし目的団体へと移管されている。「鉄道構造改革」は地方への権限委譲 の改革でもあった。
32) Monopolkommission, *a.a.O.*, S. 383.
33) OECD, *Wirtschaftsberichte Deutschland 2008*, S. 150.
34) 鉄道ネットへの参入に差別的な対応がないように監視する規制官庁は二つある。1つは1994年の改革に際して、監視と認可を担当する機関として連邦交通省内部に新設された「鉄道連邦庁」である。2001年に出されたEU自由化指令に対応すべく連邦交通省はタスクフォースを立ち上げ、将来の方針を策定した際に、路線の割り当て、路線区参入の料金設定での競争企業への差別の排除を専門に担当する部局を「鉄道連邦庁」に導入している。「鉄道連邦庁」は、ネット管理の中立性の実現、廃止路線の決定、徐行運転区間の選定などを監視する役割を持つ。他方、2006年に政府は分野に固有の規制官庁としての「連邦ネット監視局」（本文、後述）に路線区参入の監視権限を移行した。「連邦ネット監視局」は、他のネットワーク産業（郵便、通信、電気、ガス）の監視と並んで、鉄道を監視する規制官庁となった。「連邦ネット監視局」は、路線区参入の料金を自ら設定するわけではない。それは依然として、ホールディング系列下のネット管理会社が行っている。「連邦ネット監視局」は「事後的」に料金設定の妥当性を判断するのである。後述する電力産業におけるような「事前の規制」の方が、監視機能が行き届くであろうし、「プライスキャップ制」ならばコスト節約へのインセンティブが高まるであろう。現在、結局は同じ目的の課題を二つの規制官庁が担っているが、役割の分担が曖昧で、規制効果をむしろ薄めてしまうという指摘もなされている。OECD, *a.a.O.*, S. 151.
35) OECD, *a.a.O.*, S. 150.
36) 林敏彦『需要と供給の世界』日本評論社、1993年、241頁。
37) OECD, *Wirtschaftsberichte Deutschland 2006*, S. 142.
38) OECD, *Wirtschaftsberichte Deutschland 2001*, S. 88.
39) ただし、ドイツより競争の導入が遅れているフランス、スイスでも、旅客輸送はドイツより伸びているので、競争環境のみが鉄道セクターのシェアを高めた要因ではないだろう。OECD, *Wirtschaftsberichte Deutschland 2008*, S. 149.
40) OECD, *ebenda*, S. 142.
41) 次のような極端な例も報告されている。バイエルン州政府は、ミュンヘン、パッサウ間での旅客輸送サービスの営業（新車両の導入も義務付ける）に際し、当初、「ドイツ鉄道」に直接発注することを想定していた。ところが「ドイツ鉄道」の提示額が営業キロメートル当たり8.50ユーロと高額であったため入札にかけたところ、「ドイツ鉄道」はキロメートル当たり0.75ユーロと大幅に提示額を下げて受注した。この提示額は明らかに費用を下回るダンピング価格であり、非競争領域からの収益による「内部相互補助」を十分に疑わせる。しかし競争が導入されると料金の引き下げ圧力が作用することを示す事例であることは間違いない。しかもこうした場合、提供される

サービスの質も高まり、旅客数が増大しているという。OECD, *ebenda*, S. 150.
42) Siebert, H., *a.a.O.*, S. 278.
43) Monopolkommission, *Weniger Staat, mehr Wettbewerb (Hauptgutachten 2006/ 2007)*, http://www.monopolkommission.de/aktuell-hg17.html. ところでその後の新聞報道（2008年10月9日付け）によれば、ドイツ政府は、金融危機の影響でヨーロッパの株式相場の下落が起こっているので、「ドイツ鉄道」の旅客、貨物、物流子会社「DBモビリティ・ロジスティクス）の株式上場を延期すると発表した。
44) Monopolkommission, *ebenda*.
45) Monopolkommission *(Hauptgutachten 2000/2001)*, S. 387. 電力市場については、主として、Monopolkommission *(Hauptgutachten 2002/2003)*, 2004, S. 435-478 を参考にした。その他文献として、上記の他、Monopolkommission, *Mehr Wettbewerb auch im Dienstleistungssektor ! (Hauptgutachten 2004/2005)*, 2006, S. 58-66; Gert Brunekreeft, *Regulation and Competition Policy in the Electricity Market*, 2003 参照。なお、本節は拙稿「ドイツ電力産業における競争政策の展開－電力市場の自由化と規制」『社会科学年報』第42号、2008年3月、を簡素化し、若干の補足を行ったものである。
46) Monopolkommission *(Hauptgutachten 2002-2003)*, S. 436.
47) これに対する補完措置として、連邦カルテル庁の価格監視行動は限定されるか、新たに規定されることとなった。
48) 第1回「団体協定」(1998年3月22日締結)、第2回「団体協定」(1999年12月13日締結) そして第3回 (2プラスと呼ばれる)「団体協定」(2001年12月13日締結) である。正田彬「ドイツにおける電力産業と法－自主規制の展開と関係する市場支配的地位の濫用規制」『ジュリスト』No. 1337、2007年7月1日を参照。
49) Gert Brunekreeft and Sven Twelemann, Regulation, Competition and Investment in the German Electricity Market: Reg TP or REGTP, in: *Energy Journal Search*, 2005, vol. 26. および Robert Diethrich, Die Stromversorgung in Frankreich und Deutschland. Unterschiede sowie Annährung ? in: Jean-Marie Valentin, *Le Commerce de l'Esprit*, Paris, 2005 を参照。
50) Monopolkommission *(Hauptgutachten 2002/2003)*, S. 445.
51) *Ebenda*.
52) *Ebenda*.
53) フィンランドの「フォルトウム」(Fortum) は、「ウェーザータール電力所」の株式持分をたった2年半でE. ONに売却してしまった。TXUヨーロッパは、キールとブラウンシュヴァイクの「都市事業体」が経営破綻したのを受け、その株式持分を放出している。米国系の商社はドイツでの業務の展望が見えず、多くがドイツから撤退している。新規設立された供給会社も、その多くが活動停止か支払い不能に陥った。
54) その代表格がEnBWの100％出資会社である「イエローストーム」有限会社であり、この会社は100万口の顧客を開拓したが、損失も7000億ユーロに上っている。Monopolkommission *(Hauptgutachten 2002-2003)*, S. 447.

55) 2000年からの4年間に、例えば、中規模工業顧客向け料金は、34%程度値上がりした。
56) 例えば、RWE は 2001 年末までに 3000 MW の発電能力を停止しており、E. ON は 2002 年末までに 4175 MW の能力を停止した。2001 年から 2002 年にかけて、ドイツ全体の発電能力は 3% 程度削減されたと見られる。
57) Monopolkommission *(Hauptgutachten 2004/2005)*, S. 61. 連邦カルテル庁は、「チューリンゲン・エネルギー株式会社」と「マインツ都市事業体」に対し、2社のネット利用料金が市場支配力の濫用であると判断し、ネット管理業務からの収益の上限を設定し、収益がこれを上回ることを禁止した。両企業はこれを不服としてデュッセルドルフ上級州裁判所に抗告する。判決は、両企業のネット利用料金が「団体協定（2プラス）」の提示する原則に一致して積算されているとして、連邦カルテル庁の命令を取り消した。さらに、収益の上限設定は、カルテル法上支持されえないとした。そもそも現行カルテル法の枠内で、ネットワーク産業の価格の違法性を証明することには無理がある（*Ebenda*, S. 61）。ここでは、適合性の判断に用いる比較基準は存在しない。他方、コスト計算に依拠して価格の適合性を判断するのも困難である。電力やガスの供給事業者の場合、莫大な固定費用と変動費用の負担があるが、そのうちどれだけをネットの管理部門で償却されるコストとして振り分けるかは、会計学上の難問である。また、コスト計算に依拠して価格の適合性を判断することがたとえ可能であったとしても、そうした価格監視が、効率的、持続的なネットの管理を担保する保障はまったくない。Monopolkommission *(Hauptgutachten 2004-2005)*, S. 58f.
58) ここでの記述は、Henning Klodt, Wettbewerbspolitik: Entflechtung in der Energiewirtschaft, in: Werner Weidenfeld, Horst Wessels (Hg.), Jahrbuch der Europäischen Integration 2008, Baden-Baden 2009 に負うている。
59) Siebert, H., *a.a.O.*, S. 454.
60) OECD, Produckt Market Competition and Economic Performance, OECD *Economic Outlook*, 72 (2002), pp. 155-162.

あとがきに代えて

　2006年10月、私は、雨宮氏と戦時経済研究会からの招聘で初めて日本を訪れ、第二次世界大戦期のドイツ戦時経済に関する私の研究について、日本の経済史研究者と議論するという有難い機会を得た。とても光栄に感じている。東京で私はナチス期における建設業の契約方法に関する論考を報告した。この講演会の開催には、戦時経済研究会の他に、社会経済史学会関東部会、政治経済学・経済史学会関東部会、ドイツ資本主義研究会に共催などの形で関わっていただいた。京都では、京都大学経済学会とドイツ資本主義研究会の主催で、第二次世界大戦期のドイツ航空機産業［の生産性上昇］における学習効果（ラーニング・エフェクト）と企業間分業［の意義］について報告した。

　報告の後で行った討論は、東京でも京都でも非常に有益だった。とりわけ、私たちは次のような二つの重要な認識に到達した。第一に、戦時経済には、ドイツでも、日本でも、そしてまたアメリカでも、驚くほど多くの共通点があるということである。もっぱら一国の視点から見ると、ある特定の戦時経済に固有な特性のように見えるものでも、その多くは、実際には幾つかのあるいは全ての戦時経済のなかに見出しうるのである。たとえば、アメリカでもドイツでも国家が軍需産業の生産力を拡大するために融資を行ったが、それは、民間企業が自らの資金を進んで投資することはできないからであった。また、どの戦時経済にも、航空機産業における労働生産性の急速な上昇のような、いわゆる「軍需の奇跡」が認められる。それゆえに、各国の研究者は、もっと、自分たちの個々の研究成果を持ち寄って国際比較のなかで検討すべきだということになる。

　第二に、国家に操舵されたいかなる戦時経済でも、市場経済的な制御要因が、引き続き重要な役割を果たしたということである。ナチ国家も、民間企業に命令や暴力的威嚇によって協力を強いることは大幅に断念した。むしろナチスが

試みたのは、適切な経済的刺激を与えて、企業に、アウタルキー生産や軍需生産への自発的な協力への動機付けを行うことであった。その際に特別な役割を果たしたのが、投資や調達に関わる契約の方法である。ここには現代経済学の契約理論との興味深い接点がある。日本の経済史研究者が日本の戦時経済における契約の方法にいっそうの関心を注ぎ、ここでも国際比較が可能になったらと私は心から望んでいる。

　日本で報告することで私は自分の論考をかなり改善することができた。日本で報告した研究成果を私はこの間に国際的に著名な学術雑誌で公にすることになったが、それは、とりわけ、東京と京都の研究会に参加し議論して下さった研究者の方々のおかげでもあると感謝している。京都での講演は「学習とアウトソーシング——第二次世界大戦期におけるドイツ航空機産業の労働生産性上昇の解明」のタイトルで *Economic History Review* 誌に、東京での講演は「契約形態の交渉と契約条項——第三帝国期のドイツ建設業」として *RAND Journal of Economics* 誌に掲載されることになった[1]。

　日本旅行が私にもたらしてくれた成果はこのような学問のうえだけではない。三ツ石氏の案内でこの旅の間に私は日本文化を垣間見ることができた。それは感動的な体験だった。京都で「哲学者の道」[2]を彷徨したこと、銀閣寺や金閣寺、清水寺そして龍安寺を訪ねたこと、そのことを私は今懐かしく思い出している。

　　　　　　　　　　　　　　2009年1月　　ヨッヘン・シュトレープ

訳注

[1] 両論文の英文タイトルは次の通り。"Learning and Outsourcing: Explaining Labour Productivity Growth in the German Aircraft Industry during World War II", "Negotiating Contract Types and Contract Clauses in the German Construction Industry during the Third Reich"

[2] 原語は引用符つきの "Philosophenweg"。京都では「哲学の道」と呼ばれている。シュトレープ氏が大学教育を受けた古都ハイデルベルクには、旧市街の、ネッカー川を挟んだ対岸、ハイリゲンベルク山の中腹に、古くから Philosophenweg（哲学者の

道）と呼ばれる小径がある。初めて直に触れた日本文化のなかに感じた文脈、発見した地層を、筆者は、（困難を承知で）この引用符つきの言葉に込めたとも推測されるし、それは、同時に、国際交流に従事したわれわれのある種の「期待」でもあろう。そうした「解釈学的循環」に近似した「思い」を込めて、ここでは、"Philosophenweg" を、あえて、「哲学者の道」と直訳した。なお、翻訳には雨宮昭彦と三ツ石郁夫があたった。

〔編著者紹介〕

雨宮昭彦 （あめみや あきひこ）

1953 年生まれ
最終学歴：東京都立大学大学院社会科学研究科博士課程単位取得退学　博士（経済学、東京大学）
現職：首都大学東京・大学院社会科学研究科　教授
主要業績：『競争秩序のポリティクス　ドイツ経済政策思想の源流』東京大学出版会、2005 年。"Neoliberalismus und Faschismus: Liberaler Interventionismus und die Ordnung des Wettbewerbs", in: *Jahrbuch für Wirtschaftsgeschichte*, 2008/2.

Jochen Streb （ヨッヘン・シュトレープ）

1966 年生まれ　最終学歴：Dr. rer. pol., Universität Heidelberg
現職：ホーエンハイム大学　経済学・社会科学部　教授（Professor, Fakultät für Wirtschafts- und Sozialwissenschaften an der Universität Hohenheim Germany）
主要業績：*Staatliche Technologiepolitik und branchenübergreifender Wissenstransfer. Über die Ursachen der internationalen Innovationserfolge der deutschen Kunststoffindustrie im 20. Jahrhundert*, Berlin: Akademie Verlag, 2003, (Jahrbuch für Wirtschaftsgeschichte, Beiheft 4). *Eine Analyse der Ziele, Instrumente und Verteilungswirkungen der Agrareinkommenspolitik in der Bundesrepublik Deutschland, 1950 bis 1989*, Holm: AgriMedia, 1996, (Agrarwirtschaft, Sonderheft 152).

〔執筆者紹介〕

Mark Spoerer （マルク・シュペーラー）

1963 年生まれ　最終学歴：Dr. phil., Universität Bonn
現職：ホーエンハイム大学　経済学・社会科学部　講師（Privatdozent, Fakultät für Wirtschafts- und Sozialwissenschaften an der Universität Hohenheim Germany）
主要業績：*Von Scheingewinnen zum Rüstungsboom: Die Eigenkapitalrentabilität der deutschen Industrieaktiengesellschaften 1925-1941*, Stuttgart: Steiner 1996, (Vierteljahrschrift für Sozial- und Wirtschaftsgeschichte, Beiheft 123). *Zwangsarbeit unter dem Hakenkreuz. Ausländische Zivilarbeiter, Kriegsgefangene und Häftlinge im Deutschen Reich und im besetzten Europa 1939-1945*, Stuttgart und München: DVA 2001.

田野慶子 （たの けいこ）

1955 年生まれ
最終学歴：東京大学大学院経済学研究科博士課程単位取得退学　経済学博士（東京大学）
現職：青山学院大学・経済学部　教授
主要業績：『ドイツ資本主義とエネルギー産業——工業化過程における石炭業・電力業』東京大学出版会、2003 年。共著（加藤榮一ほか編）『資本主義はどこに行くのか——20 世紀資本主義の終焉』東京大学出版会、2004 年。

三ツ石郁夫 （みついし いくお）

1956 年生まれ
最終学歴：東京都立大学大学院社会科学研究科博士課程単位取得退学　博士（経済学、東京都立大学）

現職：滋賀大学・経済学部　教授
主要業績：『ドイツ地域経済の史的形成』勁草書房、1997年。「戦後ドイツの経済発展をめぐるアーベルスハウザー・テーゼの現代的意義」(『歴史と経済』第198号、2008年)。

矢後和彦（やご かずひこ）
1962年生まれ
最終学歴：東京大学大学院経済学研究科博士課程単位取得退学　パリ第10大学歴史学博士
現職：首都大学東京・大学院社会科学研究科　教授
主要業績：『フランスにおける公的金融と大衆貯蓄——預金供託金庫と貯蓄金庫』東京大学出版会、1999年。"Wicksellian Tradition at the Bank for International Settlements: Per Jacobsson on Money and Credit"（『経済学史研究』48巻2号、2006年12月）。

柳澤　治（やなぎさわ おさむ）
1938年生まれ
最終学歴：東京大学大学院経済学研究科博士課程単位取得退学　経済学博士（東京大学）
現職：明治大学・政治経済学部　教授
主要業績：『資本主義史の連続と断絶——西欧的発展とドイツ』日本経済評論社、2006年。『戦前・戦時日本の経済思想とナチズム』岩波書店、2008年。

山崎志郎（やまざき しろう）
1957年生まれ
最終学歴：東京大学大学院経済学研究科第二種博士課程単位取得退学
現職：首都大学東京・大学院社会科学研究科　教授
主要業績：『新訂　日本経済史』放送大学教育振興会、2003年。原朗と共編著『戦時日本の経済再編成』日本経済評論社、2006年。

Werner Abelshauser（ヴェルナー・アーベルスハウザー）
1944年生まれ
最終学歴：Dr. phil., Ruhr-Universität Bochum
現職：ビーレフェルト大学歴史・哲学部　教授（Professor, Fakultät für Geschichtswissenschaft und Philosophie an der Universität Bielefeld Germany）
主要業績：*Deutsche Wirtschaftsgeschichte seit 1945*, München 2004. *Kulturkampf. Der deutsche Weg in die Neue Wirtschaft und die amerikanische Herausforderung*, Berlin 2003（雨宮昭彦・浅田進史訳『経済文化の闘争——ニュー・エコノミーへのドイツの道とアメリカの挑戦』東京大学出版会、2009年、刊行予定）。

加藤浩平（かとう こうへい）
1953年生まれ
最終学歴：東京都立大学大学院社会科学研究科博士課程単位取得退学
現職：専修大学・経済学部　教授
主要業績：共著（大西健夫ほか編）『ドイツの統合』早稲田大学出版部、2000年。共著（斎藤哲ほか編）『20世紀ドイツの光と影』芦書房、2005年。

管理された市場経済の生成——介入的自由主義の比較経済史

2009年3月24日　第1刷発行　　　　定価(本体3800円+税)

編著者　雨　宮　昭　彦
　　　　ヨッヘン・シュトレープ
発行者　栗　原　哲　也

発行所　株式会社日本経済評論社
〒101-0051　東京都千代田区神田神保町3-2
電話 03-3230-1661　FAX 03-3265-2993
E-mail: info8188@nikkeihyo.co.jp
URL : http://www.nikkeihyo.co.jp
印刷＊藤原印刷／製本＊山本製本所

装幀＊渡辺美知子

© AMEMIYA Akihiko and Jochen Streb 2009　　Printed in Japan
ISBN978-4-8188-2043-2　C3033　　落丁・乱丁本はお取り替えいたします。
本書の複製権・譲渡権・公衆送信権（送信可能化権を含む）は㈱日本経済評論社が所有します。
JCLS 〈㈳日本著作出版権管理システム委託出版物〉
本書の無断複写は著作権法上での例外を除き禁じられています。複写される場合は、そのつど事前に、㈳日本著作出版権管理システム（電話03-3817-5670、FAX03-3815-8199、e-mail: info@jcls.co.jp）の許諾を得てください。

書名	著者	判型	価格
新自由主義と戦後資本主義 欧米における歴史的経験	権上康男編著	A5判	5700円
資本主義史の連続と断絶 西欧的発展とドイツ	柳澤治著	A5判	4500円
現代ヨーロッパの社会経済政策 その形成と展開	廣田功編	A5判	3800円
ヨーロッパ統合の社会史 背景・論理・展望	永岑三千輝・廣田功編著	A5判	5800円
ひとつのヨーロッパへの道 その社会史的考察	H・ケルブレ／雨宮昭彦・金子邦子・永岑三千輝・古内博行訳	A5判	3800円
戦後再建期のヨーロッパ経済 復興から統合へ	廣田功・森建資編著	A5判	6500円
戦時日本の経済再編成〔オンデマンド版〕	原朗・山崎志郎編著	A5判	5700円
資本主義はどこまできたか 脱資本主義性と国際公共性	21世紀理論研究会編	A5判	3500円
経済思想のドイツ的伝統〔経済思想7〕	八木紀一郎編	A5判	3200円